Werner Skrentny (Hrsg.)
Zu Fuß durch Hamburg

Werner Skrentny, geboren 1949, Journalist und Autor; lebt in Hamburg-Eppendorf. U.a. Herausgeber und Autor von Reisebüchern; Veröffentlichungen zur Stadt- und Sportgeschichte. Mitherausgeber von »Das Eppendorf-Buch«, Autor von »Eppendorf 1860 – 1945«, »Hamburg per Schiff«. Mitarbeit an zeit- und kulturgeschichtlichen Ausstellungen von Senat und Kulturbehörde Hamburg.

Gesche-M. Cordes, geboren 1947, arbeitet als freie Pressefotografin in Hamburg. Von ihr stammt der Großteil der aktuellen Fotos in diesem Band. Veröffentlichte zuletzt mit Ariane Gottberg »Feste der Welt in Hamburg«.

Jörg Haspel, geboren 1953, Studium der Architektur, Stadtplanung, Kunstgeschichte und Kulturwissenschaften, arbeitete beim Hamburger Denkmalschutzamt. Jetzt Landeskonservator in Berlin. Verfasser der Architekturkästen (J.H.).

Sannah Koch, geboren 1961, Diplom-Pädagogin und Journalistin, arbeitet zur Zeit als freie Autorin in Hamburg.

Gerd Siebecke, geb. 1949, Verlagsleiter in Hamburg.

Werner Skrentny (Hrsg.)

Zu Fuß durch Hamburg

20 Stadtteilrundgänge durch Geschichte und Gegenwart

Aktualisierte Neuausgabe

Verlag Die Hanse

Die Deutsche Bibliothek – CIP-Einheitsaufnahme

Ein Titeldatensatz für diese Publikation ist bei
Der Deutschen Bibliothek erhältlich

© der aktualisierten Neuausgabe by Verlag Die Hanse, Hamburg, 2001
© by Europäische Verlagsanstalt / Rotbuch Verlag, Hamburg, 1996
Umschlaggestaltung: atelier freilinger & feldmann
Fotomontage unter Verwendung eines Fotos von
Andreas Bleckmann · Bilderberg / nonstock
Herstellung: Das Herstellungsbüro, Hamburg
Druck und Bindung: Fuldaer Verlagsagentur
Alle Rechte vorbehalten
ISBN 3-434-52590-4

Inhalt

Architekturkästen

von Jörg Haspel

Vorwort

Wußten Sie, daß das Heine-Denkmal auf dem Rathausmarkt zwei Vorgänger hatte, und was aus ihnen wurde? Wo Chinatown, ein Stück Asien an der Wasserkante, war, und wie man auf verschlungenen Pfaden zum Denkmal für die österreichische Marine findet? Daß die Speicherstadt, deren Erhalt noch immer bedroht scheint, durch Abriß und Einwohnervertreibung entstanden ist? Kennen Sie jenes Bürohaus, in dem ein NSDAP-Förderer geehrt wird, oder die frühere Zentralbücherei, in der man heute Fast food verabreicht? Und Hand aufs Herz: Wo wurde Hans Albers geboren, und wo ist er begraben? Ist Ihnen bekannt, wo einst »Tangokönig« Juan Llossas aufspielte, und was die Seeleute sangen, wenn sie heimkehrten nach St. Pauli?

Türklopfer an der St. Petri Kirche

Wenn Ihnen all diese Fragen Rätsel aufgeben, dann sind Sie bei *Zu Fuß durch Hamburg* genau richtig: Dieses Buch ist kein Stadtführer herkömmlicher Art. »Man erfährt vieles, was ein offizieller und offiziöser Führer nicht erwähnen würde«, urteilte Hamburg-Kenner Carl-Wilhelm Lohmann im NDR. »Die Autoren verlassen ausgetretene Pfade und dringen tiefer in die Geschichte und Geheimnisse der Stadt ein«, wurde befunden. »Das Buch enthält eine Lokalgeschichtsschreibung, die diesen Namen verdient«, charakterisierte *Die Zeit*.

1986 ist unter dem Titel *Hamburg zu Fuß* die erste Auflage erschienen und hat seitdem etliche Neuauflagen erlebt, die jüngste nun im Verlag Die Hanse. Geblieben sind in der neuen, aktualisierten, gründlich überarbeiteten und mit geringfügig verändertem Layout herausgegebenen Ausgabe natürlich die 20 Rundgänge durch Geschichte und Gegenwart Hamburgs – »ein Stadtführer neuen Typs«, wie *Der Spiegel* befand: »Er empfiehlt Besuchern und Einwohnern, auf Sightseeing-Routine zu verzichten und lieber in den Fußstapfen des guten alten Flaneurs zu wandeln.«

Mit *Zu Fuß durch Hamburg* ist man so auf vier Spaziergängen in der City unterwegs, schlendert auf der Entdeckungstour an Elbe und Hafenkante entlang, wird auf zwei Routen durch St. Pauli, das immer mehr Besucher anzieht, geführt und erlebt Stadtteile wie Eppendorf und Harvestehude am Alsterufer, Altona und Ottensen, das »buntscheckige Allerlei« St. Georgs und die »unruhigen« Quartiere »Karo« und »Schanze«. Man erfährt vom einstigen »Klein-Jerusalem« im Grindelviertel, dem »amerikanisch« gewachsenen Stadtteil Barmbek und vielem mehr.

Die 21 sog. Architekturkästen von Jörg Haspel mögen helfen, das Erscheinungsbild der Stadt zu verstehen. Ein umfangreicher Serviceteil nennt viele wichtige Adressen, Öffnungszeiten, Verkehrsverbindungen, und das Kapitel »Die einzige deutsche Küche von Weltruf«

soll Appetit machen auf das vielfältige kulinarische Angebot der Stadt. Und weil das »Hoch im Norden« (Eigenwerbung) auch seine Tiefs hat, gehören auch all die sozialen Probleme und sozialen Bewegungen in dieses Buch – Hafenstraße und »Rote Flora«, Drogenszene und Armutsgebiete. Hamburg gilt als reichste Region Europas, zählt mehr als 6000 Millionäre, aber auch über 150 000 Sozialhilfe-Empfänger, die höchste Zahl im Bundesgebiet nach Bremen. Der Jahresverdienst im Elbvorort Nienstedten wird mit 140 000 DM beziffert, im Stadtteil St. Pauli beläuft er sich auf 41 000 Mark.

Bringen wir also mit *Zu Fuß durch Hamburg* »Eingeborene«, »Quittjes« und ihre Gäste auf den Weg. Bei allen kritischen Anmerkungen, die sich auch diese Neuausgabe nicht verkneifen wollte, bleibt das Buch eine Sympathieerklärung an eine der schönsten Städte Deutschlands.

Herausgeber und Verlag

Die in den Rundgängen eingeschlagenen Routen sind Vorschläge (Reihenfolge der markierten Orientierungspunkte), deren Verlauf in den Karten nicht im einzelnen aufgeführt ist; genaue Straßen-, Hausnummernbezeichnungen und Punkte in den Randspalten erleichtern die Orientierung. Jeder / jedem bleibt es freigestellt, die Touren anders zusammenzustellen oder Stationen auszulassen. Die von uns vorgeschlagenen Ausgangs- und Endpunkte, die in der Regel mit öffentlichen Verkehrsmitteln gut zu erreichen sind, haben wir jeweils zu Beginn angegeben, ebenso die voraussichtliche Dauer. Für Hinweise und Korrekturen ist der Autor dankbar: Tel. / Fax: 040 - 46 20 18, E-Mail: petsky@t-online.de

»An der Alster, an der Elbe ...«

Tips für Touren in drei Tagen

»Zu Fuß durch Hamburg« ist ein Angebot an alle Hamburgerinnen und Hamburger und ihre Gäste sowie für Freunde der Stadt, die Stadt besser kennenzulernen und hinter die Fassaden des »Hochs im Norden« zu schauen. Für diejenigen, die zum ersten Mal und dann auch nur kurz in die Hansestadt kommen, schlagen wir ein »Einstiegs-Kurzprogramm« vor. Die Informationen zu den empfohlenen Besuchspunkten finden Sie in den Rundgängen wieder. In der Randspalte haben wir angegeben, wo was in diesem Buch zu finden ist. Aber letztendlich gilt, gemäß einem Gassenhauer: »An der Alster, an der Elbe, an der Bill', da kann ein jeder eener moken wat he will ...«

1. Tag: Hamburg ist eine Hafenstadt; insofern sollte man auch ab St. Pauli Landungsbrücken mit einer Hafenrundfahrt starten, möglichst in einer der kleinen Barkassen, die auch durch die Speicherstadt fahren. Die schönste Anfahrt zu den Landungsbrücken, die gleich ein eindrucksvolles Hafen-Panorama bietet, ist die mit der U3 ab Rathaus. Hafen 1, S. 89

Wer nach der Rundfahrt in den Hafen hineinschnuppern möchte, muß zu Fuß durch den alten Elbtunnel hinüber nach Steinwerder: Von der dortigen Terrasse hat man den schönsten Blick auf die Stadt. Eine Möglichkeit, preiswert durch den Hafen zu reisen, bieten auch die Fähren, z.B. Nr. 62 nach Finkenwerder oder Nr. 61 nach Neuhof. Hafen 1, S. 91

Reizvoll ist der Fußweg entlang Vorsetzen/Baumwall, einem Teil der Hafenkante, zur Deichstraße (kleine Durchgänge zum Fleet) und in die Speicherstadt. Hafen 1, S. 89

An Bord kann man auch noch anderweitig gehen, auf den Großsegler »Rickmer Rickmers« oder aufs Ex-Frachtschiff »Cap San Diego«, beide im Hafen vor Anker. Etwas von »großer weiter Welt«, die im Hafen nicht immer präsent ist, bietet der Besuch in »Harry's Hafenbasar«, Große Freiheit nahe der Reeperbahn. St. Pauli, S. 91/92

Das alles macht Appetit auf Fisch, und der wird mundgerecht vielerorts geboten, z.B. im »Klassiker« »Fischerhaus«, St. Pauli Fischmarkt 14 (für den Abend reservieren) oder in einem der zahlreichen portugiesischen Lokale im Viertel hinterm Baumwall.

Abends kann man in die Glitzerwelt St. Paulis auf der Reeperbahn eintauchen oder im Veranstaltungskalender nachsehen, was kulturell geboten wird, denn inzwischen ist St. Pauli Ort zahlreicher Musikklubs. Reeperbahn, S. 105

Innenstadt, S. 29

Passagen, S. 49

St. Georg, S. 75

Altstadt, S. 21, 99

2. Tag: Der Stadtbummel sollte am Jungfernstieg beginnen, und eigentlich müßte man nun schon wieder aufs Wasser, denn die Alsterkreuzfahrt und vor allem die Kanalfahrt (April – Oktober) geben einen guten Eindruck von der Vielfalt der nach Westberlin größten Stadt des ehemaligen Bundesgebietes.

Ansonsten aber geht's zu Fuß in die City: Rathaus und Rathausmarkt, Alsterarkaden, Colonnaden, Gänsemarkt, ein neuer Mittelpunkt der Stadt mit den interessanten Winkeln ABC-Str./Neue ABC-Straße und den vielen Passagen wie »Hanse-Viertel«, »Bleichenhof«, »Galleria«, »Hamburger Hof« u.a.m.

Ein Spaziergang kann rund um die Binnenalster führen, zum Hauptbahnhof und weiter in die bunte Lange Reihe von St. Georg, diese nun wieder etwas ganz anderes. Oder vom Rathausmarkt über die Mönckebergstraße zum Kontorhausviertel (Chilehaus, Meßberghof). Museumsbesuch nach Interesse (z.B. Kunsthalle, Museum für Hamburgische Geschichte oder KZ-Gedenkstätte Neuengamme).

3. Tag: Hamburg in »nur« drei Tagen? Diesen Tag geben wir zur freien Verfügung – und empfehlen: eine Schiffstour auf der Elbe zum Fährhaus von Schulau mit der Schiffsbegrüßungs-Anlage (»Will-

Fahrt durch die Speicherstadt

kommhöft«). Oder eine Rundfahrt mit der U3, der »gelben« Linie, wobei man Saarlandstraße (Jarrestadt der 20er/30er Jahre, von dort zu Fuß durch Winterhude zum Alsterschiff-Anleger Mühlenkamp; Barmbek und Winterhude) oder Eppendorfer Baum (Einkaufsviertel mit viel Gründerzeit-Architektur) aussteigen kann und Barmbek, Winterhude, Eppendorf durchreist.

Am Stadtparksee: Freibad, Bootsverleih und »Liebesinsel«

Lohnend ist der Spaziergang entlang der Hafenkante von den St. Pauli Landungsbrücken bis nach Övelgönne mit dem Museumshafen und der Siedlung am unteren Elbhang. Dort tut sich sehr viel, z.B. mit der Bebauung am früheren Holzhafen.

Hafen 2, S. 115

Vom Dammtorbahnhof wiederum geht's in den Park Planten un Blomen, Richtung Fernsehturm mit Aussichtsdeck, und wer noch ein ganz anderes Stück Hamburg sehen will, architektonisch und von der sozialen Struktur her, der sollte Karolinenviertel und/oder Schanzenviertel besuchen.

Schanzenviertel, S. 165

Da einzigartig in Europa, muß auch der Besuch auf dem Friedhof Ohlsdorf nahegelegt werden: In unserem Rundgang finden Sie sicherlich die Sie interessierenden Punkte.

Ohlsdorf, S. 279

Wir wünschen viel Vergnügen – und kommen Sie recht bald wieder, um mehr von der Stadt zu entdecken!

Die einzige deutsche Küche von Weltruf ...

Essen und Trinken in Hamburg

»Die einzige deutsche Küche von Weltruf ist die Hamburger«: Das stand im »Baedeker« anno 1951 und wurde schon damals vom Herausgeber angezweifelt, doch können die Spezialitäten der Hansestadt mit Spätzle, Sauren Zipfeln, Frankfurter Würstchen (vom Main, nicht von der Oder), Halvem Hahn oder Bremer Pinkel allemal in Konkurrenz treten.

Geographisch logisch dominieren an der Wasserkante natürlich Fischgerichte in vielerlei Variationen die Spezialitäten-Karte. Die »Scholle Finkenwerder Art« wird mit Speck gebraten; um sie zu verspeisen, bedarf es einiger Fingerfertigkeit. Junge Schollen sind »Maischollen«, die es in Ausflugslokalen oft »satt« gibt, d.h., es wird zweimal aufgetragen. Beliebt auch Matjes, junger Hering, auf vielfältige Art serviert, insbesondere ein wenig außerhalb Hamburgs, in der Matjesstadt Glückstadt rund um den Markt (»Matjeswochen«). Spezialitäten sind auch grüner Hering, Fischfilets oder Kochfisch in Senfsauce.

Die süß-saure »Hamburger Aalsuppe« beinhaltet u.a. Backobst, Lorbeer, Schinkenknochen, Birnen und Möhren, die hier Wurzeln genannt werden. Ein traditionelles Seemannsgericht ist »Labskaus«: gepökelte Rinderbrust (oder Corned Beef), Stampfkartoffeln, Spiegelei, Rote Beete, Salzgurke und Rollmops (das gibt's auch, wie andere Spezialitäten, in Dosen zum Mitnehmen, hergestellt vom *Old Commercial Room* am Michel). Für »Bohnen, Birnen und Speck« werden – wie es der Name sagt – grüne Bohnen, ganze Birnen und Speckstücke zusammen gekocht.

Ein Hamburger Gericht wie auch eines der norddeutschen Tiefebene ist »Grünkohl mit Schweinebacke und Kochwurst«. »Arfensuppe mit Snuten un Poten« meint Erbsensuppe mit Schnauzen und Pfoten (vom Schwein). »Rundstück warm« ist Bratenfleisch auf zwei Brötchenhälften, dazu Bratensauce. »Grützwurst« gibt es mit und ohne Rosinen, als Beilage Kartoffelpüree und Apfelmus. »Schwarzsauer«, frische Blutwurst mit Essig gekocht, haben wir auf Hamburger Speisekarten, obwohl Spezialität, kaum einmal entdeckt.

Als Dessert empfiehlt sich Rote Grütze (»Rode Grütt«) mit Sahne oder Vanillesauce.

Getrunken wird in Hamburg in der Regel auch nichts anderes als sonst in Bundesdeutschland, doch gibt es einige Besonderheiten: »Lütt un Lütt« oder »Lüttje Lage« meint einen kleinen Korn (»Köm«)

Hamburger Nationalgerichte

Das Fischerhaus, eine Landmarke am Elbufer

Bild links: Einmal verwandelte sich der Hauptbahnhof in einen Festsaal besonderer Art: Die Bauarbeiter bei der Einweihung der neuen Wandelhalle 1991

und ein kleines Bier. Herbe Biere der Wasserkante sind »Jever« (aus Ostfriesland, aber in Hamburger Besitz) und »Flensburger« (mit dem altmodischen Bügelverschluß). Von »Jever« gibt's auch eine schmackhafte alkoholfreie Ausgabe (»Jever fun«). Alsterwasser ist zur Hälfte aus Bier und zur anderen Hälfte aus süßem Sprudel. Gegen das Hamburger Schmuddelwetter hilft in der Regel Grog (Rum, Zucker, heißes Wasser).

Die Frage, wo man nun essen geht, ist eine gute, denn die Stadt hat ca. 3600 Lokalitäten. Insofern ist folgende Auswahl absolut unrepräsentativ, subjektiv, aber bestimmt hilfreich.

Traditionslokale

Kurz mal zwischendurch

Im Rathaus (»Ratsweinkeller«) und ums Rathaus herum gibt es etliche *Traditionslokale,* eingestellt auch auf die eilige Kundschaft aus den Behörden in der Mittagspause. Wer in der City *kurz mal zwischendurch* essen möchte, geht in »Das Brötchen« beim Stadtbäcker am Gänsemarkt, zu einer der ausgezeichneten Würstchenbuden an den U-Bahn-Ausgängen Mönckebergstraße, ins Traditions-Fischlokal Daniel Wischer (Spitaler Str. 12, 2001 renoviert, »auf die Hand« gibt's jetzt Fish & Chips, Steinstr. 15a, und in Ottensen in der Ottenser Hauptstr. 27) oder in die »Nordsee« (Gerhart-Hauptmann-Platz).

Mit bestem Blick auf die Binnenalster sitzt man, so man Glück hat, im Restaurant des Alsterhauses (Jungfernstieg 16 – 20) oder dort zwei Stockwerke höher im »Café Le Nôtre«, und natürlich im Alsterpavillon (jetzt »Alex«) am Jungfernstieg. Beliebt auch das »Mövenpick« in der Passage Hanseviertel (Große Bleichen 36) und der »Food Court« namens »Essen und Trinken« am Gänsemarkt.

Fisch

Fisch gibt es an der Hafenkante, wobei das »Fischerhaus« (Fischmarkt 14, reservieren: Tel. 31 40 53) genau das ist, was auswärtige Besucher erwarten. Reichlich Fischlokale sind an den St. Pauli Landungsbrücken (»Alter Elbtunnel«, »Fischerstube«, »Fischkajüte«, die sich als »älteste Fischbratküche Deutschlands« bezeichnet). In Övelgönne kommt man in der Regel auch auf seine Kosten (z.B. »Zum Bäcker«). Weitere auf Fischgerichte spezialisierte Restaurants am Elbufer von Blankenese (»Schifferhaus« u.a.). Einen ausgezeichneten Ruf genießt »Sellmer« in Eppendorf (Ludolfstr. 50), als Spitzen-Restaurant gilt »Fischereihafen« (Große Elbstr. 143).

Ausflugslokale

Ausflugslokale in Cranz im Alten Land, weiter in Finkenwerder, Landungsbrücke, Benittstr. 9, Glückstadt mit dem »Ratskeller« u.a., natürlich das Fährhaus Schulau bei Wedel mit dem »Willkommhöft«, »Randel«, Poppenbüttler Landstr. 1 im Alstertal, ebenso wie die »Mellingburger Schleuse«, Mellingbredder 1. Sehr beliebt auch »Zum Hundertjährigen« in Hittfeld auf dem Lande (Bratkartoffel-Spezialist!). Im gleichnamigen Stadtteil ist die »Wilhelmsburger Fischkate«, Vogelhüttendeich 64.

Sobald die Sonne durchkommt, sind natürlich *Plätze am Wasser* sehr begehrt: Diese listen wir im Anhang ab S. 306 ausführlich auf.

Am Wasser

Ein bekannter Ort für *Hamburger Spezialitäten* ist der »Old Commercial Room« des ehemaligen Smutje Paul Rauch (†), Englische Planke 10, gleich beim Michel. Im Schlachthof-Bereich liegt die etwas kostspieligere »Schlachterbörse«, Kampstr. 42 (Mo – Fr). In einem der ältesten Restaurant-Räume Hamburgs ist in der Koppel 6 (Nähe Hauptbahnhof) »Zur alten Flöte« (besonders zu empfehlen: Hamburger Pfannfisch).

Hamburger Spezialitäten

Als Klassiker unter Hamburgs *Cafés* gilt »Café Lindtner«, Eppendorfer Landstr. 88. Im Niendorfer Gehege 50 ist das »Waldcafé Corell«. Ins »Café Schwanenwik« im Literaturhaus (Schwanenwik 38, Uhlenhorst) lockt auch das architektonisch edle Ambiente (Sa nur bis 17 Uhr).

Cafés

In einer früheren Tabakfabrik, Hoheluftchaussee 95, bewirtet die »Factory«, Bier- und Speiselokal, und im Museum für Kunst und Gewerbe (Steintorplatz 1) kann man in der »Destille« einkehren. Ehemals das »Onkel Pö«, bundesweit bekanntes Szenelokal, ist das »Legendär« (Lehmweg 44, Eppendorf).

Vermischtes

Für die Hamburger Kneipen-Szene stehen ansonsten z.B. »Borchers« (Geschwister-Scholl-Str. 1 – 3 in Eppendorf, bis 1972 Familienbesitz), »Glocke« (Klosterallee 65), Winterhudes »Goldbeker« (Schinkelstr.

»Alex«, Ex-Alster-pavillon: Eine Hamburger Tradition

20), »Schotthorst« (Eppendorfer Weg 58) und »Max & Consorten« (Spadenteich 7).

In und um die Ottenser Zeise-Hallen an der Friedensallee hat der Stadtteil nun einen neuen Mittelpunkt bekommen, u.a. mit »Leopold II«, »Eisenstein« (viele schwören auf »Hamburgs beste Holzofen-Pizza«), »Filmhaus-Kneipe« und »Zeise-Propeller«.

Süddeutsche Spezialitäten offerieren »Markgraf«, baden-württembergisch (Borsteler Chaussee 1, Groß-Borstel), »Franziskaner«, bayerisch (Große Theaterstr. 9/Colonnaden), und »Alt-Nürnberg«, fränkisch (Steintorweg 15, Mitte).

Deutsche Küche

Zwar fehlt noch ein burmesisches Restaurant in der Stadt, aber eigentlich kann man sich in Hamburg quer durch die Welt essen; alle Sparten hier aufzuführen, ginge zu weit.

Deutsche Küche findet man in den z.T. vorher erwähnten Lokalen. Obwohl wir darauf verzichtet haben, die teureren Eß-Adressen (»Gourmet-Tempel«) anzugeben, sei als Traditionslokal die Austernstuben von »Cölln« (seit 1760, Brodschrangen 1) erwähnt. Ein renommiertes »Bratkartoffel-Lokal« ist »Klopstock«, Eppendorfer Landstr. 165, ein weiteres das »Opitz« am Mundsburger Damm 17. In der Deichstraße und drum herum hat der Tourismus eine neue Restaurant-Szene wachsen lassen, so den »Kartoffelkeller«, »Zum Brandanfang« oder – Ost-West-Str. 47 – die »Gröninger Brauerei« mit »Aalkate«, »Gasthaus Anno 1750« etc.

Internationale Spezialitäten

Biokost und vegetarische Gerichte bieten Fit for Fun (Pöseldorf, Milchstr. 1) und Tassajara (Eppendorfer Landstr. 4).

Italiener gibt es viele in der Stadt, durchweg mit gutem Ruf – aber häufig überteuert. Einige Tips: »Cuneo«, langjährige Adresse auf dem Kiez (Davidstr. 11), »Tre Fontane« (Mundsburger Damm 45), »Martini Cinque« (Martinistr. 5), »L'Arancia« (Robert-Koch-Str. 36), beide in Eppendorf.

Auch griechische Lokale sind Legion, hier empfehlenswert: »Dimitri«, Ecke Kremperstr./Abendrothsweg (gute Vorspeisen), und »Café Anan« mit ausgefallener Speisekarte (Lehmweg 50).

Noch zahlreicher sind chinesische Restaurants: Das »Hsie Lin Men« am Ende der Reeperbahn, Nobistor 14, ist sehr beliebt, »King Du« findet man Winterhuder Marktplatz 13, und Eppendorfer Landstr. 10, im einzigen »Peking-Enten-Haus« (Rentzelstr. 36 – 48, Grindel) muß man reservieren (Tel. 45 80 96).

Als Topadresse japanischer Kost gilt »Matsumi« (Colonnaden 96), ebenfalls gut »Hokkai« (Thielbek 12, Großneumarkt) und aus dem

»bok-Imperium« im Schanzenviertel die »bok Sushi Bar« (Susannen-str. 15). Thailand-Spezialisten sind das »Baan Thai« (Gänsemarkt 50, in der Gänsemarkt-Passage) und »Sala Thai« (Brandsende 6), auf St. Pauli, z.B. Große Freiheit, sollte man nach den oft rasch wechseln-den thailändischen Restaurants Ausschau halten.

Indisch speist man im Eimsbütteler »Delhi« (Schopstr. 25) und etwas teurer im »Shalimar« (Dillstr. 16 im Grindelviertel). Die Küche des US-Südens pflegt »Traveller« in Winterhude, Geibelstr. 12. Zuständig für Mexiko: »Sambreritos« (Curschmannstr. 9, früher »Sam Brero's«). Pakistanisch kocht man im »Balutschistan« (Bahrenfelder Str. 169 in Ottensen, Schulterblatt 88, Eppendorfer Landstr. 103). Als syrisches Spitzenrestaurant gilt »Saliba« in Bahrenfeld (Leverkusenstr. 54).

Skandinavische Spezialitäten offeriert das »Kon-Tiki-Grill« im »Hotel Norge«, Schäferkampsallee 49. Böhmische Gerichte gibt es etwas fernab der City im »Goldenes Prag« (Eulenkrugstr. 19 - 21) in Volks-dorf. Reichhaltige jugoslawische Küche bietet »Balkan-Grill« (Borg-weg 11 in Winterhude).

Eine bunte internationale Restaurant-Szene ist in St. Georg, am Schulterblatt im Schanzenviertel (»La Sepia«, portugiesisch-spanisch mit besonderer Atmosphäre, Nr. 36) und natürlich, u.a. ausgerichtet auf studentisches Publikum, am Grindel, wo gute türkische Lokale sind: »Atnali« (Rutschbahn 11, seit 1968), »Anadolu« (Johnsallee 64), ebenfalls zu empfehlen ist »Mangal« (Eppendorfer Weg 270).

Fast ausschließlich eine Domäne der portugiesischen und spani-schen Küche und ein Eldorado für Fisch-Fans dieser Küchen ist das Viertel am Hafen zwischen Überseebrücke und St. Pauli Landungs-brücken, z.B. »Benfica« (Rambachstr. 1) und »Sagres« (Vorsetzen 42). Langjährige spanische kulinarische Adresse ist auch das »Casa de Aragon« (Eppendorfer Weg 240).

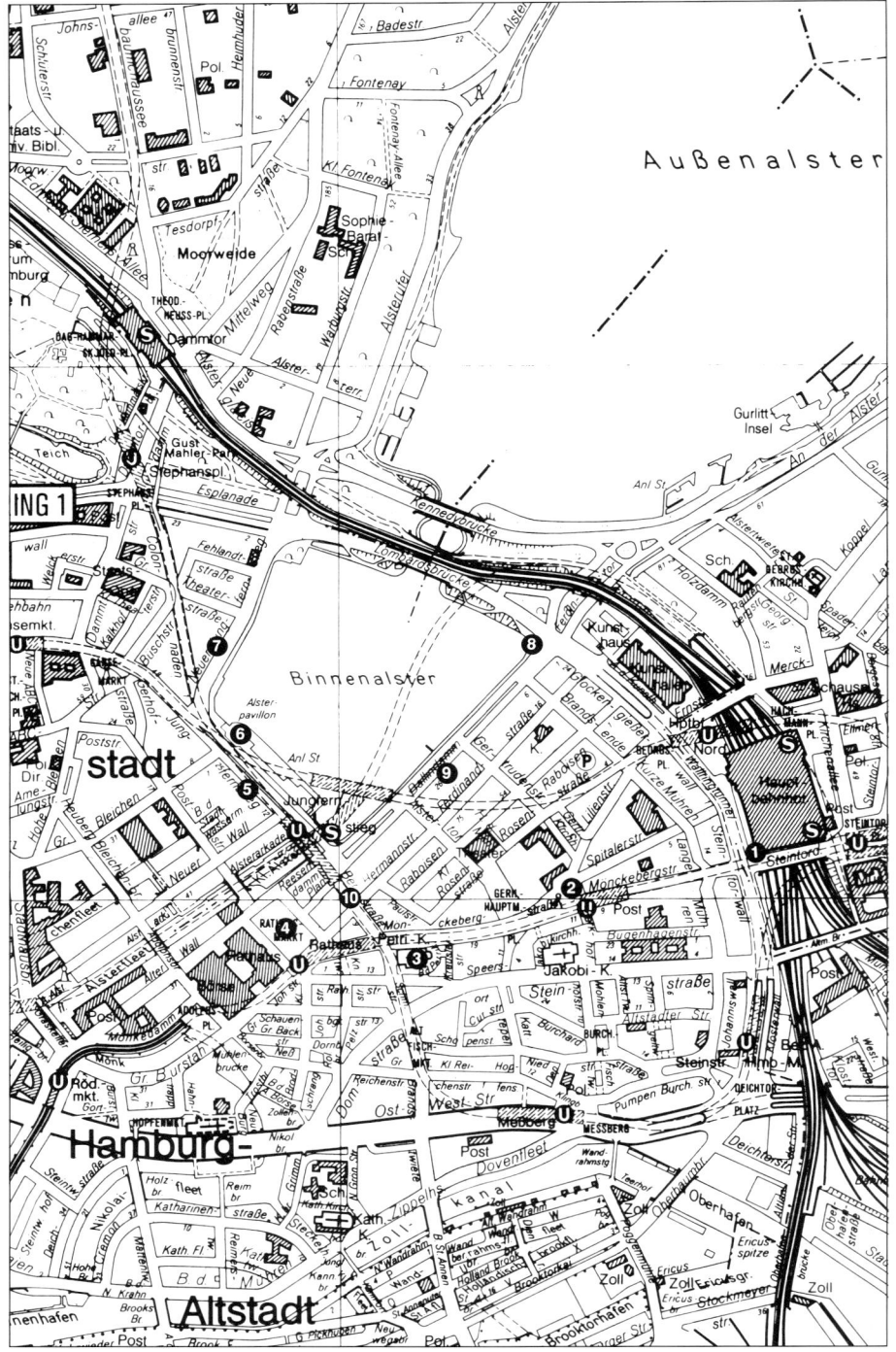

Stein auf Stein
der Kaufmannsstolz

Ausgangspunkt: Hauptbahnhof (DB, alle U- und S-Bahnen)
Endpunkt: U-/S-Bahnhof Jungfernstieg (U1, U2, S1, S3)
Dauer des Rundgangs: 2 ½ Stunden

Nirgendwo anders als in der Innenstadt, in Rathaus, Börse und Kontorhäusern, in der ehemals so noblen Jungfernstieg-Promenade und den mittelalterlichen Bürgerkirchen präsentieren sich Stolz und Tradition der Hamburger Kaufmannschaft augenfälliger.

»Adam Riese ist ihr Voltaire. Daher hat auch ihr Benehmen die ganze Anmut einer Preisliste, die ganze Liebenswürdigkeit einer Rechnung, ja, die Artigkeit eines Frachtbriefes. Kommt man ihnen mit Literatur, so reden sie von Zucker oder Kaffee, und auf das Thema Gefühle antworten sie mit Kakao und Gewürz. Begegnet man zufällig einem Kaufmann auf der Straße und begrüßt ihn, so macht er ein Gesicht, als erwarte er zwei Prozent für die Erwiderung des Grußes.«

Was ein Hamburg-Besucher da 1835 über die Stadt und die vielzitierten »Pfeffersäcke« aufschrieb, ist natürlich ein Weilchen her, hat aber mit diesem Rundgang viel zu tun. Und dies, obwohl dieser Teil der Stadt immer wieder gründlichen Veränderungen unterworfen war: durch den Großen Brand von 1842, den Zollanschluß mit der Expansion des Hafens, die Beseitigung der Altstadthöfe für das Kontorhausviertel, die Zerbombung im 2. Weltkrieg und schließlich die Abrißpolitik der 50er und 60er Jahre. Geblieben ist nichts, was zu den großen deutschen Baudenkmälern zählen würde: kein Dom wie Köln, kein Schloß wie Stuttgart, auch kein Brandenburger Tor. Und doch wieder mehr, als zu erwarten wäre.

Als zwischen 1899 und 1906 der Hamburger Hauptbahnhof entstand, wurden die Friedhöfe der Gemeinden von St. Georg und St. Jacobi beseitigt, und der Charakter des nahen Viertels St. Georg (s. S. 75) veränderte sich wesentlich.

Jetzt ist der Bahnhof als »Eingangspforte zur City« in langjähriger Arbeit wesentlich umgestaltet und modernisiert worden. Die Urteile in der Presse schwanken: Einerseits wird die neue Wandelhalle gelobt (in der Geschäfte bis 22 Uhr offenhalten dürfen), andererseits vom »Wartesaal des Elends« berichtet. Denn wie in vielen anderen Städten auch hat der Hamburger Hauptbahnhof seine »Szene«: Junkies, Stricher, Prostituierte und Obdachlose, die angesichts fehlender Quartiere gezwungenermaßen in den Katakomben nächtigen. In der neu-

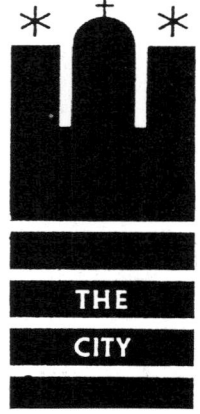

Vignette aus dem »Guide to Hamburg«: »The City« hat heute 1,704 Millionen Einwohner, davon sind 15,4 % Ausländer, und ist nach Berlin die zweitgrößte deutsche Stadt.

Hauptbahnhof

Die Mönckeberg-straße sollte »Größe und Wirtschaftskraft« symbolisieren: Blick vom Schumacher-schen »Tempel« mit der Skulptur von 1926; im Hintergrund die Petrikirche

en Wandelhalle, die täglich eine viertel Million Menschen passieren, sorgen private Wachleute dafür, daß keine sozialen Drop-outs das Bild stören, und zum Hachmannplatz hin hat man 1997 einen hohen Metallgitterzaun installiert, damit sich niemand mehr auf der Mauer niederlassen kann. Gleichzeitig wurde das Hausrecht der Deutschen Bahn AG erweitert. Den Drogenhandel sollen bei Redaktionsschluß zusätzliche Polizeikräfte bekämpfen. Man fragt sich allerdings, wohin die offene Drogenszene, die auch zum Bild anderer Großstädte gehört, vertrieben werden soll.

In den Katakomben des Hauptbahnhof-Süd, auf dem Weg zur U3, ist oftmals hinter dem Tresen des Schnellimbisses der Schlachter Jürgen Blin anzutreffen, der 1971 mit Muhammad Ali im Boxring stand: Fotos an den Wänden erinnern an die große Karriere des Preisboxers.

Tritt man auf die Altmannbrücke an der Südseite des Bahnhofs, blickt man auf das frühere Postamt Hühnerposten (1905/1923–27, Denkmalschutz). Zwischen beiden Gebäuden war der Transrapid-Bahnhof vorgesehen. Der Hühnerposten-Bau soll nun neu genutzt werden (Büros, Hotel, Wohnungen, Restaurants).

Seit 1993 erinnert an der Bahnhof-Westseite eine Gedenktafel an die Deportationen von fast 6000 Juden vom Hannoverschen Bahnhof vom Oktober 1941 bis Februar 1945. In der Nähe liegt der Eingang zum »Öffentlichen Schutzraum Steintorwall« für 2702 Menschen.

Gegenüber dem Bahnhof kündigt sich am Glockengießerwall bereits eindrucksvoll die City an: mit Klosterburg (Nr. 1) und Wallhof (Nr. 3-4), nach der Jahrhundertwende entstandenen Kontorhäusern.

In die City führen zwei Wege: einmal die Spitaler Straße, eine Mönckebergstraße Fußgängerzone, zuletzt »aufpoliert« mit Neubauten wie dem »Spitaler Hof« (1991) samt rundem Eckturm mit »Krone«. Die asbestverseuchte »Mövenpick-Brücke« über der Spitaler Straße ist 2001 abgerissen worden, neu gebaut wird die »Barkhof-Passage«.

Die parallele Mönckebergstraße hat als Einkaufsstraße in der neuen, noblen westlichen Einkaufsstadt um den Gänsemarkt Konkurrenz. Allerdings strebt in die Mönckebergstraße, wo die großen Kaufhäuser sind, eine andere Klientel als zu den schicken Passagen. Ein Prozeß der Verödung der Stadtzentren wird hier deshalb wohl nicht stattfinden. Seit 1993 haben Fußgänger mehr Raum, für Privatfahrzeuge ist der Straßenzug nunmehr tabu.

Ganz im Gegensatz zu Düsseldorfs »Kö«(nigsallee) haben die Hamburger das Kürzel »Mö« nie akzeptiert. Die Hauptgeschäftsstraße und Einkaufsmeile (wenn auch nur knapp einen Kilometer lang) wurde 1905 als Durchbruch vom Hauptbahnhof zum Rathaus beschlossen:

»Mit dem Straßendurchbruch sollte das offenbar tiefer sitzende Bedürfnis befriedigt werden, Hamburgs Stadtbild endlich auch seiner Größe und Wirtschaftskraft entsprechend zu verschönern. Mit dieser im wahrsten Sinne des Wortes bahnbrechenden Straße erreichte die Citybildung ihren Höhepunkt. Sie wurde als neue Hauptverkehrsader der Geschäftsstadt zu jener Starkstromleitung städtischen Lebens, als die sie Zeitgenossen empfanden.« (Hermann Hipp)

Der 1908 ausgeführte Durchbruch zerstörte die alten Höfe und Gänge zwischen Spitaler Straße und Steinstraße, den Stadtteil der kleinen Leute, deren Wohnraum nach der Cholera-Epidemie von 1892 zum »Sanierungsgebiet Altstadt-Nord« erklärt worden war. An dessen Stelle traten große Kontorhäuser, die man im alltäglichen Einkaufstrubel leicht übersieht.

Der Barkhof, Nr. 8–12, ist ein Doppel-Kontorhaus von 1910, be- Mönckebergstraße 8 - 12 ginnend Ecke Spitaler Str. / Mönckebergstraße, mit 170 Metern Straßenfront. Das Klöpperhaus, Nr. 3, Architekt: Fritz Höger, erbaut 1912 – 13, ist jetzt der »Kaufhof«. Die Bronzeschafe von August Gaul an der Ecke erinnern an den Wollhandel von Bauherr Klöpper. Bei der Eröffnung 1967 galt der »Kaufhof« als modernstes deutsches Kaufhaus; ein ebenerdiger »Rollteppich« führte vom Hbf. unter der Erde zum Eingang. 1997 raste James Bond alias Pierce Brosnan für eine Szene von »Der Morgen stirbt nie« mit einem Auto von einer Rampe in ein eigens eingebautes Schaufenster des »Kaufhof«. Nr. 5 ist das Hammonia-Haus (1913, Ernst Friedheim), das ursprünglich Caledonia-Haus hieß, woran die Reliefs der Schotten erinnern. Im Nationaltaumel des 1. Weltkriegs wurde der Name beseitigt. Das Levante-Haus (Nr. 7) entstand 1912 – 13 und beherbergt seit 1998 in den oberen Stockwerken das »Hyatt Park Hotel«. Die Passage im Haus ist sehr gelungen, Wandmalereien sind der Levante (Morgenland, Länder des östlichen Mittelmeerraumes) gewidmet, und 2000 wurde der Preis für »Hamburgs schönste Fassade« an den Bau vergeben. Vis-à-vis dem Mönckebergbrunnen ist Nr. 11 das Rappolthaus (Fritz Höger, 1911 – 12).

Gertrudenkirchhof

Der etwas abseits gelegene Platz (die Kirche St. Gertrud wurde beim Großen Brand 1842 zerstört) wurde ab 2001 umgestaltet und »aufgewertet«; drei Viertel der Kosten tragen nach US-Modell die Anlieger.

Mönckebergbrunnen

❷

An den Bürgermeister und Namensgeber der Straße erinnert dieser Bau, entworfen von Fritz Schumacher und 1913 realisiert (die Skulpturen kamen 1926 hinzu). Der Platz war ein beliebter Kundgebungsort der Nazis, z.B. für ihre Winterhilfswerk-Nagelungen. Der »Tempel« bot ehemals als Zentralbücherei »geistige Nahrung« an; jetzt ist er in jeder Hinsicht »entweiht«, um so ärgerlicher, weil das damalige Denkmalkomitee dem Staat die Anlage schenkte und den Verkauf verbot – so hat der Senat den Bau eben verpachtet, wobei man sich

Größe, Traditions-bewußtsein – und die Geschichte zweier Gedenktafeln: Portal des Rathauses

gewiß sinnvollere Nutzungen (z.B. für die Tourist-Information) an diesem exponierten Ort vorstellen könnte, zumal die Würstchenbuden an den U-Bahn-Eingängen Imbiß-Bedürfnisse zufriedenstellend erledigen.

Der ehemalige Pferdemarkt wurde 1946 auf Antrag der KPD nach dem Dichter benannt. Anstelle der Karstadt-»Flanke« standen am Platz einmal zehn bis zwölf Wohnhäuser. Der Platz gegenüber, an dem ab und an das Glockenspiel ertönt, trägt den Namen von Ida Ehre (1900 – 1989), der früheren Prinzipalin der Hamburger Kammerspiele. **Gerhart-Hauptmann-Platz** **Ida-Ehre-Platz**

Das Thalia-Theater (1911 – 12, Architekten Lundt & Kallmorgen) wurde am 13. April 1945 zerstört; Tafel am Haus. Wiederaufbau 1946 – 60 hinter der alten Fassade (Erweiterung bis 1993). Im Theater war in der NS-Zeit ein Stützpunkt der Widerstandsgruppe Bästlein-Jacob-Abshagen. Die Thalia-Schauspielerin Hanne Maertens (geb. 1909) wurde 1945 im KZ Neuengamme ermordet. Intendanten des Hauses waren Erich Ziegel, Willy Maertens, Boy Gobert (unter dessen Leitung 1969 bis 1980 sich das Thalia dem zeitgenössischen Regietheater öffnete), Peter Striebeck und Jürgen Flimm (bis 2000, Nachfolger: Ulrich Khuon).

Das flächenmäßig größte »Karstadt«-Haus der Bundesrepublik ist 1912 eröffnet worden. Kaufhauskönig Rudolph Karstadt hatte 1881 im mecklenburgischen Wismar begonnen. »Gleicht es nicht dem Basarviertel der orientalischen Stadt?« fragte beim Start der Hamburger Niederlassung das »Fremdenblatt«. 1944 wurde das Kaufhaus zerstört und brannte 1948 kurz vor der Wiedereröffnung aus. 1989 ist das größte Kaufhaus der Stadt modernisiert worden, das SB-Restaurant mit großem Angebot findet man im obersten Stockwerk. **Mönckebergstr. 16**

Viel Rummel gab's ums »Leineweber-Haus«, als dort Filmstar Sylvester Stallone 1997 den Grundstein für das »Erlebnis-Restaurant« »Planet Hollywood« legte, doch wurde aus dem Projekt genausowenig etwas wie aus dem »Official All Star Café«. So bleibt die Mönckebergstraße denn an Abenden und Feiertagen eine weitgehend verlassene, publikumsarme Meile. **Mönckebergstr. 27/29**

Auf Höhe von Nr. 29 zweigt die kleine Knochenhauertwiete im Versmannhaus (1912) ab: Die Schlachter, die dort seit dem 13. Jahrhundert wirkten, haben nun steinerne Gestalt angenommen.

Das Hulbehaus im Stil der Neorenaissance (1911) fällt in dieser Straße aus dem baulichen Rahmen: Es heißt, Bauherr Georg Hulbe, Inhaber eines Kunstgewerbehauses, wollte damit ein Zeichen gegen den Kontorhaus-Boom in dieser Gegend setzen. **Mönckebergstr. 21**

Die älteste Kirche der Stadt ist 1195 erstmals erwähnt und beim Großen Brand 1842 zerstört worden. 1844 – 49 entstand der Neubau (de Chateauneuf / Fersenfeldt), der Turm kam 1866 – 78 (Maack) hinzu. Inmitten der umtriebigen City ist die Kirche ein ruhiger Ort. Der mittelalterliche Hochaltar von St. Petri (1383, Meister Bertram) ist heute in der Kunsthalle zu sehen. Erhalten ist im südlichen Langhaus der Kirche ein Bild, das an die Vertreibung 1813 in der »Franzosenzeit« erinnert. **St. Petri-Kirche** ❸

Das Rathaus bei Nacht (1939)

Aufgrund ihrer exponierten Lage war die Kirche des öfteren Ort politischer Aktionen. Im April 1979 harrten 150 Besetzer, darunter zehn Pastoren, mit dem wegen der Anti-AKW-Demonstration in Grohnde verurteilten Helmut O. hier 17 Tage bei einer Kirchenbesetzung aus. Am 21. November 1977 hatte der 47 Jahre alte Tübinger Lehrer Hartmut Gründler vor St. Petri aus Protest gegen die Kernenergie Selbstmord verübt; damals tagte der SPD-Bundesparteitag in der Stadt.

In der Turmhalle der Kirche ist noch eine Gedenktafel für die Bahrenfelder (s. S. 25): »Für Hamburg fielen in treuester Pflichterfüllung« – 17 Namen. In der NS-Zeit stand St. Petri den »Rathauskämpfern« für ihre Treffen zur Verfügung.

Der Türklopfer am Turmportal links ist von 1342: das älteste Kunstwerk der Kirche. Seit 1979 steht außerhalb der St. Petri-Kirche beim Chor eine Bronzestatue des 1945 in Flossenbürg hingerichteten Theologen Dietrich Bonhoeffer. »Er hat unserer Epoche genausoviel zu sagen, die sich einer Freiheit erfreut, ohne sie sinnvoll zu nutzen« – so der Denkmalstifter Axel Cäsar Springer. St. Petri hat übrigens Hamburgs höchsten Spielplatz: 30 Meter hoch, über dem 7. Stockwerk des Gemeindehauses.

Rathausmarkt
❹

Hat er nicht eine annehmbare Gestalt bekommen, Ex-Bürgermeister »Kloses roter Platz« vorm Rathaus? Eine Koalition aus CDU, Handelskammer, Springer-Presse, Firmen etc. hatte die Neugestaltung (1982 abgeschlossen) ausdauernd – und erfolglos – bekämpft, von wegen der »Strangulierung des Innenstadtverkehrs«, denn auf dem Rathausmarkt wurde König Auto weitgehend entthront. Als der »neue« Rathausmarkt mit einer Goldplakette für die Ausgestaltung von Innenstädten durch das Bundesbauministerium ausgezeichnet wurde, mußte ausgerechnet dessen Staatssekretär Jürgen Echternach, als Hamburger CDU-Vorsitzender einer der vehementesten Gegner des Projekts, den Preis überreichen.

Der Markusplatz zu Venedig war Vorbild für die Hanseaten. Daß auf dem Rathausmarkt heute kein venezianisches Flair vorherrscht, ist Temperaments- und vor allem Wetterfrage bzw. Resultat der Konzeption, das City-Leben vor allem auf Geschäftsöffnungszeiten zu reduzieren.

Gottfried Semper hatte ein Staatsbautenforum zwischen Börse (1842/1859 – 84/1950 – 58) und Binnenalster konzipiert, von dem Hamburgs Staatsbau Nummer eins blieb: das Rathaus (1886 – 1897 bzw. 1909, Architektengemeinschaft unter Leitung von Martin Haller), das »Reichtum, Größe und Traditionsbewußtsein des hanseatischen Gemeinwesens Hamburg verkörpert« (Hipp). Das alte Rathaus bei der Trostbrücke war 1842 während des Großen Brandes gesprengt worden.

»Das Rathaus steht durch Flügelbauten mit der Börse in Verbindung – eine Einrichtung, die dem Wesen der Hamburger Kaufmannsrepublik sinnfällig gerecht wird«, schreibt Rado 1929 in seinem Stadtführer. Im »Senatsgehege« berät die Regierung der Stadt, in der Bürgerschaft tagt das Parlament; Führungen werden angeboten.

Die Geschichte des politischen Ortes Rathaus/Rathausmarkt hier auch nur annähernd zu beschreiben, ist nicht möglich. Machen wir einiges an zwei Gedenktafeln fest. Da ist einmal die der sog. Bahrenfelder in der Rathaus-Halle:

Mit dem 11. November 1918 und dem Einzug des Vollzugsausschusses des Arbeiter- und Soldatenrats wehte auch vom Rathaus die rote Fahne. Der Senat wurde (vorübergehend) abgesetzt, der Gang der Dinge ist bekannt: Die Fahne verschwand wieder, die Zeiten blieben unruhig.

Am 23. Juli 1919 geleitete eine Menge den Fabrikanten Jakob Heil zum Rathausmarkt, verabreichte ihm Prügel und warf ihn in die Kleine Alster: Heil hatte in der Großen Reichenstraße »ff. Delikateßsülze« hergestellt – aus Hundefellen, Knochen und Kalbskopfhäuten, eher Abdeckerei denn Lebensmittelbetrieb. Nach dem sog. Sülze-Krawall alarmierte Lamp'l, der Kommandant von Groß-Hamburg, die Bahrenfelder Jäger, eine Zeitfreiwilligen-Truppe, die das Rathaus besetzte. Der Kampf ums Rathaus begann, Arbeiter stürmten den Bau. 17 Bahrenfelder starben und waren fortan Helden des nationalen (und später nationalsozialistischen) Hamburg. Als sie 1926 mit der Gedenktafel im Rathaus geehrt wurden, regierte die SPD. Die sechs Sozialdemokraten, fünf Unabhängigen und fünf Kommunisten, die damals bei den Auseinandersetzungen starben, sind am Revolutionsdenkmal von Ohlsdorf (s. S. 281) beigesetzt. Insgesamt 60 Menschen kamen in den Juli-Tagen 1919 ums Leben.

Eine andere Gedenktafel, am Aufgang zur Bürgerschaft, sieht der Rathaus-Besucher gewöhnlich nicht.

Sie wurde 1981, am 8. Mai, für die in der NS-Zeit ermordeten Abgeordneten der Hamburger Bürgerschaft angebracht, 36 Jahre nach Ende der Nazi-Herr-

Politischer Kundgebungsort Rathausmarkt: Nationalsozialistischer Mummenschanz bei einem Umzug 1939

KPD-Vorsitzender
Thälmann: Im KZ
Buchenwald ermordet.
Auch sein Name fehlt
auf der Rathaus-
Gedenktafel

Kleine Alster-Musik:
Rathausmarkt mit
dem Barlach-Relief am
Kriegerdenkmal

schaft. SPD-Bürgerschaftspräsident Peter Schulz beschloß allerdings in einsamer Entscheidung, weder Opfer noch Täter auf der Tafel zu nennen. Als Grund für Schulz' Entscheidung wurde bekannt, daß er eine »kommunistische Wallfahrtsstätte« im Rathaus fürchte (nach »Frankfurter Rundschau«).

Die Namen der ermordeten Abgeordneten, die die Tafel verschweigt: Kurt Adams, SPD, 1944 im KZ Buchenwald umgekommen; Etkar André, KPD, 1936 in Hamburg hingerichtet; Bernhard Bästlein, KPD, 1944 in Brandenburg hingerichtet; Adolf Biedermann, SPD, 1933 bei Recklinghausen tot aufgefunden; Gustav Brandt, KPD, 1945 von SS erschossen; Valentin Ernst Burchard, Deutsche Staatspartei, 1941 nach Minsk deportiert; Hugo Eickhoff, KPD, 1944 im »Sonderbataillon« in Rumänien umgekommen; Max Eichholz, DDP/Deutsche Staatspartei, 1943 im KZ Auschwitz ermordet; Theodor Haubach, SPD, 1945 in Plötzensee gehenkt; Wilhelm Heidsiek, SPD, 1944 im KZ Neuengamme umgekommen; Ernst Henning, KPD, 1931 von SA erschossen; Hermann Hoefer, KPD, 1945 an Haftfolgen gestorben; Heinrich Hoffmann, KPD, 1936 in den Tod getrieben; Franz Jacob, KPD, 1944 im Zuchthaus Brandenburg hingerichtet; Fiete Lux, KPD, 1933 im KZ Fuhlsbüttel ermordet; Adolf Panzner, KPD, 1944 an Haftfolgen verstorben; Fritz Simon Reich, Reichspartei des Deutschen Mittelstandes, 1944 in das KZ Theresienstadt deportiert; August Schmidt, KPD, 1939 an den Haftfolgen verstorben; Otto Schumann, SPD, 1945 beim Untergang der Häftlingsschiffe (»Cap Arcona«, »Thielbek«) umgekommen; Theodor Skorzisko, KPD, 1940 in Paris verschollen; Ernst Thälmann, KPD, 1944 im KZ Buchenwald ermordet; Hans Westermann, KPD, 1935 im KZ Fuhlsbüttel ermordet. Ungeklärt ist das Schicksal von Alfred Levy, KPD, der 1937 nach Prag flüchtete und verschollen ist. Nach Hermann Weber soll er in der UdSSR bei den stalinistischen Säuberungen umgekommen sein. Bei diesen Verfolgungen in der Sowjetunion kamen die Emigranten und früheren KPD-Bürgerschaftsabgeordneten Paul Dietrich (1937 verhaftet), Hans Kippenberger (1937 nach Geheimprozeß erschossen), Willi Presche (1937 verhaftet) und Heinrich Meyer (1937 verhaftet, 1938 vom Militärkollegium des Obersten Gerichts der UdSSR zum Tode verurteilt und erschossen) ums Leben.

Der Rathausmarkt dient heute noch gelegentlich als Ort politischer Kundgebungen, ansonsten allerlei Festivitäten wie z.B. dem Stuttgarter Weindorf. Hier wurde der 315 Flutopfer von 1962 von 100 000 Menschen gedacht; hier demonstrierten 1958 über 100 000 gegen die Atomrüstung, und im Oktober 1983 kam hier die größte Demonstration in der Geschichte der Stadt an: 400 000 bezogen gegen die »Nachrüstung« Stellung und standen vom Rathausmarkt bis zum Hauptbahnhof und zur Binnenalster.

Nach den Wahlen 1997 (Beteiligung 68,7%) bildeten SPD (36,2, –4,2) und GAL (13,9, +0,4) die rot-grüne Koalition; die CDU (30,7, +5,6%) ist in der Opposition. Nicht in der Bürgerschaft vertreten sind u.a. DVU (4,9), STATT Partei (3,8) und FDP (3,5). Nach der Zustimmung der Grünen zum Krieg gegen Jugoslawien verließ eine Reihe von Abgeordneten die GAL-Fraktion und gründete 1999 die »Regenbogen-Gruppe« (Neuwahlen September 2001).

Seit 1982 steht auf dem neugestalteten Rathausmarkt das Denkmal für Heinrich Heine von Waldemar Otto, das zwei Vorgänger in Hamburg hatte, wo die Ehrung des Juden und kritischen Zeitgenossen stets auf starken Widerstand stieß.

Das Heine-Denkmal I von Bildhauer Hasselriis stand auf Initiative von Österreichs Kaiserin Elisabeth auf Korfu. Elisabeths Nachfolger auf der griechischen Insel, Kaiser Wilhelm II., wollte das Monument loswerden, und so kaufte es der Hamburger Heine-Verleger Campe. Der wiederum wollte es der Stadt zum Geschenk machen, doch die lehnte ab. Das Denkmal wurde im Barkhof, am Durchgang von der Mönckebergstraße zur Spitalerstraße, aufgestellt und fortan – trotz Schutz durch Sozialistische Arbeiter-Jugend (SAJ) und junge Juden – immer wieder von Deutschnationalen besudelt. 1926 wanderte der Heine nach Altona in den Donnerschen Park aus, bis er 1933 unter Verschluß kam. Das Denkmal »emigrierte« 1939 nach Toulon in Frankreich – »so folgte es demjenigen, dem es geweiht war, ins Exil« (der Schriftsteller Arie Goral, 1909–1996).

Das dritte Hamburger Heine-Denkmal: Eines ist im »Exil«, das zweite wurde zerstört

Das Heine-Denkmal II, im Auftrag der Stadt von Hugo Lederer geschaffen, wurde 1926 im Stadtpark aufgestellt. 1933 beschloß der NS-Senat die Zerstörung des Denkmals »dieses volksfremden Künstlers, der das deutsche Volk niemals verstanden hat und der Mehrheit unseres Volkes immer völlig fremd geblieben ist« (»Hamburger Tageblatt«). Die Lederer-Figur ist Vorbild des heutigen nachdenklichen Rathausmarkt-Heine.

Das Ehrenmal für die Opfer des 1. Weltkrieges (»40 000 Söhne der Stadt ließen ihr Leben für euch«) wurde 1931 eingeweiht. Zuvor hatte die Stadt das Kaiser-Wilhelm-I.-Monument zum Sievekingplatz versetzt; von der Anlage vor dem Rathaus zeugen noch die beiden großen Flaggenmasten. Das Relief von Ernst Barlach zeigt eine trauernde Mutter mit Kind. »Der Stein an der Kleinen Alster hat nicht vermocht, die Herzen zu packen; man merkt ihm an, daß er in den Jahren aufgestellt wurde, als der Glanz deutscher Siege und heroische Haltung nichts galten«, rügten Lahaine/Schmidt 1936 in einem Hamburg-Buch. Kurz nach Kriegsbeginn, im November 1939, wurde die trauernde Mutter vom Bildhauer Hans Ruwoldt durch einen emporfliegenden deutschen Adler ersetzt: »Das Relief bringt das wiedererstarkte deutsche Volk sinnbildlich zum Ausdruck.« (»Hamburger Tageblatt«) 1949 ist das Barlach-Relief rekonstruiert worden.

Unter dem Rathausmarkt liegt seit 1998 in einem zuvor ungenutzten U- und S-Bahn-Zugang eine Ladenzeile der anderen Art: Die »Rathaus-Passage« des Diakonischen Werkes, in der Langzeit-Arbeitslose in Gastronomie, Antiquariat, Läden beschäftigt sind. Dort stehen auch 15 Leih-Fahrräder zur Verfügung. Weitere Projekte für die 6400 Obdachlosen und über 140 000 Sozialhilfe-Empfänger: Die Obdachlosen-Zeitung »hinz und kunzt«, das »Spendenparlament« und die »Hamburger Tafel«, die überschüssige, noch verwertbare Lebensmittel an Bedürftige verteilt.

Bei so viel Alster, Jungfernstieg und Rathausmarkt fällt sie vielleicht nicht einmal sonderlich auf, die Kleine Alster, und fügt sich doch ideal in die Stadtbild-Szene ein – »die Rathausmarkt-›Piazetta‹

Die Alsterarkaden am Rathausmarkt

Alsterarkaden

Jungfernstieg

ist mit einem ganz entzückenden Einfall des Architekten Alexis de Chateauneuf gerändert, den strahlend weißen Alsterarkaden« (Manfred Sack), Abschluß des »hanseatischen Markusplatzes«.

Was im Rechteck zwischen Reesendamm- und Schleusenbrücke, Alsterarkaden und Reesendamm zu sehen ist, ist nur noch ein Rest der Kleinen Alster. Die war ehemals ein aufgestauter kleiner See und bedeckte das heutige Areal vom Rathausmarkt bis Große Bleichen. Der Große Brand von 1842 hat die Chance zur Neuplanung geboten: Die Kleine Alster wurde noch kleiner und bekam 1846 eine Schleuse.

Chateauneufs Alsterarkaden, klassizistisch von 1843, mit geschmiedeten Laternen und einem Gußeisen-Geländer mit maritimem Schmuck, sollten ursprünglich noch zweimal so weit bis zum Graskeller führen, doch da reichte das Geld nicht. Das noble Stück ist, wenig bekannt, Teil des Alsterwanderweges. Nach dem Großfeuer Silvester 1989 wurde beim Wiederaufbau die großartige Mellin-Passage mit Deckengemälden und Glasmalereien der Jahrhundertwende wiederhergestellt. Ebenfalls unter den Arkaden: der unscheinbare Eingang zum »Kinderparadies«, das diesen Namen auch verdient.

Jungfernstieg und Binnenalster sind eine von Hamburgs Schauseiten. Die Alster ist 1235 aufgestaut worden, und der Jungfernstieg verläuft auf dem früheren Reesendamm, einem Staudamm, benannt nach der Getreidemühle von Reese. Davor ist die Binnenalster, eingerahmt von imposanten Baulichkeiten, durch Lombardsbrücke (1868/ 1908) und Kennedybrücke (1951–53) getrennt von der Außenalster, die Auswärtige gelegentlich für einen See halten. Anstelle der Brücken hatte früher der Wallring Binnen- und Außenalster getrennt.

Leider ist der Jungfernstieg keine gemütliche Promenade mehr wie ehemals: Auch hier dominiert der Autoverkehr. Immerhin hat man den Bereich zur Binnenalster hin recht gefällig gestaltet. Doch wenden wir uns, bevor wir vielleicht »in See stechen«, erst einmal einigen Bauten am Jungfernstieg zu.

Nobelster Kaufpalast der Stadt, mit gutsortierter Lebensmittelabteilung und einem Restaurant mit wunderschönem Ausblick auf die Binnenalster (und vernünftigen volkstümlichen Preisen), ist das »Alsterhaus«, das zum Karstadt-Konzern gehört. Ein Umbau – Lichthof, gläserne Aufzüge, Wiederherstellung des historischen Seidensaals von 1912 in zweistöckiger Höhe – ist geplant.

Jungfernstieg 16 - 20
❺

Eines der zahlreichen Hotels an der Binnenalster war um 1880 der »Hamburger Hof«, der 1917 nach einem Brand zum Kontorhaus umgebaut wurde. Der Neorenaissance-Bau aus rotem Sandstein ist 1976-79 modernisiert worden. Zwei Gedenktafeln erinnern an den jüdischen Mäzen und Bankier Salomon Heine (1767-1844) und an Ida Dehmel (geb. 1870), die 1926 im Hamburger Hof die Gemeinschaft deutscher und österreichischer Künstlerinnen und Kunstfreundinnen (GEDOK) gründete; 1942 nahm sich die Jüdin das Leben.

Jungfernstieg 26

Die Straße bot ehemals auch für hohe Herrschaften beliebte Bleiben: »Streit's Hotel« war 1837 eröffnet worden und beherbergte 1912 – inkognito – König Frederik VIII. von Dänemark als Gast. Selbst Hamburger, die sich sonst nur leidlich für Historie interessieren, kennen die Geschichte: Beim Tête-à-tête in einem der einschlägig bekannten Etablissements beim Gänsemarkt ereilte den König der Tod. So kam ein Hamburger Beerdigungsinstitut zu einem prominenten Kunden, mit dem es noch heute wirbt. 1945 beschlagnahmten die Briten das Haus, das 1955 in ein Bürogebäude mit Kino umgewandelt wurde. Das Lichtspieltheater »Streit's«, z.T. noch mit der Originalausstattung der 50er Jahre, ist Erstaufführungshaus geblieben, so wie schon 1961, als Shirley MacLaine persönlich zur Premiere von »Irma La Douce« kam.

Jungfernstieg 38

Auch für Kaiser Wilhelm II. waren Jungfernstieg und Binnenalster standesgemäß: Er hatte irgendwas verwechselt und den Hamburgern mitgeteilt, er wolle 1895 »auf der Insel in der Alster« empfangen werden. Da aber ist bekanntlich keine, und so baute ihm die kaisertreue Stadt bzw. jene, die das Sagen hatten, eine Binnenalster-Insel samt Leuchtturm.

»Das populärste Kaffeehaus der Welt« nannte das »Hamburger Fremdenblatt« 1914 den Alsterpavillon und schrieb weiter, daß er »von jetzt ab auch annähernd das eleganteste und geschmackvollste« sei.

Jungfernstieg 54
❻

Seit 1799 befand sich am Jungfernstieg in exponierter Lage das Etablissement, im Laufe der Jahrzehnte mehrmals umgewandelt. Im 1. Weltkrieg wurden in den Konzertpausen stets die Siegesmeldungen verlesen, bis nach Kriegsende die Not auch vor dem exklusiven Haus nicht haltmachte: 500 bis 600 Arbeitslose stürmten den Alsterpavillon kurz vor Ostern 1919 (ebenso das Café Esplanade, Rats-

Anleger
Jungfernstieg

U-Bahnhof
Jungfernstieg

Jungfernstieg 50

weinkeller und Rathauskeller) und zertrümmerten die Einrichtung des »Schieberlokals«, wie sie es nannten.

Im »Judenaquarium«, wie der dem Wasser zugewandte Café-Teil bis in die 30er Jahre hieß, wurde noch in der NS-Zeit geswingt. 1938 soll die Gestapo die Jack Hilton Band aus dem Lokal vertrieben haben. Am 25. Juni 1942 verfügte die Geheime Staatspolizei, daß der Alsterpavillon wegen der unerwünschten Swing-Konzerte einen Monat lang täglich um 17 Uhr schließen müsse. Die Frist war gerade abgelaufen, als in der Nacht vom 26. auf den 27. Juli 1942 Bomben das Gebäude zerstörten.

Der Alsterpavillon ist mit dem Neubau (1952–53) von Ferdinand Streb wiedereröffnet worden – für Bürgermeister Max Brauer damals »das schönste Lokal Deutschlands«. Nach aufwendiger Renovierung wurde das bereits 1995 wiedereröffnete Etablisement 2001 als »Alex« der britischen Bass-Gruppe neu eröffnet.

Viel ist nicht geblieben vom ehemals weitverzweigten Netz der Alsterschiffahrt, die zu den öffentlichen Verkehrsmitteln gehörte wie Hochbahn, Bus und Straßenbahn und deren Schiffe die Alster hinauf bis Ohlsdorf fuhren, bis Barmbek und Mundsburg, sogar bis in den Stadtpark. Die Hamburger selbst haben die »Weiße Flotte« im Stich gelassen, sind auf andere Verkehrsmittel umgestiegen. Immerhin fährt, von März bis Oktober und dank Sponsor »Volksfürsorge«, unter dem Titel »Alster-Kreuz-Fahrt« noch eine Linie: ab Jungfernstieg bis Winterhuder Fährhaus und retour (s. S. 301). Außerdem gibt es etliche Sonderfahrten (Kanal-, Teichfahrten usw.).

Bleibt noch der Weg in den Untergrund: »Der U-Bahnhof Jungfernstieg ist der schönste und modernste Untergrundbahnhof Deutschlands«, hieß es 1939. Gebaut 1934, liegt der Bahnhof teilweise unter dem Wasserspiegel der Alster. Arbeiter fanden damals beim Ausschachten einen 700 Jahre alten Eichenstamm, Bestandteil des ersten Alsterdamms. Er wurde von Richard Luksch, dem Bildhauer, künstlerisch bearbeitet und ist noch heute auf der Plattform der U1-Station zu sehen. Dort ist auch eine Gedenktafel für einen beim Bau tödlich verunglückten Arbeiter angebracht. Noch tiefer als die U1-Plattform liegt der Haltepunkt der U2 unter der Erde, nämlich 20 Meter. 1969–73 ist dieser U-Bahnhof entstanden. Täglich halten am Jungfernstieg mehr als 800 Züge. 2000 sind die unterirdischen Gänge z.T. mit Säulengalerie, Glas und Edelstahl ausgestattet worden.

Bevor der Weg rund um die Binnenalster führt, sei noch ein Abstecher Richtung Gänsemarkt angebracht. In der »Buchhandlung am Jungfernstieg« (jetzt Buchhandlung Anneliese Tuchel, Alsterarkaden 21) bei Juniorchef und Student Reinhold Meyer (1920–44) war im 2. Weltkrieg einer der Treffpunkte einer Widerstandsgruppe (Gedenktafel), die nach 1945 wegen ihrer Kontakte zur Münchner Gruppe den Namen »Weiße Rose« erhielt. Sieben Mitglieder außer Meyer, der im Alter von 24 Jahren im Polizeigefängnis Fuhlsbüttel starb, kamen in der NS-Zeit 1944 und 1945 ums Leben.

Als »Europas Nummer eins« und eines der weltweit besten Hotels gilt das 262-Betten-Haus »Vier Jahreszeiten«, in dem die Übernach-

tung im Doppelzimmer 495 bis 625 DM kostet. Der Schwabe Friedrich Haerlin hatte sich 1897 an der Westseite der Binnenalster mit einem kleinen Elf-Zimmer-Hotel eingekauft, aus dem eine ganze Häuserzeile wurde. Bis 1989 blieb das Hotel »Vier Jahreszeiten« im Besitz der Familie Haerlin.

In seiner Geschichte hatte das Haus auch immer mal wieder ungebetene Gäste: So zog im 1. Weltkrieg das Oberkommando für die Küstenverteidigung ein, in der Revolution der Soldatenrat und von 1945–48 das Britische Hauptquartier, u.a. mit dem »Four Seasons Club«. Unerwünscht waren im Hotel die Rolling Stones, die in den mit Stilmöbeln ausgestatteten (man beschäftigt einen Restaurator) noblen Räumlichkeiten eine Puddingschlacht veranstalteten und an den Kronleuchtern schaukelten.

Im klassizistischen Stadthaus von 1833 des Bankiers Gottlob Jenisch, Nr. 18, ist nun der »Überseeclub« ansässig.

Nr. 21, im früheren Esso-Haus, befindet sich das Hamburgische Welt-Wirtschafts-Archiv (HWWA). Dort ist seit 1937 noch einer von etwa 40 Hamburger Paternostern in Betrieb. Seit 1994 dürfen »Personenumlaufzüge« nicht mehr gebaut werden.

Durch die geschlossene Reihe der Kontorhäuser bestimmt der Ballindamm an der Ostseite der Binnenalster das eindrucksvolle Bild dieses Stücks Hamburg wesentlich mit. Ebenso wie die Geschichte der HAPAG wiederholte sich auch die dieser Straße: Entstanden auf Brandschutt von 1842, diente der Trümmerschutt des 2. Weltkriegs zu ihrer Erweiterung. Seit 1947 trägt der frühere Alsterdamm den Namen von HAPAG-Generaldirektor Albert Ballin (s. S. 248), der am 9. November 1918, als in Berlin die beiden Republiken ausgerufen wurden, Selbstmord beging.

Haus Nr. 27 entstand 1954–55 nach den Plänen von Konstanty Gutschow, dem Hamburger Architekten der NS-Zeit. Nr. 26 ist das

Der Alsterpavillon, ehemals eine exklusive Adresse: Im Bild standesgemäßer Service der 50er Jahre. Die Traditions-Adresse heißt nun »Alex«.

Neuer Jungfernstieg
9 - 14/18

Neuer Jungfernstieg
18, 21

Ballindamm 25

❾

»Haben alle Passagiere auch Geld?«: HAPAG-Reklame 1912

Senator-Hayn-Haus (1908, George Radel); an den Senator erinnert auch Hayns Park in Eppendorf.

Das Verwaltungsgebäude der ehemals größten Reederei der Welt, der Hamburg-Amerika-Linie HAPAG (jetzt HAPAG Lloyd), entstand 1903 (Martin Haller) und wurde 1922-23 (Fritz Höger) erneuert. HAPAG übersetzte der Volksmund mit: »Haben alle Passagiere auch Geld?«!

Die vor 1914 bedeutendste Handelsreederei der Welt mußte nach dem 1. Weltkrieg den Großteil ihrer Schiffe an die Entente abliefern. 1929 war die HAPAG mit 16 000 Seeleuten und Angestellten bereits wieder eine der größten Schiffahrts-Gesellschaften der Welt. Als sie nach dem 2. Weltkrieg 1947 ihr 100jähriges Bestehen feierte, war der Schiffsbestand wieder gleich Null. Rado nennt in seinem »alternativen« Stadtführer von 1929 die HAPAG »einen der wichtigsten Faktoren im deutschen wirtschaftlichen und politischen Leben«. Mit ihrem Generaldirektor Wilhelm Cuno (1876 - 1933) stellte die Firma 1922 - 23 sogar den Reichskanzler.

Ballindamm 17

Das Kirdorfhaus (1901-05, Lundt & Kallmorgen) errichtete das Rheinisch-Westfälische-Kohlesyndikat; siehe auch die Darstellungen von Bergmann und Schmied an der Ecke.

Emil Kirdorf, nach dem der Bau benannt ist, war Mitbegründer der Gelsenkirchener Bergwerks-AG. Bereits 1927 wurde der Großindustrielle Mitglied der NSDAP. Kirdorf ebnete den Nationalsozialisten den Weg zur Großindustrie und finanzierte die NSDAP zwischen 1930 und 1933 mit 600 000 bis 700 000 Reichsmark. Ein Relief des Nationalsozialisten ist noch heute in der Vorhalle des Kirdorfhauses angebracht.

Ballindamm 40/ Ecke Bergstraße

»Tango-König« Juan Llossas, 1900 – 1957

Berlins »Haus Vaterland« am Potsdamer Platz ist heute Legende; daß Hamburg im Haus Belvedere (1904, Martin Haller) ein gleichnamiges Varieté besaß, ist kaum bekannt. Ursprünglich Ort der Kaffeehäuser »Café de l'Europe« und »Belvedere«, war am früheren Alsterdamm der »Teeraum« eingerichtet worden, ein Autosalon und schließlich 1919 das »Vaterland«, das 1938 mit »Tee-, Tanz- und Hauptraum und Herrenbar« warb. 1943 zerstört, eröffnete man im Neubau wieder mit »Großstadt-Kabarett«, dem Restaurant (»Börsen-, Vegetarische und Diät-Gerichte zum sofortigen Servieren!«), Bodega mit Schnellgrill, Herrenbar, dem »Fröhlichen Weinberg« (»bis 4 Uhr morgens Heurigenhochstimmung«) und der Verkaufskonditorei zur Bergstraße hin.

Tango-König Juan Llossas mit 14 Solisten, Wilhelm Strienz und Angèle Durand waren in dem Varieté Attraktionen der 50er Jahre. Fernsehen, zunehmende Motorisierung und veränderte Freizeitgewohnheiten leiteten noch in den 50ern das große Varieté-Sterben in der Bundesrepublik ein. Das »Vaterland« stellte um: Für das »Star-Varieté« wurden Hans Moser, Zarah Leander, Lou van Burg, Marika Rökk, Heinz Erhardt, Friedel Hensch und die Cyprys verpflichtet, doch der Betrieb war - ohne Subventionen, aber dafür vergnügungsbesteuert! - nicht mehr zu halten.

Am 18. September 1972 schlossen auch die gastronomischen Betriebe des Unternehmens; das »Vaterland« war für Hamburg verloren.

Dem Gebiet zwischen Ballindamm und Mönckebergstraße drohen gravierende Veränderungen: Bis 2005 soll dort für ca. 900 Millionen Mark die »Europa-Passage« entstehen. »Es bleibt kein Stein auf dem anderen«, kündigte der Investor an. Der historische Stadtgrundriß – »Kunstwerk Hamburg« –, wird ebenso zerstört wie eine Reihe Kontorhäuser: Europahaus-Rückseite Hermannstr. 33 (1907), das Hermann-Haus Bergstr. 16 (1907, Martin Haller, Wiederaufbau 1952), das Raddatz-Haus Bergstr. 22 (1907, Henry Grell, Wiederaufbau), der Bau Ecke Hermannstr. / Paulstr. (1891, M. Haller) und das frühere erwähnte »Haus Vaterland«. Ein Vertreter der Allianz-Immobilien bezeichnete die Gebäude laut »MoPo« als »ganz doofe Bürohäuser«, und Ex-68er (s.S. 219) und Staatsrat Behlmer kommentierte die Hermannstraße: »Nicht mal Penner verirren sich dahin«. Das Denkmalschutzamt (Volker Konerding: »nicht genehmigungsfähig«) wurde vor vollendete Tatsachen gestellt, Kulturbehörde (»große wirtschaftliche Bedeutung«) und grüner Stadtentwicklungs-Senator (»neue Qualität«) halten zugunsten von »Einzelhandelsgeschäften mit internationalem Flair« still. Die Freie Akademie der Künste beklagte dagegen »ein Ärgernis«, da der Senat nicht bereit sei, seiner kulturellen Verantwortung im Umgang mit dem historischen Erbe der Stadt gerecht zu werden. Die Kulturhistorikerin Ursula Schneider hielt fest, die Kontorhäuser-Vielfalt als besondere bauliche Qualität Hamburgs würde beim Bau der »Europa-Passage« verlorengehen.

Unter dieser Adresse war der Verlag von Otto Meißner, in dem im September 1867 der erste Band von »Das Kapital. Kritik der politischen Ökonomie«, Erstauflage 1000 Stück, von Karl Marx (1818 – 1883) erschien. Karl Marx war 1849 aus Deutschland ausgewiesen worden und lebte bis zu seinem Tod im Exil in England. Den Rest des Manuskripts brachte er selbst nach Hamburg zu Meißner.

Werner Skrentny

Dasselbe Schicksal wie viele andere große Varieté-Bühnen erlitten: Vorstellung im »Haus Vaterland«

Bergstraße 26

Die Kriegerdenkmäler: »Tatbereit, heute wie einst ...«

Die offiziellen Hamburger Kriegerdenkmäler – die 1877 an der Esplanade aufgestellte und 1926 an die Fontenay versetzte Bronzegruppe der drei von einem Siegesengel überhöhten sterbenden Soldaten (Entwurf: J. Schilling) sowie das Ehrenmal an der Freitreppe zur Kleinen Alster von 1931 (K. Hoffmann/E. Barlach) – waren vergleichsweise zurückhaltend ausgefallen; im Unterschied zum umstrittenen Denkmal für das Infanterie-Regiment Nr. 76 am Dammtorbahnhof (Kriegsklotz). Allerdings ist letzteres keineswegs das einzige kriegsverherrlichende Monument, ja möglicherweise nicht einmal das schlimmste in dieser Stadt.

Allenthalben schossen zwischen Bergedorf und Blankenese erstmals nach dem deutsch-französischen Krieg (1870–71) Erinnerungsmäler an (siegreiche) tote Soldaten aus dem Boden. Spätestens mit dem in die Revolution 1918–19 mündenden 1. Weltkrieg erhielten auch die kleinen Dörfer oder Kirchengemeinden, die nach dem 1870er Krieg noch leer ausgegangen waren, ihre Gedächtnisstätte für »Helden« und »Söhne« oder »Gefallene« und »Opfer« des deutschen Militarismus.

Am häufigsten kam es offenbar zur Aufstellung von Findlingen (Max-Brauer-Allee Altona, Wandsbeker Bahnhofstraße, Denksteinweg Jenfeld, Hummelsbütteler Hauptstraße, Wohldorfer Damm Bergstedt, Lüraer Weg Marmstorf, Depenhorn in Meiendorf etc.), die im norddeutschen Endmoränengebiet als preiswerte und haltbare Erinnerungszeichen schon vor der Reichsgründung 1871 für patriotische Gedenkaufgaben weit verbreitet gewesen waren: »Ihre Unbehauenheit ist wie der Frontsoldat selbst, hart und grobknochig und doch riesengroß, urhaft ... drohend und machtvoll, ein einziger Trost und Wille.« (1930)

In Altona und Harburg entstanden nach dem 1. Weltkrieg ausgesprochen martialische Monumente mit unbelehrbar militaristischer Grundaussage. Im Schatten der neugotischen Türme der evangelischen St. Johannis-Kirchen (Altona 1868–72, J. Otzen, 1994 abgebrannt, Wiederaufbau; Harburg 1892–94, Chr. Hehl) konnten sich die beiden Kriegerdenkmäler auch des kirchlichen Segens erfreuen.

Die expressionistische Klinker-Keramik-Säule in Altona bildet über sternförmiger Grundfläche drei konvexe Nischen, in denen überlebensgroße Krieger mit Schwert und Schild »den Gefallenen zum dankbaren Gedächtnis, den Lebenden zur Mahnung, den kommenden Geschlechtern zur Nacheiferung« (Inschrift) die Totenwache halten für 8000 Gefallene des 31er Regiments, deren Nachfolgekompanie das kraftvoll aufstrebende Monument auch stiftete (1925, A. Henneberger). Unerschütterlich stehen offensichtlich auch die wie Panzer gestählten drei nackten Kriegerkörper für eine unversehrte und unverbrüchliche Treue zu den alten deutschen Kriegszielen.

Sieben Jahre später marschierten Soldatenstandbilder bereits wieder. Als Harburg 1932 die »gefallenen Söhne« durch die riesige Kupferstatue eines »Ewigen Marschierers« (H. Hosaeus) »ehrte«, nahmen die heroische Darstellung des trotz Kopfverletzung ausziehenden Feldgrauen und die Sockelinschrift bereits das militaristische Pathos der späteren NS-Denkmäler vorweg: »Wunden zum Trotz / tatbereit heute wie einst / und in aller Zeit / Deutschland / für Dich.«

Bis heute überlebte der Harburger Krieger alle friedliebenden Angriffe ungeschoren. (J.H.)

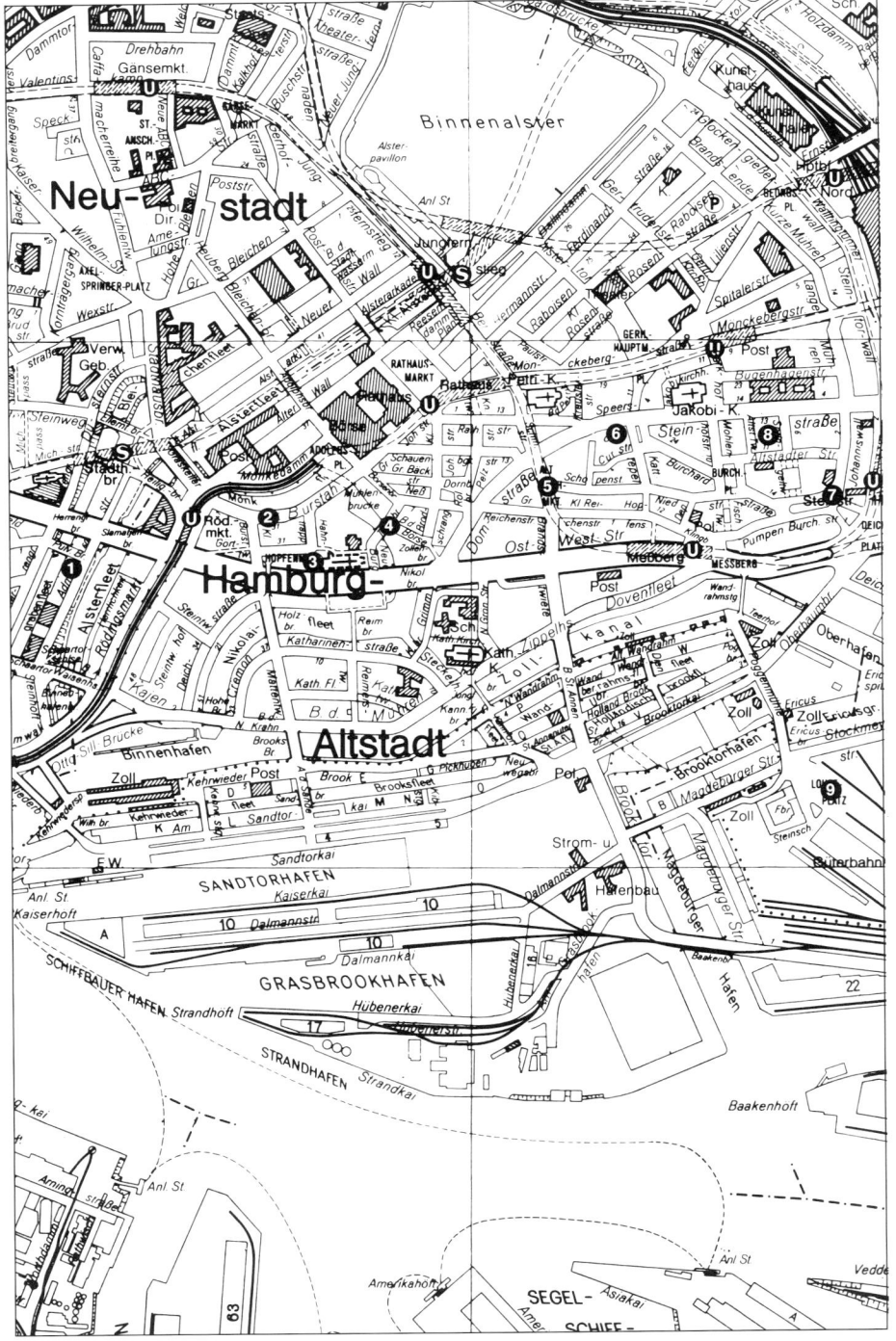

Wo das alte Hamburg wirklich war

Ausgangspunkt: S-Bahnhof Stadthausbrücke (S1, S2, S3)
Endpunkt: U-Bahnhof Steinstraße (U1)
Dauer des Rundgangs: 2 Stunden

Alt-Hamburg wird heute, romantisch verklärt, oft als Gängeviertel und Matrose mit Schifferklavier verstanden, als nobles Bürgerhaus und »Pfeffersack« in gutem Tuch. Dieser Rundgang führt durch die Altstadt, doch sind deren älteste bauliche Zeugen fast durchweg unter der Erde, unter Parkplatzasphalt wie auf dem Domplatz. Immerhin: Der älteste Baurest der Stadt ist im St. Petri-Gemeindehaus noch zu sehen.

Nikolaikirche: Mahnmal gegen den Krieg

Hammaburg hieß die Keimzelle der Stadt, wobei der Name von Hamm, das ist ein Gelände am Fluß bzw. in der Niederung, herrührt. Dort gründete Ludwig der Fromme ein Bistum, das den Benediktinermönch Ansgar (dessen steinernes Abbild auf der Trostbrücke steht) zum Bischof und 831/832 zum Erzbischof bekam. Noch vor 845 hatte die Siedlung Münz- und Marktrecht, ehe die Wikinger sie niederbrannten. Auf dem Areal der Neuen Burg (Straßenname) gegenüber Alt-Hamburg ist dann Ende des 12. Jahrhunderts eine Kaufmannssiedlung angelegt worden, die Neustadt.

Daß das historische Stadtzentrum von der Trostbrücke in die Gegend zwischen Börse und Binnenalster verlegt wurde, war eine Folge des Großen Brandes von 1842, der im Speicher Deichstraße 44 begann. 51 Menschen kamen ums Leben, 151 wurden verletzt, 20 000 waren obdachlos, ein Drittel der Stadt vernichtet. Aufgrund der dichten Bebauung fand das viertägige Feuer reiche Nahrung; die Brandbekämpfung durch die Behörden war mangelhaft. In der Nikolaikirche feierte man noch den Mittags-Gottesdienst, an dessen Ende bereits die Flammen aus dem Kirchturm schlugen. Aus dem Alten Rathaus an der Trostbrücke, das eilends gesprengt werden mußte, ließ der Senat noch rasch das Geld mit Schubkarren wegschaffen.

Die Nachkriegszeit mit dem Bau der Verkehrsschneise Ost-West-Straße (1952–62) hat die Altstadt weitgehend verändert, insbesondere östlich von St. Nikolai: Dort sind das Gröningerstraßenfleet sowie zahlreiche Straßen verschwunden. Der Hopfenmarkt ist in seiner ursprünglichen Größe wesentlich beschnitten worden. Als ob die Ost-West-Straße nicht Bausünde genug sei, verdeckt seit 2001 auch noch ein trister, siebenstöckiger Bürobau die Sicht aus Richtung St. Pauli auf den »Michel«.

Beim Verlassen des S-Bahnhofs sind wir gleich mit einem der größten Hamburger Bauvorhaben der 90er Jahre konfrontiert: der Fleetinsel, »Baustein für Boomtown« (»Morgenpost«), ein »Filetstück der City«. Bedroht war von dem Großprojekt lange Zeit die historische Häuserzeile zwischen Admiralitätstraße und Herrengrabenfleet. »Senat fressen Straße auf«, teilte monatelang ein überdimensionales Transparent der dort heimisch gewordenen »Künstlerkolonie« mit.

Hermann Hipp hatte den Komplex bereits 1981 als »Schlüsselzeugnis für die Bau- und Wirtschaftsgeschichte der Innenstadt« bezeichnet: »Die Seite zum Herrengrabenfleet zeigt die einzige in der Innenstadt noch vorfindbare Reihe von Speicherfronten des 19. Jahrhunderts. Die Fortentwicklung des traditionellen Speicherbaus am Fleet und seine Zuordnung zu Kontorhäusern an der Admiralitätstraße ist als Ensemble erhalten geblieben.« Die SPD/FDP-Koalition aber wollte die Gebäude abreißen, um einen Parkplatz (!) anzulegen. Finanzsenatorin Elisabeth Kiausch tat kund: »Unser Verhandlungspartner springt ab, wenn alle Häuser stehenbleiben!« Die Bauten, die den Übergang von der Althamburger Kaufmannshofbebauung zur Kontorhofbebauung des Industriezeitalters bezeugen, sind glücklicherweise erhalten geblieben, auch weil sich die Medien für »Hamburgs Greenwich Village« (taz) und »das unbestrittene Galerienzentrum Hamburgs« (»Szene«) stark machten; letztere Entwicklung begann mit der Galerie Dörrie & Priess.

Michaelisbrücke 1–3/Admiralitätstr. 77 ist der »Neidlinger Hof« mit der Neorenaissance-Fassade, Nr. 75–76 ein Putzbau mit spätklassizistischer Fassade und unter Nr. 74 der Michaelisspeicher von 1787, eines der letzten Beispiele für Hamburger Fleetarchitektur.

Insgesamt über 300 Millionen DM haben die Berliner Klingbeil-Gruppe, die Citybank New York und eine texanische Gesellschaft in den Neubaukomplex investiert, den die Baubehörde als »Wiederherstellung der städtebaulichen Verbindung zwischen Innenstadt und Hafen« versteht.

Gegenüber dem Stadthaus, dem Sitz der Baubehörde, ist zwischen Herrengrabenfleet und Admiralitätstraße der größte der Neubauten, der »Fleethof« (13 000 qm Bürofläche) entstanden. Zwischen Admiralitätstraße und Alsterfleet sind das neue »Steigenberger«-Hotel, in das die historische Heiligengeistbrücke (1883–85) führt, und das »Bürohaus Admiralitätstraße«. Gegenüber den Altbauten ist auf der anderen Seite des Herrengrabenfleets ein weiterer Bürokomplex, an den hinter der Ost-West-Straße der »Ost-West-Hof« anschließt. Die Bebauung ist äußerst dicht und massiv, wo doch gerade die Uferzonen der Fleete ein ganz anderes Ambiente ermöglicht hätten.

Großes Aufsehen erregte 1991 beim Neubau der Hamburger Sparkasse (Nr. 27) der Fund von sieben Skeletten, Zeugen für den Tod durch einen Bombenangriff im 2. Weltkrieg, als die Menschen im Keller des Hauses verschüttet worden waren. Das »Abendblatt« fragte seine Leser und fand heraus, daß es sich bei den Opfern um

Besucher des damaligen Bierkellers »Ottenstreuer« oder Beschäftigte einer Gänseschlachterei im Hinterhof gehandelt haben muß.

Das »Hindenburghaus« (Nr. 31) war ursprünglich das »City-Hotel Hamburg«, das 1910 eröffnete. Mit Nr. 36–38, dem Burstahhof von 1888, ist das älteste Kontorhaus der Stadt erhalten.

Fleetinsel: »Städtebauliche Verbindung zwischen City und Hafen«

1256 als Neuer Markt erwähnt, verweist der Vierländer Brunnen (1978) auf die Tradition des Ortes. Seit 1889 wurde hier nur noch Gemüse verkauft, vor allem aus den Vierlanden: »An den Wochentagen herrscht der lebhafteste Marktverkehr, wobei man die originellen Trachten der Bewohnerinnen der Umgegend (Vierländerinnen, Altenländerinnen, Bardowiekerinnen usw.) kennenlernen kann.« (1909) 1911 wurde der gesamte Markt zum Deichtorplatz verlegt. Über die Fußgängerüberführung ist von hier ein Abstecher zur Deichstraße (s. S. 95) möglich.

Hopfenmarkt

Eine Landmarke der Stadt ist die Ruine von St. Nikolai mit dem 147-Meter-Turm. Der Große Brand 1842 hatte St. Nikolai, die Kirche aus dem 12. Jahrhundert, zerstört. Weil die Hamburger ein Gotteshaus mittelalterlicher Frömmigkeit ähnlich dem Kölner Dom haben wollten, der damals gerade vollendet wurde, entstand der Neubau 1846–67 nach Plänen des Engländers Gilbert Scott; Wettbewerbsgewinner Gottfried Semper aus Dresden hatte das Nachsehen. Der Turm wurde 1874 fertiggestellt; höher sind von den bundesrepublikanischen Kirchen nur das Münster von Ulm und der Kölner Dom.

Ost-West-Straße/ Hopfenmarkt

Heute steht der Turm, der den angloamerikanischen Bomberpiloten im 2. Weltkrieg als Orientierungspunkt diente, rußgeschwärzt

Bischofs-Denkmal an der Trostbrücke: Im Hintergrund der Globushof mit Schiffsmodellen auf dem Giebel

Trostbrücke

Trostbrücke 1, 2, 4

da; in der Turmhalle ein Mosaik nach einer Kokoschka-Zeichnung (»Ecce homo«). Das Kirchenschiff wurde nach den Zerstörungen von 1943 in den 50er Jahren weitgehend abgetragen; die Ruine blieb als »Mahnmal« stehen. Der Förderkreis »Rettet die Nikolai-Kirche!« unter Leitung des unermüdlichen Ivar Buterfas will an diesem Ort an die 55 000 Bombenopfer der Stadt erinnern, »zur Gestaltung einer friedlichen Zukunft der Völker«. Die Sanierung wurde 2001 abgeschlossen, die Turmspitze hat den erneuerten Schmuck erhalten, ein Glockenspiel erklingt, und es gibt Pläne, in 75 Meter Höhe eine Aussichtsplattform zu schaffen (provisorische Ausstellung zur Geschichte von St. Nikolai im Pavillon: Mo, Mi, Fr 10 - 18, Di und Do 10 - 14 Uhr).

Am einen Ende der Trostbrücke, der Verbindung zwischen ehemals bischöflicher Altstadt und gräflicher Neustadt, steht Bischof Ansgar als Denkmal. Auf der anderen Seite ist als weltliches Pendant und Repräsentant der Neustadt Graf Adolf III. von Schauenburg postiert, der 1188 die Neugründung samt Alsterhafen urkundlich initiierte. Und auch dafür, wie diese Hamburger Geschichte weiterging, steht ein Denkmal: Kaiser Friedrich I., populärer als Barbarossa, zeigt sich am Rathausturm und präsentiert den Hanseaten jenen Freibrief vom 7. Mai 1189, der der Stadt Zollfreiheit, Fischereirecht u.a.m. verhieß. Aber so überzeugend das historische Trio auch dreinschauen mag: Es sind Zweifel aufgekommen an der Existenz jener beiden Privilegien von 1188 und 1189. Beide Urkunden wurden wohl erst im 13. Jahrhundert gefertigt, und zwar von den Hamburgern selbst.

Der heutige Bootshafen am Alten Rathaus bei der Trostbrücke gilt als Hafen-Keimzelle, aber auch das stimmt so nicht ganz. Wenigstens ist dort vor Ort etwas zu sehen, im Gegensatz zum Ende des 19. Jahrhunderts zugeschütteten Reichenstraßenfleet, wo tatsächlich die Hafen-Anfänge festzumachen sind. Um 830/850 lag hier die karolingische Siedlung am Fleet (auf dem heutigen Stadtplan im Bereich Schopenstehl/Kleine Johannisstraße/Rathausstraße). Die Trostbrücke wird erstmals 1266 erwähnt und ist 1881–82 neu erbaut worden.

Der Laeiszhof, Nr. 1 (1897 - 98, Hanssen & Meerwein/Martin Haller), ist das Kontorhaus der Reederei F. Laeisz, bedeutend geworden durch ihre schnellen Segler, die Flying-P-Liner, im Lateinamerika- und Ostasien-Handel. Das »P« ging auf Laeisz' Schwiegertochter »Pudel« zurück - deshalb der kupferne Pudel auf dem Gebäude-Giebel. Gegenüber, Nr. 2, ist der Globushof (1907 - 08, Lundt & Kallmorgen), ein Kontorhaus mit Schiffsmodellen und dem Neptun auf dem Giebel.

Das Haus der Patriotischen Gesellschaft (Nr. 4, neugotischer Backsteinbau von 1844 - 47, expressionistische Aufstockung 1922 - 23) entstand am Ort des früheren Rathauses, das im Großen Brand vernichtet wurde. Im Neubau der Gesellschaft tagte 1860 - 97 die Bürgerschaft. Über dem Eingang sind ein Bienenkorb und die Inschrift »Emolumento Publico« (»Dem öffentlichen Nutzen«) angebracht. 1765 als »Hamburger Gesellschaft zur Beförderung der Künste

Yachthafen an der Ost-West-Straße

und der nützlichen Gewerbe« gegründet, werden der Patriotischen Gesellschaft allerlei Initiativen gutgeschrieben: die Einrichtung der ersten Sparkasse 1778, der ersten Lebensversicherung im selben Jahr, der ersten Badeanstalt 1792 und der ersten öffentlichen Bücherhalle 1898.

Gegenüber dem Laeiszhof ging ehemals die (verschwundene) Bohnenstraße ab, in der in der 1. Hälfte des 19. Jahrhunderts der Verlag Hoffmann und Campe die politischen Dichtungen des »Jungen Deutschland«, u.a. von Heinrich Heine, herausgab.

Als »Kontorhaus der neuen Generation« (Architekten- und Ingenieurverein/AIV) gilt das Zürichhaus (1993, Arch. von Gerkan, Marg + Partner) mit den beiden Innenhöfen samt mediterraner Vegetation (Bauherr: Zürich Versicherungsgesellschaft).

»Holt die Flagge auf Halbmast, ihr Hanseaten. Der größte Hanseat ist tot.« Die Worte sprach HAPAG-Chef Albert Ballin, als Adolph Woermann (1847–1911), einer der großen Gewinner deutscher Kolonialpolitik, gestorben war. Das »Afrika-Haus« (1899, Martin Haller/ Hermann Geißler) des Handelshauses Große Reichenstr. 27 verweist unzweifelhaft auf den Kontinent, auf dem die Woermanns Politik machten: durch den Torwächter von Walter Sintenis, »die prächtige muskulöse Gestalt eines Togonegers«, und die beiden Bronze-Elefantenhäupter überm Eingang. 1998 hat man die Hofbebauung wieder in alter Form hergestellt.

Domstr. 17-21

Firmenchef Kurt Woermann: Hitler muß Kanzler werden!

1854 hatte Woermann eine erste Niederlassung im heutigen Liberia eröffnet. Mit dem Trust-System wurden ganze Dörfer in Westafrika verschuldet und kamen in Abhängigkeit zu seinen Agenten. Auf den Plantagen von Woermann & Co. galten Arbeitszeiten bis zu zehn Stunden, der Gebrauch von

Prügel und Peitsche, Stundenlohn ein bis vier Pfennig: »Togo-Neger« vor Woermanns »Afrika-Haus«

Prügel und Peitsche – und ein Stundenlohn von einem bis vier Pfennig (oder weniger); europäische Angestellte der Firma erhielten das Hundertfache. Adolph Woermann, auch Reichstagsabgeordneter, war einer derjenigen, die unablässig auf deutsche Kolonien in Afrika drängten. Er saß bei der Kongo-Konferenz und der Aufteilung Afrikas mit am Tisch, einer der wirtschaftlich Mächtigsten seiner Zeit. Allzu heftig war die Vaterlandsliebe des »königlichen Kaufmanns«, wie ihn Bismarck betitelte, aber wohl nicht: Ihm wurden überhöhte Preise beim Truppentransport zum afrikanischen Kriegsschauplatz nachgewiesen. Der Reeder fiel beim Kaiserhaus politisch in Ungnade.

Im 1. Weltkrieg verlor das Haus fast alle Dampfer und machte nur noch einmal von sich reden, durch Firmenchef Kurt Woermann. Der war seit 1931 in der NSDAP und Mitunterzeichner des Briefes an Hindenburg, Hitler als Reichskanzler einzusetzen. Das »Abendblatt« 1987 anläßlich des 150jährigen Firmenjubiläums: »Die guten Kontakte zum schwarzen Kontinent überlebten alle Turbulenzen. Woermann gedeiht auch heute noch prächtig.«

Brandstwiete 19

Von der Großen Reichenstraße zweigt die Brandstwiete ab, deren Name nichts mit dem Großen Brand zu tun hat, sondern mit dem früheren Eigentümer. Hier ist das Hochhaus des »Spiegel«, für dessen Besucherparkplatz 1967 das erste Hamburger Kontorhaus, der Dovenhof (1886), abgerissen wurde. Der Neubau »Neuer Dovenhof« steht nun Brandstwiete 1/Kleine Reichenstr. 5–7. Der »Spiegel« wollte auf dem Gelände beim »Michel« neu bauen, doch erhoben die Anwohner heftigen Protest (»Wir werden hier zugebaut!«), woraufhin das Projekt nicht realisiert wurde und man auf den überreichlich vorhandenen Büroraum in der Umgebung des Verlages zurückgriff.

Die Bezeichnung Fischmarkt gibt es gleich zweimal in Hamburg, wobei dieser Platz nichts mit dem allsonntagmorgendlichen Touristenvergnügen zu tun hat. Immerhin war an dieser Stelle, 1259 als »Alter Markt« erwähnt, der älteste Marktplatz der Stadt, vor dem 2. Weltkrieg noch mit vielen altertümlichen Backsteinhäusern.

Fischmarkt/
Schopenstehl

Hier geht die Straße Schopenstehl ab, ebenso wie der Markt aufgrund der Zusammenstöße bei der großen Wahlrechtsdemonstration am 17. Januar 1906 in die Hamburger Geschichte eingegangen. Im Rathaus wollte man damals »ein übermäßiges Eindringen der sozialdemokratischen Elemente in die Bürgerschaft« verhindern und tüftelte zu dem Zweck eine Wahlgesetzvorlage aus, nach der 90 % (!) der Bevölkerung ohne Wahlrecht gewesen wären.

Schopenstehl

»Der wahre Jacob« der SPD hatte schon 1905 die Pläne der Hamburger »Protzen-Republik« angeprangert und allgemeines, gleiches und direktes Wahlrecht gefordert:

»Wenn Dich die Leute fragen: / Wo steckt die Reaktion? / So kannst Du ihnen sagen: / Sie ist am Werke schon! / Sie wartet nicht, bis Preußen / Der Freiheit dreht den Strick. / Es macht den ersten Vorstoß / die Protzen-Republik. / Die roten Hanseaten / Sie rufen drum zum Sturm / Hoch flattert ihre Fahne / Wider der Feinde Turm.« (Zu singen nach der Melodie des Hecker-Liedes der 1848er-Revolution)

Zum »Sturm« kam es an jenem 17. Januar 1906: Auf 16 Uhr war die Kundgebung der Sozialdemokratie angesetzt, also während der Arbeitszeit, was Historiker als »ersten politischen Generalstreik« der deutschen Geschichte werten. Zehntausende beteiligten sich, wobei es im Arme-Leute-Distrikt Fischmarkt/Schopenstehl zu Plünderungen und Auseinandersetzungen mit der Polizei kam. Mehrere Demonstranten wurden von der Polizei getötet.

Das undemokratische Hamburger Wahlrecht hatte bis in den 1. Weltkrieg hinein Bestand.

Als »Deutschlands modernstes Zeitungsgebäude« konzipiert war das Pressehaus, zu dem am 22. November 1938 der Grundstein gelegt wurde. Reichspropagandaminister Goebbels war eigens dazu angereist, zumal im neuen Haus das »Hamburger Tageblatt« (damals ca. 100 000 Auflage) der NSDAP unterkam (am Eingang Curienstraße ist noch die »Tageblatt«-Kogge zu sehen, allerdings ohne Hakenkreuz).

Speersort 1

Schwer zerstört, wurde der Bau nach Kriegsende um zwei Geschosse auf sieben aufgestockt. Verknüpft mit dem Pressehaus ist die Geschichte der verlorengegangenen SPD-Presse, denn in den 50er Jahren waren hier »Hamburger Echo« und »Morgenpost« ansässig. Im März 1977 verkaufte Auerdruck für (unbestätigte) 26 Mio. DM das Gebäude an die Allianz-Versicherung, die so Vermögen anlegte.

1962 war das Pressehaus Ort einer spektakulären staatlichen Intervention: In der Nacht vom 26. auf den 27. Oktober besetzte Polizei die Redaktion des Nachrichtenmagazins »Der Spiegel« – die sog. »Spiegel-Affäre«, eigentlich eher eine »Strauß- bzw. Regierungs-Affäre«. Herausgeber Rudolf Augstein wurde ebenso verhaftet wie ein Verlagsdirektor und fünf Redakteure. Vor-

wand war ein Artikel in Heft 41 über das Nato-Manöver »Fallex 62«. Kanzler Adenauer (CDU) im Bundestag: »Nun, meine Damen und Herren, wir haben einen Abgrund von Landesverrat im Lande.«

Domplatz

Der benachbarte Domplatz ist die Keimzelle der Stadt: Hier war die karolingische Hammaburg. Die Spuren dieser sächsischen Burg des 7./8. Jahrhunderts sind bei Ausgrabungen 1949–57 und 1982–87 entdeckt worden. Fundamente eines Wehrturms aus dem 11. Jahrhundert, auf den man 1962 bei Ausschachtungsarbeiten stieß, sind im »Schauraum Bischofsburg« im Gemeindehaus St. Petri Ecke Speersort/Kreuslerstraße zu sehen.

Der 1248 erbaute Dom ist 1804–07 abgebrochen worden – ein politischer Vorgang, denn die Domimmunität lag beim Bremer Bischof: »Der alte Pfahl im Fleische der Hamburger Stadtherrschaft sollte ein für allemal beseitigt werden.« (Hipp) Bei den Ausgrabungen der 80er Jahre fanden sich vom alten Dom noch eine Mädchenkopf-Darstellung aus dem 13. Jahrhundert und eine Marienfigur des 15. Jahrhunderts. Jetzt dient der Domplatz wieder als Parkplatz. Kommentar im »Abendblatt«: »Phantasieloser geht's wirklich nicht. Die typische Hamburger Lösung, wenn man nicht weiß, was mit einem Platz geschehen soll.«

Jakobikirchhof 22

Nach dem Bombenangriff vom 18. Juni 1944 waren von St. Jacobi, erbaut seit 1340, nur noch Mauern und der Turmstumpf (1580) erhalten. 1949–50 richtete die Gemeinde im Südschiff einen provisorischen Kirchenraum ein, ehe der Bau bis 1963 wiederhergestellt wurde. Ein Tip: Bei Kirchenführungen kann man ein Café auf der Turmplattform in 85 m Höhe besuchen. In St. Jacobi ist die größte Barockorgel Norddeutschlands (1689–93, Arp Schnitger), auf der auch Johann Sebastian Bach musizierte, als er sich für die Organistenstelle interessierte. Bemerkenswert sind die als Köpfe geschnitzten Registerzüge, u.a. mit einer Darstellung von Albert Schweitzer.

Steinstraße 10

Das präfaschistische Hauptverwaltungsgebäude der Karstadt AG (1921–24, Philipp Schäfer) ist jetzt Finanzamt.

Lange Mühren/ Steinstraße

❼

Am Standort des Parkhauses von »Horten« war bis 1963 (!) die älteste Badeanstalt des europäischen Festlandes, 1855 nach Plänen von William Lindley gebaut. Die »Wasch- und Badeanstalt Schweinemarkt« lag am Rande des engen Gängeviertels: Hier konnten Frauen waschen, es gab Wannenbäder im Rundbau, und während der Cholera-Epidemie 1892 wurde das abgekochte Wasser an die Bewohner des Viertels verteilt (»Kokt Woter von Senotor«). Mit der Beseitigung der bestbesuchten Hamburger Badeanstalt, die heute eine außergewöhnliche Sehenswürdigkeit und für vielfältige Nutzung denkbar wäre, hatte Hamburg dem Ruf als »Freie und Abrißstadt« wieder einmal alle Ehre gemacht. Einzige Erinnerung an den historischen Bau: Keramikbilder in der nahen U-Bahn-Haltestelle Steinstraße.

Zwischen Steinstraße (13–19a, 21), Altstädter Straße (11–23), Mohlenhofstraße (1–7, 2–10) und Springeltwiete (5–9) liegt der

Komplex des Altstädter Hofs (1935–37, Rudolf Klophaus), der die um 1900 begonnene Sanierung der Altstadt abschloß.

Steinstraße/
Altstädter Straße

Um 1930 wurden südlich der Steinstraße die letzten alten Gängeviertel abgerissen; ab 1935 kamen hier private Bauherren zum Zuge, die im gesamten Gebiet 365 Wohnungen einrichteten (Altstädter Hof: 220). Eine der Bauvorschriften war damals (1935!), für alle Hausbewohner Luftschutzräume im Keller einzurichten. Es entstanden 2-, 2½- und 3-Zimmer-Wohnungen. »Ohne jeglichen Schornstein dürfte der Block als erster dieser Art in Deutschland errichtet werden. Licht, Kraft und Wärme und Kälte werden von den Hamburgischen Electricitäts-Werken resp. vom Hamburgischen Fernheizwerk geliefert.« Die Bauplastiken stammen von Richard Kuöhl und zeigen Architekt, Matrose, Soldat, Nachtwächter u.a.m. Im Durchgang Altstädter Twiete ist ein Relief mit dem olympischen Fackelläufer (1936). (Architekt Klophaus plante auch den Mohlenhof [1928–35] beim Burchardplatz, Ecke Niedernstraße/Burchardstraße, im Viertel der »Kommerzfestungen«, deren Hauptbau das Chilehaus [s. S. 99] ist.)

Hingewiesen sei auf den Lohseplatz außerhalb des Rundgangs, von der Steinstraße erreichbar über Deichtorplatz (Deichtorhallen, 1906–11, s. S. 102) und Oberbaumbrücke im Hafengebiet. Eine prächtige Ruinenfassade wie die des Anhalter Bahnhof von Berlin könnte dort unter der Adresse stehen, doch übrig vom Hannoverschen Bahnhof sind lediglich einige wiederverwendete Bauversatzstücke von Nebengebäuden.

Lohseplatz
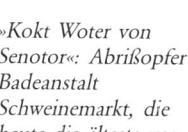

Die Eröffnung des Hauptbahnhofs 1906 hatte den Kopfbahnhof in der Nähe, von dem die Züge Richtung Süden fuhren, zum Güterbahnhof umfunktioniert. Der Bahnhofsvorplatz belebte sich allenfalls noch einmal, wenn die Luxus-Züge der Hamburg-Amerika-Linie mit Kajütpassagieren oder russischen Übersee-Rückwanderern aus

»Kokt Woter von Senotor«: Abrißopfer Badeanstalt Schweinemarkt, die heute die älteste von Europa wäre

Cuxhaven ankamen – »für kurze Spannen Zeit wird dann das altge-
wohnte Straßenbild wieder hervorgezaubert« (1908). Der veröffentlichten Meinung war es recht, daß die Osteuropäer, derentwegen der
Bahnhof in polnischer und russischer Sprache ausgeschildert war,
hier ankamen: »Deren Berührung mit der Bevölkerung ist schon aus
hygienischen Gründen wenig erwünscht.«

Im 1. Weltkrieg war der »Hannoversche« wieder Personenbahnhof
– als »Truppenverladungsplatz« für Front und Etappe. Das war's
denn auch: Der Bahnhof verschwand Stück für Stück. 1932 kaufte
eine Frankfurter Abrißfirma den halben Bau, die Bomben beschä-
digten weitere Teile. Die Bahn ließ an einem Sonntag 1955 vom
Technischen Hilfswerk ihre »gefährliche Ruine«, das Frontportal,
sprengen; die Sturmflut 1962 und der folgende Hausschwamm ga-
ben dem übriggebliebenen Gebäude den Rest (jetzt Spedition Dietrich).

Unvergessen bleiben muß der Ort aus anderen als bahnhisto-
rischen Gründen: Der Hannoversche Bahnhof war 1941–44 Ausgangspunkt für die 17 Deportationen von jüdischen Bürgern dieser
Stadt. Die Zielorte: Treblinka, Auschwitz, Riga, Theresienstadt.

Werner Skrentny

Das Kontorhaus: »Weit mehr Luxus als in der Wohnung ...«

»Wie schon bemerkt, sind diese Gegenden ein Hauptsitz des Großhandels ... Die Komptoire sind zum Theil so düster gelegen, daß die Gasflamme nie ausgehen darf, und der Fremde ahnt wohl oft nicht, daß hier die Handelsfäden gesponnen werden, die ihr Netz über den Ozean ziehen.«

Diese Beobachtungen eines Hamburg-Führers von 1861 über die vorindustriellen Büro- und Geschäftsräume in der Hamburger Altstadt könnten am Anfang einer Geschichte des Hamburger Kontorhauses stehen. Klingt aus diesem Text doch Verwunderung darüber an, daß ausgerechnet die Kontorgelasse so stiefmütterlich behandelt werden.

Die traditionelle Einheit von Wohn-, Geschäfts- und Speicherhaus brach erst in der zweiten Hälfte des 19. Jahrhunderts endgültig auseinander. Der rasche Anstieg des Warenumschlags, aber auch gewachsene Repräsentationsansprüche führten 1885–86 zum Bau des ersten reinen Kontorhauses mit vermietbaren Büro- und Musterlagerflächen in Freihafennähe: möglichst frei einteilbare und gut belichtbare Geschoßgrundrisse mit modernen Aufzügen als Vertikalerschließung. Die Verdrängung des Wohnens durch die Citybildung und Sanierung der Hamburger Innenstadt trug zur raschen Verbreitung des Gebäudetyps bei: »Etwa von 1900 an kann man von einer Hochkonjunktur des Kontorhauses sprechen.«

In kaum zwei Generationen hatte die neue Architekturaufgabe nicht nur das Bild des alten Stadtkerns entscheidend verändert, sondern auch die Einstellung zu den kaufmännischen Arbeitsplätzen:

»Die Ansprüche, die der Hamburger Kaufmann an sein Kontor stellt, sind in bezug auf Licht, Luft, Bequemlichkeit und Ausstattung außerordentlich hoch gestiegen ... Heute herrscht im Kontor oft weit mehr Luxus als in der Wohnung; die großen Firmen namentlich wollen nach außen glanzvoll auftreten.« (1914)

Noch heute lohnt der Blick in zahlreiche Eingangshallen und Treppenhäuser der rund 300 Kontorbauten, die im Kaiserreich als Visitenkarte für eine gute Hamburger Geschäftsadresse entstanden.

Das Beispiel des Verkehrs- und Sanierungsdurchbruchs der Mönckebergstraße (1911–14), an der zum ersten Mal ein geschlossen geplantes Geschäftshaus-Ensemble verwirklicht worden war, machte später im großen Maßstab Schule. Gleichsam als monofunktionales Gegenstück zur Speicherstadt entstanden in den 1920er Jahren um den Meßberg die niederdeutsch gefärbten Backsteinblöcke des Kontorhausviertels mit dem weltberühmten Chilehaus, dessen expressionistische Ostspitze die Wogen des Verkehrs zu teilen scheint.

Das bundesdeutsche Wirtschaftswunder hat seinen Niederschlag in der Innenstadt besonders eindrucksvoll in der autogerechten Bürohaus-Abfolge entlang der Ost-West-Straße und am Stadtrand in den konsequent modernen Solitär-Verwaltungsbauten der flughafennahen City Nord gefunden. Als betont moderne Hochhausbauten folgen diese Kontorgebäude freilich einem internationalen Leitbild, das auf regional gebundene Architekturmotive ebenso leicht verzichten kann wie das Kapital, das hinter ihren Vorhangfassaden verwaltet wird. (J.H.)

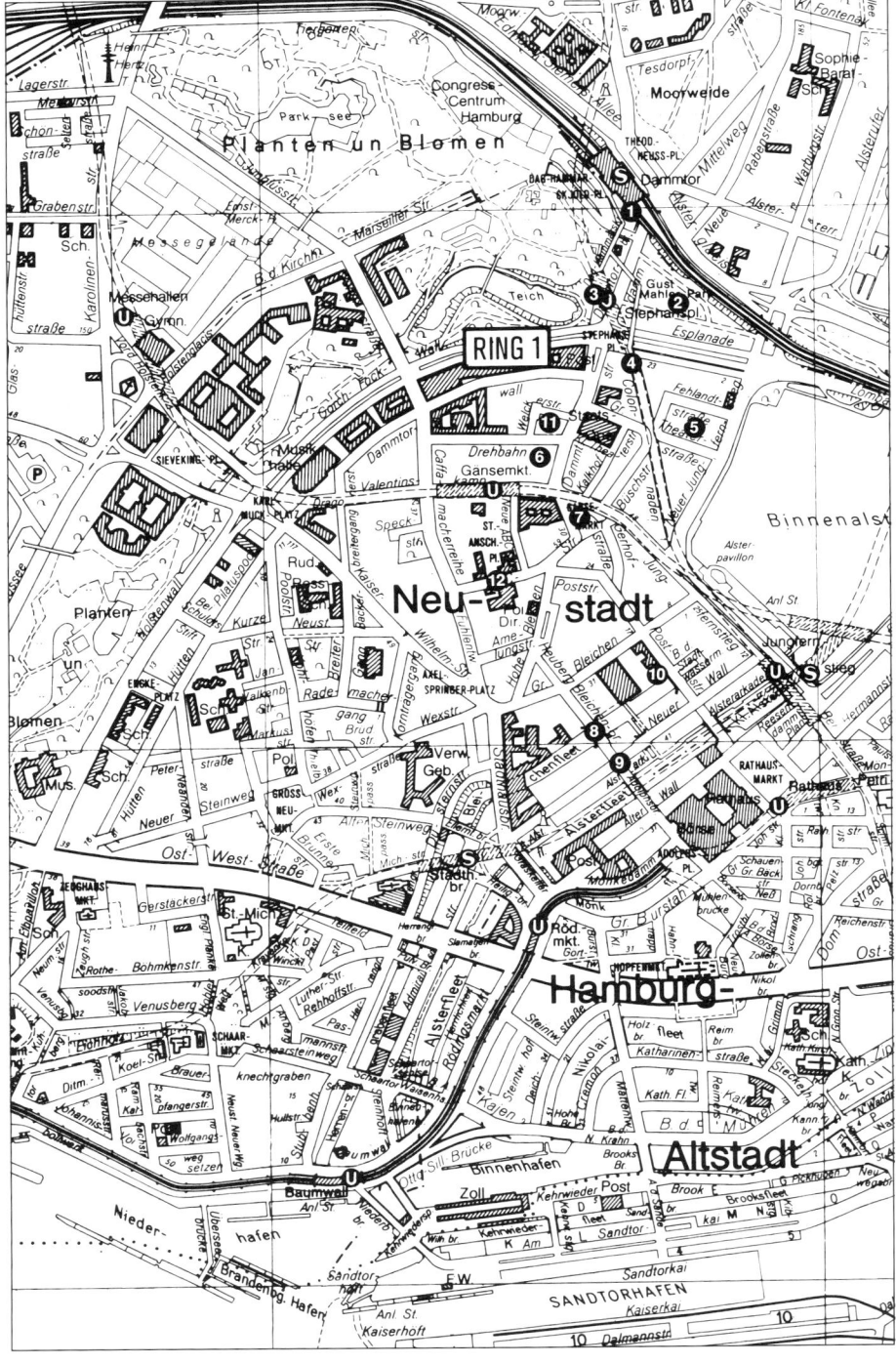

Unter den Dächern des »Quartier Satin«

Ausgangspunkt: Dammtor-Bahnhof (S11, S21, S31)
Endpunkt: U-Bahnhof Gänsemarkt (U2)
Dauer des Rundgangs: 1 ½ Stunden

Zwar stehen die großen Kaufhäuser an der Mönckebergstraße in der City, doch heimliches Zentrum der Stadt, Mittelpunkt und liebstes Kind von »Boomtown Hamburg« ist seit Mitte der 80er Jahre der Gänsemarkt, wohin diese Route vom Dammtor aus führt.

In der westlichen Innenstadt ist dabei ein Viertel entstanden, das dominiert wird von zahlreichen gläsernen Einkaufspassagen, wie sie in dieser Zahl keine andere Stadt Deutschlands aufzuweisen hat. Private Wachdienste sorgen dafür, daß soziale Mißstände in Menschengestalt (auch Radfahrer) draußen vor der Tür bleiben, damit das Publikum, wie die Stadtwerbung forderte, »bummeln, schlemmen, shoppen« kann. Es liegt aber auch anderes Sehenswerte an der Strecke!

Bis 1990 gründlich renoviert, bis 2002 im Innern umgestaltet, ist **Dammtor-Bahnhof** der Bahnhof (1901–03, Caesar und Schwartz) der schönste Haltepunkt der Stadt, war er doch als »Empfangs-Bahnhof« und Repräsentativ-Bau in nobler Nachbarschaft konzipiert. Kaiser Wilhelm II., der stets hier ausstieg, bemerkte angesichts des extra eingerichteten »Fürstenzimmers« im Bahnhof: »Ganz nett.« Heute halten hier täglich 400 Fernzüge und 500 S-Bahnen, steigen 60 000 Menschen aus, ein oder um.

Am Ort des einstigen Vergnügungsbaues, der seit 1928 als »Damm- **Dammtordamm 1** tor-Palast«, »Bierpalast« und »Hofbräuhaus« firmierte und 1995 abgerissen wurde, ist nun das Großkino »Cinemaxx« (2700 Plätze, ein 50-Millionen-DM-Projekt von »Kinokönig« Hans-Joachim Flebbe und anderen Investoren) entstanden – der Bezirk war dagegen, der Senat aber gab sein Plazet. Parallel bauten auch Ufa Theater-AG (3400 Plätze) am Gänsemarkt und Grindel-Kino (1908 Plätze) aus.

Auf die Besucher meist US-amerikanischer »Filmkultur« blickt **Gustav-Mahler-Park** nun Friedrich Schiller vom Denkmal, das der Hamburger Schillerverein 1866 gestiftet hat. Als sein schwäbischer Landsmann Theodor Heuss, der Bundespräsident, bei einer Hamburg-Visite anmerkte, der Schiller stehe am Ferdinandstor herum »wie ein Parkplatzwächter«, hat man ihn 1958 hierhergebracht. Jetzt ist sein Platz im Ostern 1991 so benannten Gustav-Mahler-Park. Dieser Komponist wirkte 1891–97 an der Oper von Hamburg. 1897 ließ sich der Jude im »Kleinen Michel« katholisch taufen, weil er der Ansicht war, das könne im Hinblick auf seine Stelle als Staatsoperndirektor zu Wien nur von Vorteil sein.

Am Dammtor, beim Eingang zum Alten Botanischen Garten von 1821, jetzt ein Teil von Planten un Blomen (S. 59), steht das umstrittenste Denkmal der Stadt, der sog. Kriegsklotz, ein Ehrenmal des hamburgischen Infanterie-Regiments 76 aus der NS-Zeit, flankiert vom unvollendeten Gegen-Denkmal des Alfred Hrdlicka.

Anweisungen von Briten und Denkmalrat negiert: Der Kriegsklotz steht noch

Mit Hammer und Meißel, Farbbeuteln, sogar einer Bombe, wurde das Werk des Richard Kuöhl angegangen, dessen Aussage unzweifelhaft ist: »Deutschland muß leben, und wenn wir sterben müssen«, steht da zu lesen. So marschieren denn die Ehrenmal-Soldaten von 1936 stramm in den nächsten Krieg, dessen Resultat sich gleich nebenan auf der Kuöhlschen Grabplatte ablesen läßt: 6000 Todesopfer des Regiments im 2. Weltkrieg.

Zwar hatte die britische Militärregierung 1945 die Beseitigung des Nazi-Denkmals angeordnet, der Denkmalrat 1946 die Entfernung von Inschrift und Relief verfügt, doch blieb alles unverändert. »Ein gutes Werk des Bildhauers Kuöhl«, lobte 1953 der »Baedeker«, doch seit Ende der 70er Jahre wurde das Monument zunehmend zum Streitobjekt. Neonazis, erneut in jüngerer Zeit, bezogen am Kriegsklotz ebenso »Habt acht«-Stellung wie SS-Traditionsverbände. Die Bundeswehr stellte ihre Ehrungen an diesem Ort ein.

Die Kulturbehörde beschloß, dem Denkmal ein Gegen-Denkmal zur Seite zu stellen: Der österreichische Bildhauer Alfred Hrdlicka stellte denn auch seine Arbeiten »Hamburger Feuersturm« (1985) und »Untergang der Cap Arcona« (1986) fertig, was 874 500 Mark der Mittel aufbrauchte. Die Hrdlicka-Denkmäler »Soldatentod« und »Frauenbild« blieben unvollendet, weil sich Stadt und Künstler nicht über weitere Gelder einigen konnten.

Alte Kameraden bei der Kriegsdenkmal-Einweihung 1936: »Hinter der Fahne marschieren, die der Führer uns voranhält, dem hohen Ziele zu: Deutschland!«

Mäzen Alfred C. Toepfer (1894–1993) machte den Vorschlag, den Kriegsklotz auf den Friedhof von Ohlsdorf zu schaffen. Andere Befürworter wollten das militaristische Stück unter eine Glaskuppel stecken. Zuletzt bezahlte die Stadt auf Wunsch eines neugegründeten »Vereins zur Erhaltung des 76er-Denkmals« Reparatur und

Instandsetzung. Der Verein finanzierte Reinigung und Pflege und will nun für eine ständige Bewachung sorgen. Schon kurz nach der Renovierung allerdings gab es wieder die ersten Farbkleckse. Dass die Kulturbehörde auf erklärende Info-Tafeln zu den Denkmälern verzichtet hat, ist unverständlich.

Auf dem Zoo- und Friedhofsgelände entstand der Park Planten un Blomen: Wasserspiele im Grünen

Zu den »ersten Häusern am Platze« zählte lange das 1906 erbaute »Hotel Esplanade«, dessen Eingang zur Dammtorstraße hin lag. Nach dem Konkurs 1939 eröffnete es nach dem Krieg 1948 wieder.

Esplanade 36 - 37

Im ehemaligen Ball- und Festsaal des Hotels entstand 1948 ein Kino (Eingang Esplanade), das bis in die 80er Jahre hinein als »Hamburgs letztes gutes Erstaufführungstheater« galt: In einem festlichen Raum mit Kronleuchtern, Stuck und Putten, mit Garderobe und telefonischer Vorbestellung des numerierten Platzes. Als die Norddeutsche Genossenschaftsbank beschloß, ihre Geschäftsräume um ein Großraumbüro zu erweitern, mußte das Kino trotz heftiger Bürgerproteste schließen. Ein leitender Denkmalpfleger argumentierte, der einstige Festsaal sei baulich verändert und deshalb nicht schützenswert. Zur letzten Vorstellung am 22. August 1982 brachten Kinofreunde einen Trauerkranz in das 419-Plätze-Theater mit. Aufschrift der Schleife: »In Ohnmacht und Wut«. Das »Hamburger Abendblatt«: »Um 23.15 Uhr war wieder ein Stück Hamburger Kulturgeschichte dem hanseatischen Kaufmannsgeist zum Opfer gefallen.«

1939 in die Pleite: Das »Hotel Esplanade« am Dammtor

Eine Passage und Fußgängerbrücke führen durch das frühere Hotel über die Straße Esplanade zu den Colonnaden. Die Esplanade ist 1827–30 von Carl Ludwig Wimmel nach dem Vorbild von Berlins Unter den Linden mit vier Baumreihen angelegt worden. Das Haus Nummer 37 ist im Roman »Der Zauberberg« von Thomas Mann erwähnt.

Colonnaden

Im Zeichen der drei Pfeile der »Eisernen Front«: SPD-Bastion Große Theaterstr. 44 im Jahr 1932

Große Theaterstraße 42 - 44/Fehlandstraße 11 - 19

❺

»Das alte Wasserkanten-Kampfblatt«, 1966 von der SPD eingestellt

Stephansplatz 3

Als Privatstraße mit Luxuswohnungen wurde dieser Durchgang vom Dammtor zum Jungfernstieg 1874 - 79 von den Spekulanten-Brüdern Ernst und Adolph Wex bebaut. Der Fußweg ist überbaut worden, um über den Arkaden noch mehr Wohnraum anbieten zu können.

Einige Zeit lang waren die Colonnaden, seit 1974 Fußgängerzone, seit 1977 unter Denkmalschutz, auf dem Stück zwischen Jungfernstieg und Gustav-Mahler-Platz ein Symbol für Fehlentwicklungen in der City: »Von einigen Gründerzeithäusern bröckelt der Putz. Die einstige Prachtmeile hat an Attraktivität eingebüßt.« (»Abendblatt«) Der Zustand hat sich dank vieler Bemühungen (u.a. Quartiersmanager) nun glücklicherweise wieder geändert.

Von den Bauten, die bis 1933 einen der politischen Mittelpunkte der Stadt repräsentierten, ist nahe den Colonnaden nichts geblieben: Große Theaterstr. 42 - 44 war das Parteihaus der SPD, rückwärtig damit verbunden die Gebäude des Verlages von Auer & Co, Fehlandstr. 11 - 19, wo seit 1887 das »Hamburger Echo« erschien.

Von März 1919 bis 1933 regierten die Sozialdemokraten Hamburg in einem Koalitionssenat mit den Bürgerlichen von Deutscher Demokratischer Partei (DDP) bzw. Deutscher Staatspartei (DStP) und Deutscher Volkspartei (DVP), die dann 1933 gleich in den NS-Senat umstiegen. Am 15./16. Juni 1933 kamen Parteivorstand und -ausschuß zu einer (angemeldeten und genehmigten) Sitzung in der Großen Theaterstraße zusammen – und wurden verhaftet. Am 22. Juni ist die SPD verboten worden.

»Eine der ältesten und traditionsreichsten deutschen Zeitungen«, »unlöslich mit der Geschichte der deutschen Arbeiterbewegung verbunden« (Kurt Schumacher), »Fackelträger einer großen Idee« (Max Brauer), »das alte Wasserkanten-Kampfblatt der Sozialdemokratie«: Das alles galt dem »Hamburger Echo«, eingestellt am 31. Dezember 1966 und eines der Opfer beim großen Sterben der einst mächtigen SPD-Parteipresse.

In der Revolution 1918 besetzten die Linksradikalen das Verlagshaus. Statt des »Echo« erschien nun »Die rote Fahne«, später beide Zeitungen im selben Haus, bis die »Rote Fahne« als »Hamburger Volkszeitung« auszog. Als das NS-Reichsinnenministerium das Verbot des »Echo« verlangte, kamen die bürgerlichen Senatoren dem am 3. März 1933 nach. Die sechs SPD-Senatoren traten daraufhin zurück.

1946 konnte das »Echo« wieder erscheinen; ein politischer Redakteur war Herbert Wehner. Im Oktober 1963 hatte das Blatt mit 25 000 Stück Auflage einen Tiefstand erreicht: Das »Echo« wurde durch die Boulevard-Zeitung »Abendecho« (70 000 Auflage) ersetzt, doch dies half auch nicht mehr.

Zurück in der Dammtorstraße, die vom Stephansplatz zum Gänsemarkt führt, fällt an der Ecke zum Gorch-Fock-Wall mit Adresse Stephansplatz 3 die frühere Oberpostdirektion (1883 - 87, Anbau 1898 - 1901) auf, nun kein Postamt mit schöner, lichter Schalterhalle mehr. Sehr sehenswert im Obergeschoß: Das Museum für Kommunikation.

Nr. 14 war das »Waterloo«-Kino (nach dem Krieg »MGM-Waterloo«), wo noch bis etwa 1939 in der Nazizeit fast ausschließlich US-amerikanische Filme gespielt wurden, die den Swing populär machten. Die Hamburger Swing-Jugend, die hier einen ihrer Treffpunkte hatte, war eine Form der Verweigerung in jenen Jahren.

Auf der anderen Straßenseite, Nr. 25, ist die ehemalige Oberschulbehörde, ein Schumacher-Bau von 1913. Eine Tafel erläutert auch die Geschichte von Nr. 27, dem Haus »Goldener Schwan«.

Die Staatsoper (1955, G. Weber) – Adresse: Große Theaterstraße 34 – ist einer der Hamburger Nachkriegsbauten, die unter Denkmalschutz gestellt wurden. Sie nimmt die Stelle des Stadttheaters ein, das 1943 im Bombenkrieg ausbrannte. Oper und Ballettensemble genießen einen ganz ausgezeichneten Ruf, der unter Intendant Rolf Liebermann 1959 bis 1973 begründet wurde; Placido Domingos Karriere begann hier. Intendant ist nun Ingo Metzmacher, erfolgreicher »Hausregisseur« Peter Konwitschny, Ballettchef seit 1973 John Neumeier aus Milwaukee.

Hamburgs Kommunales Kino ist das »Metropolis« (Nr. 30) in einem Filmtheater-Bau von 1952, »der letzte fast vollständig im Original-Zustand erhaltene Kinoraum der frühen 50er Jahre in Hamburg« (Happel/Priess).

Eine der großen Versammlungs- und Veranstaltungsstätten der Vorkriegszeit, für Hitler-Kundgebungen ebenso genutzt wie von Sozialdemokraten oder KPD, war Sagebiels Etablissement an der Drehbahn, 1860 gegründet. Im Krieg wurde der Komplex, der Tausenden Platz bot, weitgehend zerstört; an seiner Stelle stehen jetzt Hotel »Oper« und Parkhaus.

Treff der Swing-Jugend, Hollywood-Filme auch in der Nazizeit: Das »Waterloo«, hier in einer Aufnahme der 50er Jahre

Dammtorstraße 14

Dammtorstraße 30

Drehbahn 15
❻

Lessing auf dem Gänsemarkt: Das neue Zentrum der Stadt – »Hamburg stinkt vor Geld!«

Zum neuen Zentrum der Stadt ist der Gänsemarkt avanciert, mittendrin im »Passagen-Viertel«: Von hier gehen z.B. die Passage »Neuer Gänsemarkt«, »Gerhof-Passage« und »Gänsemarkt-Passage« ab. Das »Abendblatt« hat das Ganze »Quartier Satin« getauft – »wegen der vielen feinen Geschäfte« – und verkündet: »Zum Gänsemarkt führen viele Wege, aber kein Weg führt am Gänsemarkt vorbei.«

Markt war der Platz dabei nie. 1985–86 hat man ihn umgestaltet, konsequent gepflastert, für Grün schien kein Platz. Lessing, 1767–70 Dramaturg am Deutschen Nationaltheater hier, thront nun nahe der Gerhofstraße, die zur Fußgängerzone wurde.

»Ein in Europa einmaliges Passagen-Netz«, feiert die Stadtwerbung: Blick in die »Galleria«

Die benachbarte Straße Hohe Bleichen und Teile der Poststraße haben sich zu einer »Antiquitäten-Meile« entwickelt.

Ein Fixpunkt von »Boomtown Hamburg«, in dem an allen Ecken und Enden gebaut (und vor allem aufgestockt) wurde und die Geschäfte insbesondere der westlichen Innenstadt um den Gänsemarkt immer exklusiver (und teurer) werden, ist der »Bleichenhof«. 1955 Hamburgs erstes Parkhaus, wurde dies bis 1990 ummantelt und umgebaut. Jetzt ist hier eine weitere Passage, mit Restaurants und Bar am Bleichenfleet und 33 Meter hohen Türmen. Für die Baubehörde ist dies keinesfalls der Endpunkt der City, sondern »der erste Schritt für die städtebauliche Verbindung zum Baumwall am Hafen«. »Eine schöne Bilanz: Hamburg stinkt vor Geld!« freute sich das »Abendblatt« angesichts des City-Booms, der explosive Mietsteigerungen zur Folge hat. Angestammte Geschäfte wie die beliebte »Stadtschlachterei« (Gerhofstraße 32) oder die »Paulusbuchhandlung« (Neuer Wall) mussten kapitulieren.

Große Bleichen/ Bleichenbrücke

Noch einmal das »Abendblatt« zu ›trendy Hamburg«: »Vergessen sind die Zeiten, als am Neuen Wall ›Herrenausstatter‹ und ›Damenoberbekleidungsgeschäfte‹ hanseatisch-blaue gediegene Langeweile für die Wohlhabenden anboten, während der Normalverbraucher an der Mönckebergstraße zwischen den Kaufhäusern pendelte. Heute sind die Käufer jung, sie sind chic – und ihre Läden möchten genauso sein.«

Der Fritz-Höger-Bau von 1927, in dem seit 1980 das Hotel »Ramada Renaissance« untergebracht ist, war früher das Pressehaus der Firma Broschek. Diese, 1808 als Buchdruckerei und Tiefdruckanstalt in der Poolstr. 17 gegründet, gab seit 1864 das »Hamburger Fremdenblatt« heraus, das bis 1943 erschien. Der Bau ist nie fertiggestellt worden: Der im Höger-Plan vorgesehene »Turm der Presse« fehlt. Zu beachten: die kleine Figur an der Ecke.

Große Bleichen/ Heuberg

Die 1986 in die wilhelminische »Kaiser-Passage« verlegte Zentralbücherei und Musikbibliothek der Stadt verfügt über 250 000 Medieneinheiten. Benachbart ist das niederdeutsche Ohnsorg-Theater (Nr. 25), durch die bundesweiten Fernsehübertragungen und Darsteller wie Heidi Kabel und Henry Vahl zu großer Popularität gelangt.

Große Bleichen 27

Die Landeszentrale für politische Bildung (Nr. 23, III. Stock) hält, meist gratis, viel interessantes Informationsmaterial bereit (geöffnet: Mo–Fr 11–13 Uhr; Mo–Mi 15–16 Uhr; Do–Fr 14.30–15.30 Uhr).

Große Bleichen 23

Mit den Großen Bleichen ist man mittendrin im Passagenviertel: »Ein in Europa einmaliges Passagen-Netz«, preist die Stadtwerbung; »Unter den Dächern der Stadt« trifft man sich zum Bummeln, zum Schlemmen, zum Shoppen, zum Sehen und Gesehenwerden - und dies alles »trockenen Fußes«.

Die Kaufmannshaus-Passage hat 20 Geschäfte und führt direkt auf das Bleichenfleet zu, das zum Neuen Wall hin überbrückt wird. Einige Häuser weiter geht die »Galleria« ab, eine 80 Meter lange Ladenstraße. Von den Großen Bleichen aus gibt es einen Zugang

zum Hanse-Viertel, 1980 zwischen erwähnter Straße, Poststraße und Hohe Bleichen entstanden, mit über 70 Geschäften die größte City-Passage. In der Vorweihnachtszeit flanieren hier täglich 30 000 bis 40 000 potentielle Kunden.

Von der Poststraße aus bildet die Passage »Hamburger Hof« die Verbindung zum Jungfernstieg, und um den Gänsemarkt (S. 54, 57) gruppieren sich die Passagen »Neuer Gänsemarkt«, »Gänsemarkt-Passage« und »Gerhof-Passage«. Bereits im 19. Jahrhundert existierte mit Sillems Bazar in Hamburg die erste glasgedeckte Einkaufs-promenade Deutschlands, die allerdings vor dem 1. Weltkrieg abge-brochen wurde.

Auch historische Bauten sind inzwischen ins Passagen-Netz einbe-zogen worden, so die Alte Post (1845–47, Alexis de Chateauneuf), in der vier Postanstalten ansässig waren. Der venezianisch inspirierte

Poststraße 11/25/36
❿

Eckturm diente als »Campanile« der Nachrichtenübermittlung mit seinem optischen Zeigertelegraphen. Nun ist hier u.a. die Alte-Post-Ladenpassage (Nr. 11). Zwei Entdeckungen am Rande: Im Henne-berg-Haus Nr. 25 von 1907 das Glasbild im Treppenhaus (»vorher – nachher«) und Nr. 36 am Klopstock-Haus die Schriftsteller-Büste.

Neuer Wall 19
❾

Von 1892–1939 bestand das bekannte Modehaus Gebrüder Robinsohn mit 700 Mitarbeitern. Auch diese jüdische Firma war am 1. April 1933 vom Boykott betroffen:

»Die Umsätze betrugen an diesem Tag ein Zehntel des Normalen«, berich-tete der damalige Juniorchef Hans J. Robinsohn. Das Geschäft unterlag immer mehr Schikanen, die im November-Pogrom gipfelten, der sog. Reichs-kristallnacht. Am 30. März 1939 war auch die Firma Gebrüder Robinsohn »arisiert«.

Neuer Wall 19/
Alsterarkaden

Das jüdische Modehaus Gebrüder Hirschfeld war vom 30. Novem-ber 1938 an die Firma Fahning, die annoncierte: »Das Haus Gebrü-der Hirschfeld ist nun restlos in arischen Besitz übergegangen.« Das Geld wurde auf einem Sperrkonto festgelegt, die Brüder Hirschfeld enteignet.

Einer von ihnen, Benno, wurde im KZ ermordet. Sohn Hans kehrte nach 1945 zurück, übernahm die eine Hälfte des Geschäfts und überließ sie der Familie Fahning. Die emigrierten Isidor-Hirschfeld-Erben verkauften die an-dere Hälfte. 1992 wurde der Bau zwangsversteigert: Mit gebotenen 82 Mio. DM unterlag die Familie Hirschfeld und verlor damit zum zweitenmal un-freiwillig den Alten Schleusenhof. Infolge der Jürgen-Schneider-Pleite gab es dann lange eine Bauruine zu besichtigen, ehe sich die Berliner Hypotheken-und Pfandbriefbank AG aus dem Nachlaß des Bankrotteurs das Terrain sicherte.
  Das »Fahning-Haus« (1846) wurde 1997 bis aufs Kontortreppenhaus ent-kernt, die denkmalgeschützte Fassade blieb und dahinter liegen nun allerlei Luxusgeschäfte.

Doch zurück zum Gänsemarkt: Zwei Eckbauten beherrschen den Platz und schotten ihn als »Barrieren« zum ehemaligen Gängeviertel

ZUM GEDENKEN AN DAS
MODEHAUS GEBR.ROBINSOHN
DAS SICH BIS ZU SEINER
ZERSTÖRUNG AM 9·11·1938
IN DIESEM GEBÄUDE BEFAND
9·11·1988

hin ab: die Finanzbehörde (1918–26, Schumacher) mit Nr. 36 und gegenüber das »Deutschlandhaus«. Im Klinkerbau der Behörde bestehen zwei bemerkenswerte Säle, die sog. Ehrenhalle mit Kachelarbeiten von Richard Kuöhl (genannt »Bananensaal«, weil die Säulen staudenähnlich sind) und der Leo-Lippmann-Saal, benannt nach dem Staatsrat, der 1906 Beamter und 1933 als Jude entlassen wurde; Lippmann und seine Frau begingen 1943 Selbstmord.

Am 30. März 1939 »arisiert«: Gedenktafel am ehemals jüdischen Modehaus Robinsohn

Gänsemarkt 36

Die Idee, die Finanzbehörde hierhin zu verlegen, war nicht unumstritten, wandte doch z.B. 1914 das »Hamburger Fremdenblatt« ein, dies sei eine schlechte Gegend wegen der Nähe zur rebellischen Neustadt und den Bordellen Kalkhof und Ulricusstraße. Weil auch Hamburg so viel Geld nicht hat, wurde 1988 das Souterrain der Behörde an Läden vermietet.

Das »Deutschlandhaus« ließ 1928–29 die Filmgesellschaft Ufa (Architekten: Block & Hochfeld) bauen. Das Innere wurde zum Großteil am 18. Juni 1944 durch Bomben zerstört. 1982 ist die Fassade erneuert worden.

Dammtorstraße 1/ Valentinskamp

Am 21. Dezember 1929 eröffnete im »Deutschlandhaus« (auf der Seite zum Valentinskamp) mit »Die weiße Hölle vom Piz Palü« der Ufa-Palast, mit 2667 Plätzen größtes Kino Europas: »Eine architektonische und künstlerische Leistung ersten Ranges, die wohl kaum von einer anderen Großstadt übertroffen wird. Der Bau wird eine weitere Sehenswürdigkeit in Hamburg sein«, jubelte die lokale Presse. Die kommunistische »Hamburger Volkszeitung« sah's anders: »Das Resultat der Antreiberei, des ungeheuren Arbeitstempos, der Überstunden- und Nachtarbeit sieht folgendermaßen aus: 4 Tote, 42 Verletzte, darunter 6 so schwer, daß sie für immer, zumindest für lange Zeit, ihrem Beruf nicht mehr nachgehen können. So ist ein Palast aus der Erde

»Schaustück« in einer noblen Gegend: Die 1831 als Privatstraße angelegte Neue ABC-Straße

gestampft worden mit dem Schweiße und dem Blute derjenigen, die sich den Bau nach seiner Inbetriebnahme nicht einmal von innen ansehen können.« Der Ufa-Palast ging vom damals üblichen System ab, zwei Filme in einem Programm zu spielen: Es gab jetzt nur noch einen Großfilm plus Varieté-Vorführungen. Im Deutschlandhaus waren auch populäre Restaurants wie die »Stadtschänke« oder der »Quick Lunch« mit American-Soda-Fountain angesiedelt.

Gänsemarkt/ ABC-Straße

Der Weg um die »runde Ecke« vom Gänsemarkt aus lohnt, denn erst dort sieht man, wie geschickt hier auf engem Raum das 262-Zimmer-Hotel »Marriot« mit Ballsaal, Schwimmbad etc. 1988 etabliert worden ist – eine städtebaulich beeindruckende Lösung.

ABC-Straße 13 - 15

Hier, wo lange Jahre ein Provisorium war, boomt Hamburg – ein Beweis auch der Neubau der Hypothekenbank, Nr. 13 – 15, mit halbrunder Fassade und Glaszylinder vom Erdgeschoß bis zum Dach »ein Ausrufungszeichen der endachtziger Jahre der Hamburger Baugeschichte«, so Karin von Behr im »Abendblatt«.

ABC-Straße 44/50
⓬

Gegenüber dem Staatsarchiv (1972, Bernhard Hermkes), Nr. 44, das wegen Asbestverseuchung Ende 1996 abgerissen und nach Wandsbek verlegt wurde, war lange Zeit noch ein Weltkriegsrelikt: ein Stück Vorderhaus, dessen andere Hälfte weggebombt war. Dort steht nun statt dessen das 60-Millionen-Projekt »Doorman-House« mit Luxus-Wohnkomfort wie in Manhattan, mit Wachmännern und »Superservice«.

ABC-Str. 50 ist mit seinem Laden von 1850 das älteste Schaufenster der Stadt.

Neue ABC-Straße

Als »Schaustück« so recht in die Gegend paßt mit ihren Läden für Exklusiv-Mode oder Antiquitäten die abzweigende Neue ABC-Straße, 1831 als Privatstraße angelegt. Wir überlassen Sie nun hier (oder anderswo) dem Konsum ...

Werner Skrentny

Planten un Blomen: Nationale Erhebung der Gartenarchitektur

Man soll die Feste feiern, wie sie fallen – vor allem, wenn sie ins Sommerloch fallen. Nach dieser Devise brachten die lokalen Öffentlichkeitsarbeiter in der Gartensaison 1984/85 der populärsten Hamburger Grünanlage ein Geburtstagsständchen. Zwar reichte das halbe Jahrhundert Planten un Blomen allemal ins »Tausendjährige Reich« zurück, aber die grünende und blühende Parkanlage hatte wohl die braune Saat, aus der sie hervorgegangen war, vergessen gemacht.

Tatsächlich war Planten un Blomen, noch ehe am 6. Juni 1935 die ersten Besucher einen Fuß in den Park gesetzt hatten, als Prestigeobjekt für den gartenbaupolitischen Neubeginn der NS-Machthaber ausgeguckt worden: eine braune Leistungsschau in Sachen Grünpolitik. Vier Millionen Reichsmark hatte der Senat bereitgestellt, über 150 000 Kubikmeter Boden wurden von etwa 1000 Erwerbslosen im Reichsarbeitsdienst (RAD) – bis zu 1800 waren in Spitzenzeiten auf dem Terrain tätig – in kaum fünf Monaten bewegt und zigtausend Blumen und Pflanzen eingesetzt. Das NS-Regime hatte in dem Projekt ein umwelt- und beschäftigungspolitisches Aushängeschild.

Bereits die Bezeichnung der Parkanlage, die 1934 – 35 aus dem ehemaligen Zoo- und Friedhofsgelände entstanden war, läßt bis heute aufhorchen. Erd- und Heimatverbundenheit im Sinne nationalsozialistischer Blut- und Bodenideologie versprach nicht nur der Ausstellungsuntertitel »Niederdeutsche Gartenschau«, sondern auch die Namensgebung »Planten un Blomen«. Die braunen Grünideologen wähnten die Gartenkultur der Weimarer Republik nämlich entartet und überfremdet durch »ausländische Pflanzengemeinschaften«. »Lieblich dem kritiklosen Menschen eingehende Garten- und Pflanzenmätzchen drohten den Keim niederdeutschen Wesens zu ersticken ...« Was Wunder also, daß gerade die »im niederdeutschen Boden wurzelnden, vom niederdeutschen Boden empfangenden Menschen ... in dieser Zeit der Neugeburt des deutschen Volkes« auch die Zeit einer nationalen Erhebung der Gartenarchitektur gekommen sahen.

»Niederdeutsche Anklänge in der Backsteinarchitektur des Eingangs« (Architekt: K. Gutschow) stimmten den Besucher ein. Im Mittelpunkt der bodenständig arrangierten Parklandschaft aber stand – anstelle des heutigen Restaurants Seeterrassen – die Bauernschänke (Architekten: Langmaack & Laage), eine unter Reetdächern als Bauerngehöft gestaltete Baugruppe. Nach dem Krieg mochte »das weltzugewandte Hamburg die Form eines niederdeutschen Bauernhauses« nicht mehr in der Nachbarschaft der modernen Beton- und Stahl-Glas-Hallen der Hamburg-Messe leiden. Manches von dem, was den Krieg heil überstanden hat, fiel in diesem Sinne den Fortschritten der Nachkriegsplanungen zum Opfer, zuletzt 1973 die Sommerblumenwiesen, die mitsamt den vormals bewunderten Schauhäusern der Allerweltsarchitektur des Congress Centrums (CCH) mit dem SAS Radisson Hotel weichen mußten. Im Vergleich zu den ungeheuren Dimensionen, mit denen CCH und Hotel dem Park zu Leibe rückten, mutet die ansprechend proportionierte Bauernschänke von 1935 im Rückblick keineswegs mehr so unpassend an. (J.H.)

P.S. Neu hinzugekommen zur Park-»Ausstattung« sind in jüngerer Zeit die Japanischen Gärten, Rosengarten und Apothekergarten.

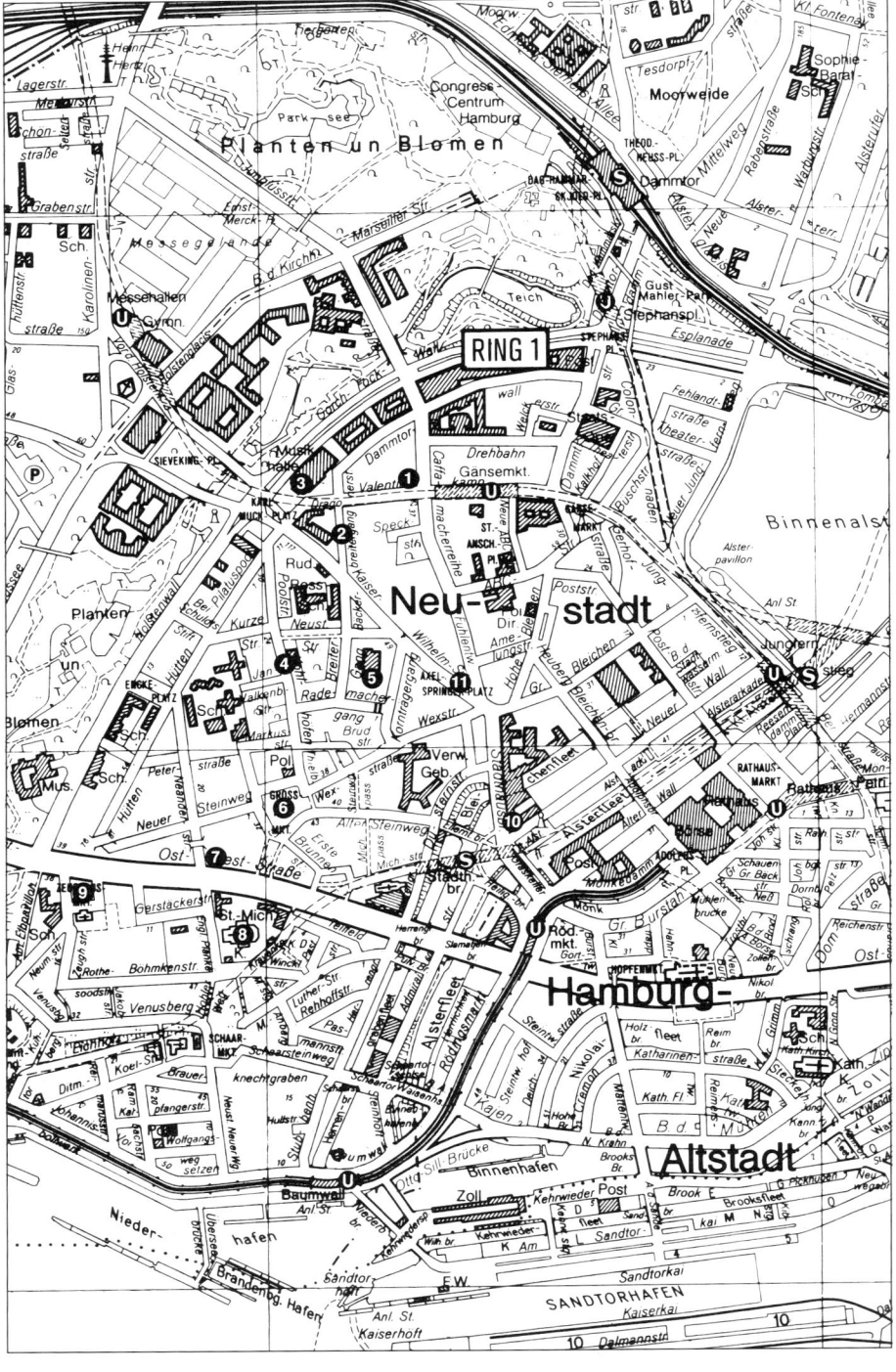

Eine Stadt
kam in die Gänge

Ausgangspunkt: U-Bahnhof Gänsemarkt (U2)
Endpunkt: S-Bahnhof Stadthausbrücke (S1, S2, S3)
Dauer des Rundgangs: 2 ½ Stunden

In den herkömmlichen Reiseführern bleibt die Neustadt, Anfang des 17. Jahrhunderts in die Stadtbefestigung integriert, meist links liegen. Dabei ist der Gang dorthin aus vielerlei Gründen reizvoll: Hier waren die Gängeviertel, morsche Fachwerkbauten und Häuserzeilen, dicht an dicht, mit engen Höfen, Gängen und Twieten – ein überbevölkertes Gebiet und, wie Alexander Rado in Band 1 von »Der neue Führer« zu Groß-Hamburg schreibt, »eine Hochburg des revolutionären Elements in Hamburg«, mit zahlreichen Einrichtungen der KPD, während die SPD ihre Zentralen im bürgerlichen Distrikt beim Dammtor hatte. In der Neustadt sind auch noch Spuren auszumachen vom einstigen Mittelpunkt der jüdischen Gemeinde.

Brahmsdenkmal vor der Musikhalle

Etwa 10 000 Menschen leben heute in dem Viertel, das vor allem ein Quartier der Mittel- und Unterschichten war. Das Geschäftsgebaren der Altstadt mit Handel und Wandel ließ sich hier nicht nachvollziehen, weil die Fleete fehlten.

Die Verkehrsschneise Ost-West-Straße hat auch die historische Struktur dieses Viertels durchschnitten. Die Sanierungen und der Bombenkrieg haben das Bild im traditionellen Wohngebiet von Hafenarbeitern und Unständigen (die oftmals nur tageweise Lohn und Brot fanden) gründlich verändert, doch sind noch genug steinerne Zeugen, darunter der gerettete »Paradieshof«, vorhanden, um sich ein Bild zu machen.

Vom Gänsemarkt (s. S. 54, 57) führt der Weg den Valentinskamp hinauf. Nur wenig von der ursprünglichen Bebauung ist im Schatten des 1963 bezogenen Unilever-Hochhauses (91 m, 21 Stockwerke) am Valentinskamp erhalten. Die Stahlbetonkonstruktion (Architekten: H. Hentrich, H. Petschnigg) von 1963 steht seit 2001 unter Denkmalschutz. Die Abrißpläne der SPD-Fraktion Mitte, denen die CDU widersprach (»diesen gewachsenen kleinen Stadtteil Neustadt muß man erhalten«), werden glücklicherweise nicht wie vorgesehen ausgeführt.

Valentinskamp

Valentinskamp 34 ist ein Fachwerkhaus aus dem 17. Jahrhundert, dahinter (34 a) eine frühere Metallwaren-Fabrik von 1905. Nr. 38 ist »Schier's Passage« (1860–70), mit Hofbebauung und dem Durchgang

Valentinskamp
34 - 38

zur Speckstraße, wo ein Gedenkstein Ecke Caffamacherreihe an das 1943 zerstörte Geburtshaus von Komponist Johannes Brahms erinnert.

Valentinskamp
40 - 42

Eine bemerkenswerte Geschichte hat Valentinskamp 40–42, ein Vorderhaus mit Saal, das in seinen ältesten Teilen auf das 17. Jahrhundert zurückgeht. Der 1997 sanierte Bau beherbergt nun »Valentinos« (Bar, Restaurant, Nightclub).

Um 1800 besaß in Nr. 40–42 der Wirt Handje den Tanzsaal »Hotel de Rome«, in dem später auch ein kleines Theater war. Der spätere »Unionssaal« wurde erweitert (39 m lang, 20,5 m breit) und war damit neben Sagebiel (s. S. 53) Hamburgs größtes Versammlungslokal. 1866 kaufte der Braunschweiger Tütje das Haus, das als »Tütjes (Tütges) Etablissement« wichtige Etappen der örtlichen Arbeiterbewegung erlebte. Vom 3.–6. Oktober 1897 tagte hier der SPD-Parteitag. Als »Neustädter Gesellschaftssäle« bestand das Haus weiter und sah die Anfänge von Walter Rothenburgs »Hamburger Punching«, die später in den Boxkampftagen mit bis zu 70 000 Besuchern (Dirt Track Lokstedt) gipfelten.

In den 20er Jahren zog die KPD ein: Valentinskamp 40–42 wurde Sitz der Bezirksleitung Wasserkante und von Verlag und Redaktion der »Hamburger Volkszeitung«, tägliche Auflage 1930 ca. 40 000 Exemplare. Noch bevor die NSDAP in Hamburg die Macht übernahm, kam das Ende der »Volkszeitung«. Nach 14 Tagen Verbot (wieder einmal) war die »HVZ« am Montag, 27. Februar 1933, wieder erschienen. »Wir sind da und wir bleiben da!« verkündete die Schlagzeile. Es war die letzte Ausgabe bis zum Wiedererscheinen 1946.

Der Druck der NS-Reichsregierung in Berlin auf die angeblich »rote Insel« Hamburg veranlaßte den sozialdemokratisch-bürgerlichen Senat am 1. März 1933, »zur Aufrechterhaltung von Ruhe, Sicherheit und Ordnung« gegen die KPD vorzugehen. 75 bis 100 Hamburger Funktionäre wurden festgenommen, das Parteihaus am Valentinskamp versiegelt. Nachfolger der KPD am Valentinskamp wurde der HJ-Bann 424.

Bäckerbreitergang
49 - 58

Das Schaustück Gängeviertel (und was davon blieb) im Bäckerbreitergang (Fachwerk-Sahlhäuser von 1780–1820) vermittelt kaum die Atmosphäre jenes Gebiets, das im Rückblick den einen in übertriebener Romantisiererei ein schönstes Stück Alt-Hamburg, den anderen das rebellischste Quartier der Stadt war. Die Gänge waren charakteristisch für Hamburgs alte Stadt. Im Gebiet um die Steinstraße (s. S. 44, 45) wurden sie schon vor dem 1. Weltkrieg niedergelegt.

In der nördlichen Neustadt um den Großneumarkt hatte sich noch bis in die 30er Jahre ein letztes Gängeviertel mit etwa 12 000 Bewohnern erhalten. Es war der soziale Unruhefaktor der Stadt, »dauernd im Zustand des latenten Bürgerkriegs« (Hipp/Jaeger). Die gemeinsame Not bestimmte die politische Haltung. »Das sind doch nur Löcher, aber keine Wohnungen, die ins 20. Jahrhundert passen!« sagte der KPD-Vorsitzende Thälmann im Gängeviertel, das

Hochburg seiner Partei war. Nur wenige dort hatten am Ende von Weimar noch feste oder gelegentliche Arbeit im Hafen; viele waren gänzlich ausgemustert. Für Polizei in schwacher Besetzung, uniformierte Sozialdemokraten oder Nazis war das Viertel Tabu-Zone.

Als »Hochburg der bürgerlichen Rechtsparteien« galt der Deutschnationale Handlungsgehilfen-Verband (DHV), mit einer viertel Million Mitgliedern damals größter Angestelltenverband. Zum DHV gehörte auch die Versicherung »Deutscher Ring«, die enge Beziehungen zur NSDAP hatte und u.a. deren Presse mitfinanzierte. Der Bau Holstenwall 3–5, heute Zentrale der Deutschen Angestellten-Gewerkschaft (DAG), hatte seinen Ursprung im Verbandshaus (1904), ehe 1919–20 und 1929–31 (Dreiflügel-Anlage, Hauptfront zum Jo-

Das Gängeviertel wurde zum Sanierungsgebiet erklärt. Die Häuser Am Eichholz wurden 1901 abgerissen

*Ein Stück Gänge-
viertel hinübergerettet:
Bäckerbreitergang, mit
Musikhalle im
Hintergrund, in einer
Aufnahme von 1940*

Joh.-Brahms-Platz 20

❸

hannes-Brahms-Platz) der jetzige Zustand erreicht wurde; Architekten waren Ferdinand Sckopp und Wilhelm Vortmann. Die Athleten am Holstenwall schuf Karl Opfermann, weitere Bronzeplastiken Ludwig Kunstmann – man beachte Mädchen und Junge auf dem Schulweg im Vorbau. Die offene Vorhalle schmücken die Wappen von Städten, die das Deutsche Reich 1918 mit Ende des Weltkrieges abtreten mußte: Memel, Thorn, Metz und Tondern. Bekannt war das Dachcafé; die Lichtsäule dort mußte im 2. Weltkrieg beseitigt werden (Fliegerangriffe!). Nach Kriegsende diente das Haus vorübergehend als Polizeipräsidium. Das DAG-Haus ist seit vielen Jahren Sitz des »Kellertheater«.

Die Musikhalle (1908, Architekten Martin Haller, Wilhelm E. Meerwein) war eine Stiftung von Carl Heinrich und Sophie Laeisz aus der Reederfamilie. Ein kleines Wunder, daß sie nicht Johannes-Brahms-Halle heißt, denn das Andenken an den Komponisten ist in der nächsten Nähe nicht zu übersehen – siehe auch S. 62, S. 71: Das Brahms-Denkmal (1909) von Max Klinger steht im Foyer, die Bronzeplastik von Maria Pirwitz vor der Halle soll Brahms' Musik verkörpern, der Granitwürfel Ecke Dragonerstall von Thomas Darboven zeigt Porträts von Brahms. Zu dessen 100. Geburtstag erhielt der Karl-Muck-Platz (K.M., 1923–33 Leiter des Philharmonischen Orchesters) seinen neuen Namen.

Dragonerstall 11 befindet sich das 1995 eröffnete erste Hamburger Frauenhotel, das »Hotel Hanseatin«.

In die Wallanlagen am Übergang zum Justizforum hat der Senat 1963 das Kaiser-Wilhelm-Denkmal »abgeschoben«, das 1903 auf dem Rathausmarkt enthüllt worden war und 1930 beim Ziviljustizgebäude postiert wurde. 1997 kamen die Denkmäler »Altersversor-

gung«, »Maß- und Münzwesen«, »Weltverkehr« und »Justizwesen« hinzu, womit die Anlage fast wieder komplett ist. An Johannes Schillings Kaiserdenkmal erinnern heute auf dem Rathausmarkt nur noch zwei Fahnenmasten.

Vor dem Oberlandesgericht: Denkmal für die Opfer der Justiz in der NS-Zeit

Aus Strafjustizgebäude (1882), Ziviljustizgebäude (1898–1903) und Oberlandesgericht (1907–12) besteht das Justizforum Sievekingplatz. Im Raum 707 des Ziviljustizgebäudes hat der Hamburgische Richterverein 1985 einen Dokumentationsraum »Hamburgische Justiz in der NS-Zeit« eröffnet – zum Gedenken an »die Opfer der Justiz und aus der Justiz« (zugänglich während der regulären Öffnungszeiten). Das dem Justizforum benachbarte Untersuchungsgefängnis, 1927–29 gebaut (Architekt: Schumacher), wurde am 6. November 1918 von Revolutionären gestürmt, die die Gefangenen befreiten. In der NS-Zeit sind hier 541 Menschen hingerichtet worden.

Nach langjährigem Hin und Her wurde 1997 endlich die Gedenkstätte für die Opfer der NS-Justiz im Justizforum vollendet (»die deutsche Justiz war willfähriges Instrument der nationalsozialistischen Diktatur«). Glora Friedmann, in Frankreich lebende deutsche Künstlerin, schuf vor dem Oberlandesgericht das Mahnmal »Hier + Jetzt«.

Hamburgs älteste Synagoge ist, wenn auch nur noch in wenigen Teilen, Poolstraße 12-13 erhalten: leider in einem unwürdigen Zustand, ist doch dort jetzt eine Autowerkstatt zu Hause. Eingang im Rundbogenstil und Apsis sind von dem 1842–44 errichteten Bau (Johannes Hinrich Klees-Wülbern) geblieben. Es gab Vorschläge, dort ein Jüdisches Museum einzurichten, das Hamburg bis heute leider nicht besitzt.

Die Neustadt war bis zur Stadterweiterung ein jüdisches Zentrum,

Poolstraße 12 - 13
4

ehe die Hamburger Verfassung mit der rechtlichen Gleichstellung und freien Wahl des Wohnorts sowie die Aufhebung der Torsperre 1860 die Abwanderung vor allem in das Grindel-Viertel ermöglichten. Zuvor hatte hier der 1817 begründete »Neue Israelitische Tempel-Verein in Hamburg« gebaut, der eine stärkere Anpassung an die Umwelt befürwortete und deshalb Gottesdienste in deutscher Sprache abhielt. Nachdem die angestammte Gemeinde zunehmend die Neustadt verlassen hatte, wurde der neue Tempel an der Oberstraße (s. S. 245) gebaut. Der Poolstraße-Tempel war Lagerhaus, wurde 1937 verkauft und ist 1944 durch Bomben zerstört worden. Geblieben sind die zur Anlage gehörenden klassizistischen Mietshäuser Nr. 11 und 13.

Kohlhöfen

Die Straße war gegen Ende der Weimarer Republik einer der brisantesten Punkte der Stadt. Erhalten sind nach Sanierung und Krieg nur noch wenige Häuser.

Ecke Kohlhöfen 23/Neustädter Straße hatte Wilhelm Bauke (1864–1936) seine Gastwirtschaft, deren Geschichte Sohn Wilhelm jun. (geb. 1903) festgehalten hat.

»Latenter Unruheherd« Gängeviertel: Kommunistische Demonstration 1930 Ecke Kohlhöfen/ Neustädter Straße, wo Baukes Lokal war

Bauke sen., von Beruf Drechsler, war gemeinsam mit dem späteren Gewerkschaftsführer Carl Legien aus Sachsen-Anhalt als Wanderarbeiter nach Hamburg getippelt und hatte auf Vorschlag des bekannten SPD-Genossen (»Wir haben doch sonst keine Möglichkeit, hier zusammenzukommen«) 1894 das Lokal eröffnet, das bald ein wichtiger Treffpunkt der Arbeiterbewegung wurde. Hier tagten Sozialdemokraten, Tabakarbeiter, Syndikalisten, Anarchisten und auch Anthroposophen.

Als die SPD den Kriegskrediten zustimmte (Bauke jun.: »Ab da war der Wurm drin«), manifestierte sich auch hier Opposition: Wirt Bauke wechselte zur KPD, die Kneipe wurde Agitationslokal der Partei. 1942 wurde das Haus abgerissen.

Daß Kohlhöfen politisch so lebhaft war, hatte neben Baukes Lokal vor allem mit dem Arbeitsamt (»Facharbeiternachweise u.a. für Eisen- und Metallindustrie, Fabrikarbeiter und -arbeiterinnen, Schlachter, Erwerbsbeschränkte«) zu tun: Mit steigender Arbeitslosigkeit bevölkerten immer mehr Erwerbslose die Straße, in der sie stempeln mußten. Die KPD hatte nicht nur bei Bauke einen Stützpunkt, sondern in Kohlhöfen 20 die Bezirksleitung der Revolutionären Gewerkschaftsopposition (RGO) und der Roten Hilfe. Kohlhöfen 19 war ein Buch- und Zeitschriftenvertrieb der Kommunisten.

Kohlhöfen 17 - 18

In einem ehemaligen Leihhaus wurde 1899 Hamburgs erste Öffentliche Bücherhalle eröffnet, deren erster Neubau (Architekt: Hugo Groothof) von 1909–10 im Stil des Hamburger Bürgerhauses seit 1987 unter Denkmalschutz steht (Gedenktafel im Erdgeschoß). Erstmals in Deutschland gab es dort die Freihand-Ausleihe nach englischem Vorbild. SPD und STATT-Partei betrieben 1995/96 trotz breiter Proteste die Schließung von acht Bücherhallen - auch Kohlhöfen war betroffen; nun besteht dort noch ein Internet-Center der Hamburger Öffentlichen Bücherhallen (HÖB). Kohlhöfen 29 - frü-

Kohlhöfen 28

her Nr. 87 – erinnert eine Gedenktafel an Philosoph Artur Schopenhauer (1788–1860), der dort lebte.

Gegenüber der Einmündung der Jan-Valkenburg-Straße lag die Hauptsynagoge Kohlhöfen (1857–59, Albert Rosengarten), die erste Synagoge der Stadt, die nicht völlig verborgen im Hinterhof stand. Der Schriftsteller Moses Mendelssohn hatte derlei kurz vor Baubeginn 1856 noch für bedenklich gehalten:

»Wenn auch der jetzige Staat es genehmigt, und die Volksstimmung es zuläßt, daß die Front der Synagoge ganz der Straße zugekehrt wird, so darf es dennoch die Vorsicht nicht gutheißen, weil die Weltgeschichte dagegen protestiert. Es sind noch keine 300 Jahre her, wo die Synagoge vom Neuen Steinweg niedergerissen und die Gebetbücher verbrannt wurden!«

Mit der Abwanderung der Juden aus der Neustadt schrumpfte die Synagogen-Gemeinde. 1911 wurde festgestellt, daß »die Synagoge nicht mehr an geeigneter Stelle liegt«. Mit der NS-Zeit kam das Ende für eine »der anerkannt schönsten Synagogen des Festlandes«, in der als Oberkantor zwischen 1910 und 1920 auch der später in den USA berühmte Josef »Jossele« Rosenblatt gewirkt hatte. Weil das Gängeviertel saniert wurde, mußte die Synagoge an die Stadt verkauft werden. Zum Abschiedsgottesdienst vor dem Abriß im November 1934 kamen noch einmal 2000 Juden in die Neustadt.

Als »Ausdruck unseres Volkstums« feierten 10 000 im September 1938 das Hummel-Denkmal bei seiner Einweihung – ein Markstein der Vernichtung des sozialen Unruheherdes Gängeviertel, an dessen Stelle sich im NS-Neubauprogramm »lichte Weite zeigt, in der sich

Abschied von der Synagoge Kohlhöfen am 21. Oktober 1934: Das Nertomid wird gelöscht, die Thora-Rollen werden ausgehoben

Rademachergang/
Breiter Gang/
Kornträgergang

Wasserträger Benz,
der Original-Hummel

Großneumarkt

Großneumarkt 16

Großneumarkt
54 - 57, 37

Wexstraße/
Brüderstraße

gesundes Leben und reine, politische Gesinnung entwickeln können« (»Hamburger Tageblatt«). Die neuen Häuser der Neustadt wurden als »Kulturtat ersten Ranges« gefeiert. Im Bombenkrieg zerstört, sind sie weitgehend wiederhergestellt worden.

Steinerner Schlußpunkt der Sanierung, die »stadtfremde Elemente, heimat- und wurzellose Menschen, artfremde, politische Agitatoren« vertreiben wollte, ist der Denkmalbrunnen von Richard Kuöhl von 1938, das Hummel-Denkmal, das sich volkstümlich und lokalverbunden gibt: Die Figur des althamburgischen Wasserträgers Benz, bekannt als Original Hummel, hält die Erinnerung an die sanitären Probleme der Altstadtviertel wach und erbringt einen Leistungsnachweis für die sozialhygienischen Erfolge der Sanierungspolitik. Gestiftet vom »Verein geborener Hamburger« und dem Bauverein zu Hamburg personifiziert das Denkmal den Gruß »Hummel, Hummel!« – die Antwort kommt von der Steinfigur am Memelhaus gegenüber: »Mors, Mors!«, eine hamburgische Variante des Götz-von-Berlichingen-Zitats.

Das Memelhaus, Breiter Gang 1 - 13, 1935 - 36 für die Allgemeine Deutsche Schiffszimmerergenossenschaft erstellt, sollte mit seinem Namen »Zeichen der unauflöslichen Verbundenheit aller Deutschen mit den Brüdern im Osten sein«. Am Haus ist ein Relief von Ludwig Kunstmann, das an die Gründung der Genossenschaft erinnert.

Eine recht populäre Kneipenszene hat sich rund um den Platz entwickelt. Nicht zu versäumen: der Blick in die Brüderstraße – wie ein Bild aus einer anderen Zeit. Man geht nun noch einmal Richtung Kohlhöfen: Thielbek 12 - 14 steht das letzte Fachwerkgiebelhaus der Neustadt, erbaut um 1780. Derlei Gebäude waren typisch für das Viertel im 17. bis 19. Jahrhundert.

Vom Polizeirevier 34 am Großneumarkt (jetzt Revierwache 14) und fünf weiteren ging 1940 die sog. Zigeuneraktion aus: Die Polizei nahm am 16. Mai 551 Zigeuner fest, brachte sie in einen Fruchtschuppen im Freihafen, von wo sie nach Polen in den Tod deportiert wurden. 1943 und 1944 wurden weitere 354 Zigeuner aus Hamburg nach Auschwitz deportiert. Die Stadt hatte es sehr eilig mit der Zigeuneraktion: Man befürchtete, daß sonst kein Platz mehr für Hamburgs Sinti und Roma in Polen sein würde.

Nur noch die Inschrift »Hertz-Joseph-Levy-Stift« über dem Durchgang erinnert an eine jüdische Stiftung aus dem vergangenen Jahrhundert, die 20 Freiwohnungen beinhaltete. 1981 sind die Gebäude im Hinterhof abgerissen worden. Großneumarkt 37 beachte man die schönen Details am Apothekerhaus von 1913. Im übrigen hat das »Herz der Neustadt« viele Lokalitäten, um eine Pause einzulegen.

In beiden Straßennamen sind die Brüder Wex verewigt; stadtbekannte Spekulanten, die unter dem Vorwand der Sanierung (s. S. 51) in der Wexstraße (Durchbruch von 1867) zur Straße hin repräsentativ bauten, hinten aber nur dumpfe und lichtarme Wohnquartiere in dichter Bebauung einrichteten. Auch die Wexstraße ist mit ausgefallenen Läden nun ein wenig schick geworden und wird vielleicht in 2, 3, 4 Jahren überregional entdeckt.

Die Neanderstraße trug bis 1948 die Bezeichnung Elbstraße, die im vorigen Jahrhundert das Zentrum jüdischen Lebens in Hamburg bildete.

Neanderstraße

An der Stelle des Verwaltungsbaus des »Deutschen Ring«, Neanderstr./Ost-West-Str. 110, lag die 1788 erstellte spätere Hauptsynagoge der Deutsch-Israelitischen Gemeinde (Abbruch 1913; der Schrein kam in die Hoheluft-Synagoge, s. S. 195).

Neanderstraße/
Ost-West-Straße 110

Vor allem die 2. Elbstraße war Ort der »Judenbörse«, des jüdischen Kleinhandels auf Karren: Juden durften keine offenen Läden halten, von denen nach dem Großen Brand von 1842 ohnehin nur noch wenige bestanden. »Der Karrenhandel in der Elbstraße ist ein eigenartiges Überbleibsel. Manche sparsame Hausfrau besucht ihn sehr gern, wenn sie auch nicht gerade gern von ihren Einkäufen dort erzählt. Viele betrachten einen Besuch auf der Judenbörse als eine Art Zeitvertreib und bilden sich auf ihre Fähigkeit, dort besonders billig einzukaufen und sich selbst von dem geriebensten Händler nichts vormachen zu lassen, etwas ein.« (Melhop, 1923) 1925 verbot die Polizei den Karrenhandel.

Ausflug zum Großneumarkt: Am von Doris Waschk-Balz geschaffenen Brunnen von 1978

Alter Steinweg 49 - 51	»Dieses Haus stand Alter Steinweg, erbaut um 1770«, ist an der (verfälschten) Kopie Neanderstr. 22 (siehe unten) zu lesen. Das ist gelogen: Das barocke Original stand und steht noch immer Alter Steinweg, eines der ersten Mehrfamilienhäuser der Neustadt und Vorläufer der Mietshausstadt. Der Backsteinbau von 1762 sollte abgerissen werden – man hatte ja eine Kopie davon an der Neanderstraße.

Als der »Deutsche Ring« als Investor mit der Senatsmehrheit im Rücken den Bau übernehmen wollte, besetzte die »Studenteninitiative Paradieshof« das Haus. 1991 endlich kam der »Paradieshof« unter Denkmalschutz, und der Bauverein zu Hamburg hat im Hinblick auf sein 100jähriges Bestehen 1992 für einen denkmalgerechten Wiederaufbau gesorgt: »Wir schenken das Haus den Bürgern dieser Stadt.« |
| **Hütten 40 - 42** | Seit 1858 bestand das »Hüttengefängnis«, das schon in den Bürgerschaftsdebatten der 20er Jahre als »übles Loch« charakterisiert wurde. Hier waren in der NS-Zeit die politischen Gegner der Nazis inhaftiert, ebenso Juden nach der Reichspogromnacht. 1938 war das Gefängnis Sammelplatz vor der Deportation polnischer Juden. Das heutige »Helmuth-Hübener-Haus« (Nr. 42) ist dem Gedenken des 17jährigen Hamburgers gewidmet, den die Nazis 1942 in Berlin-Plötzensee hinrichteten. |
| **Peterstraße** | Die »alt-hamburgische Traditionsinsel« Peterstraße geht auf die Stiftung von F.V.S. zurück, hinter der der verstorbene Getreidemagnat und Ehrenbürger Alfred C. Toepfer stand. Der einzige Originalbau hier ist Peterstr. 35 – 37 das ehemalige Beylingstift von 1751 mit Wohnhof und Brahms-Gedenkstätte (siehe Musikhalle!), wobei der Komponist allerdings keinen Bezug zu diesem Ort hatte. Neanderstr. 22 ist die erwähnte »Kulisse« der »Paradieshof«-Fassade – ein Alibi für den Abriß des Originalbaus Alter Steinweg, das nun nicht mehr benötigt wird.

1967 – 70 ist diese Anlage entstanden, und es ist bezeichnend, daß dafür alte Fachwerkhäuser weichen mußten. So jedenfalls hat die Neustadt nie ausgesehen – Hermann Hipp nennt das hier »ein fiktives, ja potemkinsches Hamburg«.

Wahrzeichen der Stadt und ihre berühmteste Kirche ist St. Michaelis, »Michel« genannt, die als »Hafenkirche« gilt, aber tatsächlich Mittelpunkt der Neustadt ist. Die 1952 – 62 angelegte Verkehrsschneise Ost-West-Straße allerdings hat die Kirche von einem Teil ihres angestammten Gebietes abgeschnitten. |
| **Englische Planke/ Krayenkamp ❽** | Der barocke Kirchenbau (1751 - 1786, Johann Leonhard Prey und Ernst Georg Sonnin) ging am 3. Juli 1906, nachmittags 15.07 Uhr, bei Dachdeckerarbeiten in Flammen auf. In der dichtbebauten Gegend entstanden daraufhin 100 kleinere und größere Brände. Der Neubau (1907 - 12), eine Rekonstruktion von Julius Faulwasser, wurde im Beisein von Kaiser Wilhelm II. eingeweiht. Fünf Jahre darauf forderte des Kaisers Politik ihren Tribut: Kupferdach, Orgelpfeifen und fünf Glocken verließen als »Kriegsspende« die Kirche. |

»Der Michaelisturm ist von den seefahrenden Hamburgern und von den Fahrensmännern aus aller Welt, von einem Tag zum anderen und völlig absichtslos, als hilfreiches und willkommenes Seezeichen angenommen worden«, schrieb der frühere Bundeskanzler (und gebürtige Hamburger von 1918) Helmut Schmidt im Buch »Der Turm«. Das Wahrzeichen ist 132 m hoch; die Aussichtsplattform in 82 m Höhe kann mit einem Aufzug oder zu Fuß erreicht werden. Die charakteristische patinagrüne Turmhaube, die noch auf vielen Ansichtskarten zu sehen ist, besitzt der Turm des »Michel« allerdings nicht mehr: Sie ist 1988 erneuert worden. Eine Gedenktafel im Kirchenschiff ist den in den Kolonialkriegen, u.a. in China, umgekommenen Soldaten gewidmet. Die Gruft mit einer Ausstellung ist seit einiger Zeit geöffnet und kann besucht werden.

Der »Michel«
in Flammen am
3. Juli 1906

In der Nähe der Kirche ist die letzte hamburgische Wohnhofanlage mit Gangerschließung des 17. Jahrhunderts: die Krameramtswohnungen am Krayenkamp, 1971–74 restauriert, wobei eine Wohnung nun Museum ist. Man sollte diesen Winkel Alt-Hamburgs unbedingt besuchen, zumal er ein Zeugnis sozialer Fürsorge ist, eingerichtet vom Krameramt, in dem die Kleinhändler der Stadt seit 1375 zusammengeschlossen waren. Da die Ehefrauen nach dem Tod des Mannes die Läden nicht weiterführen durften, richtete das Amt für sie hier Witwenwohnungen ein. Die ältesten Häuser, bezeichnet mit a und m/n, sind 1615–20 entstanden, wobei das Krameramt hier ab 1676 heimisch wurde.

Krayenkamp 10 - 11

Einen Teil des Platzes, der seinen Namen vom Zeughaus der Artillerie hat, besetzt heute die Ost-West-Straße. Die Englische Kirche St. Thomas a Becket (1836–38, O. J. Smidt) gehört zum Sprengel des anglikanischen Bischofs von London. Eine Gedenktafel erinnert an den Besuch von Charles und der später auf tragische Weise ums Leben gekommenen »Königin der Herzen«, Lady Diana (»Di«).

Zeughausmarkt

Ein Ort der Folter und Verfolgung war in den Jahren 1933 bis 1943 das Stadthaus, Hauptquartier der Hamburger Gestapo (Geheime Staatspolizei), in dem die »Gegnerbekämpfung« von »Marxismus« (SPD) und »Kommunismus« (KPD) angesiedelt war, ebenso das berüchtigte Kommando zur besonderen Verwendung (KzbV) - ein Schlägertrupp der Nazis, der auf Menschenjagd ging. Der Sozialdemokrat Walter Schmedemann hat in einem Anfang 1934 anonym verschickten Rundschreiben die Zustände beschrieben:

Stadthausbrücke
8 - 12
❿

»Das K.z.b.V. erscheint in der Wohnung. Der Gesuchte wird mitgenommen. Sobald er in den Räumen (Stadthaus) ist, beginnen die ersten Mißhandlungen. Hat die Vernehmung nicht den gewünschten Erfolg, geht es in das von SA-Leuten als Folterkammer bezeichnete Zimmer. SPD und KPD haben je ein Zimmer für sich. Im Zimmer der KPD hängt Lenin. Eins der beliebtesten Mittel im Zimmer der KPD ist es, den Gefangenen zu fragen, wer das Bild sei. In unmenschlicher Weise schlägt man sie, bis sie endlich erfahren, daß die richtige Antwort lautet: ›Das ist ein Jude!‹«

Ort der Folter und
des Terrors:
Das Stadthaus 1943

Zu den Opfern im Stadthaus gehören der kommunistische Schiffszimmermann Carl Burmester (33) - seine Frau war ebenso wie seine Tochter später mit Herbert Wehner verheiratet -, Gustav Schönherr

Neustadt 71

(47) vom Rotfrontkämpferbund und Jungkommunist Alwin Esser (21), der Sohn eines Bürgerschaftsabgeordneten. 1943 wurde das Stadthaus durch Bomben schwer zerstört (Gedenktafel seit 1981 am Eingang).

Axel-Springer-Platz

Ecke Fuhlentwiete/Kaiser-Wilhelm-Str. 6, dem Standort des Verlagshauses Springer, wurde 1990 ein Wunsch von Verlag und CDU verwirklicht: der Axel-Springer-Platz, benannt nach dem Verleger (1912–1985). »Der Senat will diesem großen Hamburger ein Denkmal setzen«, erklärte der damalige SPD-Bürgermeister Voscherau, und auch, daß er »bestimmte Ausprägungen der Kritik an Axel Springer in den 60er Jahren nicht nachvollziehen könne«.

Damit sind wir bei den Protesten und Demonstrationen, die hier gegen den Verlag mit seinen publizistischen Flaggschiffen »Bild« und »Welt« und die in der Springer-Presse veröffentlichten Kampagnen stattfanden.

Ebenso wie in anderen Städten wurde Ostern 1968 nach dem Attentat auf Rudi Dutschke (11. April, Gründonnerstag) das Springer-Haus in Hamburg blockiert, um die Auslieferung der Zeitungen zu verhindern. Ecke Caffamacherreihe/Valentinskamp setzte die Polizei bei ihrem »Durchbruchversuch« – wie sie es nannte – Wasserwerfer, Knüppel und Tränengas ein; dagegen standen Barrikaden und Steinhagel. Ostermontag 1968 wurde ein Demonstrant von einem Lieferwagen angefahren und schwer verletzt.

15 000–20 000 Menschen beteiligten sich 1983 im Anschluß an die Friedensdemonstration zum Rathausmarkt an der Blockade des Springer-Hauses. Die Ereignisse von 1968 wiederholten sich.

Bei einem Bombenanschlag der Rote Armee Fraktion (RAF) am 19. Mai 1972 auf das Haus wurden 23 Springer-Beschäftigte z.T. schwer verletzt.

Das Springer-Hochhaus steht unter Denkmalschutz (Stahlbeton-Skelettbau, Architekt Ferdinand Streb, 14 Geschosse, 42 m, 1956). Kaiser-Wilhelm-Straße und Caffamacherreihe verbindet seit 1997 die sehenswerte »Springer-Passage« mit Gemälden von Frank Stella (USA). Anstelle des »Welt«-Hauses entstand 2001 das »Hanse-Forum« (Architekt Massimiliano Fuksas, Rom).

Kaiser-Wilhelm-Straße 6

⓫

Seit 1958 erinnert eine Bronzetafel am Springer-Haus an den Conventgarden, »ein Heiligtum der Hamburger ... ein unvergessener Tempel« (»Abendblatt«). Aus einer Tonhalle war 1853 ein berühmter Konzertsaal entstanden, in dem Wagner, Furtwängler, Clara Schumann und Erna Sack auftraten. Am 24. Juli 1943 wurde der Bau zwischen Kaiser-Wilhelm-Straße und Fuhlentwiete durch Bomben zerstört.

Werner Skrentny

Die Synagogen:
Am Anfang eine Hinterhofgeschichte

Die Baugeschichte der Hamburger Synagogen ist zunächst eine Hinterhofgeschichte. Und wie im Falle der Stiftungshöfe und Hinterhofwohnhäuser oder Terrassen spiegelt die zum öffentlichen Straßenraum verborgene Stellung der Synagogen auch etwas von der gesellschaftlichen Stellung der Hofbenutzer und ihrer Wertschätzung in der herrschenden öffentlichen Meinung wider.

So duldete die Hansestadt, wo die Mehrzahl der für Hamburg, Altona und Wandsbek zusammengefaßten israelitischen Gemeindemitglieder zu Hause war, Juden zunächst nur in der Neustadt, wo folglich auch alle frühen jüdischen Synagogen und Betsäle lagen. Eine Rechtsverordnung aus dem Jahre 1710 bestimmte, daß die Juden »keine publique Gebäude haben« durften und »folglich ihren Gottesdienst in Privathäusern halten« mußten. Damit aber waren ihre Kultbauten in die Privatsphäre der Hinterhöfe oder als Betsäle in die Privatbauten verbannt.

Von der Absonderung der Kultur und Lebenswelt der Israeliten legen heute noch die in der Neustadt sich häufenden Denkmäler der jüdischen Geschichte aus dem letzten Jahrhundert Bau-Zeugnis ab: Israelitische Freischule von 1815 (Zeughausmarkt 15), Freiwohnungen des Schillingsvereins von 1852 (Eichholz 43), Hertz-Joseph-Levy-Stift von 1854 (Großneumarkt 54–57). Das 1842–44 nach Plänen des Architekten Klees-Wülbern ebenfalls in der Neustadt erbaute Ensemble Poolstraße 12–14 mit der um die Apsis erhaltenen Ruine der Hinterhof-Synagoge repräsentiert bis in die Gegenwart Hauptaspekte der (Unterdrückung der) jüdischen Kulturgeschichte.

Die wichtigsten Synagogen aus der Folgezeit spiegeln auch die Hauptphasen des Emanzipationsprozesses der Juden in der Stadt wider. Die 1857–59 nach einem Entwurf des Architekten Rosengarten (Schröderstift) »auf den Kohlhöfen« erbaute Hauptsynagoge besaß hinter einem Vorhof eine repräsentative Schaufront zur Straßenkreuzung und kündete so von der neugewonnenen Zuversicht, mit der sich die Juden seit der 1848er Revolution um ihre Gleichstellung bemühten.

Der imposante Bau der Synagoge Am Bornplatz, 1904–06, Entwurf: Friedheim/ Engel, die mit der Mehrheit der gutsituierten Hamburger Juden in das bürgerliche Stadterweiterungsgebiet Harvestehude-Rotherbaum an den Grindel »ausgezogen« war, demonstrierte mit der mächtigen Kuppel völlig freistehend den vermeintlichen Sieg des jüdischen Emanzipationskampfes am Vorabend des 1. Weltkriegs.

In der sog. Reichskristallnacht 1938 wurde die architektonische Manifestation der erstrebten Gleichberechtigung der Juden am Bornplatz von den Nationalsozialisten zerstört. Gemeinsam mit der ebenfalls demolierten, aber heute als profanisiertes Gotteshaus noch erfahrbaren Alten und Neuen Klaus-Synagoge, Rutschbahn 11A (1905/06, Entw.: Engel) sowie dem 1931 in der Oberstraße 116 als Nachfolgebau der Synagoge Poolstraße eingeweihten Tempel (Entw.: Friedheim/ Aschberg) soll die Umgestaltung des Bornplatzes an die Geschichte der Hamburger Juden am Grindel und ihrer Gotteshäuser erinnern helfen. (J.H.)

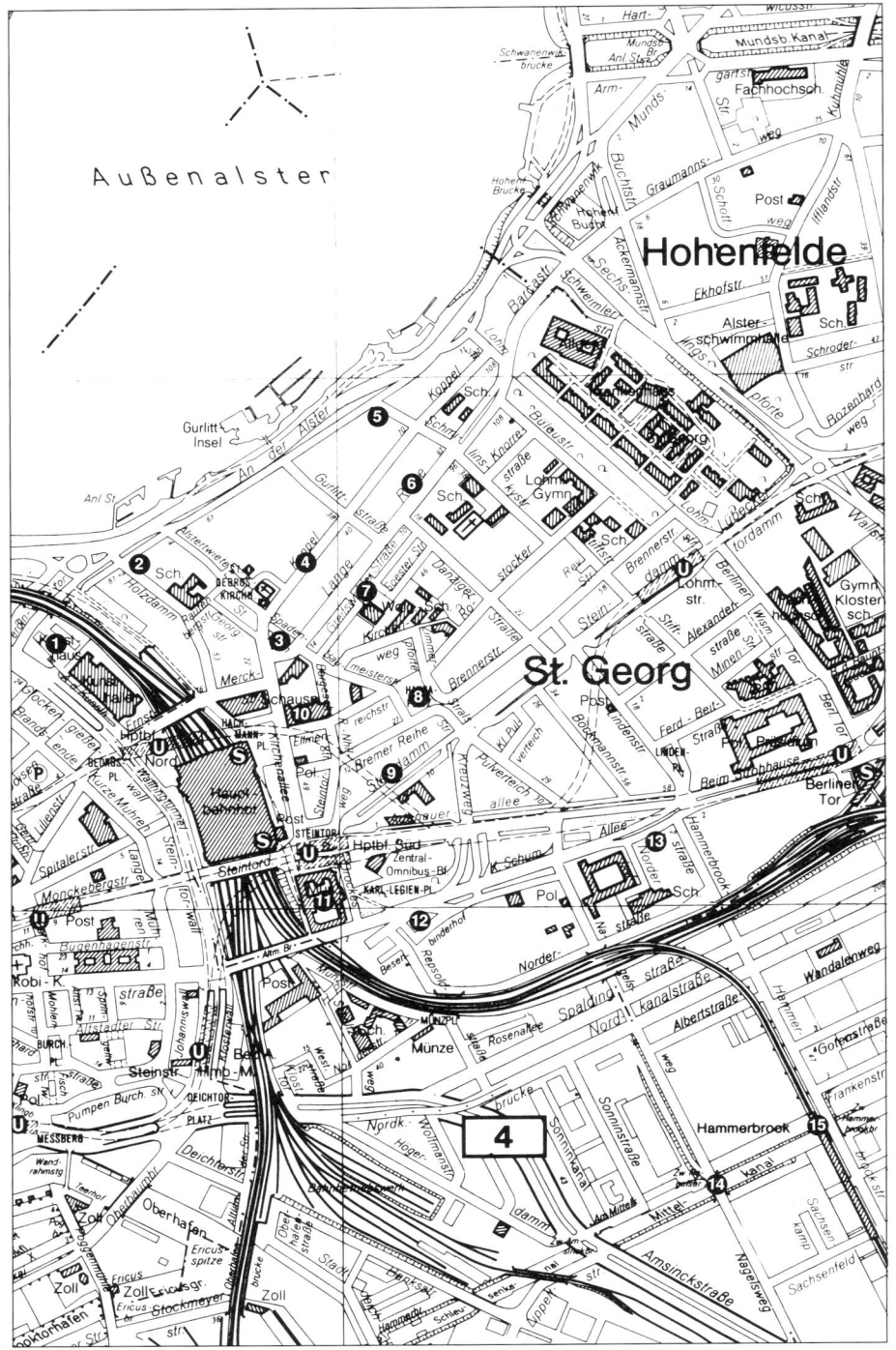

»Buntscheckiges Allerlei«
und Boomtown am Kanal

Ausgangspunkt: Hauptbahnhof (DB, alle U- und S-Bahnen)
Endpunkt: S-Bahnhof Hammerbrook (S3, S31)
Dauer des Rundgangs: 2 Stunden

Als »buntscheckiges Allerlei« galt der Stadtteil St. Georg schon im vergangenen Jahrhundert; dieses Charakteristikum hat das Viertel bis heute behalten. Auf dem überschaubaren »Kiez« mit seiner Hauptstraße Lange Reihe leben zwischen Außenalster und der »Gewerkschafts-Baumeile« vor Hammerbrook 10 318 Menschen (41,4 % Ausländer) im Sanierungsgebiet, das auf 1,8 qkm mit seinen Passagen, Gängen und Wohnhöfen gelegentlich einem Labyrinth gleicht. Eigentlich sollte das alles längst verschwunden sein, denn 1966 waren Pläne für ein »Alsterzentrum« bekanntgeworden. Nach dem Konzept der Neuen Heimat sollten alle Bauten zwischen Außenalster und Hansaplatz verschwinden, damit für eine Milliarde Mark Wohn- und Geschäftstürme mit bis zu 60 Stockwerken entstehen konnten, ein »Alster-Manhattan«. Doch im Viertel regte sich Widerstand, organisiert in einer Bürgerinitiative. 1973 gestand Bürgermeister Schulz (SPD) ein: »Dieser Alptraum aus Beton ist weggewischt.«

Münchner Löwenbräu

am Hauptbahnhof gegenüb. Schauspielhaus

Würzburger Hofbräu
Hamburg, Steindamm 9
Das Haus der anerkannt guten und preiswerten Küche

Der Ort (seit 1868 Stadtteil), an dessen Anfang das Hospital St. Georg (»Siechenhaus« für Aussätzige), die St. Georg-Kapelle und das Armenhaus standen, wurde 1679 als Vorstadt in das Hamburger Festungswerk einbezogen. Wesentlich gewandelt hat sich das Viertel mit dem Hauptbahnhof-Bau 1906: Es etablierte sich ein neuer Vergnügungsbezirk, ein zweites St. Pauli – »das ehemals ernst-sittsame St. Georg wurde Mittelpunkt eines etwas unruhigen, vergnügungssüchtigen Reisevolks«. Obwohl heute Sperrbezirk, ist der Strich geblieben, mit ihm auch die auf einschlägige Kundschaft spezialisierten Hotels, Sex-Shops, Porno-Kinos etc.; das »Hamburg-Magazin« bezeichnete das Viertel außerdem als »Gay Village«. Touristen kommen dorthin, weil sie die große »stern«-Reportage vom »bunten Quartier« und seinem »bunten Völkchen« gelesen haben oder von der Entwicklung »vom handfesten Gewerbe zum aparten Kunstgewerbe« (NDR) erfuhren.

Soziale Probleme sind hier auf engem Raum präsenter als sonstwo in der Stadt: Drogenszene, minderjährige Prostituierte, Crash-Kids, Stricher, Obdachlose. Stadtteil-Kenner Michael Joho verweist auf die höchste Polizistendichte Europas und eine der höchsten Deliktraten der Stadt (auf 1000 Be-

wohner kommen 1775 Straftaten pro Jahr), lobt aber auch »ein bisweilen dörfliches, nachbarschaftliches Klima mit internationalem Akzent«. Nun aber steigen die Mieten auf bis zu 20 DM pro Quadratmeter, Familien ziehen weg, zahlungskräftige Singles ein. Einwohner-Initiativen registrieren eine »Aufschickung«. Das »Abendblatt« 2001: »Jetzt geht ein Riß durchs Quartier.«

Vor allem aber ist St. Georg der multikulturelle Stadtteil Hamburgs: »Asien liegt am Hauptbahnhof«, war der Titel einer NDR-Fernseh-Dokumentation, und wer aufmerksam durch die Straßen streift, nimmt tatsächlich einen Eindruck von »Weltkultur« mit: »Himalaya«, »Punjabi-Markt«, »Tibetan Lama Art«, »Ibérico«, »Sultan's Kebap«, »Pastelaria« und die größte Moschee der Stadt in der Böckmannstraße in einer ehemaligen Badeanstalt und in einer Gegend, die wie »Klein-Istanbul« wirkt. Daneben gibt's aber auch noch das Sanitätshaus, die Modellbahnkiste, Fußpflege mit Alpenkräutern, die über 40 Jahre alte Buchhandlung Dr. Wohlers und die alteingesessene Eckkneipe »Kupferkrug«.

Die St. Georger sind hellwach: Es gibt neben dem Bürgerverein auch einen Einwohnerverein, eine Geschichtswerkstatt und den Kulturladen »Lange Reihe 111«. Die und andere beobachten kritisch Veränderungen im Viertel. Hans Jörg Martin über St. Georg: »Ein Schuß Preußen, zwei Spritzer Paris, drei Tropfen Balkan und vier Fingerspitzen Poesie.« Ob's bleibt, wie es ist?

Glockengießerwall/ Ferdinandstor

❶

Das Projekt »Kunstinsel«, eingezwängt zwischen Hauptverkehrstrassen und den Gleisen der Deutschen Bahn AG, war seit 1978 in der Diskussion und wurde 1996 eingeweiht. Der Ziegelrohbau der Kunsthalle mit den ornamentierten Terrakottabändern nach dem Vorbild der italienischen Renaissance (1863-69, Schirrmacher und von der Hude; der neoklassizistische Kuppelbau von Albert Erbe kam 1911-19 hinzu) blieb bestehen. Abgerissen wurden das Haus des 1817 von gutbetuchten Bürgern begründeten Hamburger Kunstvereins am Ferdinandstor und das Kunsthaus-Hochhaus.

Die Kosten des Projektes sind dabei über die Jahre immens gestiegen. Kultursenatorin Helga Schuchardt hatte 22 Millionen DM errechnet. Unter Bürgermeister von Dohnanyi wurden 25–30 Millionen angesetzt, um »den schauerlichsten Platz unserer Stadt«, so Dohnanyi, umzugestalten (der Bürgermeister scheint sonst nicht viel gesehen zu haben von der Stadt!). Den Erweiterungsbau der Kunsthalle hatte der Senat auf 50 Mio. DM beziffert, Bau- und Kulturbehörde setzten das Projekt von Architekt Oswald Mathias Ungers mit 80 Mio. an, doch letztendlich kostete »der letzte große deutsche Museumsneubau vor der Jahrtausendwende« 104,3 Mio., was der Landesrechnungshof heftig rügte. Der »Kunst-Kubus« mit seinen 7700 qm, vor allem für moderne Kunst vorgesehen, wurde in der Presse als »Millionengrab für Hamburgs Steuerzahler« bezeichnet.

Vor der Kunsthalle stehen Hermann Hahns »Reiter« (1908) und der »Kleine Zyklop« (1967, Bernhard Luginbühl).

Wir befinden uns an St. Georgs feinster Adresse am Ufer der Außenalster: 1907-09 wurde die Nobelherberge »Atlantic«-Hotel, heute im Besitz der Kempinski AG, gebaut - »ein Überseedampfer aus Zement«, wie der französische Autor Henri Beraud befand. Damals stand das Haus noch in harter Konkurrenz zu etlichen anderen erstklassigen Hotels, die sich um die Binnenalster konzentrierten. Nach dem 1. Weltkrieg hatten nur »Streit's Hotel« (s. S. 30), »Vier Jahreszeiten« (s. S. 32) und »Palasthotel« in diesem Bereich überlebt. »Victoria«, »St. Petersburg«, »Belvedere«, »de l'Europe«, »Alsterhotel«, »Kronprinz« und »Hamburger Hof« waren sämtlich eingegangen, »weil im Winter niemand nach Hamburg kommen mag«. Hitler, der später in Hamburg stets im »Atlantic« abstieg, sprach hier 1926 und 1930 vor dem »Hamburger Nationalclub«. Die Engländer beschlagnahmten das Haus 1945 für Offiziersclub und Soldatenfamilien. Bei der Demonstration gegen das Atomkraftwerk Brokdorf am 2. Februar 1981 gingen fast alle Frontscheiben des »Atlantic« zu Bruch; Bürgermeister Klose (SPD) entschuldigte sich beim Hotelchef.

An der Alster 72

Hellwache Bewohner im Stadtteil: Dreieinigkeitskirche mit dem St. Georg-Denkmal von Gerhard Marcks

Leben auf der Langen Reihe

Holzdamm 5

St. Georg-Str. 5 - 7

St. Georgs Kirchhof

Spadenteich 1 - 3

Hinter dem noblen Hotel beginnt das eigentliche St. Georg. Gleich nebenan ist die Handelsschule, an deren Fassade noch die Aufschrift »Kloster Schulen St. Johannis« zu lesen ist. In dem Bau von 1874 war »die erste Hamburger Mädchenschule mit weiterführenden Bildungsmöglichkeiten« (Hipp) eingerichtet worden. Der Holzdamm hat etliche Gebäude vor allem der Biedermeier-Zeit, die jetzt unter Denkmalschutz stehen: so die Häuser 2, 4, 6, 14, 18 - 24, 34 - 40, 45 und 47.

Hinter diesen Häusern liegt ein Idyll der Stadt, »das Dorf« genannt: der Kattenhof, Alt-Hamburger Bebauung von 1820-50, durch allerlei Zufälle bis heute erhalten. Der Fachwerksahlhof entstand nach dem Großen Brand von 1842 mit »Hilfswohnungen« für Witwen. Leider ist der Hof unzugänglich für Stadtteil-Flaneure, eine Konsequenz aus dem teils problematischen sozialen Umfeld.

An der Stelle des Siechenhauses ist nun die evangelisch-lutherische Dreieinigkeitskirche (1743 - 47), die 1943 zerstört wurde. 1956 - 57 wurde das Kirchenschiff wiedererbaut, 1959 - 61 in seiner barocken Form der Turm, an dessen Rückseite das Grabmal von Pastor J. W. Rautenberg angebracht ist. Auf der Spitze des 67 Meter hohen Turmes ist die Figur des Heiligen St. Georg, die wir auch in der Darstellung von Gerhard Marcks (1958) im Kirchhof sehen. Vor der Kirche erinnert ein Kreuz aus Pflastersteinen - »Denkraum Windrose 2« von Tom Fecht aus Berlin - an die Opfer von AIDS; die Kirchengemeinde ist in der AIDS-Seelsorge sehr aktiv.

Der Platz hat 1986 ein Denkmal bekommen, »Symbol für Schiffs- und Werftensterben« von Horst Hellinger, und eine überlaute Debatte über dasselbe: CDU, SPD-Vertreter und Bürgerverein forderten die Kulturbehörde auf, das Kunstwerk umgehend zu beseitigen. Als selbsternannter Experte trat auch noch Bernhard Paul, Zirkus-Chef von »Roncalli«, in die Manege und erklärte: »Es ist menschenunwürdig, für 60 000 Mark verrostete Planken aufzustellen und zu sagen, das sei Kunst.«

Spadenteich ist nur eine kleine Straße mit wenigen Hausnummern, doch gibt es zu jeder eine Geschichte. Da ist einmal »Max & Consorten«, die Kneipe, eine Institution, gegründet 1896 als Destille. Neben dem ehemaligen »Spätheimkehrer« (Nr. 2) starteten Neonazi Michael Kühnen (†) und seine »Aktionsfront Nationaler Sozialisten« eine spektakuläre Aktion, als sie mit Eselsköpfen verkleidet durch das Viertel marschierten: »Und ich Esel glaube immer noch, daß 6 Millionen Juden vergast wurden.« Nr. 3 schließlich war »Tiandi-Bücher«, erste chinesische Buchhandlung der Stadt, jetzt St. Georg-Str. 6.

Charakteristisch für St. Georg sind die Passagen und Terrassen, Gänge und Hinterhöfe. Auch die Koppel ist durch allerlei Durchgänge mit der Langen Reihe verbunden: Nr. 4-6 ist ein Hinterhof, Nr. 14 eine Passage, Nr. 46 eine Terrasse, Nr. 76 die Heinrich-Passage. **Koppel ❹**

Die heutige Heerlein-und-Zindler-Stiftung (1893–94), gegründet vom Weinhändler Caspar H., ist einer der stillen »Klosterhöfe« im Viertel. Das Heerlein-Stift - Darstellung von Maria Heerlein im Durchgang zum Gartenhof - war »für hiesige unbemittelte christliche Witwen und Jungfrauen aus den gebildeten Gesellschaftskreisen« gedacht. **Koppel 17**

Unter Denkmalschutz stehen einige Gebäude dieser Straße: Nr. 10 als Bürgerhaus, die Nr. 27 von 1853 und Haus Nr. 52, Eckhaus zur Langen Reihe, als Putzetagenhaus von etwa 1875. **Gurlittstraße**

Seit 1981 ist hier das »Haus des Kunsthandwerks« mit Läden und Werkstätten in einer ehemaligen Maschinenfabrik von 1924 (Umbaukosten 2 Millionen DM). **Koppel 66**

Die Volksschule Nr. 96-98 ist 1890 eingeweiht worden und hat zur Langen Reihe hin noch eine alte Turnhalle behalten. Die Stadt hat den denkmalschutzwürdigen Komplex im Höchstgebotsverfahren für 6 Mio. DM versteigert. Investoren planen dort »Saint George« mit Edelrestaurant und Eigentumswohnungen, was nicht nur die Initiative »Spitz, paß auf!« alarmiert hat. **Koppel 96 - 98**

»C.H. Soltau 1884« steht über dem Eingang des Vorderhauses und darunter, bezogen auf das Hinterhaus 6 a, »Drachenbau EG 1986«: Die Stadt hat hier der gleichnamigen Genossenschaft eine frühere Brotfabrik zum Umbau überlassen, von der im Hof u.a. auch noch der Schornstein zeugt. (Gedenktafel für Carl von Ossietzky, s.a. S. 81) **Schmilinskystraße 6 ❺**

Das Allgemeine Krankenhaus (gegründet 1823, erweitert 1898–1912) ist das älteste bestehende der Stadt. Daneben entstand zur Langen Reihe hin 2001 der Lohmühlenpark. **Lange Reihe/ Lohmühlenstraße**

Die Lange Reihe ist typisch für St. Georg, mit vielen kleinen Geschäften internationalen Sortiments und baulichen Besonderheiten. Hinter Nr. 92 (Inschrift) und 88 Hinterhofbebauung; Nr. 87 die Heinrich-Terrasse; Nr. 84 mit den Häusern 1-5 ein sehr heimeliger Wohnhof; Nr. 75 der Durchgang zur ehemaligen Maschinenfabrik Koppel 66; Nr. 23 eine weitere Passage. **Lange Reihe**

Gleich in der Nähe befindet sich ein in diesem Umfeld nicht vermuteter idyllischer wie imposanter Ort. Wem vorher schon die vielen Schilder ausländischer katholischer Missionen im Stadtteil auffielen, der steht nun im Zentrum des Erzbistums: An einem schönen Platz steht der doppeltürmige Dom St. Marien, 1890–93 erster katholischer Kirchenbau in Hamburg nach der Reformation. Geplant hat den neoromanischen Bau Arno Güldenpfennig aus Paderborn, Vorbild war der Bremer Dom.

Um die Kathedrale des Erzbischofs gruppieren sich zahlreiche weitere kirchliche Bauten: Der Pfarrsaal der Domgemeinde (1930), dessen Wand ein Adolph-Kolping-Relief (1952) vom früheren Kolpinghaus Schmilinskystr. 78 schmückt, oder links des Domes das ehemalige Waisenhaus der Hl. Elisabeth von 1861, das 1889 nach Bergedorf verlegt wurde. Auf dem Dom-Vorplatz steht Sankt Ansgar, Hamburgs erster Erzbischof (Eisenskulptur von Karlheinz Oswald, Geschenk des Bistums Mainz zum Katholikentag 2000 in Hamburg). Das weltliche St. Georg liegt in Form einer Schwulen-Bar gleich gegenüber.
Zum 1995 gegründeten Erzbistum gehören Hamburg, Schleswig-Holstein und Mecklenburg. Von den über 400 000 Katholiken leben 173 434 in Hamburg.

Lange Reihe 61 ist ein Fachwerkbau, »Hamburgs ältestes Profangebäude«, ein Gartenhaus von 1621, erneuert in den 80er Jahren. Nr. 30–32 ein weiteres Fachwerkhaus von 1799, das die »taz« anläßlich eines »Museum der Arbeit«-Rundgangs im Stadtteil wie folgt beschrieb: »Eine kaum überbietbare Schande. Die Tür paßt nicht zum Gebäude, alte Steine und Balken wurden nicht wiederverwendet, drinnen ist alles ausgehöhlt und modernen Bedürfnissen angepaßt. Die Feldsteinunterbegrenzung ist architektonischer Unsinn, hat mit Denkmalschutz nichts zu tun. 1,16 Millionen wurden so verpulvert.«

An der Apotheke »Zum Ritter« (Nr. 39) ist ein Apothekerzeichen und ein weiterer Heiliger Georg, diesmal vergoldet. Noch einmal sehen wir den Namenspatron am Kontorhaus »Handelshof« Nr. 29, 1913–14 entstanden, Entwurf Fritz Höger. Am Haus Nr. 7 die Erinnerung an eine Friedrich-Hebbel-Förderin.

Dem Bürgerverein St. Georg ist's zu danken, daß eine Gedenktafel den Geburtsort von Hans Albers (1891–1960) ziert. Der »blonde Hans«, der Hamburger schlechthin, ist also nicht auf St. Pauli geboren (und zur See gefahren ist er auch nicht, allenfalls auf dem See, dem Starnberger See oder auf der Außenalster, wo er »Stegjunge« war). »Ein großartiger Hamburger Jung'!« – Das hat ihm sogar von Staats wegen Bürgermeister Max Brauer bescheinigt, und die Stadt hat ihn geliebt.

Lange Reihe 71

Vater Wilhelm Albers, im Viertel als »der schöne Wilhelm« bekannt, hatte hier seine Schlachterei. Kaufmann sollte Hans werden, bis er dem Papa schriftlich mitteilte: »Du wirst kein Verständnis dafür haben, aber ich habe mich ganz dem Theater verschrieben. Ich kann Dir aber versprechen, daß ich etwas Großes leisten will, damit man in St. Georg stolz auf mich sein kann.« Das traf ein, und St. Georger ist der Hans irgendwie immer geblieben. Kam er zurück, so wohnte er im »Atlantic«, Suite 208, Blick zur Alster. Und ging am Abend hinein in den Torweg seines Elternhauses. Kam er wieder heraus, dann sah man's: Geweint hatte er, der Prototyp von Männlichkeit und Draufgänger in allen Lagen.

Würdigung vom Bürgerverein: Gedenktafel Lange Reihe

Bevor er Star geworden war, hatte Albers tatsächlich klein angefangen, obwohl man sich das bei einem wie ihm nun ganz und gar nicht vorstellen kann (»Hoppla, jetzt komm' ich! Alle Türen auf, alle Fenster auf, und die Straße frei für mich!«). Theater in Güstrow, Bad Schandau, auf St. Pauli und am Steindamm, sogar auf Helgoland, dazu 100 Stummfilme, bis er akzeptiert war.

Die kritische Würdigung seines Lebenswerkes ist überfällig. (Die Stadt hat Albers mit der Benennung eines wenig ansehnlichen Platzes auf St. Pauli gewürdigt.)

In St. Georg aufgewachsen ist auch Max Schmeling, damals nur Fußballspieler, später Boxweltmeister.

»Greifswalder Platz« stand einige Zeit noch als Adresse am kleinen Café, doch das hat sich erledigt: 1988 stimmten SPD und GAL in der Bezirksversammlung für die Benennung des neugeschaffenen Marktplatzes nach dem Friedensnobelpreisträger, der 1938 an den Folgen der KZ-Haft gestorben war. Die CDU lehnte wegen »geringer historischer Substanz« des NS-Opfers ab. Carl von Ossietzky (s. S. 222) hatte acht Jahre lang unter wechselnden Adressen in St. Georg gelebt und in dieser Zeit auch als Publizist gearbeitet.

Carl-von-Ossietzky-Platz

Das Areal entstand als gründerzeitliches Sanierungsgebiet anstelle des Borgesch, des Platzes der Zimmerleute. In den 1970er Jahren

Hansabrunnen,
Hansaplatz: Eine
Photographie
von G. Koppmann
vom Juli 1878

Steindamm 98-106

Steindamm 54-56

Steindamm 45

Steindamm 17

wurde es wieder Sanierungsgebiet. Neu bebaut mit Sozialwohnungen, war der Hansaplatz einer der Orte, an dem sich der Vergnügungsbetrieb St. Georgs konzentrierte. »Grundriß, Baustruktur und Baugestalt gelten für den innerstädtischen Wohnungsbau als beispielhaft«, wurde die Neugestaltung beurteilt. Den Hansabrunnen von 1878 krönt Hamburgs Stadtgöttin, die Hammonia; seit 1991 spendet er wieder Wasser.

Noch um 1860 war der Steindamm »eine ziemlich unansehnliche Straße«. Aufgrund der Festungsklausel dominierten die kleinen Häuser: Hamburgs Kanoniere wollten ungestört von den Wällen herabfeuern können. Mit dem Bau des Hauptbahnhofs und St. Georgs Entwicklung zum zweiten St. Pauli änderten sich die Verhältnisse auf dem Steindamm:

»Am Abend blitzen Hunderttausende von Kerzen auf und heben die Straßenfronten magisch aus dem Dunkel. Dann wird der Steindamm zu einem Weg in den siebten Himmel ausgelassener Lebensfreude. Ein Betrieb herrscht, so daß man sich nur langsam vorwärtsschieben kann. Der Steindamm ist eine der lebendigsten und amüsantesten Straßen Hamburgs. Wer ihn nicht kennt, kennt Hamburg nicht.« (1930)

Nach 1945 als vierspurige Straße umfunktioniert, verlor der Steindamm an Wohnwert und büßte auch den Status der renommierten Geschäftsstraße ein. Jetzt hat man den Straßenverkehr eingeengt, den Fußgängern mehr Raum gegeben, doch noch dominiert ein Mix aus türkischen Imbissen, Sexshops, Spielhallen und Stundenhotels.

Daß mitten in Hamburg seit 1993 die ehemalige Deutschland-Zentrale der DAK, ein Hochhaus mit 720 Büroräumen, leer stand, erfuhr die Öffentlichkeit (»Spiegel«: »Das Geisterhaus«), nachdem dort im Sommer 2001 eine aus Mecklenburg-Vorpommern stammende Prostituierte ermordet wurde. Obdachlose, Drogenabhängige, Stricher und Prostituierte haben sich des Spekulationsobjektes »angenommen« – ein unfaßbarer Zustand.

Im 1957 gebauten »Savoy«-Kino führte Besitzer Steppan als erster in Europa die Superbreitleinwand für das »Todd AO«-Verfahren ein; Vorbild war das »Rivoli-Theatre« von New York. Nun gibt's im »Hotel Savoy« nur noch gelegentlich (ausländische) Streifen wie den laut Ankündigung »Super indischen Love Story Film«.

Eines der in der Szene beliebtesten Kinos war das »Cinema« (1953) nun vom Deutschen Schauspielhaus als Studiobühne genutzt. »Das von außen unscheinbar wirkende Kino besitzt einen ungewöhnlichen Saal, einen nierenförmigen Raum mit einer über die Ecke gespannten Leinwand und einen nierenförmigen Rang.« (Happel/Priess)

Am Steindamm hält sich (hoffentlich!) ausdauernd das älteste noch bestehende Varieté der Bundesrepublik, das sein Drei-Stunden-Programm fast täglich um 16 und 20 Uhr spielt.

Am 5. März 1894 eröffnete das »Hansa-Theater«, in dem Josephine Baker auftrat (1930), Jack Hiltons Orchester für 60 800 Goldmark Gage spielte, Otto Reuter seine Couplets sang und Charlie Rivel Clownerien zeigte. Der

Bombenkrieg zerstörte das Haus. Als erstes Varieté der Westzonen begann das »Hansa-Theater« im August 1945 wieder und bekam mit dem Umbau 1953 die »in der Welt einzigartige Gestalt als Verzehr- und Rauchtheater. 491 gepolsterte Plätze sind in Zweier- und Fünferkombinationen hinter schmalen Spezialtischen ansteigend mit dem freien Blick zur Bühne angeordnet. Über Tischschalter wird der Kellner gerufen.« (Günther, Geschichte des Varietés) Neben dem internationalen Non-stop-Programm ist es vor allem der festliche und etwas antiquiert erscheinende Rahmen, der dem Varieté ein Gott sei Dank festes Publikum verschafft hat. Ein Besuch ist zu empfehlen!

Das Schauspielhaus an der Kirchenallee

Das »City-Kino« – 1927 »Orion-Filmpalast«, später »Schauburg St. Georg« –, hat 2001 geschlossen, das »Hansa-Theater« droht Schließung für Ende 2001 an, das »Pulverfaß« (Pulverteich 12) als ältestes Travestie-Cabaret der Stadt will wegziehen; zweifelsohne ist viel falsch gelaufen am und rund um den Steindamm.

Steindamm 9

Zurück am Hauptbahnhof, präsentiert sich das Deutsche Schauspielhaus (1899–1900) mit 1800 Plätzen nach der Renovierung im neuen Glanz. Vorbild für den Bau war das Wiener Volkstheater. Von 1955–63 war hier Gustaf Gründgens Intendant. Das Theater gehört zu den hochsubventionierten Spielstätten der Stadt und sah spektakuläre und höchst umstrittene Inszenierungen (vor allem während der Intendanz von Peter Zadek). Heute ist es ruhiger geworden um den Theaterbetrieb an der Kirchenallee, der sich mit dem »Malersaal« eine kleine Studiobühne hält.

Kirchenallee ❿

Hachmannplatz/Ernst-Merck-Str. 9 ist das Bieberhaus von 1910, ursprünglich als Hotel vorgesehen, ehe es ein Kontorhaus wurde.

Ein Hotel namens »Savoy« war dagegen das Klockmannhaus am Beginn der Kirchenallee am Steintorplatz, 1926 eines der ersten Hochhäuser der Stadt. Es ist um drei Stockwerke erhöht worden.

Der Rundbunker von 1940 soll im Zuge der 2001 begonnenen Neugestaltung des Zentralen Omnibus-Bahnhof (ZOB) verschwin-

Steintorplatz 1

den. Das benachbarte, 1877 eröffnete Museum für Kunst und Gewerbe, erbaut 1873–76, teilte die Räumlichkeiten ehemals mit einer Schule. Berühmt ist die Jugendstilsammlung (»Pariser Zimmer«). In einem der beiden Innenhöfe ist die Bürgerhaus-Fassade des »Kaiserhof« von 1619 zu sehen, von einem ehemaligen Gästehaus der Stadt an der Börsenbrücke. Wiederaufgebaut wurde im Museum auch der Spiegelsaal aus dem Budge-Palais an der Außenalster (s. S. 244). Ein kümmerliches Dasein hat der kleine Park zwischen ZOB und Autostraßen am Carl-Legien-Platz, benannt nach dem Gewerkschafter und Sozialdemokraten (1861–1920).

Besenbinderhof 56 - 60

Zwei Tage vor Jahresende 1906, mitten im Reichstagswahlkampf, liegt eines der wichtigen Daten der Hamburger Arbeiterbewegung: die Einweihung des Gewerkschaftshauses (Architekt: Heinrich Krug) am Besenbinderhof. August Bebel damals:

»Ich übertreibe nicht, daß neben dem Rathaus und dem Zentralbahnhof die dritte bauliche Sehenswürdigkeit in Hamburg unser Gewerkschaftshaus ist. Dieses Haus soll aber auch unsere geistige Waffenschmiede sein, wo die Kämpfe zur Verbesserung der wirtschaftlichen Lage beschlossen, aber auch die Pläne beraten werden, die zur dauernden Hilfe für die Arbeiter führen.«

»Waffenschmiede des Proletariats«: Das Hamburger Gewerkschaftshaus am Besenbinderhof

Gewerkschaft, SPD und Konsum-Bau- und Sparverein hatten 1904 die Gesellschaft »Gewerkschaftshaus m.b.H.« gegründet. Bereits 1913 (Architekt: Wilhelm Schröder) mußte der Bau erweitert werden. 1908 tagte hier der Gewerkschaftskongreß und formulierte die Forderung nach Acht-Stunden-Tag und Arbeitsschutz. Als der Kaiser 1914 die Volksgemeinschaft beschwor, öffnete auch das Gewerkschaftshaus seine Tore für die Kriegshilfe. Revolutionäre und der Arbeiter- und Soldatenrat quartierten sich 1918 im Haus ein. 1928 fand in dem Gebäude der Kongreß des Allgemeinen Deutschen Gewerkschaftsbundes (ADGB) statt. Bei schweren Zusammenstößen 1930 zwischen sozialdemokratischen Arbeitersportlern und den Roten Sportlern der KPD wurde im Großen Saal ein Lehrling getötet.

Als die Nazis mit dem 8. März 1933 auch in Hamburg die Macht hatten, spielten führende Gewerkschafter eine unrühmliche Rolle, die ihre heutigen Nachfolger am liebsten vergessen würden. »Johnny« Ehrenteit und andere populäre Arbeiterführer verließen in der Bürgerschaft die SPD-Fraktion und hospitierten als sog. Gewerkschaftsfraktion bei der NSDAP. Vergessen werden darf darüber nicht der Widerstand Hamburger Gewerkschafter, für den z.B. der spätere ÖTV-Bundesvorsitzende Adolph Kummernus steht.

Mit dem 2. Mai 1933 war auch Hamburgs Gewerkschaftshaus besetzt. Von nun an galt: »Man ging an die Elbe«, nach Övelgönne, wo Dreyer, früherer Geschäftsführer der gewerkschaftlichen Heimstätte, ein Lokal hatte. »An der Elbe« war auch für auswärtige Gewerkschafter ein Begriff.

Die Wochenschau filmte mit, als der ehemalige Vorsitzende des Baugewerkschaftsbundes, Paul Beber (später IG Bau), 1945 Hakenkreuz und das Rad der Deutschen Arbeitsfront (DAF) von der Fassade meißelte.

Der Besenbinderhof war traditioneller Zielort der 1.-Mai-Demonstrationen. Größte Kundgebung vor Ort war die am 9. Mai 1947 gegen die »Hungerpolitik« mit 150 000 bis 200 000 Teilnehmern, »die letzte Warnung der Gewerkschaften, denn die Grenze des Erträglichen ist bereits überschritten!« (Kummernus)

In der Fortsetzung des Gewerkschaftshauses ist mit anderen Bauten ein regelrechtes sozialdemokratisch-gewerkschaftliches Quartier entstanden. So ist Besenbinderhof 43 die Volksfürsorge ansässig. Nr. 52, mit den steinernen Genossinnen überm Portal, entstand 1907 für die GEG, die Großeinkaufsgesellschaft Deutscher Konsumvereine. Um die Ecke, im Nagelsweg, war Nr. 10–14 das frühere Arbeiterhotel der »Deutschen Heimstätte« von 1926 und unter Nr. 16 das ehemalige Frauenwohnheim des ADGB (1928).

Besenbinderhof 43, 52

Nagelsweg 10 - 14, 16

Ein 1950 wieder erbauter Fritz-Höger-Bau von 1926 ist das Gesundheitsamt. Gegenüber auf der anderen Straßenseite, im Fernmeldeamt Nagelsweg 1, hat das Portal der alten Stadtpost von 1831–32 wieder Verwendung gefunden. Nicht weit davon entfernt ist Adenauerallee 70 das ehemalige Nachtwächterhaus, die klassizistische Alte Wache von 1819.

Besenbinderhof 41

Aufs Regieren (fast) abonniert sind Hamburgs Sozialdemokraten. Nachdem sie von 1919 bis 1933 den Senat in Koalition mit den Bürgerlichen stellten, waren sie auch nach 1945 meist an der Regierung – Ausnahme die Jahre 1953–57, als der konservative »Hamburg-Block« den Senat stellte und die Sozialdemokraten in die Opposition mußten. Zeitweise spielte die Landespartei auch bundespolitisch eine Rolle: Erinnert sei an den früheren Hamburger Innensenator Helmut Schmidt (Bundeskanzler!), an Herbert Wehner und Hans Apel.

Kurt-Schumacher-Allee 10

Die Reihe der Nachkriegs-SPD-Bürgermeister begann mit Max Brauer (von den Nazis 1933 aus seinem Altonaer Amt vertrieben), der 1946–53 und 1957–61 Regierungschef war. Paul Nevermann, Bürgermeister von 1961–65, kam zu Fall, als ihm – Anlaß war der Besuch von Queen Elizabeth II. – angelastet wurde, daß er in Scheidung lebte. Das war die Stunde des jüdischen Emigranten Herbert Weichmann, in dem sich die Partei-Rechte bestens vertreten sah und von dem die Springer-Presse bis in unsere Tage schwärmt. Als nächster auf dem SPD-»Erbhof« amtierte 1971–74 der glücklose Peter Schulz, der eines der miserabelsten Wahlergebnisse der Partei einfuhr und auf den Posten des Bürgerschaftspräsidenten abgeschoben wurde. Hans-Ulrich (»Uli«) Klose trat 1974 als Befürworter des Baues des umstrittenen Atomkraftwerks Brokdorf mit Hamburger Beteiligung an, änderte aber mit der Zeit nicht nur in diesem Punkt seine Ansicht. Die Partei-Rechte und die Wirtschaft der Stadt wollten mit Klose nicht mehr leben, der 1981 nach sechseinhalb Jahren zurücktrat. Als MdB zählt er heute (wieder) zum rechten Flügel.

Emigrant als Nachkriegsbürgermeister: Max Brauer (SPD)

Die Bundespartei schickte den Hamburger Genossinnen und Genossen daraufhin aus Rheinland-Pfalz den Ex-Bundesminister Klaus von Dohnanyi, ein Mann von weltmännischem Zuschnitt, gut für Perspektiven. Er führte eine friedliche Lösung des Konfliktes um die Hafenstraße herbei, zum Ärger der Partei-Rechten, deren Manöver zu von Dohnanyis Rücktritt 1988 führten. Nachfolger wurde nun wieder ein hausgemachter Sozialdemokrat, der Notar Henning Voscherau (geb. 1941). 1991 erreichte die SPD mit Voscherau die absolute Mehrheit (48%), die sie 1993 mit 40,4% einbüßte. Seitdem regieren die Sozialdemokraten in Kooperation mit der STATT-Partei. Nach der Bürgerschaftswahl 1997 zog sich ein enttäuschter Voscherau (SPD minus 4,4%) zurück. Neuer Bürgermeister der Koalition aus SPD (36,2%) und GAL (13,9%) wurde Finanzsenator Ortwin Runde (geb. 1944).

Die Partei hat den »Hamburger Filz« zu ihrem Markenzeichen gemacht: »Wie durch ein Wunder fanden sich immer wieder Beamte mit dem ›richtigen‹ Parteibuch auf Spitzenpositionen der Stadt.« (»Morgenpost«)

Nagelsweg

Der Nagelsweg führt hinein nach Hammerbrook, ehemals dichtbesiedeltes, lebhaftes Arbeiterviertel, »Jammerbrook« genannt, doch bei Kriegsende 1945 eine tote Zone: nur noch Ruinenlandschaft, zum Teil hinter Sperrmauern unzugänglich. Das graue Häusermeer war im von Bomben entfachten Feuersturm untergegangen.

Wer heute den Nagelsweg mit Fahrrad oder Auto entlangfährt, macht rasch die Entdeckung von regelmäßigen Unebenheiten unterm Asphalt. Grund für die holprige Fahrbahn sind die Fundamente der früheren Hochbahn nach Rothenburgsort.

Inzwischen boomt Hamburg auf dem einstigen Brachland mit der »City Süd«, Gegenstück zur »City Nord« beim Stadtpark – die zahlreichen Büroneubauten dürften vielen Bürgern unbekannt sein. Ecke Albertstr./Nagelsweg 27–35 hat die DAK neu gebaut; Nagelsweg 37–39 steht das Bürohaus von Verwaltungs- und Oberverwaltungsgericht.

Mittelkanal

Vom alten Hammerbrook blieb noch der Mittelkanal als eine der Wasserstraßen, die den Stadtteil prägten und den heute Bürobauten und Grone-Schule säumen. Nach den Plänen von William Lindley waren seit 1842 im Zuge der Stadterweiterung auf sumpfiger Marschfläche Kanäle gegraben worden. Nach dem 2. Weltkrieg wurden bis auf den Mittelkanal und Südkanal alle anderen Wasserwege zugeschüttet.

1980 begann die Stadt, den Uferbereich des Mittelkanals neu zu gestalten. Platz fand dabei auch, nahe der Brücke am Nagelsweg, das Denkmal für H.C. Meyer (1797–1848), einen frühen hamburgischen Industriepionier und Fabrikgründer. Spazierstock-Hersteller »Stockmeyer« initiierte für seine Beschäftigten beachtliche Sozialmodelle (z.B. Unterstützungskasse, Witwenrente). Das Denkmal stand zuvor bei der Altmannbrücke. Eine Inschrift auf einer Steinplatte erinnert seit 1993 nahebei an die Opfer des Luftkrieges vom Juli 1943.

S-Bahnhof Hammerbrook

Der Bahnhof Hammerbrook, »futuristisch« einem modernen Zug nachempfunden, ist Haltepunkt der 1983 eröffneten elektrifizierten S-Bahn-Strecke nach Harburg. Als Hammerbrook noch »tote Zone« war, schien er überdimensional ausgefallen, doch die Entwicklung in diesem Bereich bestätigte die großzügige Planung.

Werner Skrentny

Bahnhöfe: »Mißliche Verhältnisse«

Wer aus dem Süden der Republik kommend die Hansestadt Hamburg erreicht hat, dem bietet die Bundesbahn einen einmaligen Service: Innerhalb weniger Minuten und Kilometer stoppen ICE, IC und Euro-City gleich dreimal und lassen dem Reisenden die Wahl, Hamburg am Hauptbahnhof, dem Geschäftseingang in die City, oder am Dammtorbahnhof, dem Privateingang für die Alstervillen, oder am Altonaer Kauf-Bahnhof (durch den Hintereingang?) zu betreten.

Bemerkenswert ist diese Bahnhofskette aber nicht allein aus der D-Zug-Perspektive, sondern auch in historischer Hinsicht. Spiegelt die Reihe der Bahnhöfe doch etwas von den unterschiedlichen Voraussetzungen der Stadtteile wider, die heute auf dem Gebiet der Freien und Hansestadt zusammengefaßt sind. Als Hamburg und die preußischen Städte Altona und Harburg darangingen, ihre Schienen rationell zusammenzufassen und zu vereinheitlichen, hatte ein halbes Jahrhundert Eisenbahngeschichte längst die Weichen für eine dezentrale Verkehrsentwicklung gestellt.

Die Anfänge der Dampfeisenbahn nehmen sich fast etwas possierlich aus. Unscheinbar und eingewachsen erinnert der schlichte, holzverschalte alte Bergedorfer Bahnhof (Neuer Weg 54; Architekt: A. de Chateauneuf) – vermutlich das älteste Bahnhofsgebäude der Bundesrepublik – an die 1842 als erste Eisenbahn Norddeutschlands eröffnete Linie Hamburg-Bergedorf, die vier Jahre später bis nach Berlin verlängert wurde. Auch dem zweitältesten Hamburger Bahnhofsgebäude würde man diese Funktion kaum mehr zutrauen: Im Rathaus am Altonaer Platz der Republik steckt die klassizistische Endstation der 1844 eröffneten dänischen Linie Altona-Kiel. Das Königreich Hannover baute seine Harburger End- und Grenzstation als Kopfbahnhof direkt ans Wasser (1847), »so daß die Schiffe bis an die Quaimauern fahren konnten, auf denen der Bahnhof erbaut wurde«. Bis zu den Gründerjahren mußte der von Hannover nach oder über Hamburg Reisende in Harburg den lokalen Spediteuren und Ewerführern seinen Tribut zollen, um mit der Dampffähre an das nördliche Elbufer zu kommen und gegebenenfalls in Altona oder in Hamburg vom »Berliner Bahnhof« aus nach Preußen und vom »Lübecker Bahnhof« (1865) an die Ostsee den Weg fortzusetzen: »Bis ins 20. Jahrhundert hinein waren die hamburgischen Bahnhöfe derart im Rückstand, daß keine Großstadt Deutschlands unter derart mißlichen Verhältnissen zu leiden hatte wie der damalige erste Handelsplatz des europäischen Festlandes.« (1925)

Die repräsentativen Neubauten des (»modernisierten«) Harburger Bahnhofs (1896 – 97, H. Stier) und des (abgebrochenen) alten Altonaer Bahnhofs (1895 – 98, C. Eggert), die das Konkurrenz- und Selbstbewußtsein der preußischen Konkurrenz- und Nachbarstädte Hamburgs demonstrierten, leiteten die Neugliederung und Zentralisierung des Schienenverkehrs der drei Hafenstädte ein. Mit der Fertigstellung des »impressionistischen« Dammtorbahnhofs (1903, E. Moeller) nach dem Vorbild der Berliner S-Bahn-Haltestelle Alexanderplatz und der Eröffnung des monumentalen Hauptbahnhofs (1906, Reinhardt & Süßenguth, E. Moeller) erhielt der Eisenbahnknoten auch architektonisch den internationalen Zuschnitt, den das Verkehrsaufkommen auf der Schiene längst erreicht hatte. (J.H.)

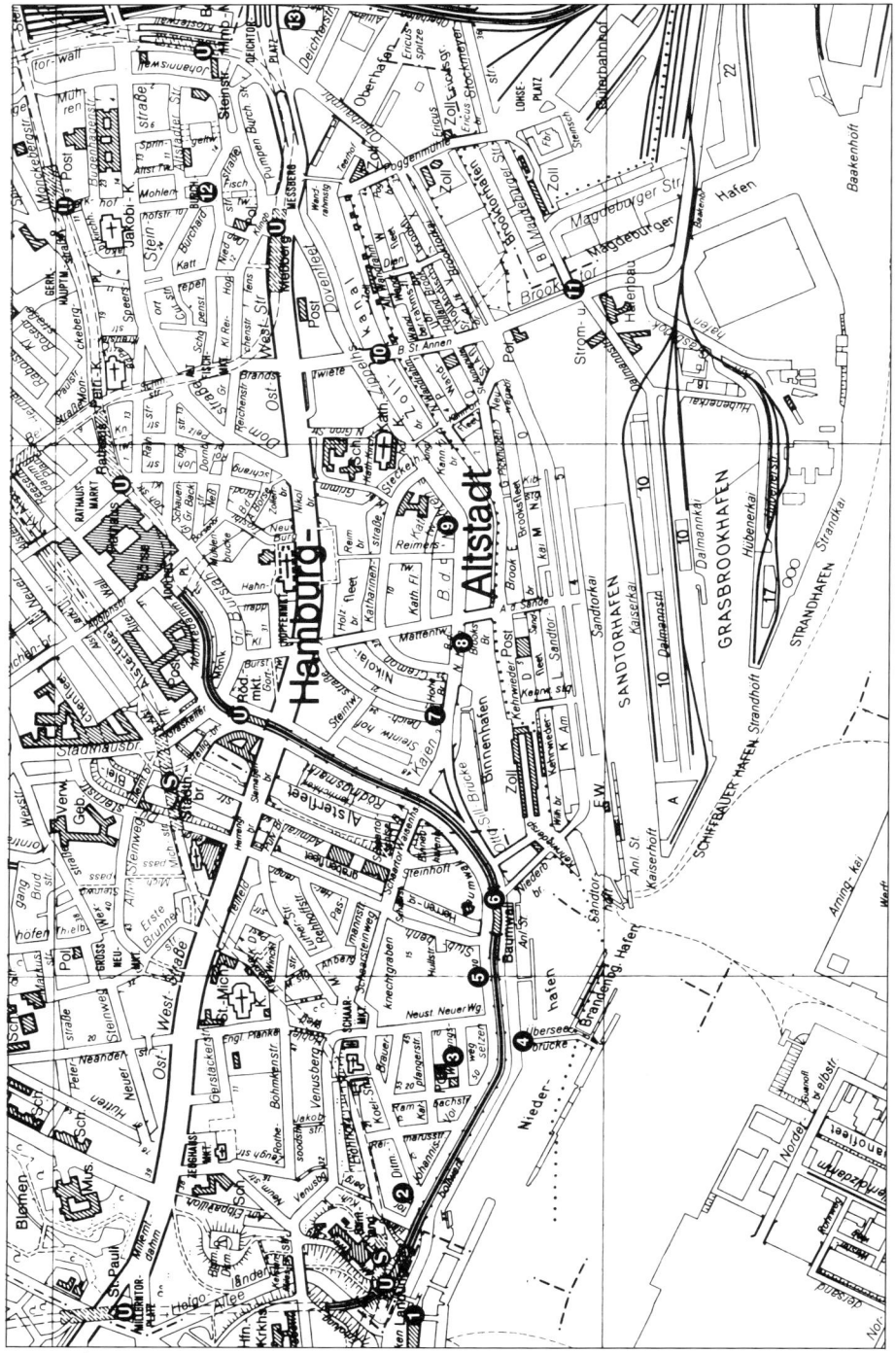

Frachter, ein Pirat und die Zukunft Hafen City

Ausgangspunkt: U-/S-Bahnhof Landungsbrücken (S1, S2, S3, U3)
Endpunkt: Hauptbahnhof
Dauer: ca. 3 Stunden

»Wer den Pulsschlag Hamburgs fühlen, wer den Sinn hamburgischer Art auch im Geistigen und Kulturellen verstehen will, wer den Schlüssel sucht zum Wesen dieser Stadt, der muß seine Schritte zum Hafen lenken. ... Denn dort, wo der Strom zuletzt in Flut und Ebbe von den Kräften des Meeres bewegt wird, dort, wo den Riesen des Ozeans täglich und stündlich Menschen und Güter aus aller Herren Länder entquellen, dort, wo die Umrisse von Schiffen und Schuppen, von Schloten und Fabrikmauern, von Docks und Kränen auftauchen, dort, von woher ohne Unterlaß Pfeifen und Schrillen und Tuten, Hämmern, Klopfen, Rattern und Rufen dringt, dort ist Ursprung und Ziel aller Gedanken, allen Wollens und allen Handelns dieser Stadt – dort ist Hamburg!«

So wenig von dem, was der Hamburg-Führer von 1931 emphatisch anpreist, heute noch Realität ist, so sehr ist der Hafen auch im Zeitalter von Container und Computer eine Attraktion und eine der zentralen Lebensadern der Stadt.

Zwei Möglichkeiten, sich ihm zu nähern, können wir vorschlagen: eine Hafenrundfahrt, am besten mit den kleinen Hafenbarkassen, die auch in die Speicherstadt fahren, oder mit den alternativen Veranstaltern, die ausdrücklich auch die kritischen Aspekte nicht auslassen (siehe S. 301). Oder aber Sie folgen unserem Spaziergang entlang der Hafenkante von den St. Pauli Landungsbrücken bis hin zu den Deichtorhallen Nähe Hauptbahnhof oder und/per Rundgang 7 in Gegenrichtung. Die Schautafeln entlang des Wegs hat als »Museumskai Hafen Hamburg« nach dem Vorbild von Vancouver das »Hamburger Abendblatt« 1998 zu seinem 50jährigen Bestehen gestiftet.

Zu Beginn ein paar unvermeidliche Zahlen, damit Sie Ihrem Barkassenführer Paroli bieten können. (»He lücht« werden Ihnen die Hafen- und Werftarbeiter von den Schiffen zurufen, wenn er Ihnen etwa weismachen will, im Schuppen 42 würden die Bananen aus Übersee krummgebogen.)

Der Hamburger Hafen ist Deutschlands größter Seehafen, die Stadt Sitz des Bundesamtes für Seeschiffahrt und in Nienstedten des Internationalen Seegerichtshofs. Die nachfolgenden Angaben unterstreichen die Bedeutung des

neuntgrößten Containerhafens der Welt und des nach Rotterdamm größ-
ten in Europa: 6500 ha Hafennutzfläche, davon 3400 ha Land; 46 km Kai-
mauern für Seeschiffe; 315 Seeschiff-Liegeplätze; 200 z.T. computergesteu-
erte Containerbrücken und Kräne; Gesamtumschlag im Jahr 2000 85,1
Mio. Tonnen, davon 93 Prozent des Stückgüterumschlags per Container.
Die Hafenerweiterung, der das Dorf Altenwerder geopfert wurde, bringt
weitere 200 Hektar.

Bei den St. Pauli
Landungsbrücken
❶

Unser Spaziergang beginnt an den St. Pauli Landungsbrücken, die
1907–09 errichtet wurden (Architekten: Raabe & Wöhlecke) und
bis 2003 mit Glas, poliertem Edelstahl und Formblechen für 30
Mio. ein neues Aussehen erhielten. Als Ersatz einer bereits seit 1839
bestehenden Landungsanlage, deren Kapazitäten nicht mehr aus-
reichen, entstand der Quaderbau mit Kuppeln über den Durchgän-
gen und zwei Türmen an den jeweiligen Enden; der Turm am Ostende zeigt noch heute weit sichtbar den aktuellen Wasserstand der
Elbe an, denn der Hamburger Hafen ist ein offener Tidehafen, die
Elbe erreicht ihn ungehindert mit Ebbe und Flut. Deshalb befinden
sich die eigentlichen Anlegestellen auch auf einer Reihe von Pontons, zu denen bewegliche Brücken führen. Die heutige 688 m lange
Anlage wurde 1953–55 als Betonkonstruktion mit Oberdeck neu
gebaut.

So hartnäckig sich Mythen um die »Visitenkarte der Stadt« halten
– Überseepassagiere oder auch nur Nordseebäderschiffe sehen die
Landungsbrücken heute nicht mehr. Nachdem die England-Fähre
zum neuen Fähr- und Seebäderanleger (s. S. 122) verlegt wurde, starten hier nur noch HADAG-Hafen- und Ausflugsschiffe sowie Hafenrundfahrten.

Auch für Fußgänger
und Radfahrer:
Im alten Elbtunnel

Die Gedenktafel an Brücke 3 unterm Turm erinnert an die Irrfahrt der »St. Louis« 1939 mit 937 jüdischen Passagieren an Bord.

Am westlichen Ende des Empfangsgebäudes der Landungsbrücken ist der Eingang zum alten Elbtunnel (1911). Als »technisches Denkmal allerersten Ranges« einst gefeiert, ist er noch heute eine Attraktion: Zu Fuß oder im Pkw im Fahrkorb geht's nach unten und dann durch eine der beiden im Schildvortrieb unter Preßluftdruck unter der Elbe entstandenen Röhren hinüber nach Steinwerder (wo sich von der Aussichtsterrasse aus eine der schönsten Hamburg-Perspektiven bietet). Zur Zeit seiner Entstehung war der Tunnel ein Muß: Der Hafen war auf der anderen Seite vor allem mit Blohm & Voss und in Kuhwerder mit der Hamburg-Amerika-Linie (HAPAG) quicklebendig; gebraucht wurde der Tunnel vor allem für die dort im Hafen beschäftigten Arbeiter. Verkehrstechnisch ist der Tunnel, in dessen Innerem »eine Fülle bedeutungsvoller, sinniger oder sogar witziger Kleinreliefs eingelassen sind« (Hipp), noch längst nicht antiquiert: Jährlich werden 350 000 Pkw und 450 000 Fußgänger gezählt. Jüngstes *event* unter der Erde: Ein »Elbtunnel-Marathon«, bei dem die Ziellinie 48mal überquert wird ...

Unser Weg führt - vorbei an der am Hafentor aus Schrott der Hamburger Werften zusammengesetzten Plastik von Bernhard Luginbühl (1982) - zu einem der wenigen noch existierenden Großsegler, dem 1896 in Bremerhaven gebauten Dreimaster »Rickmer Rickmers«. 1983 wurde das Schiff, das schon fast zum Verschrotten freigegeben war, vom Verein »Windjammer für Hamburg e.V.« gekauft und in Privatinitiative restauriert. Es dient heute als Museumsschiff und soll einen Eindruck von Leben und Arbeiten der Seeleute um die Jahrhun-

Hafengeburtstag auf den Pontons der Landungsbrücken: Sonst nur noch Anlegestelle für Hafen- und Ausflugsschiffe.

Bei den St. Pauli Landungsbrücken

Hafentor

Am eigenen Fiete-Schmidt-Anleger: Museumsschiff »Rickmer Rickmers«; im Hintergrund die schwedische Seemannskirche

Ditmar-Koel-Straße 36,6,4,2

Wolfgangsweg 12

Eichholz 23 - 37

dertwende vermitteln. Darüber hinaus wird an Bord über die Geschichte des Segelschiffbaus und der Segelschiffahrt informiert.

Entlang der Ditmar-Koel-Straße stadteinwärts dokumentieren vier Seemannskirchen bzw. -missionen die christliche und landsmannschaftliche Fürsorge für ausländische Seeleute: Nr. 36 die Gustav-Adolf-Kirche, Haus und Kirche der schwedischen Gemeinde mit Aufenthaltsräumen für Matrosen im Obergeschoß (1906/07; Architekt: Yderstadt); Nr. 6 das 1965/66 entstandene Gebäude der Lutherisch-Finnischen Seemannsmission (Ahola/Langmaack); Nr. 4 die Norwegische (1958/59; Hille) und Nr. 2 die Dänische Seemannskirche (1951/52; Kindt). 1559 bis 1943 und 1953 bis 1995: So lange bestand das Seefahrer-Altenheim, letzte Adressen Wolfgangsweg 12 (Klinkerbau, Glasmalereien im Eingang) und Karpfangerstr. 9. Die mit 6 Mio. DM verschuldete Stiftung ging konkurs und mußte schließen. Über die Hälfte der letzten Bewohner hatte mit Seefahrt nichts zu tun – heute wird ausgeflaggt, werden ausländische Seeleute angeheuert. Das Viertel ist eine Bastion portugiesischer und spanischer Lokale; die einst angeworbenen Werftarbeiter haben sich hier eine neue Existenz geschaffen, nachdem sie ihre Arbeit im Hafen verloren.

Eichholz 23–37 ist eine fünfgeschossige Wohnanlage, deren Mittelgiebel eines der Hamburger Geheimnisse verrät: Noch während der Bauzeit erzwang der Hauptgeldgeber Heinrich Traun 1903 die Umwandlung des genossenschaftlichen »Bau- und Sparvereins« – wegen »Eindringens sozialdemokratischer Einflüsse« – in eine »Aktien-Gesellschaft«.

Zurück an der Hafenkante fällt neben der Überseebrücke ein weiteres Museumsschiff ins Auge: die »Cap San Diego«. Auf der Deutschen Werft in Hamburg gebaut und 1962 in Dienst gestellt, war der elegante Frachter ein Schiff der Superlative und zugleich – wegen des Siegeszugs der Containerschiffe – zum schnellen Sterben verurteilt. 1986 sollte er verschrottet werden. Abermals Privatinitiative sorgte dafür, daß die »Cap San Diego« heute als Museum der Arbeit Auskunft gibt über die Arbeitsbedingungen auf den Schiffen der 60er und 70er Jahre.

»Cap San Diego«

Überseebrücke! Natürlich: Hier, wo jetzt das Museumsschiff liegt und gelegentlich Kriegsschiffe, auch mal Greenpeace und Kreuzfahrer festmachen, hier war es, wo Lilian Harvey, »der blonde Traum« aus Hollywood, zurückkehrte. Und hier haben sie Max Schmeling (dem Hamburg 2001 eine Ehrenbürgerschaft verweigerte!) empfangen, nachdem er in New York den »schwarzen Bomber« Joe Louis ausgeknockt hatte. Nein – nichts von alledem ist wahr! »Überseebrücke« Hamburg verspricht viel und hält – wie so viele Mythen, die Hafen und Stadt umranken – nur wenig. Die großen Schiffe nach Übersee gingen woanders ab, die Prominenz stieg woanders zu: Steubenhöft Cuxhaven oder Columbuskaje Bremerhaven. 1929 hatte die Hamburg-Süd-Reederei die Überseebrücke aus alten Zollpontons vor dem Baumwall bauen lassen; nach dem Krieg – ein Schwimmkran der Kriegsmarine zerstörte 1943 die Anlage – ist sie in ihrer heutigen Form (»der blaue Wurm an Vorsetzen«) wiederhergestellt worden.

Überseebrücke ➍

»Die Strategie heißt Wachsen«, schrieb im Januar 1992 die »Morgenpost« über die Pläne für das Gelände der ehemaligen Stülcken-Werft auf Steinwerder – direkt gegenüber der Überseebrücke auf der »Schauseite« des Hafens. 1945 kam der Betrieb der 1837 vom Schiffszimmerer Johann Heinrich Friedrich Stülcken gegründeten Werft aus Billwerder hierher. 1966 wurde die Werft von Blohm & Voss aufgekauft und später stillgelegt. Zwar sind das »Bürocenter Steinwerder« mit Arbeitsplätzen für 1000 Menschen, ein Restaurant und die »Superhalle« nicht verwirklicht worden, statt dessen entstanden u.a. Hallen für die Lagerung und Bearbeitung pharmazeutischer Produkte und eine Gefahrgut-Lagerhalle für Chemikalien. Niedergelassen hat sich dort im gelben Zeltbau ein Musicaltheater, das von 1995 bis 2001 das Musical »Buddy«, die Lebensgeschichte des Rock-'n'-Roll-Sängers Buddy Holly, aufführte. Nachfolgestück ist ab 2001 »Der König der Löwen«. Allerdings, verglichen mit dem Anblick der einstigen Werft wirkt das Areal heute öde, eine vertane Chance der Stadtplanung.

Steinwerder

»Designer-Knast« nennen böswillige Zungen den spektakulären Neubau von Gruner + Jahr am Baumwall. Hier entstehen unter einem »Blechkleid aus grauem Zinktitan, mit 4,8 Kilometern Fluchtbalkonen, elektronisch gesteuerten Sonnensegeln, mit weitblickendem Flughafentower« (Konzernblatt »Brigitte«) die Zeitschriften des Medienkonzerns.

Das 1990 fertiggestellte Gebäude (Architekten: Steidle/Kiessler) hat allerdings – neben den bekannten Nachteilen für die alteingesessenen Bewohner des Stadtteils – einen Schönheitsfehler, den nicht etwa die eigenen Blätter

Meterhohe Transparente von »Robin Wood« gegen die Doppelzüngigkeit des Pressekonzerns aufdeckten, sondern die »taz«: Ein Drittel der 2500 Fenster sind aus Meranti, einem aus dem malaysischen Teil Borneos importierten Holz der tropischen Regenwälder. Robin Wood machte im März 1989 mit großen Transparenten auf den Regenwald-Frevel aufmerksam.

Unterwegs trifft man an Vorsetzen vor Gruner + Jahr am Sieleinsteigehaus von 1904 das Standbild von Sir William Lindley, der in Hamburg das erste Sielsystem auf dem europäischen Kontinent plante. Die Umweltbehörde orderte das Denkmal für 110 000 DM bei Hansjörg Wagner, die Kunstkommission der Kulturbehörde war gegen die Aufstellung, Begründung: »Künstlerisch wertlos«.

Passend zum Gesamtensemble der Gegend ist jetzt auch – direkt vor der Kulisse des Verlagshauses von Gruner + Jahr – ein »Yachthafen mit City-Blick« (»Abendblatt«) entstanden. Im Yachthafen liegt

»Designer-Knast« am Hafenrand: Das neue Verlagsgebäude von Gruner + Jahr; nun kann dort nicht weitergebaut werden, weil der benachbarte Schiffsausrüster Schmeding nicht weichen will

seit 1993 das »Feuerschiff LV 13«, das seit 1952 vor der englischen Küste eingesetzt wurde (Restaurant, Veranstaltungen).

Inzwischen ist es schon kein Geheimtip mehr: Eines der schönsten Hafenerlebnisse besteht darin, mit der Hamburger U-Bahn, die einen großen Teil der Strecke Hochbahn ist, vom Rathausmarkt zur Station Baumwall und weiter bis St. Pauli Landungsbrücken zu fahren. Niemand hat dies anschaulicher beschrieben als Ralph Giordano in seinem Hamburg-Roman »Die Bertinis«.

U-Bahnhof Baumwall/ Johannisbollwerk

1906 begann der Bau des Hochbahnrings, von dem hier am Baumwall noch die beeindruckende Eisenkonstruktion der aufgeständerten Strecke zu sehen ist und der der Kern des gesamten U-Bahn-Netzes von Hamburg ist. 1912 wurde der U-Bahn-Ring geschlossen: Am 25. Mai wurde die Strecke Kellinghusenstraße (Eppendorf) bis Landungsbrücken eröffnet, vom 29. Juni ging's dann bis Rathausmarkt – der 17,5-km-Ringverkehr Landungsbrücken – Barmbek – Landungsbrücken stand.

Das Baufieber, von dem die Speicherstadt verschont blieb – siehe unten –, herrscht bereits auf der markanten Kehrwiederspitze vis-à-vis Baumwall: Ca. 800 Mio. DM investiert das US-amerikanisch-britische Konsortium von Citibank und Reederei P & O in Büros und »Edelwohnungen« (»Morgenpost«) – fertig ist das Hanseatic Trade Center. Ein gläserner Turm soll bis 2002 das neue Wahrzeichen der Kehrwiederspitze werden, die Frankfurter Architekten haben zu Hause den »Maintower« konzipiert. Die neue Kehrwiederbrücke verbindet Kajen und Trade Center, bei Hochwasser dient sie als Fluchtweg für die Beschäftigten.

Für Touristen liegt sie etwas abseits des Weges und wird deshalb gern verpaßt, während die Hamburgerinnen und Hamburger selbst sie ob der »stimmungsvollen, historischen Gaststätten« – so ein Text der Stadtwerbung – gern besuchen: die Deichstraße in der Altstadt am Nikolaifleet.

Heute hauptsächlich vom Tourismus-Dienstleistungsgewerbe bestimmt, ist es das letzte erhaltene Ensemble althamburgischer Bürgerhäuser des 17. und 18. Jahrhunderts mit der für die nördlichen Handelsstädte typischen Kombination von Wohn- und Geschäftshaus. Die zwischen der 1304 erstmals erwähnten Deichstraße und dem Nikolaifleet, dem ehemaligen Hauptarm der Alster und Keimzelle des Hamburger Hafens, gelegenen Häuser vereinigten unter einem Dach die für die Hafenstadt notwendigen Funktionen: Warenspeicherung und -umschlag, Wohnen und die notwendige geschäftliche Repräsentation.

Deichstraße

Das »Haus der Seefahrt« (Nr. 51) ist ein Kontorhaus von 1909/10. An die Erstbebauung auf der Landseite im Westen erinnert das um 1750 entstandene Binnendeichvorderhaus Nr. 42, das auf dem rückwärtigen Grundstück einen Anschluß an das zugeschüttete Deichstraßenfleet (heute: Steintwietenhof) besaß. Nachdem die außendeichs gelegenen Landungs- und Umschlagplätze am Nikolaifleet seit dem 15. Jahrhundert ebenfalls überbaut wurden, blieben den älteren Binnendeichgrundstücken als Zugang zum

Beeindruckende
Eisenkonstruktion:
Der Bau des
Hochbahnviadukts am
Johannisbollwerk und
an Vorsetzen

Deichstraße

*Wasser die schmalen Fleetgänge, die bis heute zwischen den Außendeich-
häusern zum Landungssteg direkt ans Wasser führen.*

*Dem Großen Brand von 1842 »verdankt« die Deichstraße ihre bau-
geschichtliche Besonderheit: Im südlichen, vom Feuer verschont geblie-
nen Teil der Straße hat sich neben einem Warenspeicher (Nr. 27, um 1870)
eine Reihe von Kaufmannshäusern aus dem 17. und 18. Jahrhundert erhalten, einzelne noch mit barocker Fassade (Nr. 39, um 1700), andere mit
bereits im 19. Jahrhundert (Nr. 45) oder im Zuge der Erneuerung in den
70er Jahren veränderten Frontseiten (Nr. 47). Nr. 37 ist als »Alt-Hamburger
Bürgerhaus« vom Verein »Rettet die Deichstraße«, der sich um die Restau-
rierung der Straße verdient gemacht hat, wiederhergestellt worden.*

*Etliche Deichstraßen-Häuser gehörten zum Imperium des Immobilien-
Investors Hans-Erich Dabelstein, das Ende 1995 zusammenbrach. Kommentar von SPD-Bausenator Eugen Wagner: »Hier reguliert sich der Kapitalis-
mus selbst.«*

**Bei dem
Neuen Krahn
❽**

In der Straße Bei dem Neuen Krahn steht der älteste Kran im Hafen.
Obwohl schon 1353 urkundlich an dieser Stelle ein Kran erwähnt
wird, ist der heutige Standort des nachträglich elektrifizierten Eisen-
drehkrans von 1857 »unhistorisch«: Er wurde auf die flutwassersi-
chere Uferpromenade gehievt und auf eine bastionsartig in den Zollkanal ragende Plattform gerückt - so hätte er kaum seine Aufgaben
wahrnehmen können.

**Bei den Mühren 69
❾**

Entlang dem Zollkanal ist Bei den Mühren 69 der letzte Kauf-
mannshof und eines der wenigen vorindustriellen Bauzeugnisse der
Hamburger Innenstadt. Hinter der unscheinbaren Fassade des um
1860 erbauten Etagenhauses verbirgt sich »ein baulicher Organis-
mus, der in Hamburg einzigartig geworden ist, das einzig erhaltene
Beispiel von jener charakteristischen Struktur des althamburgischen

Bürgerhauses der Marschinseln, aufgebaut aus repräsentativem Vorderhaus an Straße/Deich (hier dem Süddeich des Cremon), Hof mit seitlich angeordnetem Wohnhausflügel und rückwärts zum Binnenfleet, hier dem Katharinenfleet, hin gelegenem Speicher.« (Hipp)

Speicherstadt
❿

»Die Speicher (spicarium, spica = Ähre), die in Hamburg von den Kaischuppen getrennt sind, sind 7–8stöckige, mit Buchstaben bezeichnete Steinbauten, in denen Waren für längere Zeit zollfrei eingelagert, verarbeitet und veredelt werden können. Die 17 hohen ziegelroten Blöcke längs der Fleete für die Flußschiffe bieten ein etwas düsteres Bild.« So beschreibt noch 1951 der Baedeker »Hamburg und die Niederelbe« die Speicherstadt. Mit der Speicherstadt existiert im Hafen seit 1888 ein Ensemble, das nicht allein vom Mythos der Erinnerung an Wasser, Handel und Schiffahrt lebt. Dort wird gearbeitet, dort wird Tee gekostet, werden Bohnen eingelagert, Teppiche gestapelt. Der Senat begehrte noch in den 90er Jahren nach der Speicherstadt; Lofts und Luxusappartements, Nobelrestaurants und Boutiquen sollten dort entstehen. Und fast hätte ein fortschrittsgläubiger »Spiegel«-Redakteur, der Wandel des Magazins deutete sich bereits an, noch einen Super-Loft in der Turmspitze des »Michel« gefordert. Zwar verliert die Speicherstadt 2001 wegen der HafenCity den Status als Freihafengebiet, doch hat sich die Politik – Antreiber SPD-Wirtschaftssenator Mirow –, nun dem Prestigeobjekt HafenCity zugewandt. Zwischen den Fleeten arbeiten heute auf 315 000 qm 450 Firmen mit mehr als 3000 Beschäftigten (55 % der Mieter sind Teppichhändler, 30 % Quartiersleute, 15 % Schiffsausrüster). (Wir empfehlen einen Speicherstadt-Rundgang nach den zehn Tafeln des Museums der Arbeit.) Berücksichtigen sollten Sie, daß in der Speicherstadt gleich vier Museen bestehen: das Speicherstadtmuseum, das Deutsche Zollmuseum, das Gewürzmuseum »Hot Spice« und das Afghanische Museum (siehe ab S. 310).

In der Speicherstadt

Seit 2001 wird zudem im ehemaligen Kesselhaus (1888, Architekt Volkwin Marg hat beim Umbau die Schornsteine durch Stahlskelette symbolisiert) der Speicherstadt Am Sandtorkai 30 über das ehrgeizigste und umfangreichste Stadt-Erweiterungsprojekt Hamburgs infor-

Die Deichstraße auf einer alten Postkarte

*Das »Hafen-Rathaus«,
Bei St. Annen 1,
ist das Verwaltungs-
gebäude der
Hamburger Hafen-
und Lagerhaus AG
(HHLA)*

miert: die erwähnte HafenCity. Anstelle früherer Hafenanlagen entstehen auf 100 Hektar Gewerbebauten und Wohnungen. »Für Sozialwohnungen dürfte da kaum Platz sein«, teilte das »Abendblatt«
schon einmal vorsorglich mit. 12 000 Menschen sollen in HafenCity
leben, weitere 20 000 dort arbeiten, wenn das größte europäische
Städtebauprojekt bis etwa 2012 abgeschlossen ist. Die Anfänge sind
der Kaispeicher A (1965, Arch. Werner Kallmorgen, kein Denkmalschutz!), aus dem an der Spitze des Dalmannkai der »Media City
Port« wird, und ein Schulungszentrum des Software-Giganten SAP
östlich vom Grasbrookhafen.

*Es gehört zu den Merkwürdigkeiten der Geschichte, daß das, für dessen
Erhalt einträchtig und erfolgreich Quartiersleute, Denkmalschützer und
Hamburg-Freunde kämpften, einst selbst um den Preis von Abriß und Bewohnervertreibung zustande kam. 1884 hatten Oberingenieur Meyer, Was-
serbaudirektor Nehls und Baudirektor Zimmermann den Bebauungsplan für
die Speicherstadt aufgestellt. »Dabei waren sie nicht pingelig«, schreibt das
»Hamburger Abendblatt«; ›20 000 Menschen mußten umgesiedelt werden.
Aber nicht nur das ›Arme-Leute-Viertel‹ fiel der Spitzhacke zum Opfer; ganz
nebenbei wurden für die Speicherstadt auch die schönsten barocken Bürgerhäuser Hamburgs abgerissen. Die Menschen vom Wandrahm fanden neue
Wohnungen in Hammerbrook, in Eimsbüttel und Barmbek.«*

*Die Brooktorbrücke
im »Festschmuck«:
Einweihung der
Speicherstadt 1880*

*Anlaß für den Bau der am 29. Oktober 1888 eröffneten Speicherstadt war
der Zollanschluß Hamburgs an den Deutschen Zollverein. Bis dato konnte
die Stadt unbehelligt von Import- und Exportzöllen Handel treiben. Nun
sollten auf Veranlassung von Kanzler Bismarck die Handelsprivilegien fallen. Die Hamburger »Pfeffersäcke« setzten daraufhin einen verkleinerten*

Freihafenbezirk durch, ein dauerhaftes Privileg, das bis heute alle Wechsel- fälle der Geschichte überstand: Erst wenn die Waren das Freihafengebiet verlassen, wird Zoll fällig.

Keine Luxuslofts, keine Boutiquen: Kaffeeprobe in der Speicherstadt

Seit 27. April ist die Speicherstadt dank der »Stiftung Lebendige Stadt« und der Hamburger Hafen- und Lagerhaus AG (HHLA) be- leuchtet; 1000 Lampen bestrahlen anderthalb Kilometer Fassaden und zwölf Brücken.

Man weiß nicht, woher er kam; weiß nicht, wie er war, und schon gar nicht, wie er aussah – bestimmt nicht 2,20 Meter groß und 200 Kilo schwer, wie er nun seit 1982 am Brooktor bei der Magdeburger Brücke steht (Bildhauer: Hansjörg Wagner). Allerdings ist Deutsch- lands berühmtester Pirat mit Namen Klaus Störtebeker im Laufe der Jahrhunderte derart erhöht worden, daß uns die Statur des Riesen heute geradezu glaubhaft erscheint. Die historisch exakten Belege sind spärlich: Aber weil die Hamburger stets ordentlich Buch führ- ten, wissen wir zumindest, daß um 1400/01 dreißig Seeräuber ent- hauptet wurden.

Brooktor/ Magdeburger Brücke

Zurück aus dem Freihafen führt der Weg ins ehemalige Kontor- hausviertel (s. auch S. 21). Burchardplatz 1 entstand als erstes Gebäu- de 1922–24 das Chilehaus nach Entwürfen von Fritz Höger. Bauherr war der Reeder Henry Barens Sloman, dessen Hauptgeschäft der Handel mit Chile-Salpeter war. Die Ostspitze des Gebäudes, bei des- sen Errichtung 4 800 000 Backsteine verwendet wurden, ist als Schiffs- bug ausgeprägt, »der es als ›Flaggschiff in Stein‹ (Kamphausen) zum Symbol für den Wiederaufbau der Wirtschaft nach dem Ersten Welt-

Burchardplatz 1 ⑫

*»Flaggschiff in Stein«:
Das Chilehaus des
Reeders Sloman um
1928*

*Rechts: Teilten die
Beute zu gleichen
Teilen unter sich auf:
Klaus Störtebeker und
seine Likedeeler; hier
das Denkmal am
Brooktor*

krieg werden ließ« (Hipp). Höger, ein bekannter Architekt, war seit 1933 in der NSDAP und schuf als letztes Werk ein Mahnmal für NS-Opfer in Itzehoe.

Sehenswert in dem Viertel ist auch der Meßberghof (1923 – 24, Hans und Oskar Gerson), Meßberghof 1; dort hatte die Firma Tesch & Stabenow, die das Giftgas Zyklon B in die KZ lieferte, ihren Sitz. Seit 1997 erinnert daran auf private Initiative eine Tafel, die der Eigentümer, eine Tochter der Deutschen Bank, und die Kulturbehörde erst abgelehnt hatten. Chemiker Dr. Bruno Tesch und Mitgeschäftsführer Karl Weinbacher wurden 1946 zum Tod verurteilt und hingerichtet. Größtes Gebäude im Kontorhausviertel: der Sprinkenhof, Burchardstr. 6-14 (1927 – 29, Fritz Höger/Gebrüder Gerson).

Zwischen Wandrahmstieg und Oberbaumbrücke wird die City bis 2002 einen weiteren Neubau erhalten, das »Deichtor-Center« (Arch.

Hadi Teherani) gegenüber den Deichtorhallen, in das die Deutschland-Zentrale von Warner Music einzieht.

Drei zwischen 1911 und 1914 in Eisenkonstruktion errichtete Markthallen prägten einst das Marktgeschehen auf dem »Deichtormarkt«, nachdem der Markt am Meßberg und der Hopfenmarkt für die Belieferung der »Höker«, die wiederum die Bevölkerung der Hansestadt mit frischem Obst und Gemüse versorgten, zu eng geworden waren. Die beiden großen Hallen dienten dem Gemüsehandel, die kleinere dem Blumengroßmarkt. Sie wurden vor allem über Schuten und Ewer aus den Vierlanden beliefert. Nach 1962 – der Großmarkt war nach Hammerbrook in den »Bauch von Hamburg«, die von Bernhard Hermkes geplante Großmarkthalle mit dem charakteristischen Wellendach, verlegt worden – drohten die alten Hallen zu verfallen. 1988/89 ließ die Stiftung des Hamburger Mäzens, Helmut-Schmidt- und Kunstfreunds Kurt A. Körber (seine Firma produziert in Bergedorf Zigarettenmaschinen) die Hallen aufwendig restaurieren. Heute ist in ihnen ein Ausstellungszentrum.

Gerd Siebecke/Werner Skrentny

Der Deichtormarkt mit den neuen Markthallen geht am 23.9.1911 »in Betrieb«; heute ist in ihnen ein Ausstellungszentrum

Deichtorplatz

Bild S. 102:
Alsterschiff-Exkursion im Nikolaifleet, dahinter St. Katharinen

Die Baugenossenschaften: Durch Selbsthilfe zur Wohnreform

Wo Industrie und Arbeitskräfte hinzogen, stand die Baugenossenschaftsbewegung im Kaiserreich nicht fern. Konnte Hamburg/Altona vor dem Ausbruch des 1. Weltkriegs doch als eine Hochburg der Baugenossenschaftsbewegung im Deutschen Reich gelten. Mit der 1862 in Aktion getretenen Baugenossenschaft auf Steinwerder, auf der der Hafenkante gegenüberliegenden heutigen »Schauseite« des Hafens, nahm die genossenschaftliche Bautätigkeit Deutschlands hier ihren Ausgang. Und die 1875 gegründete »Allgemeine Deutsche Schiffszimmerer-Genossenschaft«, die 1892 mit der Instandsetzung der Terrassenanlage Wohlwillstraße 13 – 17 erstmals als Wohnungsbauträger auftrat, ist Hamburgs älteste Genossenschaft überhaupt.

Den eigentlichen Aufschwung erfuhr die Baugenossenschaftsbewegung aber erst nach der Novellierung des Genossenschaftsgesetzes (1889) und dem Fall des Sozialistengesetzes (1890). Mit kapitalkräftiger Unterstützung durch lokale Unternehmer und Kaufleute bildeten sich im Cholera-Jahr 1892 aus dem Umkreis der evangelischen Arbeiterbewegung die Bau- und Sparvereine in Altona und Hamburg.

Gemeinsam mit der Schiffszimmerergenossenschaft und dem 1899 aus Gewerkschaftskreisen entstandenen »Konsum-, Bau- und Sparverein Produktion« sowie zahllosen Selbsthilfeorganisationen im Umland erstellten die Genossen zwar bis 1914 kaum fünf Prozent des Gesamtwohnungsbauvolumens. Als eine Art kulturelle Integrationszentrale praktizierten sie aber im kleinen ein klassenübergreifendes Wohnungsbauprogramm, von dem ausgleichende soziale Wirkungen erhofft wurden: »Ein Tätigkeitsfeld, auf welchem Konservative und Sozialisten, Zentrumsleute und Liberale Hand in Hand friedlich zusammenarbeiten können, um den minderbegüterten Volksgenossen wohnliche Heimstätten schaffen zu helfen.«

In architektonischer und städtebaulicher Hinsicht kann der Beitrag der Hamburger Baugenossenschaft kaum überschätzt werden. Als Sanierungsträger in der Neustadt hatten Baugenossenschaften schon vor dem 1. Weltkrieg hervorragenden Anteil an der Wohnreform. Mit ihrer charakteristischen Grundform der sich zur Straße öffnenden Hofbebauung (»Hamburger Burg«) entwickelten sie erstmals eine realistische Alternative zu den Hinterhausanlagen der Gründerzeitspekulation. Auch der »rote Gürtel« der Backstein-Großsiedlungen, mit dem sich Hamburg in der Zwischenkriegszeit umgab, wird über weite Strecken durch Genossenschaftsbauten zusammengehalten.

Diese architekturreformerische Tradition ist in Hamburg bis in die Gegenwart lebendig geblieben: 1982 schlossen sich auf Anregung der SPD-Nord Wohnungssuchende zu einer Kleingenossenschaft zusammen, um nahe der Alsterkrugchaussee in der Wolfgang-Borchert-Siedlung ihr Selbsthilfe-Wohnglück zu bauen. (J.H.)

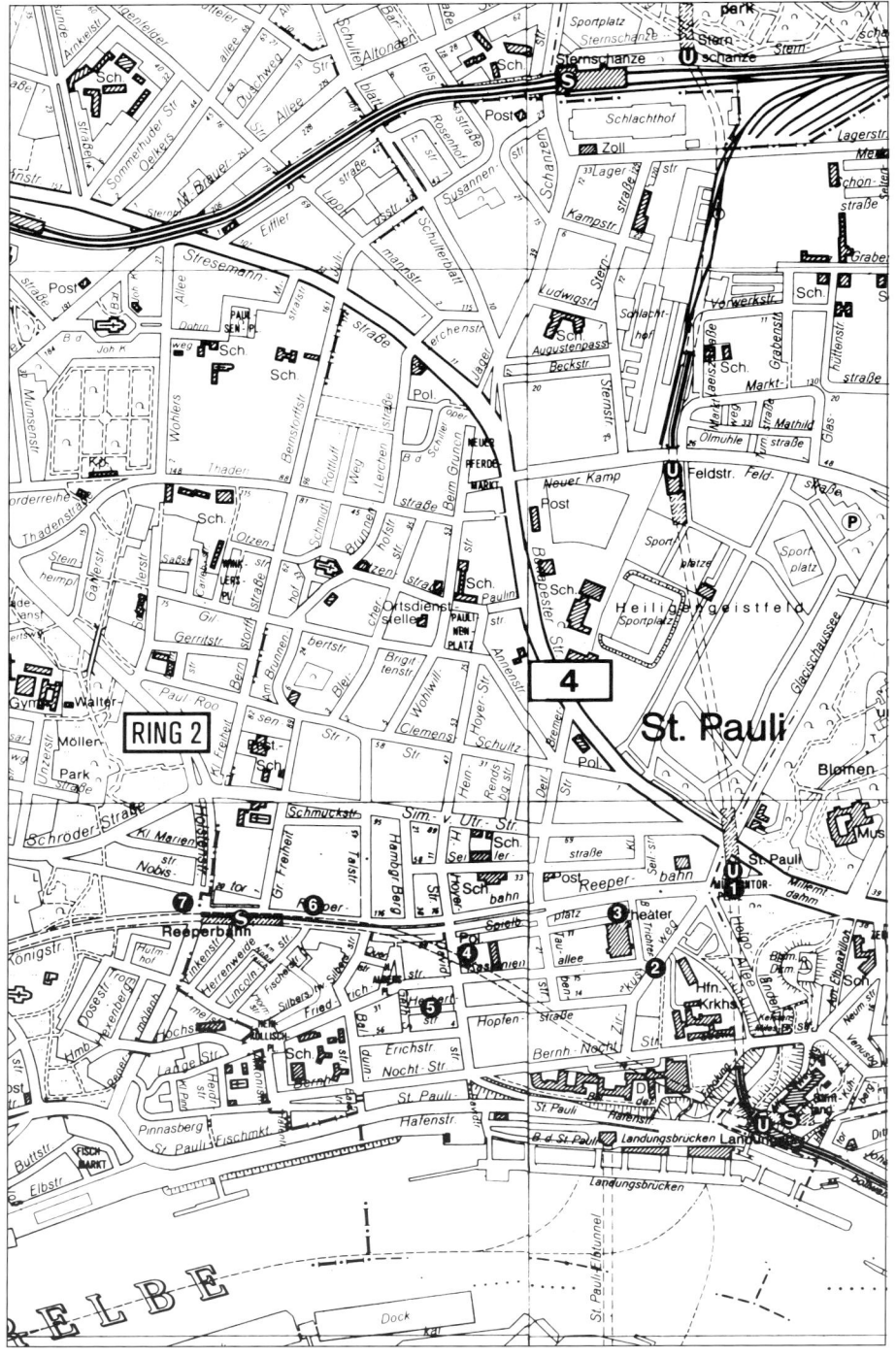

Goldgräberstimmung auf der Glitzermeile

Ausgangspunkt: U-Bahnhof St. Pauli (U3)
Endpunkt: S-Bahnhof Reeperbahn (S1, S2, S3)
Dauer des Rundgangs: 1 ½ Stunden

St. Pauli – das ist Hamburgs berühmtester Stadtteil. Kein schwäbischer Feuerwehr-Ausflug und keine pfälzische Metzger-Innung, die dies ausließe, und natürlich strömten nach Grenzöffnung 1989 auch massenhaft »Ossis« hierher. Im Sommer flanieren zu Hoch-Zeiten täglich bis zu 40 000 Menschen auf der Reeperbahn, und wer genau hinhört, macht im Vorbeigehen einen Exkurs durch die Dialekte dieser Republik mit, wenn sich die Menge über die vorgeblich »sündigste Meile der Welt« schiebt.

Das Vergnügungsviertel hat Tradition auf »St. Liederlich«, wie der Volksmund die Gegend auch bezeichnet. Seit 1831 hatten die Leute vom »Hamburger Berg«, der schon im 13. Jahrhundert besiedelt war, als »Schutzverwandte in den Vorstädten« Bürgerrecht und lebten ab 1833 in der »Vorstadt St. Pauli«. Im Grenzland zwischen Hamburger Festungsmauern und Altona entstand der Vergnügungsdistrikt auch des nahen Hafens wegen: »Die Matrosen feierten ihre Orgien auf dem Hamburger Berge. Hier verbrachten sie oft in einem einzigen Tage den ganzen Erwerb einer mühevollen und gefährlichen Reise.« (1897) Hier konnten sie auch billig übernachten.

Die »Glitzermeile« erlangte Weltruf: »St. Pauli! Mit Yoshiwara, Whitechapel, Montmartre, Sing-Sing und – last not least – Hollywood ein Gemeinsames: der internationale Klang des Namens. Rund um die Erde dieselbe farbenbunte Vorstellung dessen, der diesen Namen spricht, hört, liest: Hafen, Fahrensleute, Tingeltangel, verwehte Klänge und – Mädchen, ach ja, die Mädchen von St. Pauli ... und neben den hübschen Farben, Sehnsucht nach Rausch, Freiheit, Weite, Lebensfreude, Selbstvergessen, Daseinsbuntheit und – Mädchen, ach ja, Mädchen von St. Pauli.« (1930)

Kurt Tucholsky war zwischen den Kriegen hier: »Sieh die jungen Leute an, die da mit ihren Mädchen Sankt Pauli durchziehen. Das sind neue Leute.« Jetzt ist das wieder so: Der kühl organisierte, professionalisierte Betrieb hinter den 50er Jahre- und US-amerikanischen Neonfassaden hat sich oft überlebt, so wie die Groß-Silos für den Sex. St. Pauli ist nun ganz fürchterlich »in«, was auch die Stadt für ihre Werbung entdeckt hat: »Neue-alte Reeperbahn« heißt das da – »eine ganz junge und moderne Unterhaltungs- und Kulturszene.

Geheimtip für Nachtschwärmer sind das verrückte Schmidt und Schmidts Tivoli.« Die »Morgenpost«: »Hamburgs häßlichster Boulevard ist längst wieder eine geile Meile.« »Hier herrscht Goldgräberstimmung«, ermittelte das »Abendblatt«.

Woher der Name Reeperbahn kommt: Seit dem 17. Jahrhundert waren hier Reepschläger und Seiler (Seilerstraße) ansässig und spannten auf den Bahnen Hanf für die Seilherstellung. Mit dem Bauboom verschwand das Gewerbe um 1890. Von der ehemals eindrucksvollen Reeperbahn-Architektur der »Vergnügungspaläste« ist das meiste durch nüchterne Zweckbauten der 50er und 60er Jahre hinter Glitzerfassaden ersetzt worden.

Millerntorplatz
❶

Nahe dem U-Bahnhof St. Pauli ist noch ein Teil der Torwache Millerntor (1820): Hier war Hamburgs Torsperre, zwischen der von Altona am Nobistor und St. Pauli war Grenz- und Niemandsland.

Reeperbahn/
Millerntorplatz/
Millerntordamm

Vom ehemals eindrucksvollen »Eingang« zur Reeperbahn ist nichts geblieben – verschwunden sind »Trichter« und »Volksoper«, ebenso die Nachkriegsbauten: Das 23stöckige Iduna-Hochhaus (1966), das lange Zeit wegen Asbest-Verseuchung leer stand, wurde am 19. Februar 1995 im Beisein von 80 000 Schaulustigen gesprengt. Den Neubau bezeichnete die »Süddeutsche Zeitung« als »Kulminationspunkt einer fehlgeschlagenen Stadtentwicklungspolitik, die nur mit obszöner Geldgier zu erklären ist, eine weitere Bastion des Boomtown-Spekulantentums mit Büros und seelenlosen Kettenrestaurants«. Das Gegenstück »Astra-Bowling«, das den angesagten »Mojo-Club« beherbergt, Ecke Reeperbahn/Zirkusweg 14, soll durch einen Neubau ersetzt werden. 34 Mio. hat der Baugrund B & L Immobilien (Büll & Liedtke) gekostet, es plant der berühmte Chicagoer Architekt Helmut Jahn.

Anstelle des Hochhauses stand ein dem Wiener Burgtheater ähnliches Bauwerk, das – charakteristisch für den schnellen Gang der Dinge auf St. Pauli – oft den Namen wechselte, nachdem man 1910 mit 1300 Plätzen eröffnet hatte: »Deutsches Operetten-Theater« (1910–11), »Hamburger Operetten-Theater« (1911–13), »Neue Oper« (1913–14), »Hamburger Volksoper« (1914–25), »Haus am Millerntor« (1926–43). Nach der Zerstörung durch Bomben zog man in die »Flora« am Schulterblatt (s. S. 168) um.

Mit dem »Café Heinze« war am Millerntor einer der exklusivsten Tanzpaläste der Stadt: Die Tanzfläche war von unten her beleuchtet, und exzellente Orchester wie das von Juan Llossas (1900–1957), dem »Tango-König«, spielten auf. Antipode zur »Volksoper« war am Ort des heutigen Bowling der »Trichter«, auch er im 2. Weltkrieg weitgehend zerstört, aber noch bis 1958 vorhanden.

Nur noch ein fester Zirkus-Bau steht in Deutschland in Benutzung: Circus Krone in München. Die »festen Häuser« wurden entweder abgerissen (z.B. Berlin in den 30er Jahren), verlassen (Breslau 1945) oder zerstört, wie der Hamburger Circus Busch, an den die Straßenbenennung erinnert.

Zirkusweg

Paul Busch hatte 1892 in Altona eröffnet, in der heutigen Schilleroper (s. S. 171), ehe er 1902 das Zirkus-Renz-Gebäude am heutigen Zirkusweg kaufte. 1929 bestand hier das »CiVa«, das »Circus-Varieté«, das größte in Europa mit 3000 Plätzen. Eigentümerin Paula Busch versprach »eine allererste Varietébühne, die sich den Weltetablissements würdig an die Seite stellen kann«. Attraktion der Premiere war der Torero Manzano, der auf der Bühne gegen drei Kampfstiere antrat. Da in der Nachmittagsvorstellung jeder erwachsene Besucher ein Kind gratis mit hineinnehmen durfte, ballte sich St. Paulis Jugend stets zu Hunderten vor dem Portal: »Och Mann, nehmen Sie mir mit rein?!« 1935 wurde das »CiVa« wieder Zirkus. 1943 ist das Gebäude durch Bomben zerstört worden.

In der Fortsetzung des Zirkusweges liegt das trotz vieler Proteste (»ein Stadtteil steht auf!«) 1996 geschlossene Hafenkrankenhaus, wo 2000 ein Sozial- und Gesundheitszentrum eröffnete. Die Abfüllung der nahen Bavaria-St. Pauli-Brauerei AG von Holsten wird 2002 stillgelegt, das Hochhaus samt »Bavaria-Blick« soll dann fallen. Die Familie von »Kiez-König« Willi Bartels hat das 28 000 qm große Betriebsgelände gekauft, geplant sind Wohnungen, Büros, ein 22stöckiges Hotel und die »Astra-Erlebnisbrauerei«.

Kurz vor Kriegsende, am 11. März 1945, wurde das damalige »Theater an der Reeperbahn«, anfangs der »Circus Gymnasticus« mit 3000 Plätzen und im Lauf der Jahrzehnte mit immer wieder wechselndem Namen, zerstört. »Auf der Reeperbahn nachts um halb eins« (Text: der Schlesier Alfred Müller-Förster / Melodie: Ralph Arthur Roberts aus Sachsen), so etwas wie die inoffizielle Hamburg-Hymne, kam hier 1912 in der Ausstattungs-Revue »Rund um die Alster« erstmals auf die Bretter. 1953 wurde das Operettenhaus eröffnet, und seit Frühjahr 1986 hatte hier die Stella-Gruppe sehr erfolgreich das Musical »Cats« etabliert, nachdem das 1981 neuerbaute Haus zuletzt nur noch spo-

Spielbudenplatz

*»Das älteste Kino
der Welt« - dieser
Werbeslogan war
reichlich übertrieben*

Spielbudenplatz
19 - 20

Spielbudenplatz 22

Spielbudenplatz 24

Spielbudenplatz 26

Spielbudenplatz
27 - 28

radisch bespielt und der Kulturbehörde zum »Klotz am Bein« wurde. Seit 2001 wird das Broadway-Musical »Fosse« aufgeführt.

Spielbudenplatz 3 besteht das »Panoptikum«, auch abends geöffnet, mit über 100 Figuren Deutschlands größtes Wachsfiguren-Kabinett und seit 1879 auf St. Pauli.

Der Spielbudenplatz - der Name taucht schon 1798 auf - macht nach dem Abriß der Gebäude-Provisorien am Rande der Reeperbahn einen öden Eindruck. Es gab große Pläne, hier neu zu bauen, z.B. in Form eines Schiffes, oder ein Freigelände für Gaukler anzubieten - aber getan hat sich nichts, das schrieben wir bereits 1996 und schreiben es nun wieder 2001 ...

»Die Geschichte dieses Hauses ist zugleich die Geschichte der Entwicklung der Kinematographie!« - so eine Selbstdarstellung von »Knopf's Lichtspielhaus« 1930. »Das älteste Kino der Welt«, wie oft behauptet, ist dabei auf St. Pauli nicht beheimatet, wohl aber das älteste Lichtspielhaus der Stadt. Eberhard Knopf, ein Schmied, hatte seit 1900 in einer Gaststätte Filme gezeigt und 1906 dann einen festen Kinobau bezogen. Das Kino wurde erweitert, um die »Spiegelsäle« und »Hagenbecks Raubtierschau«, und 1930 zog man in den unteren Saal, der doppelt so viele Plätze (ca. 1100) bot. Nachdem es in den 70er Jahren noch einmal Versuche mit Film und Varieté (»Bild«: »Kino wie zu Opas Zeiten!«) unter dem Titel »Hollywood« gab, ist das älteste Kino Hamburgs in einen Tanzpalast »Allotria« und später in »Knopf's Music Hall« umgewandelt worden. 1988 eröffnete der Musik-Club »Docks«; im 1. Stock ist die historische »Prinzenbar«.

Im ehemaligen Stundenhotel für Schwule eröffnete 2000 Hamburgs erstes Kunsthotel. Im »Florida-the-art«-Hotel haben 14 Künstler die Zimmer unterschiedlich gestaltet.

Wo die »Union-Lichtspiele« und zuletzt das Tanzcafé »Kaiserhof« waren, hatte am 8.8.88 das »Schmidt Theater« im 200-Plätze-Haus Premiere.

Nicht alle Kiez-Immobilien haben Liebhaber gefunden: Das einstige St. Pauli-Hallenbad, 1934 als »Deutschlands modernstes Sportbad« eingeweiht, steht nun schon seit 1980 leer. Ein »Riesentower« wurde dort ebensowenig wie anderes gebaut. Auch dieses Haus gehört zu »Hamburgs besterhaltenem Ensemble von Vergnügungsbauten aus dem Kaiserreich«: 1886 war es als Concerthalle »Die Neue Welt« entstanden, wo auch Volkssänger Hein Köllisch (1857 - 1901) im Jahr 1892 sein Bühnendebüt feierte. Später waren hier das Varieté »Apollo« und die »America-Bar«, »die größte Bar Deutschlands«.

»Zillertal bleibt Zillertal!« war der Werbeslogan des seit 1925 hier ansässigen Bierhauses, erbaut 1890 als »Große Bierhalle«. Doch nichts bleibt, wie es ist: 1990 gab die weiß-blaue Exklave der Münchner Löwenbräu AG auf. Die Kulturbehörde entschied, daß ein Bewerber den Zuschlag erhalten sollte, »der die Gewähr dafür bietet, daß in dem fraglichen Gebäude in Zukunft ein in künstlerischer Hinsicht anspruchsvolles Unterhaltungsprogramm geboten wird«.

1990 erhielten die Investoren Fraatz und Bartels (Willi Bartels gilt als »König von St. Pauli«; 50 Prozent des Stadtteils sollen ihm gehören) und damit auch die Betreiber Corny Littmann und andere den Zuschlag. Ex-GAL-»Kulturpapst« Littmann, schon Betreiber des »Schmidt Theater«, eröffnete 1991 im denkmalgerecht wiederhergestellten Gebäude »Schmidts Tivoli« mit 700 Plätzen. Im Obergeschoß ist anstelle der »Sennerhütte« nun »Angie's Nightclub«.

»Die berühmteste Polizeiwache der Welt« (rechts) und das umbenannte Ernst-Drucker-Theater: Davidswache und St. Pauli-Theater

Einer der wenigen Zeugen für das »andere St. Pauli«, wie es Autor Paul Möhring genannt hat – das St. Pauli von Bühne, Oper, Operette, von Revuen, Volksstücken und -schauspielern, Premierenort und Karriere-Sprungbrett –, ist das heutige »St. Pauli-Theater«. Der Zuschauerraum des 1840–41 entstandenen »Urania«-Theaters ist noch erhalten. 1895 wurde das Haus nach dem Besitzer in »Ernst Drucker-Theater« umbenannt, 1898 entstanden Fassade und Bühnenhaus neu. Die Nationalsozialisten verlangten 1941 die Änderung in den heutigen Namen, weil Drucker Jude war. Nach längerer Spielpause hatte Hamburgs ältestes Theater (ein nicht subventionierter Familienbetrieb) 1970 wiedereröffnet.

Spielbudenplatz 29

Amtlich heißt sie Polizeiwache 15, doch populär ist sie, u.a. durch Kino- und Fernsehfilme, als Davidswache geworden – »die berühmteste Polizeiwache der Welt«, wie das »Abendblatt« befand. Die Polizei hatte sich 1854 an der Ecke zur Davidstraße etabliert, ehe 1913–14 der Neubau im Stil des Hamburger Bürgerhauses (Arch.: Fritz Schumacher) entstand, der 1991 instand gesetzt wurde.

Spielbudenplatz 31

»Daß der polizeiliche Blick vor allem der Davidstraße gegolten haben dürfte, daran erinnern sinnigerweise noch die als Keramikbüsten (von Richard

Gleich um die Ecke an der Großen Freiheit steht die katholische Barockkirche St. Joseph

Kuöhl) ausgeführten Posten an den Erkern der Seitenfront, die mit ernster Entschiedenheit gleichsam den Hauptgrenzübergang zwischen St. Lustig am Spielbudenplatz und St. Liederlich in den Nebengassen observierten.« (Haspel)

In der an die Wache angrenzenden Davidstraße hat die Prostitution Tradition. Nr. 8 war im letzten Jahrhundert das Lokal »Die vier Löwen«: im Erdgeschoß Küche, Wirtswohnung und Tanzsaal, der ebenso wie die Hausfront als »Kontakthof« diente. Im Obergeschoß waren die Kammern der Frauen.

»Und haben wir glücklich die Reise vollbracht, / so wird auf dem Berge die Runde gemacht!« sollen Seeleute beglückt gesungen haben, wenn sie an Land und gleich weiter zum »Hamburger Berg«, nach St. Pauli gingen. Den Altonaer Pastor Zeise († 1794) störte dieses Gebaren: Seien die Seemänner »up dat grote Water« in Not, so würden sie dem Herrgott ewige Frömmigkeit schwören. Kaum an Land, würde ihr Weg aber nicht »to kark« führen, sondern es stelle sich die Frage: »Geist mal mit up'n Berg?«

Davidstraße 11

Auch durchs Fernsehen bekannt geworden ist »Cuneo«, Vorbild für die ARD-Vorabendserie »Frikadelle – Tagliatelle«. 1905 eröffnete im Lokal der Witwe Eberhardt Hamburgs erster »Italiener«, die »Trattoria Italiana« des Straßenmusikanten Francesco Antonio Cuneo; Enkel Franco ist heute Chef.

Herbertstraße
❺

In der Popularitäts-Skala der Hamburger Straßen dürfte dieses kleine Stück, 1797 angelegt, einen Spitzenplatz beanspruchen. Die Bordellstraße mit der Schaustellung im Fensterrahmen fand beste Presse: »Ehrbare Dirnen« gingen hier zu Werke«, beobachtete der »stern«, »auf eigene Rechnung, ohne die Faust eines Zuhälters im Nacken«.

Und »Bild« zitierte die Polizei der nahen Davidswache: »Hier leiten die Frauen die Bordelle – da haben wir wenig Ärger, da herrscht ein ganz anderer Ton.« Domenica, vollbusige Rheinländerin aus der Herbertstraße, jetzt Sozialarbeiterin, avancierte in Hamburg zu einer Fast-Kultfigur.

Die geschlossene Wohnanlage für die Prostituierten soll 1900 von der Stadt eingerichtet worden sein, als der Fahrverkehr in der David-straße zunahm und sich diese nicht mehr als Werbemeile der Frauen eignete. 1922 wurde die damalige Heinrichstraße in Herbertstraße umbenannt. Die Sperrtore sollen in der NS-Zeit angebracht worden sein. Seit 1984 ist Frauen sowie Jugendlichen unter 18 Jahren der Zutritt verboten.

Anstelle des heutigen »Bayrisch Zell« war seit dem 1. Weltkrieg das Varieté und Ballhaus »Alkazar«, das mit der Parole »Herz des Ham-burger Nachtlebens« warb. Hans Harbeck hat es 1930 in »Das Buch von Hamburg« beschrieben:

Reeperbahn
108 - 114

»Diese mit Paris und Berlin wetteifernde Vergnügungsstätte hat internatio-nalen Ruf und vereinigt in sich alle Möglichkeiten, den Kenner nicht zu enttäuschen und den Kleinstädter maßlos zu verwirren. Schon die unruhig hin und her schießende Lichtreklame lockt magisch, und im Innern brennt ein gewiefter Regisseur (Arthur Wittkowski) ein wahres Feuerwerk von At-traktionen ab. Keinen Augenblick stockt der rasende Ablauf.«

Während des Spanischen Bürgerkrieges, als der Alkazar in Toledo heftig umkämpft war, wurde der Name des Großstadt-Varietés in »Allotria« abgeändert. Nach dem Krieg wurde das Haus wiedereröff-net und bestand noch bis 1958.

»Kleinstädter maßlos verwirrt«: Revueszene im »Alkazar«

Talstraße 11 - 15	Um die Ecke, in der Talstraße, ist die ehemalige »Herberge zur Heimat«, das Haus der Heilsarmee, die hier seit 1922 ansässig ist: ein neugotischer Backsteinbau der Rathausarchitekten Stammann und Zinnow von 1890–91 in der Tradition der evangelischen Arbeiterfürsorge.
Große Freiheit/ Schmuckstraße	Mehrere Hippodrome existierten auf St. Pauli, so in der Großen Freiheit/Ecke Schmuckstraße und (1930) der Reeperbahn 136. Jenes Hippodrom, das im Hans-Albers-Kinoklassiker »Große Freiheit Nr. 7« zu sehen ist, war nicht in Hamburg: Da konnte 1944 im Krieg nicht mehr gedreht werden, und so baute man die Szenerie in den Prager Barandov-Filmstudios nach. Für Buchautor J. C. J. Ommerborn (d.i. Karl Christiansen) war Hamburg ein »Moloch«, so der Buchtitel 1920, und das Hippodrom »die Hölle«:

»In einem riesigen Kellerlokal hatte ein Industrieller ein Hippodrom eingerichtet. Auf einem halben Dutzend Gäulen ritten die Hamburger Prostituierten mit ihren Zuhältern, auch hier in großer Zahl Mädchen von zwölf bis vierzehn Jahren. Schulkinder. Toll, geil, lusttrunken, Zigaretten schmauchend, geile Blicke auswerfend, lachend und juchzend. Flog so ein armes Menschenkind mal, sei es durch eigene Schuld, sei es infolge eines ausgesuchten Peitschenhiebs der Stallknechte nach dem Gaul zu Boden, so bedeutete das für die Gästemassen und die Reiter einen besonderen Gaumenkitzel. Wenn unter aufreizendem Orchesterklang die Gäule zwölfmal die Runde gemacht hatten, mußten die Dirnen aufs neue zwei Mark fünfzig Pfennige bezahlen. Gewisse Frauenzimmer ritten offenbar umsonst, als Lockmittel für neue Gäste. Wer das Bild des Kellerhippodroms einmal gesehen, der wird es so leicht nicht wieder los. Wer könnte sich diese Hölle von St. Pauli je wieder aus dem Kopf schlagen?«

Reeperbahn 154, 170	Das Hotel »Inter Rast« war ehemals das Groß-Bordell »Eros Center«, das im Zuge von AIDS ebenso schloß wie das »Palais d'Amour«. Mit dem »Pascha Erotic Palace« ist dort nun wieder ein Bordell. Am Eingang ist noch ein gußeisernes Grenzzeichen von 1848 erhalten: Hier war der sog. Kontrollgang der Wachen, die zwischen der Hamburger Torsperre am Millerntor und der Altonaer Grenze (Inschrift: »Nobis bene, nemini male« – »uns wohl, niemandem schlecht«) am Nobistor patrouillierten. Reeperbahn 170 steht das kleinste Haus der Straße mit 34 qm Grundfläche und dem »Eros-Lunch«, den man auch schon im TV sah.
Reeperbahn 151 - 157	Im Margot-Niebuhr-Hochhaus sollte mit der »Kleinen Freiheit« Europas größtes Vergnügungszentrum entstehen.
	Nobistor 10/10 a steht das »Erotic Art Museum« für den Wandel auf dem Kiez. Die »Süddeutsche Zeitung« zum Bau von Will Alsop und Jan Störmer: »Die Reeperbahn hat einen Bau bekommen, der ein Katalysator für die eigene, richtige Entwicklung dieses Stadtteils sein könnte.«
Nobistor 10 	Als Schlußpunkt der Vergnügungsmeile war – eigentlich schon in »Neu-Altona« – 1963 das moderne Kaufhaus gedacht, das allerdings 1977 aufgegeben wurde. 1988 eröffnete es dann als Hotel (jetzt »Ibis«) – mit Schiffsmotiven.

Werner Skrentny

Fritz Schumacher: Kompromiß-Architektur mit Niveau?

Mit der 1854 durch Zusammenlegung der Polizeiwachen »David« und »Paulus« entstandenen Davidswache an Spielbudenplatz/Davidstraße auf dem Kiez von St. Pauli wollte die Obrigkeit den Überblick über das neuerliche Vergnügungsviertel behalten. Das heutige auf diesem Gelände stehende Gebäude, das jedem Nachkriegs-Kriminalfilm-Fan ein Begriff ist, zählt zwar nicht unbedingt zu seinen Meisterwerken, aber einen Bau zum Verständnis von Fritz Schumacher (1869 – 1947) für die Hamburgische Baukultur gibt es allemal ab.

Der hohe Backsteingiebel des 1913/14 errichteten Gebäudes »vergegenwärtigt zeichenhaft ein Hamburger Bürgerhaus und damit die bürgerliche Ordnung – ebenso wie der Erker mit Uhr, der die Mitte der Fassade einnimmt. Legionärsköpfe am Erker der Seitenfassade deuten an, wie diese Ordnung gewährleistet wird. Die Keramikdekorationen von Richard Kuöhl machen das Gebäude zu einem der farbigsten aus Schumachers erster Arbeitsphase.« (Hermann Hipp).

Der Baustil der Davidswache ist noch stark geprägt vom romantisch gefärbten Regionalismus Schumachers im Kaiserreich – ähnlich wie das weithin sichtbare Lotsenhaus (1913 – 14) am Seemannshöft. »Wie ein unerschütterlicher Wächter« sollte der an den Ecken durch Vorlagen verstärkte Leuchtturm den Eingang zum Hafen markieren.

Die Ernüchterung durch Krieg und Revolution, die Beschränkungen durch Inflation und Weltwirtschaftskrise führten später in der Zwischenkriegszeit zu einer formalen Verknappung und einer gestalterischen Selbstbescheidung Schumachers. Seine niveauvolle Architektur des Kompromisses und der großen Koalitionen sicherte Schumachers Entwurfszielen einen Rückhalt zur politischen Durchsetzung.

Mit der Planung der Stadtentwicklung und der Staatsbauten betraut, haben die Überlegungen des hamburgischen Baudirektors (1909 - 20) und Oberbaudirektors (1923 - 33) fast alle Alt-Hamburger Stadtteile mitgeprägt.

Ein Vergleich der Dulsbergsiedlung und der Schule Krausestraße (1919 – 23) mit der Jarrestadt und der Meerweinschule (1928 – 30) oder in St. Pauli der Weg von eben jener Davidswache (1913 – 14) am Spielbudenplatz zur Ortsdienststelle (1930) am Paulinenplatz verdeutlichen die Entwicklung der traditionsbewußten Reformarchitektur zur Moderne.

Nach der nationalsozialistischen Machtergreifung legte Fritz Schumacher im Mai 1933 sein Amt nieder. Die Umstände seines Abschieds liegen im Dunkeln, aber er blieb eine Gegensätze vereinende Persönlichkeit: väterlicher oder kollegialer Freund für verfemte oder »entartete« Baukünstler – ordentliches Mitglied der nach NS-Grundsätzen umgestalteten Preußischen Akademie der Künste (1937) und Ehrenmitglied der Deutschen Akademie für Städtebau (1938).

Nach seinem Tod wurde Fritz Schumacher 1947 neben Alfred Lichtwark auf dem Ehrenhain des Ohlsdorfer Hauptfriedhofs beigesetzt. (J.H.)

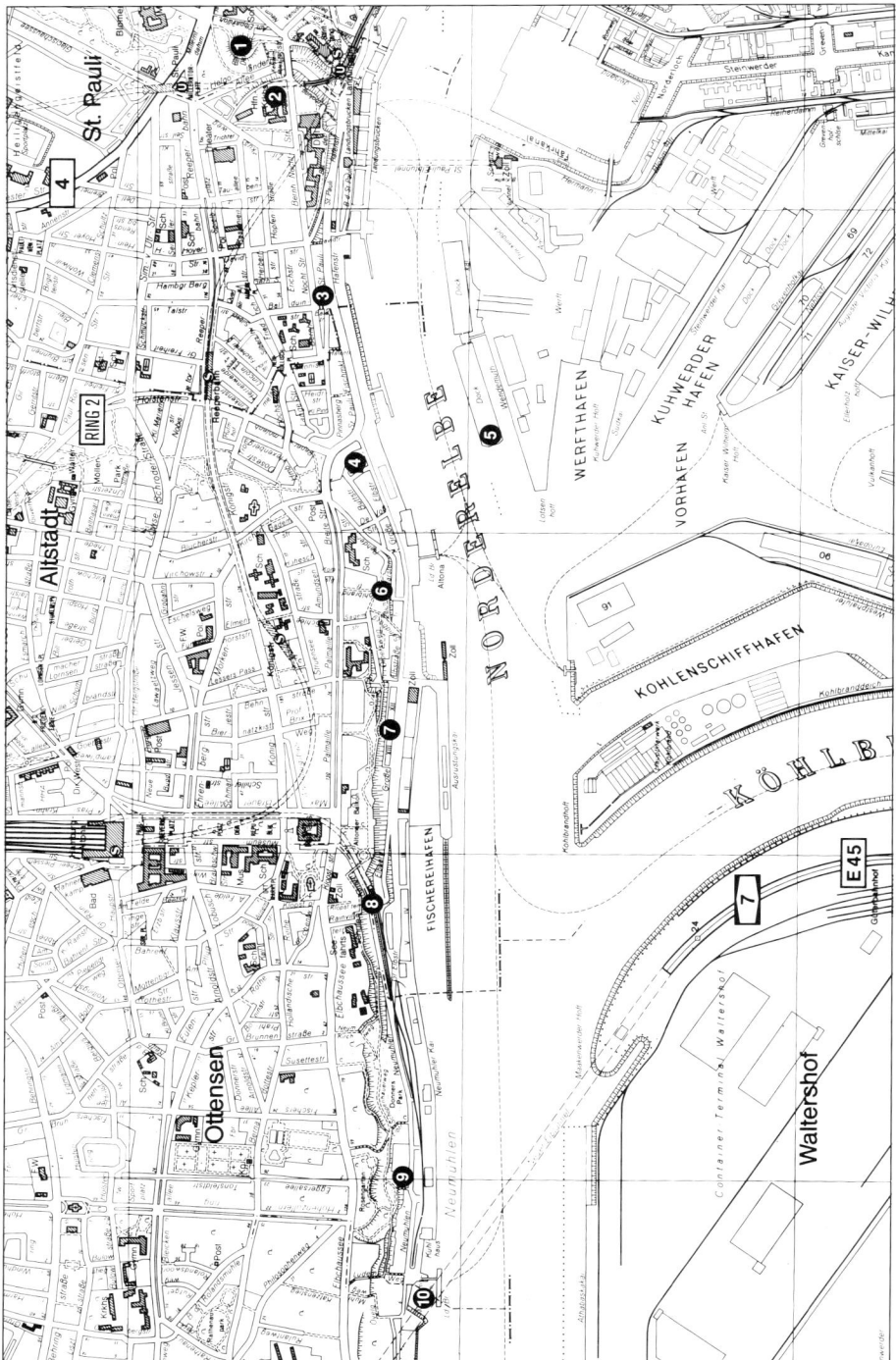

Die Verstädterung des Elbufers

Ausgangspunkt: S-Bahnhof Landungsbrücken (S1, S2, S3)
Endpunkt: Neumühlen/Övelgönne (Bus 183)
Dauer: ca. 3 ½ Stunden

Elbe abwärts Richtung Nordsee, die allerdings noch 80 Kilometer entfernt ist, führt dieser Weg entlang dem Strom, an dessen Ufer nun große bauliche Veränderungen bevorstehen.

Es ist zwar nicht gerade das schönste, aber mit Sicherheit das größte, weil längste Denkmal der Hafenstadt: Rund 15 Meter hoch ist das Standbild, das die Hamburger auf der Elbhöhe in St. Pauli dem Reichsgründungskanzler Bismarck erbauen und 1906 enthüllen ließen. Allein das Schwert der gepanzerten Riesenfigur hat eine Länge von etwa zehn Metern – womit auch die unvermeidliche Frage jeder »Hamburg-Rallye« beantwortet wäre.

Helgoländer Allee
❶

Es ist ein gern kolportiertes Gerücht, daß die Hamburger den preußischen Junker und »Sozialistenfresser« nicht mochten und ihn deshalb mit dem Rücken zur Stadt und mit Blick auf das ehedem preußische Altona plazierten. Das hamburgische Denkmalkomitee, daß das elbabwärts und landauswärts blickende Standbild aufstellen ließ (Architekt E. Schaudt, Bildhauer H. Lederer), hatte offenkundig andere Motive:»Wird dann dieser Bismarck auf dem Hügel sich erheben und jeden grüßen, der seinen Weg von Stadt zum Hafen und umgekehrt nimmt, jeden, der von hier aus übers Weltmeer fährt, und jeden, der heimkehrt, als ein Wahrzeichen deutscher Kraft und Größe, dann dürfen wir mit stolzer Freude sagen, daß wir endlich ein Denkmal besitzen, das der deutschen Zeit vor einem Menschenalter wahrhaft würdig ist.« Im unzugänglichen hohlen Sockel des Monuments sind Hakenkreuze, Nazi-Parolen und Bismarck-Zitate angebracht.

Simon von Utrecht, »Beschützer der Hamburger Seefahrt«

Der Elbpark am Fuße des Denkmals war gelegentlich Schauplatz kultureller Aktivitäten; auch der Zirkus Roncalli war hier zu Gast.

Der Weg zur nächsten Station führt unter der Kersten-Miles-Brücke hindurch, die eine Verbindung zwischen der im 2. Weltkrieg zerstörten Seewarte (an deren Ort jetzt die Jugendherberge ist) auf der Elbhöhe und dem Seemannshaus von 1863 (jetzt »Hotel Hafen Hamburg«) auf dem Geestrücken herstellte. »Vier Beschützer und Führer der Hamburger Seefahrt« schmücken als Statuen die Brücke: Bürgermeister Miles († 1426), Simon von Utrecht († 1437), der wesentlich am Coup gegen Pirat Störtebeker und Freunde beteiligt war, Ditmar Koel († 1563), ebenfalls Seekrieger und Bürgermeister,

Helgoländer Allee/
Seewartenstraße

und der Seefahrer Berend Jacob Karpfanger († 1683). Simon von Utrecht wurde in der Nacht vom 5. Juni 1985 von späten Störtebeker-Nachfolgern (»Kommando Klaus Störtebeker«) zu Fall gebracht: Sie stürzten das Standbild vom Sockel, raubten einen Arm und die Nase. 1987 kehrte das restaurierte Standbild zu den anderen »Brückenheiligen« von 1895 – 96 zurück.

Bernhard-Nocht-
Straße 74

Neben dem Gebäude, das heute das Seewetteramt des Deutschen Wetterdienstes beherbergt und im Jahre 1905 für die 1749 gegründete Navigationsschule (Architekt: Albert Erbe) eingeweiht wurde, befindet sich das »Bernhard-Nocht-Institut für Schiffs- und Tropenkrankheiten«. In dem zwischen 1910 und 1914 von Fritz Schumacher entworfenen Gebäude werden noch heute Malariafälle und andere Überseekrankheiten geheilt. Darüber hinaus hat sich das Krankenhaus einen Namen als Forschungseinrichtung für Schiffs- und Tropenkrankheiten gemacht.

Die meistgenannte Hamburger Straße war lange Zeit die Hafenstraße – eine unendliche Geschichte. Ein Bürgermeister ist über sie gestürzt und zwei Innensenatoren. Ganze Polizeiheere marschierten wegen ihr auf und viele tausend Demonstranten.

Hafenstraße/
Bernhard-Nocht-
Straße

November 1987: Die Hafenstraße wurde verbarrikadiert, doch die Schlacht blieb aus

Am Anfang stand eine Parole: »Kein Haus in Hamburg bleibt länger als 24 Stunden besetzt!« gab SPD-Innensenator Alfons Pawelczyk den Tagesbefehl aus. Tatsächlich gingen die Polizeitruppen auch bei harmlosesten Besetzungen knallhart dazwischen. Die leerstehenden Häuser Hafenstr. 110, 116, 120, 122, 126 und Bernhard-Nocht-Str. 16, 22 und 24, durchweg ansehnliche Etagenhäuser aus der 2. Hälfte des 19. Jahrhunderts, sollten im Zuge der Betonierung des Hafenrands dem Abriß anheimfallen. Vorübergehend vermietete die städtische SAGA noch einmal an einen studentischen Träger,

doch Ende 1981 wechselten die Bewohner: »120 Punks, Alternative und Autonome« (»Der Spiegel«) wurden auf St. Pauli mit Elbblick seßhaft.

Kersten-Miles-Brücke mit der Deutschen Seewarte

Im November 1987 schien, von starken Gruppen beider Seiten geradezu herbeigesehnt, die Zeit fürs »letzte Gefecht« gekommen. Piratensender »Radio Hafenstraße« empfahl, auf St. Pauli die Haustüren offenzuhalten und leicht brennbares Material zu deponieren. Ca. 6000 Mann Polizei wurden aus der ganzen Republik zum Sturm auf den Hafenrand zusammengekarrt. In der Nacht zum 12. November 1987 wurde von Hafenstraßenbewohnern samt Freunden die Gegend verbarrikadiert, doch die Schlacht blieb aus dank des »Wunders von Hamburg«: Die Barrikaden wurden von denen, die sie gerade noch aufgebaut hatten, am 18. November abgebaut. SPD-Bürgermeister Klaus von Dohnanyi schloß mit den Bewohnern einen Pachtvertrag, den auch ein B. Setzer unterschrieb. »Toleranz, Geduld und Dialogbereitschaft«, befand die »Süddeutsche«, hätten die »um sich greifende Sprachlosigkeit in Politik und Gesellschaft überwunden«.

Klaus von Dohnanyi trat 1988 zurück. Nachfolger Voscherau versprach, das Wohnprojekt Hafenstraße ein für allemal zu beenden. 1992 führte die Stadt die ersten Räumungsklagen. 1995/96 endlich kamen »ein vernünftiges Ende« (Rechtsanwalt Hans-Jochen Waitz von der Genossenschaft »Alternativen am Elbufer«) und »die bestmögliche Lösung« (SPD-Stadtentwicklungssenator Thomas Mirow) zustande – gegen 32 CDU- und 17 SPD-Stimmen in der Bürgerschaft. Die städtische Hafenrand GmbH verkaufte die Häuser für 2 Millionen DM an die Genossenschaft. Der Verfassungsschutzbericht hatte zuvor schon gemeldet: »Für das ... abgebröckelte linksextremistische Unterstützer- und Sympathisantenumfeld ist die Hafenstraße zunehmend uninteressant geworden. Die Bewohnermehrheit wird inzwischen als zu bürgerlich und zu unpolitisch angesehen ...« (1995)

Fischmarkt

 4

*Fischverkauf direkt
vom Kutter: Keine
Selbstverständlichkeit
mehr auf dem sonn-
täglichen Fischmarkt*

Fischauktionshalle

An Tagen mit besonders gutem Wetter (das gibt's in Hamburg auch!) ziehen mehr als 150 000 Besucher rund um die restaurierte Fischauktionshalle: Nachtschwärmer und Frühaufsteher, Touristen und Hamburger, die (höflicherweise) so früh ihre Gäste begleiten müssen, oder Menschen, die eigentlich keine Topfpalmen für die neue Wohnung brauchen, sie aber da doch kaufen. Mit dem ursprünglichen Zweck dieses Marktes, Fisch zu verkaufen, hat die Touristenbühne heute kaum mehr etwas gemein.

Im Jahr 1703 erlaubte die Stadt Altona den Elbfischern »hinskünftig sonntagsmorgens bis die Glocke halbe neune, Fische am Landungsplatz zu verkaufen, um durch sonst des Sommers verdorbene Ware Not von ihnen abzuwenden«. Ende der 1880er Jahre bescherte die sprichwörtliche Konkurrenz zwischen Hamburg und Altona dem Elbufer in unmittelbarer Nähe voneinander zwei Fischauktionshallen. Altona hatte die Nase vorn: 1895 wurde die inzwischen wieder restaurierte »Kathedrale des Fischs« fertiggestellt und nördlich von ihr in der noch heute typischen Spatenform der Fischmarkt angelegt. Die Hamburger zogen nach und nahmen – an der Stelle gegenüber dem heutigen Restaurant »Fischerhaus« – 1898 eine eigene Fischauktionshalle in Betrieb. 1971 wurde diese Halle abgerissen. So blieb nur die Altonaer: Dank zäher Bemühungen überlebte das Paradestück gründerzeitlicher Ingenieurbaukunst den sprichwörtlichen Sanierungskahlschlag der 70er Jahre am Elbufer und ist heute Veranstaltungszentrum. Der Innenraum hat zwei umlaufende Galerien; außen zieren Fischmotive die in rotem Backstein ausgefachte Eisenskelettkonstruktion, in der während Fischmarktzeiten Livekonzerte und Frühschoppen stattfinden. Ständig vor Anker gegangen am Fischmarkt ist 1995 das futuristisch anmutende HADAG-Pontonhaus.

Mit dem neuen Fischmarkt-Ensemble wurde versucht, die Baulükken um die vier vom Krieg verschonten Gebäude milieugerecht zu schließen. Allerdings, der ursprüngliche Zusammenhang von Leben und Arbeit am Hafenrand existiert nicht mehr: Die Figuren der Gemüsefrau und des Fischmannes am Ostrand des Platzes, der Fischmarktbrunnen von 1742 sind Staffage fürs allsonntägliche Touristentheater. »Das Alte stürzt, es ändert sich die Zeit ...«, steht am schönen Haus Nr. 17 zu lesen ...

... und wahr geworden ist das Zitat aus Schillers »Wilhelm Tell« ein kleines Stück weiter auf der Großen Elbstraße:

Dort und Elbe abwärts bis nach Neumühlen gibt es umwälzende Veränderungen: Ex-Oberbaudirektor Egbert Kossack pries »die Perlenkette« am Elbufer (die Presse nimmt derlei dankbar auf), sein Nachfolger Jörn Walter sprach von einem »stadtentwicklungspolitischen Großprojekt erster Güte«. Kurzum: Geplant war ein durchgehender Büro-Appartment-Riegel, der Strom wäre Passanten künftig verborgen geblieben. Vorgesehen war weiter ein Kahlschlag alter Baulichkeiten, doch kam beides glücklicherweise nicht zustande.

Auftakt der Verstädterung der Hafenkante waren Aufstockung **Große Elbstr. 39** und Umbau des Speichers Große Elbstr. 39, 1878 für die »Englische Waren- und Getreidespeicherniederlage« erbaut. Einer der Mieter im neuen Büro- und Geschäftshaus ist Greenpeace Deutschland. Die Hamburger Institution »Schaumstoff Lübke«, seit den 1970er Jahren dort zu Hause, musste aufgrund Mieterhöhung und mangels Parkplatz weichen (jetzt Große Elbstr. 268), das 1000-qm-Wandbild »100 Jahre Frauenarbeit im Hafen« (1989) verschwand.

Nebenan wurde die denkmalgeschützte Getreidegroßmühle H. W. **Große Elbstr. 25** Lange (1880) komplett entkernt und für die Volksfürsorge zum »Stadtlagerhaus« ausgebaut (Restaurant, Büros, Wohnungen, die 30 – 35 DM pro qm kosten sollen).

Die Malz-Fabrik Naefeke gegenüber, die einst bis nach Südamerika **Große Elbstr. 68** exportierte, ist ein weiterer historischer Bau am Elbufer: Die Fassaden an der Buttstrasse gehen auf das Jahr 1860 zurück, das Kontorhaus stammt von 1913, die Backsteinfassade zur Großen Elbstraße von 1910. Der Umbau zum »stilwerk« (Design-Möbel und -Einrichtungen) ist mit viel Liebe zum Detail vollzogen worden. Da das erwähnte »Stadtlagerhaus« im überflutungsgefährdeten Hochwassergebiet liegt, verbindet es eine Fußgängerbrücke mit dem »stilwerk«.

Die Rollkräne des Museum der Arbeit sind nun ebenso Reminis- **Köhlbrandtreppe** zenz an früheres Hafenleben wie der Holzhafen, der 1722 bis 1724 als künstliches Hafenbecken entstand und nun keine Funktion mehr hat. Die Ruine des »Mörderhauses« (TV-Krimi-Drehort) an der schönen Köhlbrandtreppe ist verschwunden und wird durch ein Appartmenthaus ersetzt. Unangetastet bleiben zwei Gebäude des 19. Jahrhundert (Große Elbstr. 98/100), saniert wird das »Hafenklang-Studio« Carsten-Rheder-Str. 53 (wo Udo Lindenberg u.a. Platten aufnahmen und Konzerte stattfinden).

Der St. Pauli-
Fischmarkt um 1938

Sonst aber wird gebaut: Am Holzhafen entsteht ein 65 Meter und 16 Geschosse hoher Wohnturm, mal als »Diamant«, mal als »Kristall« bezeichnet (Arch. Kees Christiaanse aus den Niederlanden), Vorwarnung in der Presse: »Er wird wohlhabenden Bewohnern vorbehalten bleiben.« Davor und danach gibt es weitere Bürogebäude, man setzt auf ungebremstes Wirtschaftswachstum. Zwischen England-Fährterminal und Flüchtlingsschiffen – beides werden wir noch erwähnen –, entsteht ein gläserner Bürohausgigant, der über 40 Meter in die Elbe hineinragt. Schließlich folgen bis Neumühlen fünf Bürohauskomplexe der »Poldergemeinschaft Neumühlen«.

Die Köhlbrandtreppe (1887) führt wie andere Stiege und Treppen das etwa 50 Meter hohe Steilufer am Geesthang hinauf. In der Brunnennische auf der Treppe hält ein geharnischter Roland die Wappen von Preußen und Altona; Merkur und Neptun kommen in den Medaillons der Wandflächen vor.

Das erste Hamburger Frauenwandbild Große Elbstr. 39 ist zwar wie erwähnt verschwunden, doch sind an der Hafenkante weitere Teile der »FrauenFreiluftGalerie« des »Arbeitskreis Frauen im Museum der Arbeit« zu sehen: Große Elbstr. 152 »Frauenarbeit in der Fischindustrie« (1994); Große Elbstr. 164 »Frauen bei der Kaffee-, Tabak- und Bananenernte« (1994), »Putzfrauen« (1997), »Demonstrantinnen« (1997); Treppe neben Große Elbstr.164 »Die Prostituierten« (1995), »Kaffeeleserinnen-Streik« (1996); Treppe neben Große Elbstr.210-212 »Der Sprung ins kalte Wasser«; Neumühlen 16-20 »Für die Frauen vom Dessauer Ufer« (1995) (am Dessauer Ufer befand sich ein Nebenlager des KZ Neuengamme).

Große Elbstr. 152/
164/210-212/
Neumühlen 16-20

Gegenüber der Hafenkante liegt Blohm & Voss, 1877 gegründet, die größte Werft der Stadt, die überwiegend Thyssen-Krupp gehört. Da sie sich vor allem im Rüstungsbau betätigte, hatte sie auch den Beinamen »die Werft der schwimmenden Särge«.

Man rüstete das Kaiserreich auf, baute für Hitlers Flotte u.a. die »unversenkbare Bismarck« (die 1941, kaum in Dienst gestellt, von den Engländern auf den Grund geschossen wurde) und stellt auch jetzt wieder Kriegsschiffe her. Rudolf Blohm war seit 1943 für das U-Boot-Bauprogramm der Nazis zuständig und ließ sich von der NSDAP zum Staatsrat, Wehrwirtschaftsführer und »Ratsherrn« ernennen. Auf der Blohmschen Werft bestand in der NS-Zeit ein KZ-Außenlager.

1949 verurteilten die Briten Rudolf und Walter Blohm, weil sie aus der Demontagemasse für sich Maschinen zur Seite schaffen wollten. Der Senat löschte die Eintragung ins Strafregister 1955 auf Wunsch von Rudolf Blohm, und als der 1979 starb, schrieb das »Abendblatt«: »Ein Mann mit den Tugenden, die Hamburg groß gemacht haben.«

Vom Stapel gelaufen sind bei Blohm & Voss auch berühmte Oceanliner wie die »Vaterland« (1914), die »Cap Arcona« (1927), die »Europa« (1930) sowie das Segelschulschiff »Gorch Fock« (1958).

An der Strecke entlang der »Straße der Heringe«, wie die Große Elbstraße gelegentlich bezeichnet wurde, finden wir unter Nr. 124 – 126 das 1928/29 im Stil des neuen Bauens errichtete Haus des christlichen Seemannsheims und unter Nr. 146/Ecke Sandberg das Backsteinhaus des ehemaligen Schiffsmaschinen-Reparaturbetriebs von Groth & Degenhardt (1772 für einen jüdischen Pferdehändler gebaut), zwei weitere authentische Teile des ursprünglichen Hafenensembles, dessen Struktur durch Fischfang und Fischverarbeitung geprägt war.

Beim 800. Hafen-
geburtstag gehörte
das Kühlhaus in
Neumühlen noch zur
gewohnten Kulisse

Große Elbstraße
❼

Fähr- und Kreuzfahrt-
Anleger

Neumühlener
Kaistraße
❽

Der alte Fischereihafen – in den 20er Jahren waren in Altona noch 70 Fischdampfer beheimatet – hat seine Funktion längst verloren. Fische kommen nicht mehr per Schiff in die Hansestadt, sondern auf der Straße mit Lastwagen. Die Anlagen dienen heute der Verarbeitung und Vermarktung von Frisch- und Räucherfisch – wer Appetit bekommt, speist dank der *gentrification* (Veredelung des Viertels) vor Ort; das kulinarische Angebot dürfte noch wachsen.

Ein Schiff wird kommen: Drei- bis viermal pro Woche legt die England-Fähre von / nach Harwich (Dauer der Überfahrt: 20½ Stunden) am postmodernen Terminal mit dem Restaurant »Rive« für Seeleute an; vordem tat sie dies bei den St. Pauli Landungsbrücken. Bei aller Seefahrtromantik sollte man dennoch gegenüber dem Terminal die Geestkante hinaufsteigen, zum Restaurant »Zum Elbblick«, und den Pfad nach links einschlagen: Man kommt auf dem Altonaer Balkon an, genießt großartige Aussichten und macht eine Entdeckung – das Denkmal für »Gefallene Tapfere der österreichischen Marine«, Erinnerung an die Seeschlacht vom 9. Mai 1864 bei Helgoland, als Österreich und Preußen gegen Dänemark kämpften – »ein Denkmal hamburgisch-altonaischer Präferenzen für Österreich, während gegenüber Preußen Vorbehalte im Schwange waren« (Hermann Hipp).

Wem der Weg den Elbberg hinauf zur Neumühlener Kaistraße nicht zu mühsam ist, der kann, wenn er oder sie von der Brücke nach unten schaut, auf die Gleise der »schiefen Ebene« sehen, die vom Hafen 28 Meter zum damaligen Altonaer Bahnhof an der Palmaille heraufführte und ein Teil der Hafenbahn ist. Ursprünglich wurden die Waren mit Pferdegöpeln hinauf- und heruntergefördert. Nachdem der Bahnhof dann 1895 an seine heutige Stelle verlegt wurde, mußte auch der 1876 dem Betrieb übergebene Tunnel von 395 auf insgesamt 961 Meter verlängert werden. Es gibt nun Überlegungen, die Trasse durch den »Schellfischtunnel« mit einem Shuttle-Bus zu befahren. Nutzer sollen »bewegliche Typen aus der Welt der neuen Medien« (»Abendblatt«) sein – Motto: in Ottensen wohnen, am Hafenrand arbeiten. Schüttet man den Tunnel nämlich zu, würde dies mehr als 7 Mio. Mark kosten.

Zurück am Ufer der Elbe, von der die »Wassergütestelle« in Aussicht stellt, daß man – nicht zuletzt aufgrund der Schließung vieler Industrieanlagen im ehemaligen Ostblock – in ihr bald wieder baden kann, geht der Blick ans andere Elbufer, wo mit dem Athabaskakai ein Teil des Container-Hafens zu sehen ist.

18 Meter tief mußten die Pfähle in den Marschgrund gerammt werden, 130 m hoch sind die beiden Pylone jeweils, und fast 50 m über dem Wasser hinweg verläuft die Fahrbahn: Gemeint ist die Köhlbrandbrücke, die – von hier ebenfalls gut sichtbar – den Köhlbrand, eine Verbindung zwischen Norderelbe und Süderelbe, überspannt und seit 1974 Teile des Hafens mit der nahen Autobahn verbindet.

Köhlbrandbrücke

Zurück in der sozialen Realität der Hansestadt, fällt der Blick nun auf Schiffe ganz besonderer Art: Auf den Wohnschiffen »Bibby Challenge« und »Bibby Altona« sind über 2000 Asylbewerber und Aussiedler untergebracht, nachdem hier zuerst DDR-Übersiedler lebten.

Neumühlen 16–20 steht noch der Backsteinbau »Tempel der Tätigkeit« (Inschrift) von 1802, dessen »L« an der Fassade für Johann Daniel Lawaetz steht, einen Altonaer Kaufmann, der hier in einer Fabrikkolonie Armut und Massenarbeitslosigkeit beseitigen wollte. Eine Lawaetz-Stiftung besteht heute wieder als Organisatorin von Arbeitsbeschaffungsprogrammen und hat auch die Renovierung dieses Gebäudes bewerkstelligt.

Neumühlen 16 - 20

Neumühler Kai

Das »Seezeichen« der Gegend, das große Kühlhaus von Neumühlen (1926 erbaut), allerdings besteht nicht mehr. Nachdem ursprünglich

Ein Schiff wird kommen: Der Terminal für die England-Fähre.

*»Ein kleiner gemüt-
licher Ort, der sich
am Elbstrom entlang-
fädelt«: Övelgönne*

Museumshafen
Övelgönne
❿

Övelgönne

hier der Hotelkonzern »Holiday Inn« einziehen wollte, wurde die Stadt schließlich mit einem noblen Altenheim-Betreiber »Collegium Augustinum« aus München einig, wobei die Fassade des markanten Baus erhalten bleiben sollte. Doch siehe da: Nächtens wurde 1991 Feuer gelegt, und abgebrannt war das Kühlhaus ... (eine derart »heiße Sanierung« hat Tradition in der Stadt).

Eine Attraktion geblieben bzw. immer mehr geworden ist seit 1976 der Museumshafen, eine private Initiative, in den letzten Jahren erstaunlich vergrößert. Der Museumsverein sieht die Anlage nicht als »Schiffsmausoleum«, denn oft sind die Veteranen noch auf der Elbe oder zur See unterwegs. Allerdings fragt man sich nach der Besichtigung, ob auf den Schiffen wohl auch Menschen mitgefahren sind?! Die kommen nämlich, wie in so vielen anderen Schifffahrtsmuseen und -ausstellungen auch, nicht vor.

Die Stadt kann sich jedenfalls glücklich schätzen, daß Privatleute hier – ähnlich wie mit der »Rickmer Rickmers« oder der »Cap San Diego« im Hafen – für touristische Attraktionen sorgen, denn den Hafen und seine Geschichte hat der Stadtstaat bislang so recht nicht gepflegt – da sollte eben Geld verdient werden, das war's.

Endpunkt unserer Tour ist jener »kleine gemütliche Ort, der aus einer einzigen Häuserreihe besteht und hinter Strand und schmalen Vorgärten geradewegs sich am Elbstrom entlangfädelt«: So hat Schriftsteller Hans Leip das kleine Övelgönne beschrieben, schon seit 1850 mit seinen »sauberen Lotsenwohnungen« eine beliebte Hamburger Sommerfrische und noch heute einer der liebsten Wochenend-Spaziergänge der Hanseaten. Die vielbestaunten kleinen und größeren Bauten am Elbufer waren ehemals oft jenen Heimat, die mit Elbe und Hafen zu tun hatten: Kapitäne und Lotsen, Seefischer, Schiffbauer und Walfänger.

Gerd Siebecke / Werner Skrentny

Die Plattenhäuser: Erinnerung an die Opfer der Nazis

Wie viele es davon noch in Hamburg gibt, weiß wohl niemand. Vermutlich sind Plattenhäuser gegen Ende des 2. Weltkrieges allenthalben in Hamburger Außenbezirken in der Nachbarschaft zu Rüstungsbetrieben und KZ-Außenlagern entstanden. Rund 40 Jahre nach Kriegsende haben diese von KZ-Häftlingen für die ausgebombten Familien der Rüstungsarbeiter erbauten »Behelfsheime« als Erinnerungsorte an die Opfer der Konzentrationslager und der Bombennächte Seltenheitswert im Stadtbild.

Die kleine Plattenhaus-Kolonie an der Walddörfer Straße 249/251 in Wandsbek, die im Zusammenhang mit dem KZ-Außenlager der Lübecker Draegerwerke entstand, ist eines der am besten erhaltenen Ensembles. Auch entlang des Finkenwerder Uhlenhofweges, wo 1965 noch über 50 Plattenhäuser standen, finden sich noch knapp 20 Häuser mit der charakteristischen Betonständerkonstruktion, die wahrscheinlich durch Häftlinge des 1944 in der Deutschen Werft auf dem heutigen Gelände von Blohm & Voss (im Hafen gegenüber dem St. Pauli-Fischmarkt) eingerichteten KZ-Außenlagers hergestellt wurden.

Nicht alle Plattenhausanlagen waren freilich so schematisch aufgereiht wie die Wandsbeker oder Finkenwerder Siedlung. Der frei in die hügelige Wald- und Heidelandschaft gruppierten Falkenberg-Siedlung in Neugraben beispielsweise sieht man ihre Vergangenheit als von Zwangsarbeitern des KZ-Außenlagers Neugraben erbauten Kriegsnotquartiers heute kaum mehr an, so sehr haben die – außer der Doppelhaushälfte Sandheide 41 – zu kleinen Bungalows im Grünen ausgebauten Behelfsheime ihr ursprüngliches Aussehen eingebüßt.

Im übrigen machte auch die Kriegsnot nicht alle ausgebombten »Gefolgschaftsmitglieder« gleich: Der Siedlungteil, der am Fuße des Falkenbergs das Quartier auf der Höhe (geplant 1943 auf 2000 Häuser, von denen zum Kriegsende etwa 400 Bauten für rund 2000 Bewohner fertiggestellt und weitere 500 im Bau waren) ergänzte, war im strengen Rasterschema in Reihenhauszeilen angeordnet – und ist heute im Gegensatz zu den Plattenhaus-Villen auf der Höhe abgerissen.

Von den unsäglichen Qualen der KZ-Insassen, die im Klinkerwerk Neuengamme die Betonfertigteile herstellen, und der Gefangenen, die in den Außenanlagen der Rüstungsgroßbetriebe die Behelfsheime aufbauen mußten, lassen auch die besterhaltenen Plattenhäuser kaum etwas ahnen. Ebensowenig verraten sie von den notdürftigen Verhältnissen der ausgebombten ersten Bewohner.

Der Wiederaufbau eines Plattenhauses beim Dokumentenhaus der KZ-Gedenkstätte Neuengamme sowie die KZ-Gedenk- und Ausstellungsstätte in dem unter Denkmalschutz stehenden Plattenhaus Pfefferminzkamp 5 - 7 in Poppenbüttel (So 15 – 17 Uhr geöffnet, sonst nach Vereinbarung, Tel. 42 89 60 03) geben einen Einblick in die unmenschlichen und häufig tödlichen Verhältnisse des Konzentrationslagers und die Wohnungsnot am Ende von Krieg und NS-Herrschaft. (J.H.)

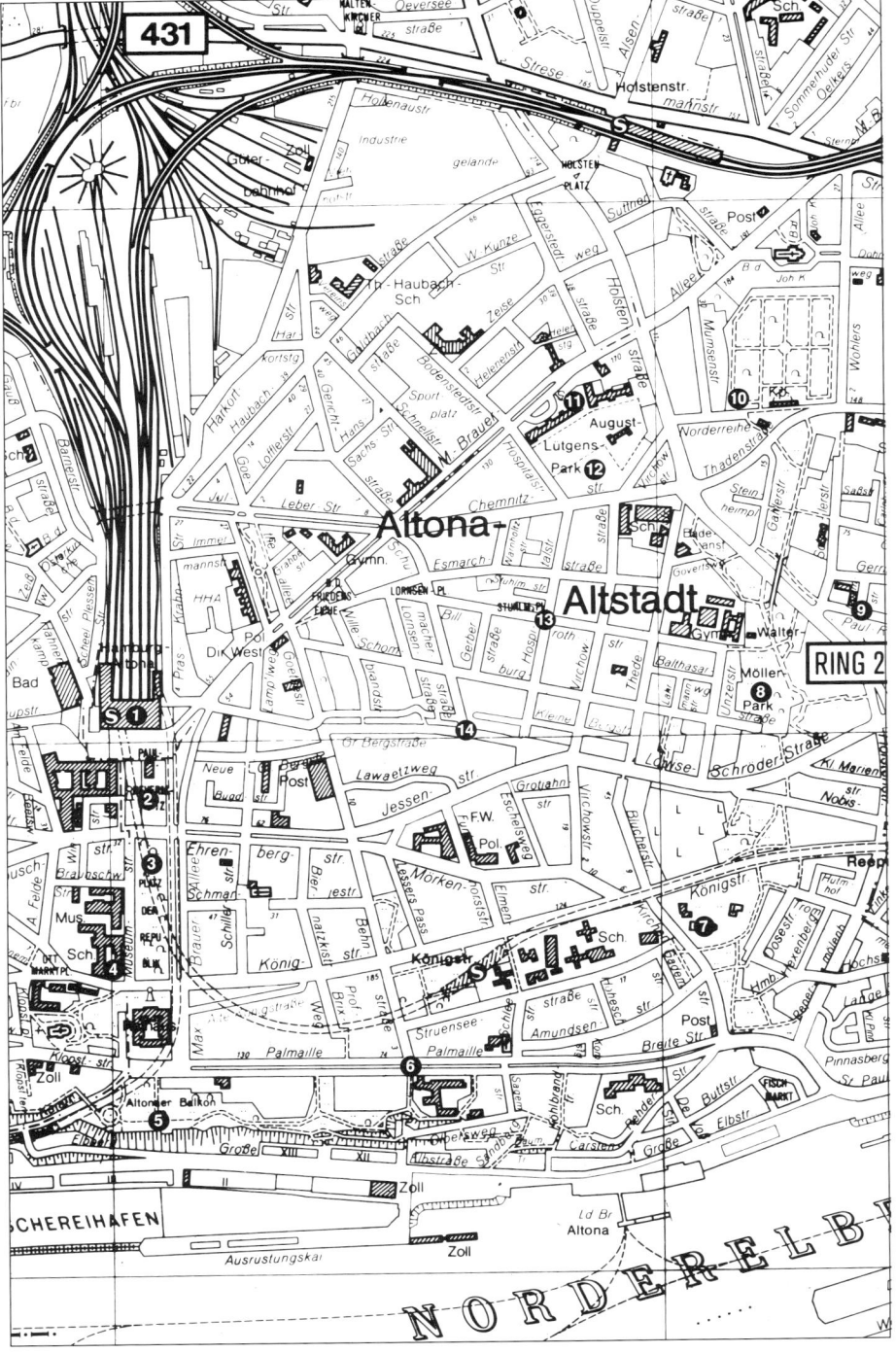

Barlach am Giebel und eine Badeanstalt für Künstler

Ausgangspunkt: Bahnhof Altona (S1, S3, S5, S11, DB),
Ausgang Museumsstraße
Endpunkt: Neue Große Bergstraße, von dort wieder zum Bahnhof
Dauer des Rundgangs: ca. 3 Stunden

Altona ist eines von Hamburgs jüngsten Kindern: Wie auch Harburg und Wandsbek machte erst das Groß-Hamburg-Gesetz von 1937 die bis dato selbständige Stadt im Westen zum Teil der Hansestadt. Ein stolzer Gewinn: Die Vielschichtigkeit dieses heutigen Bezirks – von den vornehmen Elbvororten Blankenese, Groß-Flottbek und Othmarschen bis zu den belebten Stadtteilen Ottensen, Altona-Altstadt und -Nord wird wohl kaum von einem anderen Verwaltungsgebiet in Hamburg übertroffen. Mit rund 270 000 Bewohnern (davon in der Altstadt rund 27 000) ist Altona zwar nur Hamburgs drittkleinster Bezirk, aber dennoch einer der dichtestbesiedelten (nach Nord und Eimsbüttel). Große Teile wurden im 2. Weltkrieg zerstört; nur wenige Straßenzüge und Bauten blieben in der Altstadt zwischen Reeperbahn und Bahnhof erhalten. Sie sind bis heute durch weitere Sanierungsmaßnahmen dezimiert worden.

»All'to nah« (allzu nah) habe sich der Gastwirt Joachim von Lohe mit seinem Gasthof nahe des Grenzbachs Pepermölenbek an der Westgrenze Hamburgs niedergelassen, befanden 1536 zumindest die Hamburger Gewerbetreibenden. Ein langer Konkurrenzkampf begann zwischen den beiden Städten, denn viele Handwerker und Gewerbetreibende ließen sich in der blühenden Siedlung Altona nieder. Nicht zuletzt, weil sie bis 1640 unter der Herrschaft der Schauenburgischen Grafen protestantischen und jüdischen Glaubensflüchtlingen Religions- und Gewerbefreiheit gewährte. Diese Politik führten auch die dänischen Könige fort, die 1640 die Herrschaft über Pinneberg und Altona übernahmen. 1664 erhoben sie Altona zur Stadt und billigten ihm Freihafen- und Zollprivilegien zu. 1864 kam für Altona das Ende der dänischen Zeit: Es fiel mit Schleswig-Holstein an Preußen.

Der Aufschwung ging auch unter den neuen Herren weiter: Im 18. Jahrhundert siedelten sich hier zahlreiche Webereien, Textilmanufakturen und Tabakfabriken an. Unter preußischer Herrschaft entwickelte sich Altona zum wichtigen Industriestandort mit Eisen-, Nahrungs-, Genußmittel- sowie Fisch- und Tabakindustrie und wurde ein Zentrum der Arbeiterbewegung.

Heute ist Altona mit seinen Stadtteilen Rissen, Blankenese, Sülldorf, Iserbrook, Nienstedten, Lurup, Osdorf, Bahrenfeld, Groß Flottbek, Othmarschen, Ottensen sowie Altona-Altstadt und Altona-Nord so groß wie die ehemalige Kaiserstadt Aachen. Der folgende Rundgang konzentriert sich auf das Herzstück Altonas, die Altstadt.

Bahnhof Altona
❶

*»Ein Kaufhaus mit
Gleisanschluß«:
Der Altonaer Bahnhof*

Stuhlmannbrunnen
❷

Hamburgs zweitwichtigster Knotenpunkt ist er, aber als Bahnhof mag man ihn kaum bezeichnen, den Altonaer Bahnhof. »Ein Kaufhaus mit Gleisanschluß«, so spötteln Altonaer über ihn, ein unterirdisches Schilder- und Tunnellabyrinth mit Ausgängen zu Kaufhof und »McDonald's«. Einst stand hier ein wuchtiges Empfangsgebäude aus wilhelminischer Zeit, das Altonas Bedeutung als Industriestadt und Eisenbahnknotenpunkt auch architektonisch unterstreichen sollte. Am 1. November 1973 wurde der letzte der beiden Türme des alten Backsteinportals abgerissen. Damit verschwand eines der imposantesten Bahnhofsgebäude der deutschen Eisenbahn – zwischen 1895 und 1898 nach Plänen des Architekten Georg Eggert erbaut.

Der Abriß war ein spektakuläres Beispiel für den »Ausverkauf« der Deutschen Bundesbahn. Ein Stück Stadtgeschichte und Bahngeschichte zugleich mußte dem wirtschaftlichen Interesse und historischen Desinteresse der Bundesbahn weichen. Für die jährliche Summe von 600 000 Mark verpachtete sie den günstigen Standort an die Kaufhof AG, die dort ein fünfgeschossiges Kaufhaus baute, und begnügte sich mit einem zweigeschossigen Bau.

Nicht an seinem heutigen Platz, sondern an der Stelle des heutigen Bezirksamts und früheren Rathauses am südlichen Ende der Palmaille wurde der Bahnhof ursprünglich 1841 von den Dänen erbaut. Mit dem industriellen Aufschwung Altonas wurde dieses erste Bahnhofsgebäude jedoch schnell zu klein. Teile des »dänischen« Bahnhofs existieren noch: An das alte Bahnhofsportal wurde damals im Stil der Neorenaissance das Rathaus angebaut. Die Vorderfront des ersten Bahnhofs wurde so zur Rückfront des neuen Rathauses an der Palmaille.

Hat der Fußgänger seinen Weg Richtung Süden aus dem Dunkel der Bahnhofsanlage gefunden, stößt er auf ein wasserspeiendes, grünes Ungetüm – den Stuhlmannbrunnen, benannt nach dem Gründer der Altonaer Gas- und Wassergesellschaft und bezahlt aus dessen Legat. Die beiden überlebensgroßen Kentauren kämpfen um einen Fisch – Ausdruck des jahrhundertelangen Streits der Fischereihäfen Altona und Hamburg. Der Brunnen des Berliner Bildhauers Türpe wurde 1900 als Gegenstück zum Reiterstandbild von Wilhelm I. (vor dem Altonaer Rathaus) am Nordende des damaligen Kaiserplatzes aufgestellt. Auch in dieser Hinsicht bleibt sich die Szenerie rund um den neuerbauten Bahnhof selbst treu: Die heutige Position des Brunnens auf der abgesenkten Ebene ist eine Geschichtsfälschung.

Das Verwaltungsgebäude der »Königlichen Eisenbahndirektion« von 1895 ist heute die Bundesbahndirektion Hamburg. Seine dunkelrote Backsteinfassade korrespondierte einst mit dem Gemäuer des benachbarten Bahnhofs. 1943 überstand lediglich die Nordostecke des Gebäudes die Bombenangriffe.

Der ehemalige »Kaiserplatz«, später »Adolf-Hitler-Platz«, heißt heute wieder, wie schon zu Weimarer Zeiten, Platz der Republik. Er wurde der Stadt von dem Altonaischen Unterstützungsinstitut, einem Zusammenschluß Altonaer Kaufleute, gestiftet und zeugte mit seiner Gesamtanlage zwischen Rathaus und Bahnhof vom Selbstbewußtsein einer neuen Identität Altonas. Hier befanden sich einst zwei große Springbrunnen und ein gußeiserner Musikpavillon, der in den 50er Jahren abgerissen wurde. Heute ist die blumenreiche Parkanlage an schönen Tagen Tummelplatz frankophiler Hamburger beim Boule-Spiel.

Am Ende des Platzes legt sich ein schwarzer, 6,20 x 2,40 m großer Steinquader quer ins Blickfeld. Das schwarze Monument, die »Black

Platz der Republik

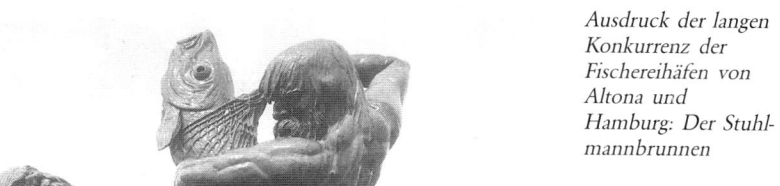

Ausdruck der langen Konkurrenz der Fischereihäfen von Altona und Hamburg: Der Stuhlmannbrunnen

Platz der Republik
1982

Museumsstraße 23

Der Moderne im
Stadtbild von Altona
den Weg geebnet:
Gustav Oelsner,
1879 - 1956

Museumsstraße 19
4

Box«, wurde der Hansestadt im November 1989 von dem US-amerikanischen Künstler Sol LeWitt geschenkt. Auf einer Tafel wird der Betrachter darüber informiert, daß »das Denkmal den Juden gewidmet ist, die Altona für immer fehlen«. Zählte die jüdische Gemeinschaft 1926 vor Ausbruch der nationalsozialistischen Herrschaft noch mehr als 2000 Mitglieder, so hatte Altona 1943 keine jüdischen Einwohner mehr.

Rechts, mit Bojen, Ankern und Holzbooten bestückt und kaum zu übersehen, befindet sich das Altonaer Museum, das im Stil der nordischen Renaissance 1898 - 1901 (Reinhardt & Süßengut) erbaut wurde. Das Museum dokumentiert die Geschichte Altonas (Volkskultur, Schiffahrt und Gemäldesammlung) und es besitzt eine Sammlung von Galionsfiguren alter Großsegler. 1943 wurde der Nordflügel des Gebäudes durch Bomben zerstört; in den 50er Jahren wurde er neu errichtet.

An der Südwestseite des Platzes ist die heutige Gewerbeschule 10, zwischen 1928 und 1930 als damals einzigartiges Berufsschulzentrum (»Haus der Jugend«) nach Entwürfen des damaligen Altonaer Bausenators Gustav Oelsner (1879 - 1956; s. S. 137) erbaut. Hier sollten erstmals in Deutschland alle Berufszweige räumlich und organisatorisch zusammengefaßt werden, um nach reformpädagogischen Gesichtspunkten eine qualifizierte Ausbildung für junge Arbeiter und Handwerker zu ermöglichen.

In majestätischem Weiß thront an der Südseite des Platzes der Republik das Altonaer Rathaus. 1843 von der dänischen Regierung als Empfangsgebäude des Kopfbahnhofs der Eisenbahnlinie Altona-Kiel erbaut, dient es heute als Bezirksamt. 1898 wurde das Gebäude nach dem Umzug des Bahnhofs als Rathaus eingeweiht. Am elbabgewandten Portal und Haupteingang des Baus, bei dessen Errichtung sich der Architekt (vermutlich der seit 1840 in Altona tätige Stadtbaumeister Heinrich Oswald Winkler) an den klassizistischen Villen der benachbarten Palmaille und Elbchaussee orientierte, finden sich Giebelfiguren, die Karl Garbers und Ernst Barlach schufen. Sie stellen das Altonaer Stadt-Schiff dar, das sicher durch die Wellen geleitet wird.

Das Standbild Kaiser Wilhelms I. vor dem Rathaus wurde 1898 prunkvoll enthüllt (Bildhauer Gustav Eberlein). Das Reiterdenkmal, das ursprünglich im Museum aufgestellt werden sollte, trägt bereits deutliche Spuren völkischer Stilkunst: In der Mitte der überlebensgroße Bronzekaiser, drumherum »vorne die Heldenfiguren des siegreichen Preußens, begleitet von Schleswig und Holstein, hinten die Gruppen von Handel und Industrie« (Hipp).

An der Westseite des Bezirksamtes finden wir das Blücher-Denkmal von 1852, das bis zum 2. Weltkrieg noch in der Palmaille stand. Altonas Oberpräsident Graf Conrad von Blücher (1764–1845, Neffe des bekannteren Feldmarschalls) wird nachgesagt, Altona während der Franzosenzeit (1806–1814) »durch kluges und unerschrockenes Handeln« vor dem Beschuß durch die Franzosen bewahrt zu haben.

Vom »Altonaer Balkon« aus, einer baumbestandenen Wiese an der Geestkante zur Elbniederung, sollte man den prachtvollen Panoramablick auf den Hamburger Hafen genießen. Container und Kräne, Werften und Schiffe sowie die imposante Köhlbrandbrücke fallen ins Auge. Ein »Manhattan an der Elbe« hätte man heute erblicken können, wären Baupläne aus der Nazizeit Realität geworden. Eine gewaltige Elbufer-Hochstraße mit Verwaltungs- und Geschäftsbauten und ein Verwaltungsforum mit Staats- und Parteibauten sollten hier entstehen. An der Stelle des Rathauses war ein 250 Meter hohes »Gau-

Altonaer Balkon

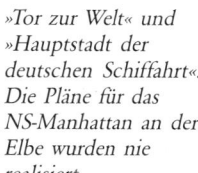

»Tor zur Welt« und »Hauptstadt der deutschen Schiffahrt«: Die Pläne für das NS-Manhattan an der Elbe wurden nie realisiert

haus« vorgesehen, mit einer »Volkshalle« für 50 000 Menschen. Wegen des Kriegsbeginns blieben die gigantischsten »Planierungsmaßnahmen« der Hamburger Geschichte in den Schubladen.

Palmaille
❻

Nur wenige der Autofahrer, die heute über die vierspurige Palmaille fahren, wissen vermutlich, daß die frühere Prachtstraße ihren Namen im 17. Jahrhundert von einem beliebten Gesellschaftsspiel erhielt: »palla a maglio«. Dem Kugelspiel mit dem Hammer diente die Straße als Spielbahn. Eine Darstellung des Spiels ist am Haus Ecke Palmaille/Max-Brauer-Allee auf einer Relieftafel zu betrachten. Nach dem Schwedenbrand 1713 wurde die Straße von Stadtbaumeister Stallknecht als »publique Allee« in die Wiederaufbauplanung einbezogen und so zum »Denkmal neuer städtebaulicher Ordnung und neuer Lebensqualität« (Hipp). Insbesondere der Landesbaumeister Christian Frederik Hansen prägte durch den deutlich an den Vorstellungen des italienischen Renaissance-Baumeisters Palladio orientierten Klassizismus das Erscheinungsbild. Im 2. Weltkrieg wurden zwei Drittel der historischen Gebäude zerstört. Beim Flanieren heute lohnt es sich, einen Blick in die zahlreichen Toreinfahrten der »trockenen« Straßenseite zu werfen; dort verbergen sich bürgerliche Hinterhäuser in grünen Höfen. Auch so mancher Hausflur ist wegen seiner schönen Kacheln einen Blick wert.

Einige wichtige Gebäude:
   Palmaille 73 – 79: Stadthäuser, für Altonaer Kaufleute in der Gründerzeit errichtet. Deutlich klassizistische Tradition.
   Palmaille 130a/126a: Entsprechend dem gehobenen Standard erhielten die Hinterhäuser hier bürgerlichen Zuschnitt, z.B. Mädchenzimmer.
   Palmaille 124b: Einzige Fabrik in der Straße. 1893 als Weinhandlung errichtet, später Likörfabrik und Fabrik für Ölzeug.
   Palmaille 112: 1798 von Hansen für den Bankier Salomon Dehn erbaut. 1863 – 1901: »Öffentliches Museum« der Stadt Altona.
   Palmaille 100: Zusammen mit Nr. 106 ältestes Mietshaus Altonas, um 1790. Kurzfristig lebte hier der Dichter Richard Dehmel (1863 – 1920), ein Vorläufer des Expressionismus, an den das Richard-Dehmel-Haus (Richard-Dehmel-Str. 1) in Blankenese erinnert.

Kirchenstraße 40
❼

Die Altonaer Hauptkirche St. Trinitatis hat eine bewegte Vergangenheit: Erstmals 1649 – 50 entstanden, wurde sie 1742 – 43 von Cai Dose neu errichtet und in der Nacht vom 24. Juli 1943 durch Bomben bis auf die Umfassungsmauern und den Turmstumpf völlig zerstört. 1969 wurde die Barockkirche historisch getreu wieder aufgebaut; die Notkapelle stammt von 1951. In dieser Kirche wurde am 11. Januar 1933, wenige Tage vor der Machtübernahme der Nazis, das sogenannte Altonaer Bekenntnis verkündet. 21 Pastoren hatten als Reaktion auf den Altonaer Blutsonntag (s. S. 135) diese Schrift gegen den Extremismus von rechts und links ausgearbeitet. Die Unterzeichner wurden später, sofern sie ihre Unterschrift nicht widerriefen, von den Nazis bedroht.

Ebenso häufig zerstört, aber letztlich nicht wieder errichtet, wurde die Hochdeutsche Synagoge, die als einer der bedeutendsten Sa-

kralbauten des deutschen Judentums galt. Sie wurde 1692 im heutigen Bereich der Grünanlage an der Kirchenstraße erbaut, 1940 von den Nazis profaniert, dann als Fremdarbeiterunterkunft mißbraucht und im Juli 1943 völlig zerbombt.

Vom »Altonaer Balkon« Blick auf Hafen und Köhlbrandbrücke: Im Vordergrund die Bronzeplastik »Maritim« (1965) von Gerhard Brandes

Daß die heute so triste Königstraße einst selbst von den Bewohnern der Elbvororte wegen ihrer »vorzüglichen Geschäfte« geschätzt und viel besucht wurde, kann man sich kaum mehr vorstellen. Der 2. Weltkrieg und die Nachkriegsplanungen für »Neu-Altona« haben von der alten Hauptstraße Altonas nur eine unansehnliche Straße für den Durchgangsverkehr übriggelasssen.

Wegelos, von Birken beschattet und im Vergleich zur deutschen Friedhofs-»Monokultur« in einem ungewöhnlichen Zustand, liegt am Ende der Königstraße das älteste Kulturdenkmal Altonas, der Jüdische Friedhof. Auf dem eingezäunten Gelände, das nur mit Erlaubnis der Jüdischen Gemeinde betreten werden darf (Schlüssel und Kopfbedeckung in der Schäferkampsallee 29, Tel.: 440944, erhältlich) befinden sich viele der ältesten jüdischen Gräber Europas.

Königstraße

In Hamburg lebende sephardische Juden (aus Portugal) erhielten 1611 von Ernst von Schauenburg die Erlaubnis, auf dem Gelände ihre Toten zu bestatten (Gräber im südwestlichen Viertel). Später nutzten auch Hochdeutsche Juden (Aschkenasim) aus Hamburg und Mitglieder der Altonaer Gemeinde die Begräbnisstätte. Hier ruht unter anderem Samson Heine, der Vater des Dichters. Der Friedhof wurde bis 1877 genutzt und blieb unter den Nationalsozialisten und auch später nicht von Grabschändungen verschont.

Wir kommen über die Louise-Schroeder-Straße in den Walter-Möller-Park, eine der größten Grünflächen von Altona, durchschnitten von der vierspurig befahrenen Holstenstraße; der Park trägt seit 1985 den Namen von Walter Möller, einem der vier Kommunisten, die im

Walter-Möller-Park

Gefolge des Altonaer Blutsonntags von den Nazis 1933 verurteilt und hingerichtet wurden.

Lammstraße/ Paul-Roosen-Straße 9

Östlich der Holstenstraße dehnen sich inmitten zahlreicher Grünflächen triste, quaderförmige Wohnblocks aus. Hier an der Lammstraße wurde am 4. April 1956 der Grundstein für »Neu-Altona« gelegt, eine Siedlung, die »Der Spiegel« 1955 als »Vision einer atemberaubend modernen Stadt« beschrieb. Im Bereich der Altstadt Altonas waren durch den Krieg 60 Prozent des Wohnungsbestands vernichtet worden. Nun sollte der ganze Stadtteil nach »neuzeitlichen« Gesichtspunkten neu aufgebaut werden: Trennung von Wohnen und Arbeiten, Ausbau der Verkehrswege, Anlage öffentlicher Grünzüge, Verringerung der Bevölkerungsdichte und Versorgung durch konzentrierte Geschäftsgebiete.

Ernst May, ausgewiesener Vertreter der Klassischen Moderne, Begründer des »Neuen Frankfurt« und zwischen 1930 und 1933 Planer zahlreicher neuer Städte in der Sowjetunion, kehrte 1954 aus afrikanischem Exil zurück und wurde Planungsleiter der »Neuen Heimat« in Hamburg. In dieser Funktion konzipierte er die Pläne für »Neu-Altona«. Sein Assistent in Frankfurt und Moskau, Werner Hebebrand (seit 1952 Oberbaudirektor in Hamburg) realisierte sie. Das historische Straßennetz Altonas sollte die Anordnung der »lockeren Gruppen 16stöckiger Hochhäuser« nicht einengen, und auch der vorhandene Wohnungsbestand wurde teilweise als hinderlich angesehen. Bis 1967 wurden denn auch mehr als 1000 Altbauwohnungen abgerissen.

Norderreihe 10

Nach dem Gang durch das Nachkriegs-Musterwohngebiet lädt an dessen nördlichem Ende der Friedhof Norderreihe zum Verweilen ein. Prachtvolle Baumalleen, riesige Rhododendronbüsche, lauschige Nischen und versteckte Sonnenplätze locken die Anwohner im Sommer in die heute als Park genutzte ehemalige Begräbnisstätte. Zahlreiche Familiengrüfte mit ihren großen Deckplatten und verstreute Grabsteine verleihen dem Park eine eigene, geschichtsträchtige Atmosphäre. Der Friedhof wurde 1830 aus Gründen der Hygiene weit außerhalb der Stadt angelegt. Hier befinden sich die Grabstätten des Oberpräsidenten Conrad Daniel Graf von Blücher-Altona (1764 – 1845), des Bürgermeisters Carl Heinrich Behn (1799 – 1835) und des Dichters der Landeshymne von Schleswig-Holstein, Matthäus Chemnitz (1815 – 1870). Auch ein Gang über die am Friedhof gelegene Wohlers Allee ist lohnend: In der von Kastanienbäumen beschatteten Straße sind alte Stadt- und Etagen- sowie Terrassenhäuser.

Max-Brauer-Allee 134 11

Westlich der Holstenstraße liegen in einem baumbestanden Parkgelände zwischen Hospitalstraße und Max-Brauer-Allee die ehemaligen Gebäude des 1859 erbauten Allgemeinen Krankenhauses. Die Abteilungen des Hauses wurden in verschiedenen Pavillons untergebracht, weil die steigende Kapazität immer neue Anbauten erforderlich machte und zu den damaligen Vorstellungen von optimaler medizinischer Versorgung auch Spaziergänge an frischer Luft zählten. 1971 siedelte das Krankenhaus in einen Neubau nach Othmarschen über. Um die Nutzung der alten Gebäude folgten dann jahrelange Auseinandersetzungen. Ein Teil der Pavillons wurde abgerissen.

Im ehemaligen Hauptgebäude (1859) an der Max-Brauer-Allee 134 ist heute die Fachschule für Sozialpädagogik, in Haus III (1882) kam das Stadtteilkulturzentrum unter, in dem das Jüdische Theater »Schachar« spielt (Tel. 38 89 90), und Haus II (1882) beherbergt eine Kinderkrippe und eine internationale Begegnungsstätte. Das Jenckelhaus (1912) – mehrfach besetzt und von der Polizei geräumt – ist in Eigentumswohnungen und Ateliers aufgeteilt. 1991/92 sorgte ein Senatsbeschluß, den Park mit einer Randbebauung durch Sozialwohnungen zu verkleinern, für Proteste der Anwohner, doch deren Platzbesetzungen halfen nicht.

Der August-Lütgens-Park erhielt seinen Namen nach einem weiteren der vier Opfer im Gefolge des »Altonaer Blutsonntags«, dessen Ereignisse sich in dem Wohngebiet südlich des Parks abspielten.

August-Lütgens-Park
⓬

Schlagzeile der »Hamburger Volkszeitung« der KPD

Die Billrothstraße und die umliegenden Straßen waren in der Weimarer Republik KPD-Hochburgen. Am 17. Juli 1932 war dort ein sogenannter »Werbemarsch« von rund 7500 SA- und SS-Mitgliedern aus Hamburg und dem Umland Auslöser des »Altonaer Blutsonntags«. Die Nazis provozierten die Altonaer Zuschauer durch brutale Übergriffe, so kam es zu blutigen Auseinandersetzungen. Als die ersten Schüsse fielen, eröffnete auch die Polizei ein unkontrolliertes Feuer in die Menge und auf die anliegenden Wohnhäuser. 18 Menschen wurden getötet, 60 schwer verletzt. Als angeblich Schuldige am Tod von zwei SA-Männern (Koch und Büdig) wurden die Kommunisten Bruno Tesch (20; eine Gesamtschule in der Billrothstraße trägt inzwischen seinen Namen), August Lütgens (28), Walter Möller (35) und Karl Wolff (23) von einem Sondergericht zum Tode verurteilt und am 1. August 1933 mit dem Handbeil im Hof des Altonaer Gerichtsgefängnisses (heute Amtsgericht, Max-Brauer-Allee 91) hingerichtet. Seit März 1985 erinnert eine Tafel am Gerichtsgebäude daran. 1992 hat die Hamburger Staatsanwaltschaft beim Oberlandesgericht eine Wiederaufnahme dieser Verfahren mit dem Ziel beantragt, die Unrechtmäßigkeit der damaligen Urteile feststellen zu lassen.

Ermordet: Bruno Tesch (20), oben, und Karl Wolff (23)

Gegenüber dem neugotischen Backsteinbau der Schule Thedestraße – in einem Gebiet, das überall deutliche Narben der Sanierung zeigt (ganze Straßenzüge wurden geschleift und durch teure Neubauten ersetzt) – ist das ehemalige Thede-Bad. 1880/81 erbaut (A. Petersen), war es die erste Badeanstalt in Altona und Hamburg mit einer Schwimmhalle und ist heute das älteste erhaltene Hallenbad im

Hamburger Stadtgebiet. Die Bedeutung des ursprünglichen Reinigungsbades ging in den 50er Jahren zurück, da immer mehr Mieter über eigene Bäder in ihren Wohnungen verfügten. 1984 wurde das Bad geschlossen und ein Jahr später für 150 000 DM an zwei Künstler verkauft, die hier Ateliers einrichteten.

Billrothstraße 77
⑬

Die Billrothstraße hieß ehemals Blumenstraße; dort eröffnete die »Altonaer Speiseanstalt«, 1830 von »wohltätigen« Altonaer Bürgern gegründet, 1880 eine neue Einrichtung zur »Bespeisung der Bedürftigen und Armen Altonas« mit billigem Mittagessen. Die Altonaer nannten sie, zusammen mit der 1888/89 nebenan errichteten »Stadtmission« »die Blume«. Ein Blick in die erhaltene ehemalige Speiseküche mit dem gotischen Rippengewölbe ist zu empfehlen. Im Vereinshaus des 1877 gegründeten Vereins »Stadtmission« sollten »die dem Worte Gottes und dem christlichen Familienleben Entfremdeten« zurückgewonnen werden. Das Haus wurde im Krieg zerstört und 1950 im alten Stil neu errichtet.

Große Bergstraße/
Neue Große
Bergstraße
⑭

Eine schöne Einkaufsmeile ist die Große Bergstraße wahrlich nicht. Eine wilde Mixtur aus Kaufhochhäusern, Ladenpassagen und vielen architektonischen Scheußlichkeiten macht die zentrale Geschäftsmeile Altonas nicht eben anziehend, doch ist sie dennoch nicht wenig belebt – und an sommerlichen Tagen trösten zahlreiche Straßencafés über die sonstige Ödnis hinweg. Während die Königstraße in vergangenen Zeiten vor allem vornehme Einkaufsstraße der Bewohner der Elbvororte war, ist die Große Bergstraße schon immer für die Altonaer dagewesen. Früher zählte sie zu den großen Hauptverkehrsstraßen. Als im November 1966 dann ein Teil von ihr zur ersten Fußgängerstraße Hamburgs wurde, verkündete der damalige SPD-Senator und spätere Vorsitzende der »Lufthansa« Heinz Ruhnau zur Eröffnung, hier fänden sich »eine bürgerliche Initiative, unternehmerischer Wagemut und Ideenreichtum« zusammen. Bald danach wurden die verbliebenen Altbauten östlich der Altonaer Poststraße abgerissen, um die Gegend mit dem neuen Ladenzentrum »frappant« zu beleben. Mehr als das, leistet es heute einen bedeutenden Beitrag in der Sammlung der baulichen Unansehnlichkeiten dieser Einkaufszone.

Sannah Koch

Gustav Oelsner: Ein konsequenter Vertreter der Moderne

Wenn das Neue Bauen der Zwischenkriegszeit in Hamburg weniger deutlich in Erscheinung tritt als etwa in Berlin oder Frankfurt, dann nicht nur, weil seine lokalen Vertreter und deren Bauvolumen hinter dem konservativ verpflichteten und breit getragenen Backsteintraditionalismus zurückstehen mußten. Vielmehr hat die von Bauhaus-Ideen inspirierte Hamburger Moderne der Zwischenkriegszeit die Nachkriegsmoderne in manchen Teilen so überzeugend vorweggenommen, daß ihre Beiträge im Straßenbild Gefahr laufen, den Leistungen der Wiederaufbauarchitektur zugeschrieben zu werden. »Schuld« daran ist nicht zuletzt das Werk Gustav Oelsners (1879 - 1956), dessen Entwürfe der Moderne im Stadtbild Altonas an entscheidenden Stellen den Weg bahnten.

Wer etwa das Zentrum Altonas mit dem alten Rathaus ansteuert, mag in dem Sichtbetonskelett, dessen gleichförmiges Fassadenraster die Ecke zum Altonaer Museum schließt, zunächst kaum mehr erkennen als einen der Lückenfüller, mit dem die Wirtschaftswunder-Architektur der Nachkriegszeit sich allenthalben etwas unangepaßt in historischen Ensembles breitmachte. Tatsächlich wurde der an einen Ingenieurbau erinnernde Stahlbetonskelettbau aber bereits 1930 als Haus der Jugend eingeweiht. Die von konstruktiver Nüchternheit geprägte Außengestaltung der Kultur- und Lernfabrik demonstrierte die radikale Abkehr des SPD-beherrschten Altonaer Magistrats von den politischen und architektonischen Leitbildern der Kaiserzeit.

Als konsequenter Vertreter der Moderne sorgte der zuvor in Breslau und Kattowitz und seit 1924 in Altona tätige Bausenator allenthalben für antitraditionalistische Kontraste im Bild der Hamburger Konkurrenz- und Nachbarstadt. Seine frühen Entwürfe für die Steenkampsiedlung, Grotenkamp (1924 – 26) oder die Klinkerbauten des Altenheims Holstenkamp 119 (1925) und der Wohnanlage Schützenstraße (1926 – 27), das Sichtbetonraster des Arbeitsamtes Kieler Straße/Augustenburger Straße (1925 – 27) oder die in Braun- und Ockertönen aufgehellten, kubisch geschnittenen Klinkerbaukörper des Schwesternhauses Max-Brauer-Allee 136 und der Dachterrassen-Reihenhäuser am Rulantweg (1927) dokumentieren bis heute Entwurfsprinzipien der europäischen Avantgarde. Der konservativen Architekturkritik erschienen sie als gebaute Provokation: Nach der nationalsozialistischen Machtübernahme erhielten »entartete« Oelsner-Bauten »arisierende« Zutaten, der Architekt selbst Berufsverbot. Mit seiner Ernennung zum Referenten für die Hamburger Aufbauplanung (1949) und der Verleihung des Fritz-Schumacher-Preises (1950) erfuhren der Lokalmatador des Neuen Bauens und seine funktionalistische Architekturauffassung eine späte Rehabilitation.

Wie wenig eine unreflektierte Oelsner-Nachfolge jedoch zur Bewältigung aktueller Stadtbauprobleme taugt, zeigt die Anlage der Pestalozzischule (1928) zwischen der Kleinen und Großen Freiheit: Die Backsteinkuben geben Licht, Luft und Sonne und den Hauptanforderungen der Reformpädagogik Raum, indem sie den historisch gewachsenen Zusammenhang der Straßen- und Blockinnenräume rigoros aufsprengen. Der endgültige Aufbruch ins »Neue Altona« hätte ein Stück weit nämlich auch den Abbruch von Alt-Altona bedeutet. (J.H.)

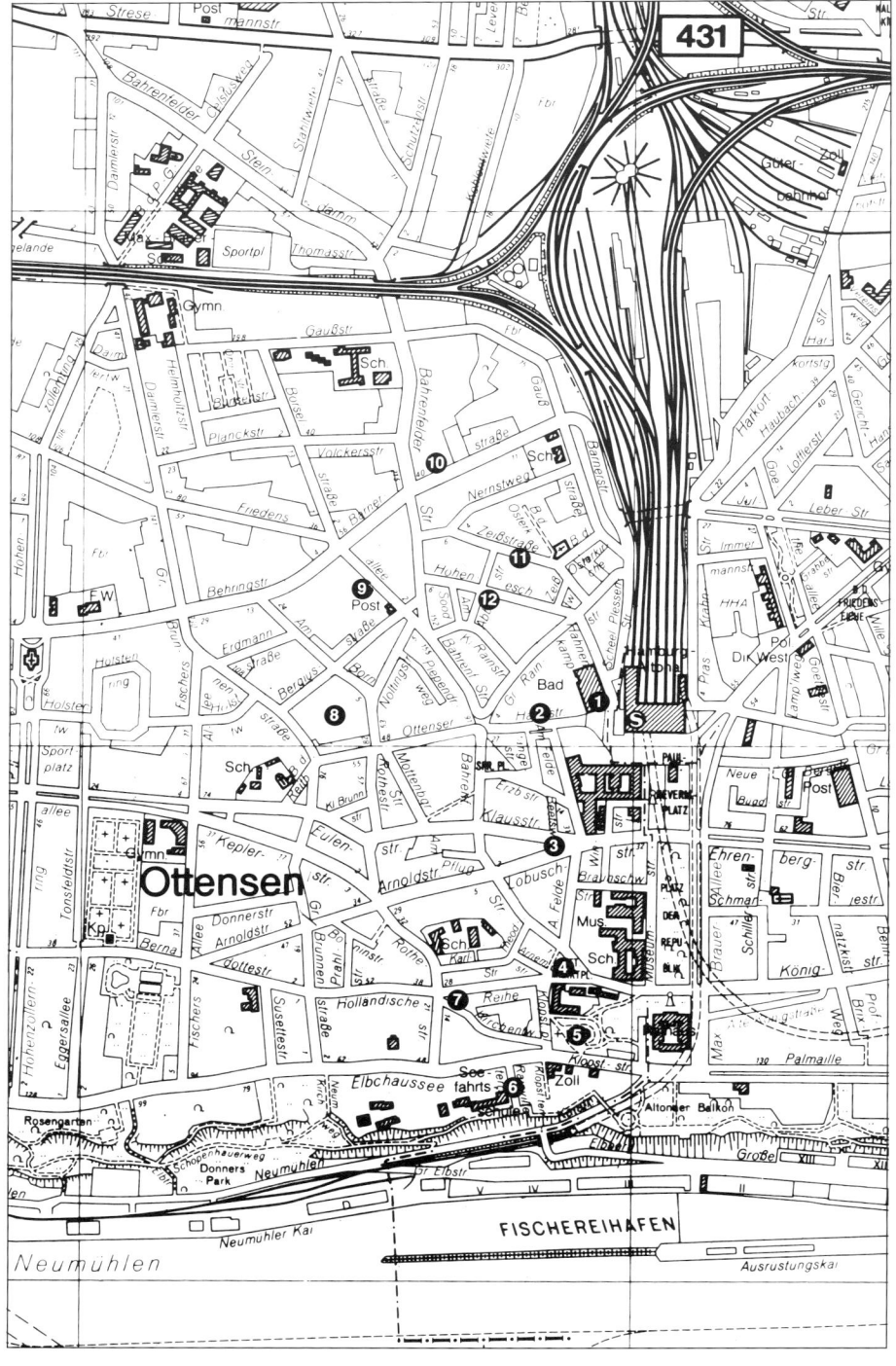

Schiffsschrauben
und ein letzter Fisch

Ausgangspunkt: Bahnhof Altona (S1, S3, S5, S11, DB)
Ausgang Ottenser Hauptstraße
Endpunkt: Bahnhof Altona
Dauer des Rundgangs: ca. 3 Stunden

Dörfliche Beschaulichkeit, belebte Einkaufsstraßen, eine große An-
zahl von Alternativprojekten, »Schicki-Micki«-Restaurants, umfunk-
tionierte Industriearchitektur sowie zahlreiche Bauwagenplätze – im
Stadtteil Ottensen ist von alldem etwas zu finden. Lebendig wie kaum
ein anderes Hamburger Viertel – und deswegen von Hamburgs alter-
nativer Szene als Wohnort begehrt – ist Ottensen ein Stadtteil, in dem
sich in den 80er und 90er Jahren besonders häufig Konflikte abspielten. Das Quartier mit dem hohen Ausländeranteil und einem hohen
Prozentsatz an Arbeitslosen und Schlechterverdienenden wurde aufgrund seiner City-Nähe, den zahlreichen idyllischen Straßen und
schönen Altbauten zunehmend von Leuten mit gutgefülltem Geld-
beutel entdeckt. Das Viertel erlebte in den vergangenen Jahren durch
deren Zuzug und die dadurch ansteigenden Mietpreise eine »Aufwertung«, die nicht alle Alteingesessenen klaglos hinnehmen wollten.
Mittlerweile ist die Durchmischung von bürgerlich und alternativ
jedoch weitgehend vollzogen, und auch die Proteste sind abgeklun-
gen.

Werbung im Jahre 1928

   Das ehemalige Dorf war seit 1640 unter dänischer Herrschaft und
kam 1866 zu Preußen. Als 1853 das Altonaer Zollprivileg, die zollfreie
Ausfuhr von Waren nach Dänemark, aufgehoben wurde, zogen zahlreiche Produktionsbetriebe nach Ottensen – ein Industrialisierungs-
boom, der das Stadtbild veränderte: Die Landwirtschaft verschwand,
Arbeitskräfte zogen zu, Wohnverhältnisse und Gewerbe wurden um-
strukturiert. In Zigarren-, Fisch- und Maschinenfabriken gab es viele
Arbeitsplätze. Der alte (inoffizielle) Name Ottensens, »Mottenburg«,
weist aber auch auf die zahlreichen gesundheitlichen Probleme der
ansässigen Bevölkerung hin: Wer »die Motten bekam«, litt unter
Schwindsucht.
   Am Anfang von Ottensens belebter Einkaufszone, der Ottenser
Hauptstraße, liegt rechter Hand das Bismarckbad. Hinter der glatten
und modernen Außenfassade verbirgt sich ein Schwimmbad mit einer
altertümlichen, stuckreichen Innenarchitektur. Als eines der modernsten Hallenbäder Norddeutschlands wurde es 1911 erbaut, mit Frau-
en- und Männerhalle, Dusch- und Wannenbädern und einer Heil- und
Medizinalabteilung.

**Ottenser
Hauptstraße 2**

Einst das modernste Hallenbad Norddeutschlands: Schwimmunterricht im Bismarckbad für eine 6. Mädchen-Volksschulklasse

Ottenser Hauptstraße

1953 – als an der Ottenser Hauptstraße noch Straßenbahnen quietschten und der Altonaer Bahnhof noch kein Kaufhaus mit Gleisanschluß war – begann auch in Ottensen das Wirtschaftswunder: Menschenmassen drängten sich vor und im neueröffneten Kaufhaus Hertie, das dem »Mercado« weichen mußte und zum Streitobjekt wurde: Just als die Bagger 1994 auf das Gelände gerollt waren, um den Neubau eines riesigen Einkaufszentrums einer Hamburger Investorengruppe in Angriff zu nehmen, erinnerten sich orthodoxe Juden aus aller Welt daran, daß hier einstmals ein jüdischer Friedhof existiert hatte. Der war in den 30er Jahren von den Nazis zerstört und zubetoniert und 1950 von der Jüdischen Gemeinde verkauft worden. Nach dem jüdischen Glauben gehören die Gräber jedoch den Verstorbenen auf ewig; Juden aus dem In- und Ausland besetzten deshalb zahlreiche Male die Baustelle, um die Störung der Totenruhe zu verhindern. Nach monatelangen Verhandlungen verzichteten die Investoren auf die Ausschachtungen für eine Tiefgarage und verkleinerten das Projekt ein wenig. Gedenktafeln im »Mercado« nennen nun die Namen von 3500 Toten. Das Einlenken der Investoren wurde von der Stadt mit einem weiteren Baugrundstück an der Elbe zu einem Sonderpreis honoriert.

Am Felde

Vom Trubel des Bahnhofs und der Einkaufsstraße ist Am Felde schon nach wenigen Metern nichts mehr zu spüren. In dem alten Sträßchen gibt es einige Beispiele für den Mietwohnungsbau des vergangenen Jahrhunderts: Kleinwohnungshäuser für Handwerker und Fabrikarbeiter, entstanden 1850 bis 1860. Aus dieser Zeit stammen die Gebäude Am Felde 142–144, 136–140 und 126–130. Dieser Haustyp, das dreitürige Sahlhaus (s. S. 149), war im frühindustriellen Ottensen weit verbreitet.

Die Einfahrt ins alte Ottensen ist geprägt durch die »Ottenser Nase«, so der von Bewohnern geprägte Scherzname für das 1877 erbaute, jetzt von zahlreichen Wohngemeinschaften und Punks bewohnte und bemalte Haus zwischen den beiden im spitzen Winkel aufeinander zulaufenden Straßenzügen Klaus- und Lobuschstraße. Derartige spitze Gebäudeecken, die sich in Ottensen an vielen Stellen finden, entstanden, als Dorfstraßen und Feldwege zu Straßen wurden und Unternehmer zusätzliche Verkehrswege anlegten, deren Lage sich ausschließlich nach dem Zuschnitt des zu bebauenden Grundstücks richtete. Klaus- und Lobuschstraße sollten 1974 nach der Eröffnung des neuen Elbtunnels zum Autobahnzubringer ausgebaut werden. Nach zahlreichen Unfällen erzwangen die Anwohner jedoch eine Geschwindigkeitsbegrenzung.

Das Sträßchen Am Felde mündet auf den Ottenser Marktplatz, einem für den Stadtteil typischen Dreiecksplatz. Ob auf dem Marktplatz allerdings je ein Markt stattgefunden hat, ist nicht überliefert. Sein heutiges Gesicht erhielt der Platz – wie viele andere Teile von Ottensen, das sich von den anderen Stadtentwicklungsgebieten des 19. Jahrhunderts »durch seine krummen Straßen in dichter Vernetzung« (Hipp) unterschied – weitgehend um die Jahrhundertwende. Die attraktive Lage – Bahnhof und Elbe sind nur wenige Schritte entfernt – machte ihn zum Schauplatz von Abriß und Neubau, Mietervertreibung und Mietenexplosion. Die hier geplante »Sanierung in kleinen Schritten (SIKS)«, behutsame Stadterneuerung und Mietermitbestimmung blieben in den allermeisten Fällen Schlagworte. Auch der 1983 erbaute Brunnen erfreut nicht alle Anwohner und ist meist außer Betrieb.

**Klausstraße/
Lobuschstraße**

*Die Ottenser Nase:
Überall spitze Ecken*

Ottenser Marktplatz

Am Spritzenplatz

*Ottenser Christians-
kirche: Im idyllischen
Kirchhof das Grab
von Klopstock*

Rainvilleterrasse

❻

Elbchaussee

Zur Linken, in der friedlichen Idylle unter Bäumen, ist die 1735 erbaute Ottenser Christianskirche, benannt nach dem dänischen König Christian VI. Dachstuhl und Innenraum wurden 1944/45 zerstört und nach Kriegsende wiederaufgebaut. Rund um die Kirche, dicht am rauschenden Verkehr der Elbchaussee, sind die wild und romantisch überwucherten alten Grabstätten zu besichtigen, darunter das Grab des Dichters Friedrich Gottlieb Klopstock (1724–1803). Er wurde hier am 22. März 1803 neben seiner ersten Frau Meta beerdigt. Unter Bäumen, so wünschte er sich sein Grab »in Ottensen« oder auf einem anderen Dorfkirchhofe weiter an der Elbe hinauf«. Von den beiden 1759 gepflanzten Linden überragt noch eine seinen Grabstein.

Die hinter dem Kirchhof verlaufende Straße erhielt 1846 Klopstocks Namen. Die Bebauung der elbnahen Südseite ist besonders schön: Sie stammt zum größten Teil noch aus den Jahren 1845–1855 und weist die typisch spätklassizistische Tradition aus. Im Haus 27–29 befand sich ehemals das dänische Zollamt.

Neben der Klopstockterrasse ist die Rainvilleterrasse, von der sich ein schöner Ausblick auf Teile des Hafens und die Köhlbrandbrücke bietet.

Am südlichen Ende der Straße, wo heute die Seefahrtsschule steht, befand sich 1795 das Landhaus Rainville. Es wurde um 1800 zu einem Restaurant mit einer terrassenförmigen Grünanlage umgebaut und war bis zum Abriß 1867 ein beliebtes Ausflugsziel der Altonaer und Hamburger Bevölkerung. Die Seefahrtsschule, heute Fachbereich der Fachhochschule Hamburg, wurde 1931/32 durch die Preußische Staatshochschulverwaltung gebaut und ist eines der modernen öffentlichen Gebäude Altonas aus den 20er Jahren. »Der einfach und klar gegliederte, kubisch konzipierte Putzbau mit seinen Relings steht teils symbolisch in (einer) ... vagen Beziehung zum Schiffbau«, schreibt Hermann Hipp zu diesem Gebäude.

Ein Abbruch der schönen Villen der Klopstock- und Rainvilleterrassen konnte in den 1970er Jahren verhindert werden. Hier sollten Luxus-Eigentumswohnungen entstehen, was Mietergemeinschaften in einem langjährigen Kampf verhinderten.

Vorbei an den schönen Stadtvillen quält sich heute über vier Spuren der Autoverkehr; die Elbchaussee - zumindest in Ottensen und Altona - zählt nicht eben zu den ruhigen Wohnlagen. In den ersten Jahrzehnten des 19. Jahrhunderts hatte sie noch den Charakter einer einfachen Landstraße. Aber bereits seit dem 17. Jahrhundert wuchs ihre Bedeutung als Standort großbürgerlicher Landsitze. Damals entstanden am Elbhang und in den Elbvororten die Lustgärten eingewanderter Niederländer und Engländer.

Auf der Höhe der Einmündung des Hohenzollernrings stand früher einer von mehreren Schlagbäumen: Nachdem die Chaussee als gepflasterte Privatstraße ausgebaut worden war, mußten Passanten bis 1890 dem Wegebauverein der Villenbesitzer Gebühren entrichten. Noch 1928 herrschte auf der Elbchaussee ein zeitweiliges Fahrverbot.

Auf Ottensener Gebiet besteht inzwischen keiner der großen Landsitze von Fabrikbesitzern und Kaufleuten mehr. Die Parzellierung der Grundstücke und die hohe Verkehrsbelastung lassen heute keine vornehme Promenade mehr zu. Erhalten geblieben sind einige ehemals private Parkanlagen (Donners Park, Rosengarten).

Die »Neue Rainville« 1892

Ein Zeugnis klassizistischer Landhauskultur und zugleich ein Denkmal jüdischer Geschichte befindet sich Elbchaussee 31; es ist das Gartenhaus von Bankier Salomon Heine, einem Onkel von Heinrich Heine. Die beiden hinteren Zimmer wurden historisch getreu restauriert; dort finden sich Erinnerungsstücke an das Bankiers-Ehepaar und seinen berühmten Neffen.

Die beiden Gruppen kleinbürgerlicher Reihenhäuser Elbchaussee 38 – 44 und 46 – 52 stammen aus der Zeit um 1850 und beherbergten neben Altonaer Kaufleuten, die sie als Sommersitze nutzten, auch verschiedene Gewerbetreibende.

Kirchentwiete: Die Fischersche Privatschule um 1872

Von der Rothestraße, im letzten Jahrhundert ein bevorzugter Standort kleiner Betriebe wegen der Nähe zu Bahnhof und Hafen, empfiehlt sich ein Abstecher in Kirchentwiete und Holländische Reihe. Die Kirchentwiete ist eine der ältesten Straßen Ottensens: Im Haus Nr. 39 wurde 1872 Fischers Privatschule gegründet, aus der 1875 die Mittel- und Oberrealschule hervorging. In Nr. 37, dem kleinen Fabrikkomplex dahinter, war ein Lager für Porzellanmaler, das 1921 zur dreigeschossigen Gewürzmühle umgebaut wurde.

Kirchentwiete 39, 37
❼

Die Holländische Reihe erhielt ihren Namen zu Beginn des 17. Jahrhunderts, weil sich hier protestantische Flüchtlinge nach ihrer Vertreibung aus den Niederlanden niederlassen durften. Einige Angaben zu den Gebäuden:

Haus Nr. 33–37 (etwa 1862): Ein typisches dreitüriges Sahlhaus.

Nr. 43 (1864): Nimmt als Einfamilienhaus eines Malers eine Sonderstellung ein. Der Giebelschmuck zeugt vom Stolz und Können des Handwerkers.

Nr. 47: 1856 von einem Binnenschiffreeder erbaut. Später wohnte hier die Zigarettenfabrikantin Heydrich, deren Betrieb gegenüberlag. Ihre Fabrik, gegründet als »Taback- und Cigarettenfabrik Hermann Linnich & Co«, war eine der ersten Zigarrenfabriken in Ottensen.

Kemal-Altun-Platz
❽

Die Rothestraße mündet in ein Karree von Straßen, die den Kemal-Altun-Platz umrunden. Den Namen wird man jedoch auf keiner Hamburger Stadtkarte finden, denn er wurde dem Platz inoffiziell von den Hamburgerinnen und Hamburgern in Andenken an den Türken Kemal Altun verliehen: Er stürzte sich 1983 in Berlin aus Furcht vor der drohenden Abschiebung aus dem Fenster.

Das einstige Werk von Menck und Hambrock auf dem offiziell namenlosen Kemal-Altun-Platz ist verschwunden, doch anderswo im Stadtteil werden frühere Fabrikanlagen genutzt, neben den im Rundgang erwähnten Beispielen die einstige Zigarrenfabrik Ecke Eulen-/Rothestraße als Stadtteilzentrum »Motte« und die Dralle-Fabrik Nernstweg/Ecke Gaußstraße für »Werkstatt 3« und »Ottenser Werkhof«. Auch im Nachbarstadtteil Bahrenfeld wird in ehemaligen Industrieanlagen weiter produziert, wenn auch anders als bisher: Auf dem Areal des früheren Gaswerks an Gas-, Daimler- und Mendelssohnstraße findet sich nun das »Gastwerk«, Deutschlands erstes Designer-Hotel, ein modernes Fitness-Center, Restaurants und Sozialwohnungen, einige hundert Meter weiter sollen auf dem ehemaligen Gelände

Die Südseite der Holländischen Reihe zwischen Ottenser Marktplatz und Sophienstraße um 1910

Der heutige Kemal-Altun-Platz, offiziell namenlos, ehemals das Firmengelände von Menck und Hambrock: Ein Gemälde von W. Battermann/Firma Koehring um 1910

der Firma Kühne an der Stresemannstraße ein weiteres Hotel, Loftateliers und ein Bürotrakt für Medienbetriebe entstehen.

An der Ecke Große Brunnenstraße/Ottenser Hauptstraße gründeten 1868 die Unternehmer Johannes A. Menck und Alexander Hambrock die Maschinenfabrik und Eisengießerei Menck und Hambrock mit anfangs 20 Beschäftigten. Hier wurden zunächst Kessel für den Dampfmaschinenbau, später Kräne und Bagger produziert. Von den beiden Weltkriegen profitierten Menck und Hambrock durch die Herstellung von Rüstungsgütern wie Feldhaubitzen und Sturmkanonen. Zwischen 1959 und 1965 beschäftigte die Fabrik rund 2000 Menschen. Trotz der florierenden Geschäfte – der Umsatz betrug 1964 71 Mio. Mark – wurde das Unternehmen 1965 wegen Familienzwistigkeiten verkauft; der Käufer stellte die Produktion in Ottensen ein. **Große Brunnenstraße/Ottenser Hauptstraße**

Noch heute zeugen die Gleise in der Bergiusstraße von den ehemaligen Produktionsstätten: Die Ottenser Industriebahn transportierte hier von 1898 bis 1980 die Bagger von Menck und Hambrock und die Schiffsschrauben der Firma Zeise. **Bergiusstraße**

Die Hallen der ehemaligen Zeise-Fabrik, in denen heute im Rahmen einer interessanten architektonischen Lösung Geschäfte, Lokale und ein Kino untergebracht sind, zeugen von mehr als einem Jahrhundert Ottenser Industriegeschichte. Die Werkhallen wurden 1865 erbaut, und 1869 wurde hier die erste Schiffsschraube für den Dampfer »Germania« gegossen. Nachdem 1885 auch der Sohn Alfred Zeise mit seiner Erfindung einer besonders effektiven Schiffsschraube in die Firma eingetreten war, erfuhr der Betrieb um die Jahrhundertwende eine mächtige Expansion. Auch in beiden Weltkriegen konnte sich die Zeise-Fabrik ein dickes Konto verdienen. Von der Krise der Schiffbauindustrie war dann aber auch sie betroffen: Trotz einer Finanzspritze des Hamburger Senats mußte das Unternehmen 1979 Konkurs anmelden. **Bergiusstraße/ Friedensallee**

*Zeise-Arbeiter
um 1880 vor der
Fabrikhalle*

Friedensallee 7, 9, 15
9

Einige der heutigen Nutzer der Werkshallen lösten in Ottensen Protest aus. Weniger das Filmbüro, das in der Friedensallee 7 in das ehemalige Kontorhaus der Fabrik einzog (hier ließen sich verschiedene Casting- und Produktionsfirmen sowie die Filmhauskneipe nieder), als vielmehr das Restaurant »Eisenstein« (Friedensallee 9 in der alten Werkhalle 1) und das inzwischen verzogene Restaurant »Leopold« (Friedensallee 15, Werkhalle 2) waren als Gourmet-Tempel für Yuppies umstritten. Zerschlagene Fensterscheiben und mehrfache Besetzungen durch die »Volxküche« sorgten 1988 für reichlich Wirbel. Der hat sich mittlerweile gelegt. Zerstochene Reifen von Luxusautos gehören inzwischen aber der Vergangenheit an – möglicherweise genießt sogar heutzutage selbst manch einer der alten Kämpfer hin und wieder seine Pizza im »Eisenstein«.

Bahrenfelder Straße

Barner Straße 36
10

Ottensen pur: In der Bahrenfelder Straße mit den kleinen Geschäften, Kneipen und türkischen Gemüseläden »tobt« gemeinhin das Leben. An der Kreuzung Bahrenfelder Straße/Barnerstraße steht unübersehbar, mit dem Kran über dem rosa gestrichenen Gebäude, das bekannte Konzert- und Stadtteilzentrum »Fabrik«. 1889 entstand der längliche, dreischiffige Hallenbau der Firma »Hespe & Lembach, Fabrik für Holzbearbeitungsmaschinen«, 1904 wurde es von »Böttcher & Gessner« übernommen, die weiterhin Maschinen für die Holzbearbeitung herstellten. In den 70er Jahren galt die »Fabrik« – damals fast ein Synonym für die »Hamburger Szene« – als eines der ersten gelungenen Beispiele der Neunutzung industrieller Bauten und wurde so zum Vorbild zahlreicher ähnlicher Kulturzentren in Hamburg und anderen Städten. Das heutige Bauwerk ist nach dem Brand 1977 fast überall Rekonstruktion. Der am Eingang der »Fabrik« stehende Kran wurde in der Maschinenfabrik von Menck und Hambrock produziert.

Von der Bahrenfelder Straße sollte man einen Abstecher in die Zeißstraße und den Nernstweg machen. Die Wohnhäuser der Arbeiter und Handwerker aus der Vorgründerzeit sind wohl nirgendwo in Ottensen so geschlossen erhalten geblieben wie in der Zeißstraße. Im westlichen Abschnitt wurden hier zwischen 1861 und 1864 vor allem zweigeschossige Backstein-Traufhäuser mit je zwei Wohnungen im Erd- und Obergeschoß gebaut (Sahlhäuser). Viele der Häuser in der Zeißstraße wurden in den vergangenen Jahren in Selbsthilfe instand gesetzt.

Zeißstraße/ Nernstweg

Der schmale Eingang bei Nr. 28 führt zu der ehemaligen Drahtstifte-Fabrik von J. D. Feldtmann (1883 gegründet, 1985 geschlossen). Das Stadtteilarchiv Ottensen, das sich um die Geschichte Altonas und Ottensens verdient macht und von dem die meisten Fakten

Zeißstraße 28

Kommunikationszentrum Fabrik: Der Kran wurde von Menck und Hambrock hergestellt

zusammengetragen sind, auf denen die Rundgänge durch Ottensen und Altona basieren, ist heute zusammen mit der Initiative INCI Nutzer des Gebäudes, das es samt seiner Fabrikeinrichtung rettete und 1989 in die Denkmalliste eintragen ließ.

Die ehemaligen Räumlichkeiten der Firma Dralle im Nernstweg/ Gaußstraße bezogen die großen Alternativprojekte »Werkstatt 3« (ein Zentrum zahlreicher Dritte-Welt-Gruppen) und der Werkhof (Bildungswerkstatt, Zweiradwerkstatt etc.). In dem grünen Innenhof des Werkhofs befindet sich auch das »Café Treibeis«.

Das Viertel um den Hohenesch hieß früher im Volksmund »Kleinheringsdorf«. An der »Bückelsallee«, wo die Ärmsten der Armen wohnten, gab es zahlreiche Fischräuchereien. Vor 1945 kamen 40 Prozent aller in Deutschland hergestellten Fischkonserven aus den über 50 Betrieben der Altonaer Fischindustrie. Vor allem Frauen waren in den Fischfabriken tätig: Die Arbeit zählte neben Lumpensammeln zu den schlechtbezahltesten und schmutzigsten Tätigkeiten.

Heute erinnert nur noch »Ottensens letzter Fisch« auf einem der Doppelschornsteine der Räucherei Hennings (Hinterhof Hohenesch Nr. 70) an die Zeit der Ottensener Fischverarbeitung hier bis 1963. Nun sind »Kleinmieter« und Kleingewerbe eingezogen.

Sannah Koch

Buden und Sahlhäuser: Vorläufer des Massenwohnungsbaus

Buden und Sähle hießen in Hamburg bis ins letzte Jahrhundert die Mietwohnungen des »kleinen Mannes«. Budenreihen waren ein- oder zweigeschossige Reihenhauszeilen, wie sie heute noch in den Instenhausreihen beim Jenischhaus (Baron-Voght-Straße 52-72, 1786 – 98; Jürgensallee 75-95 und 102-124, 1832) oder in den Wohnhöfen aus dem letzten Jahrhundert im Karolinenviertel (Marktstraße 7-9) und in Alt-Altona (Große Freiheit 84) zu sehen sind.

Sähle dagegen fanden sich in zwei- und mehrstöckigen Geschoßwohnbauten, die manches von dem vorwegnahmen, was im Industriezeitalter für die großstädtischen Mehrfamilienhäuser im Massenwohnungsbau charakteristisch wurde.

»Säle sind die obern Stockwerke oder Theile derselben, über solchen Häusern oder Wohnungen, wo der Einwohner des untersten Stockwerks nicht das ganze Haus, oft nur einen kleinen Theil desselben für sich und seine Familie einnimmt, sondern neben der Hausthür noch eine eigene Sahltür angebracht ist, durch welche man auf einer Treppe zu den Bewohnern des oben befindlichen Sahls oder der Säle steigt. Nach Beschaffenheit der Breite und Tiefe eines Hauses begreift ein oberes Stockwerk ein, zwei, drei wol auch vier Reihen solcher Säle.«

Mit diesen Sätzen charakterisierte der Lokaltopograph von Heß 1810 das Sahlmietshaus, mit seinen an »weniger vermögende Leute vermietheten« Geschoßwohnungen und den durch eine eigene Haustüre »ungestört« bleibenden Erdgeschoßwohnungen, die ursprünglich offensichtlich den Hauseigentümern vorbehalten gewesen waren.

Heute sind die alten Fachwerksahlbauten mit ihren charakteristischen Dreitürengruppen zur Abscheidung der Obergeschoßmieter von den Erdgeschoßbewohnern selten geworden. Das letzte in der historischen Innenstadt erhaltene Zeugnis dieses Gebäudetyps aus dem 18. Jahrhundert hat die Töpfer-Stiftung, beraten durch den Architekturhistoriker und -rekonstrukteur Köpf, vor wenigen Jahren zerstört, als sie das ursprüngliche Fachwerksahlhaus im Hof des Beyling-Stifts (Peterstraße 35-39) in der Neustadt zu einer neu-hamburgischen Traditionsklamotte zusammenzimmerte. Ein halbwegs authentischer Fachwerksahlhof kann noch im zweigeschossigen »Kattenhof« (St. Georgstraße 1-7, 1820 – 50) der ehemaligen Vorstadt St. Georg besichtigt werden.

So sind es heute vor allem die frühen Stadterweiterungsgebiete des vorigen Jahrhunderts, die außerhalb der alten Stadtkerne noch von der Sahlhaustradition Zeugnis ablegen. Sie entstanden nach 1850 im Zuge der Industrialisierung als moderne Massenwohnungsbauformen und stehen gleichzeitig noch als Übergangsphänomene in der Tradition des vorindustriellen Mietshausbaus. Die Biedermeierhäuser Hein-Hoyer-Straße 46 oder Erichstraße 38b auf St. Pauli, das großstädtische Sahlhinterhausensemble Sternstraße 7-29 im Karolinenviertel (um 1865), die Sahlhausterrasse Mörkenstraße 55 in Altona aus der gleichen Zeit oder das vorgründerzeitliche Sahltraufenhausensemble entlang der Zeißstraße in Ottensen dokumentieren in besonders anschaulicher Weise letzte Bauzeugnisse einer lokalspezifischen Bautradition, die in der Gründerzeit rasch durch die moderne Etagenhausarchitektur abgelöst wurde. (J.H.)

Diesseits und abseits des Vergnügens

Ausgangspunkt: U-Bahnhof Feldstraße (U3)
Endpunkt: U-Bahnhof St. Pauli (U3)
Dauer des Rundgangs: 2 Stunden

Gemeinhin wird der Stadtteil St. Pauli mit Reeperbahn, der der Rundgang 7 gewidmet ist, mit Vergnügungs- und Rotlichtviertel identifiziert. Das war schon 1930 so, als Hans Harbeck jubilierte: »St. Pauli, das ist der Aufbruch in das verrufene Schlaraffenland des Materialismus und die Flucht aus dem rechtwinkligen Gefängnis der bürgerlichen Verpflichtungen!« Allerdings merkte der Autor damals auch an, »daß das heutige St. Pauli zwischen zwei Polen schwankt«, der »hafenstädtischen Eigenart« und »weltstädtischer Modernisierung«. So führt denn dieser Rundgang auch abseits der »Glitzermeile« Reeperbahn zu Arbeiterwohnungen und Gewerbe, zu einer einstigen ethnischen Enklave und zu einem Ort der Religionsfreiheit.

Deutlicher wird dabei der Charakter des »anderen St. Pauli«, denn nicht alle hier sind ja »Herr Schmidt«, der Lokalmatador des Zeitgeistes. Es leben noch 27 000 andere Menschen hier, in Hamburgs ärmstem Stadtteil (was natürlich nicht in den städtischen Broschüren steht). 37,4 Prozent sind Ausländer. Die Bewohner sind teils ein sperriges Potential, was auch in den stark von anderen Vierteln abweichenden Wahlresultaten zum Ausdruck kommt.

Unruhe hat Tradition auf St. Pauli: Der Eid, »keine Unruhe, Tumult oder Aufstand wider Hochgedachten Rath und die Stadt mit Worten oder Werken anzurichten«, den die Hamburger den St. Paulianern abverlangten, war bald vergessen. Auf der Reeperbahn fand 1848 die Märzrevolution von Hamburg statt, die Truppen niederschlugen. Vom Heiligengeistfeld zogen die Revolutionäre 1918 gen Altona, und 1919 wurde der gesamte Stadtteil von Militär besetzt. Vor 1933 war die Reeperbahn – man war ja aufgrund der Grenzziehung rasch in Preußen oder Hamburg – Schauplatz von Demonstrationen, und noch am 5. März 1933, bei den Reichstagswahlen, kamen die Arbeiterparteien SPD und KPD hier zusammen auf 56 Prozent – in Berlin waren die Nazis da schon an der Macht.

Verläßt man den U-Bahnhof Feldstraße, so ist man mit einem der gigantischsten Gebäude der Stadt konfrontiert: dem Bunker am Heiligengeistfeld, ein Relikt des 2. Weltkrieges, fünf Stockwerke und 48 Meter hoch, 100 000 Tonnen Stahlbeton, ehemals Standort von vier schweren Zwillings-Flakgeschützen auf dem Dach. Kurz vor Kriegs-

Feldstraße

*FC St. Pauli-Stadion
am Millerntor,
anderthalb Stunden
bevor die »Paadie«
beginnt ... Den Bunker
im Hintergrund
wollte Bürgermeister
Voscherau weghaben*

ende hielt die Gestapo in dem Bau NS-Gegner gefangen. Nach dem
»Endsieg« sollte der Bunker Palast werden, nun steht er – nach Kiels
Landeskonservator Johannes Habich – als »Symbol für Aufstieg und
Fall des Dritten Reiches« als ein »Denkmal«, beginnend mit dem
kriegerischen Bismarck in der Nähe. Er ist einer von 180 Bunkern
der Stadt und wird heute vor allem von Zulieferfirmen der Fotoin-
dustrie genutzt. Die Diskothek »J's« im Bunker war 2000 Ziel eines
Bombenanschlags; acht Menschen wurden z.T. schwer verletzt, der
Täter wurde zu 12 Jahren und 9 Monaten Gefängnis verurteilt.

*Eigentlich sollte das Monstrum für 50 Millionen DM Kosten bis 1994
abgerissen werden, hatte doch Bürgermeister Voscherau via »Abendblatt«
am 16. Juni 1990 für diesen Teil des Heiligengeistfeldes ganz andere Pläne
verkündet: Nach jahrzehntelangem Hin und Her sollte hier die »Super-
Halle« für Kultur und Sport und 15 000 Zuschauer entstehen. Das »Abendblatt«: »Praktisch ist damit die Entscheidung gefallen. Dank sei Bürgermeister Voscherau, der – auch ohne Richtlinienkompetenz – einen Beschluß
herbeiführte.« Voscherau wollte bei der Gelegenheit dann auch gleich den
Bunker von 1942 weghaben: »Er ist ein Schandfleck.« Aus alldem ist nichts
geworden, wohl auch, weil aus dem durch Veranstaltungen, Messe, Dom
etc. ohnehin sehr belasteten benachbarten Schanzen- und Karolinenviertel
Widerstand gegen das Großprojekt zu erwarten gewesen wäre. Nachdem
auch der Standort Großmarkt scheiterte, wird die Super-Halle dank eines
finnischen Investors nun beim Volksparkstadion entstehen.*

Gescheitert war zuvor schon ein Projekt »Sport-Dome« von Investoren, u.a. dem damaligen FC St. Pauli-Vizepräsidenten Heinz Weise-
ner, einem Architekten, später als »Papa Heinz« und Retter des

Klubs investitionsfreudiger Präsident. Der 500-Millionen-Bau eines Riesen-Stadions auf dem Vereinsgelände stieß auf entschiedene Gegnerschaft von Teilen der FC-Fangemeinde: Es gab - im Bundesliga-Fußball einmalig - fünf Schweigeminuten bei einem Punktspiel am Millerntor und eine Demonstration. Ergebnis: Der »Sport-Dome« blieb auf dem Papier.

Der Heiligengeistfeld-Bunker hatte sein Gegenstück im sog. Hochhaus 2, 1941–42 entstanden, am Ort des heutigen Fernmeldeamtes, dem braunen Hochhaus beim FC-Stadion. 1974 ist der Bunker gesprengt und in 14monatiger Arbeit abgebrochen worden. Er war für die Geschichte des bundesdeutschen Fernsehens von Bedeutung: Von hier wurde am 12. Juli 1950 das erste Testbild ausgestrahlt; hier ging noch im selben Jahr der Nordwestdeutsche Rundfunk (NWDR) auf Sendung (bundesweit erst im Dezember 1952), und vom Heiligengeistfeld, von der Landwirtschaftsausstellung, fand 1951 die erste Außenübertragung statt.

Die riesige freie Fläche inmitten der Stadt ist von jeher für Vergnügungen aller Art genutzt worden. Dreimal im Jahr - Frühling, Sommer und Winter - ist hier Dom: Was Wies'n und Wasen für den Süden, ist dieser Platz für Groß-Hamburg. Mit einem 15 000-Personen-Zelt gastierte 1900 der Zirkus Barnum & Bailey, und auch heute noch kommen Zirkusse hierher und die Aussteller von Riesenwalen. Das Feld war Ausstellungsort und Sportplatz, bis 1933 auch für das Arbeitersportkartell. Es existierten sogar Pläne für ein Riesenstadion, die »Deutsche Kampfbahn«.

Als politischer Kundgebungsort hat das Heiligengeistfeld Geschichte. Am Mittwoch, 6. November 1918, als die Revolution in die Stadt einzog, fand gegen 12 Uhr die erste Massenkundgebung statt.

»Heute traut sich keine politische Gruppe mehr an den Riesenplatz ran«, hieß es in der Erstauflage dieses Buches - falsch: 50 000 demonstrierten zum Heiligengeistfeld, nachdem die Polizei dort am 8. Juni 1986 Anti-AKW-Demonstranten stundenlang festgehalten und drangsaliert hatte: der »Hamburger Kessel«. SPD-Innensenator Rolf Lange mußte zurücktreten, vier Polizeidirektoren wurden verurteilt, und der Senat mußte den Betroffenen Schmerzensgeld zahlen.

Der damalige stellvertretende SPD-Fraktionsvorsitzende Bodo Schümann: »Mindestens 400 Demonstranten wurden auf dem Heiligengeistfeld eingekesselt, z.T. willkürlich zusammengeschlagen, mußten ihre Notdurft unter menschenunwürdigen Verhältnissen, besonders bei Frauen unter dem Spott der sie umzingelnden Polizeibeamten, verrichten, wurden dann auf Polizeireviere und andere Einrichtungen ›verbracht‹ und erst nach 12 bis 14 Stunden wieder entlassen. Nach meiner Kenntnis gibt es in der Geschichte der Bundesrepublik kein vergleichbares Vorgehen der Polizei unter sozialdemokratischer Verantwortung. Der Senat hat öffentlich Fehler staatlicher Organisationen zugegeben und sich bei den Betroffenen entschuldigt. Der Senat hat versucht, aus diesem folgenschweren Irrtum der Polizei strukturelle und auch einige politische Konsequenzen zu ziehen.«

Heiligengeistfeld
❷

NS-Kulisse zur 1. Mai-Feier 1939 auf dem Heiligengeistfeld

In einer Ecke des großen Platzes ist der FC St. Pauli von 1910 zu Hause. Es hat sich herumgesprochen: Fußball am Millerntor, im 20 551 Zuschauer fassenden Stadion, ist etwas Besonderes: Wenn anderswo allenfalls Fankurven Stimmung machen, so ist hier das ganze Publikum ein Fanblock, ist »der zwölfte Mann« und sorgt für den einzigartigen »Millerntor-Roar«. Auch wenn Attribute wie »Stadtteilverein« oder »Arbeiterklub« die Realität nicht mehr treffen, ist am Millerntor nachzuempfinden, was Fußball ehemals war: hautnah, lebendig und Spieler zum Anfassen.

In vielerlei Dingen ist's bei der »Paadie« »auf Pauli« anders: So bezogen Klub, Spieler und Fans eindeutig gegen Ausländerfeindlichkeit, Rechtsradikale und Rassismus Stellung (Geschäftsführer Campe trug ein Transparent: »Keinen Fußbreit den Faschisten!« über den Rasen); die Mitglieder benannten das Stadion um, da Namensgeber Wilhelm Koch, ein früherer Präsident, NSDAP-Mitglied war und einen sog. arisierten Betrieb übernommen hatte; 2001 trat der Verein der Zwangsarbeiter-Initiative bei.

Der Stern des Klubs, der die seltenen Farben braun-weiß trägt und bis 1961 Ecke Glacischaussee/Budapester Straße zu Hause war (Stadion-Abriß wegen der Bundesgartenschau), ging dabei erst nach Kriegsende auf: Mit ein Grund war die Schlachterei von Karl Miller, einem Spieler-Vater, in der Neustadt, deren Produkte selbst den Dresdner und späteren Bundestrainer Helmut Schön überzeugten, für die St. Paulianer aufzulaufen. »Wunderelf« hieß das damalige FC-Team, doch blieb man ewiger Zweiter hinter dem HSV. Von 1988 bis 1991 gehörte der Klub der Bundesliga an – drei Jahre, die sich im nachhinein für die leidensfähigen Anhänger zur wunderschönen Zeit verklären. 1995 bis 1997 war man wieder Erstligist, fast 50 000 feierten das, als sich die Mannschaft vor dem »Docks« auf der Reeperbahn zeigte. 2001 glückte dem Kult-Klub, der als Abstiegskandidat in die Zweitliga-Saison ging, der sensationelle Aufstieg – »das Freudenhaus der Bundesliga« (Jörg Wontorra) hat wieder geöffnet ...

Eine kurze Visite ist der U-Bahnhof St. Pauli samt futuristischen Portalen wert: Unterirdisch sieht man ebenso wie an der Station Feldstraße historische Fotos vom Stadtteil.

Die Route überquert die Budapester Straße, von 1946–56 nach dem von den Nazis ermordeten ehemaligen KPD-Vorsitzenden Ernst (»Teddy«) Thälmann (s. S. 209) benannt. Für das »Powerhouse«, ehemals »Ballhaus Zauberflöte«, Simon-von-Utrecht-Str. 41–43, die »St. Pauli-Eisenwerke« W. Schenck & Co (Nr. 33, von 1890) und das Haus Budapester Str. 8 ist Denkmalschutz vorgesehen. Das »Powerhouse« steht schon lange leer, die Eisenwerke sind Ruine. Anstelle der Eisengießerei waren 2001 ein Hotel und Büros angekündigt.

Simon-von-Utrecht-Str. 17–18 ist die »Mathilden-Passage«, 1880 so benannt und auch von der Clemens-Schultz-Straße her (die früher Störtebeker-Straße hieß – heute gibt es nur noch einen Störtebekerweg fernab in Harburg) erreichbar. Die Terrassen wurden um 1880 erbaut, das (modernisierte) Vorderhaus etwa 10–20 Jahre zuvor: Es repräsentierte zur Straße hin – im Gegensatz zu den schmucklosen Terrassenhäusern.

Der dichtbesiedelte Norden St. Paulis, bebaut nach Aufhebung der Torsperre 1860, hat noch viele weitere Beispiele für die Hamburg-typischen Terrassen und Passagen. Simon-von-Utrecht-Str. 14 war 1862 »Jacobs Passage«, die 1864 nach einem Besitzerwechsel »Beckers Passage« genannt wurde. Die Jahreszahl 1878 über dem Eingang zu Haus Nr. 8 dokumentiert die Erweiterung. Ecke Simon-von-Utrecht-Str. 21/Rendsburger Str. liest man im Giebel »Beyling wohltätige Stiftung«.

Die »Seilerstroot« gehört zum hamburgischen Liedgut, sie verläuft parallel zur Simon-von-Utrecht-Straße. In Nr. 42, ehemals Realschule der evangelisch-reformierten Gemeinde von 1886, befindet sich das von der Neustadt hierhin umgezogene Hamburger Schulmuseum. Gegenüber, Nr. 43 im Schulbau von 1888, ist die Stella Academy. Stella Entertainment ist führendes Unternehmen des deutschen Musicalmarktes und begann 1986 im Operettenhaus auf der Reeperbahn mit »Cats«.

Seilerstr. 42/43

Im (jetzt leeren) Giebelfeld des Gebäudes stand früher zu lesen: »Krankenhaus / der israelitischen Gemeinde / der sel. Betti Heine zum Andenken / erbaut von ihrem Gatten Salomon Heine Ao. 1841.« Stifter Salomon war Onkel von Heinrich Heine, der 1841 ein Gedicht »Das neue israelitische Hospital zu Hamburg« schrieb.

Simon-von-Utrecht-Straße 2/4d

Gebaut wurde das Krankenhaus nach dem Plan von Johann Heinrich Klees-Wülbern 1841–43 auf dem Gelände des früheren Pesthofes. Die auf das Krankenhaus zuführende Straße wurde 1865 nach Stifter Heine benannt, unter den Nazis aber durch die Bezeichnung Hamburger Berg ersetzt – eine Benennung, die nie rückgängig gemacht wurde. Aus unerfindlichen Gründen gibt es nun in Eppendorf einen Salomon-Heine-Weg.

Nach 1933 geriet Hamburgs Jüdisches Krankenhaus zunehmend in Schwierigkeiten, denn die Patientenzahlen waren aus den bekannten Gründen rückläufig. Verzinsung und Tilgung des Eine-Million-RM-Darlehens, das man von der Stadt für den Erweiterungsbau 1928 - 31 in Anspruch genommen hatte, wurden immer problematischer. Der NS-Senat war zu keinen Kompromissen bereit und stellte 1935 die Prognose, das Krankenhaus müsse bald geschlossen werden. Für den Fall wollte man die jüdischen Patienten in gesonderten Abteilungen in den staatlichen Kliniken unterbringen, was aber z.B. das Universitätskrankenhaus Eppendorf ablehnte – »im Interesse einer reinlichen Scheidung der jüdischen und der arischen Patienten«. Im September 1939 ging der gesamte Komplex an die Stadt, die dafür auf 1,1 Millionen RM Schulden aus dem Darlehen und dem Zahlungsrückstand verzichtete. Die jüdischen Patienten wurden in die Johnsallee 54 und 68 (s. S. 226) verlegt. Das Krankenhaus diente der Wehrmacht als Kieferklinik und Reservelazarett.

Nachdem in der Nachkriegszeit der Abriß des Gebäudes für einen Hallenbad-Neubau vorgesehen war, ist das frühere Krankenhaus nun gründlich renoviert und dabei auch der Betsaal »für ein Gedenken an jüdische Tradition« wiederhergestellt worden; im »Betty-Heine-Saal« kann man sich nun trauen lassen. Das 2001 eröffnete »Rathaus von

St. Pauli«, Umbaukosten fast 2,9 Mio. Mark, stand seit 1998 leer, wofür der Bezirk Mitte eine Million Mark Mietkosten aufbrachte.

Unter Nr. 4 d besteht das »Leuchtfeuer Hospiz« für AIDS-Kranke, ein Projekt der 1994 begonnenen »Hamburg Leuchtfeuer AIDS-Hilfe«.

Hamburger Berg
5

»Was nicht im Baedeker steht ...« hieß Ende der 20er Jahre eine Reiseführer-Reihe, und genau das interessiert die Leute auch heute noch: »Wo war denn das nun mit dem St. Pauli-Killer Pinzner?« (der 1986 einen Staatsanwalt, seine Frau und sich tötete), wird gefragt. Das geschah nicht auf dem Kiez, sondern dem Polizeihochhaus am Berliner Tor. Ältere fragen auch nach dem Frauenmörder Fritz Honka (geb. 1935), der ebenfalls mit St. Pauli identifiziert wird. Der Leipziger DDR-Flüchtling – Vater Kommunist und im KZ; acht Geschwister; Heimzögling – verkehrte auf St. Pauli im »Goldenen Handschuh« (Hamburger Berg), dem Lokal des Ex-Meisterboxers Herbert Nürnberg, im »Elbschloß-Keller«, im »Camelot« und in der Altonaer »Zeiß-Klause«. Seine Opfer, drei Prostituierte und eine Stadtstreicherin, brachte er zwischen 1970 und 1974 in seiner Wohnung in der Altonaer Zeißstraße 74 ums Leben. Als dort ein Brand ausbrach, entdeckten Feuerwehrmänner die Leichenteile. Honka wurde zu 15 Jahren verurteilt und in eine psychiatrische Klinik eingewiesen. 1993 entließ man ihn, Ende 1998 verstarb Fritz Honka in einem Altenheim an der Ostsee. Die unzähligen Schießereien um die Vorherrschaft auf dem Kiez, dem 1998 Dieter Wedels TV-Serie »Der König von St. Pauli« gewidmet war, lassen wir hier einmal außen vor.

Talstraße 67

Für sich stehen nach den Kriegsschäden die beiden früheren Hinterhauszeilen, Rest einer umfangreichen Terrassenanlage, deren Bau um 1860 begann. 2001 war sie vom Abriß bedroht: Die stadteigene SAGA bezeichnete den Erhalt als nicht rentabel, nebenan hat sie neu gebaut, während die »Gruppe Tal 67« die Gebäude als Wohnprojekt erhalten möchte.

Bevor der Rundgang in der Schmuckstraße fortgesetzt wird, ist ein Abstecher zur Jägerpassage und den Terrassen der Wohlwillstraße möglich.

Wohlwillstraße 20 - 28
6

Die Terrassen im Hinterhof gelten als ältestes Beispiel für sozialen Wohnungsbau in Hamburg. 1866 hatte hier die »Gemeinnützige Hamburgische Baugesellschaft« (Architekten: Timmermann und Schrader) gebaut, und zwar angesichts »allgemein anerkannter Übelstände« in den »Wohnungsverhältnissen der unbemittelten Volksklassen Hamburgs« (1855) anders als bisher: »Statt enger, tunnelartiger Hofzugänge großzügige Torwege, die auch Fuhrwerken genügend Platz bieten; statt dunkler, steiler Stiegen breite, gut belichtete Treppenhäuser; statt der Aborte und Wasserstellen im Hof Toiletten und Schüttsteine in den Häusern unter Dach und Fach und statt qualmender, offener Feuerstellen moderne Kochherde im Wohnungsinnern« (Haspel).

Die fünfgeschossigen Hinterhäuser wurden 1968 von der Stadt aufgekauft (Verwalter: SAGA) und sollten abgerissen werden. Als 1981 die SAGA argumentierte, Mieter für das Arbeiterquartier ließen

sich nicht finden, gründete sich die »Initiative für den Erhalt der Jägerpassage« mit 70 Interessenten, die bereit waren, hier Wohnung zu nehmen. An einem Sonntagnachmittag im November 1983 wurde erstmals besetzt, später geräumt. Am 1. Mai 1984 wurde wieder geräumt, diesmal durch Bereitschaftspolizei, »mit außergewöhnlicher Härte und Schlagstöcken« (Abendblatt).

Im Juli 1984 kam statt der Polizei dann der Bürgermeister und sagte Unterstützung beim Bemühen um den Erhalt der Jägerpassage, deren Nordterrasse 1982 zerstört worden war, zu. Doch am 2. März 1986 wurde erneut geräumt, und im Herbst gab die Jägerpassage-Initiative resigniert auf: »Freiräume sind in Hamburg politisch nicht durchsetzbar.« 1996 führt die Lawaetz-Stiftung dort Sanierungsarbeiten durch.

Die Terrassen, »architektonischer Beitrag zur Reform des Arbeiterwohnungsbaus«, entstanden 1874. Der Maurermeister Tiedemann von St. Pauli baute fortschrittlicher als andere: Häuser ohne feuchte Wohnkeller, dafür mit einem 3. Obergeschoß. Die Allgemeine Deutsche Schiffszimmerergenossenschaft von 1875 kaufte im Jahr 1892 die Miethäuser 13 – 17 und ließ sie durch ihre Genossen renovieren: ein Instandsetzungsmodell auf Selbsthilfebasis (das gegenüber in der Jägerpassage ja auch möglich gewesen wäre).

Ein Teil der Terrassen, Wohlwillstraße 15, ist nun mit 26 eineinhalb- und 3-Zimmer-Wohnungen für 3,6 Millionen DM instand gesetzt worden. Wie es dazu kam, ist berichtenswert: Nachdem nämlich auf Betreiben von Eugen Wagners Baubehörde und des SPD-geführten Bezirksamtes Mitte 1989 mit dem Abbruch der Bauten begonnen worden war, setzte Kultursenator von Münch (FDP) in

Polizeieinsatz gegen den Erhalt der Jägerpassage: »Mit außergewöhnlicher Härte und Schlagstöcken.«

Wohlwillstraße
7 - 23

*Terrassen Wohlwill-
straße: Ein Senator
ließ abreißen, der
andere stoppte die
Zerstörer*

Schmuckstraße

einer Blitzentscheidung noch Denkmalschutz durch: Senator contra
Senator. Resultat: Die schon reichlich ruinierten Gebäude mußten
wieder aufgebaut werden!

Um die Ecke, Brigittenstr. 5, ist »B movie« ein kleines Kino, das
sehr sehenswerte Filme präsentiert. In einer Gasse ist der historische
Grenzgang zwischen Hamburg und Altona markiert. Wohlwillstr. 28
hat das St. Pauli-Archiv seinen Sitz.

Die Schmuckstraße war Zentrum der chinesischen Kolonie der
Hansestadt, ein Stück Asien an der Wasserkante:

*»Haus bei Haus ist von der gelben Rasse bewohnt, jedes Kellerloch hat über
oder neben dem Eingang seine seltsamen Schriftzeichen. Die Fenster sind
dicht verhängt, über schmale Lichtritzen huschen Schatten, kein Laut
dringt nach außen. Alles trägt den Schleier eines großen Geheimnisses.
Geht ein Mensch über die Straße, vielfach mit kurzen, abgehackten Schritten, so ist es ein Chinese, eine Tür klappt irgendwo und er ist verschwunden. Niemand weiß, was diese Menschen unter sich in den Wohnungen
treiben. Die Schmuckstraße ist das Chinaviertel von St. Pauli, geheimnisvoll
und rätselhaft wie das große Mutterland im fernen Osten. Kein Europäer
durchdringt jemals den Schleier.« (Jürgens, St. Pauli, 1930)*

Die Dampfschiffe, auf denen sie als Kulis, Schmierer im Maschinen-
raum oder Kohlenschlepper anheuerten, hatten die Chinesen in die
Hafenstadt gebracht, wo sie Wäschereien, kleine Wirtschaften und
Läden betrieben, fast immer in Kellern. Das Lokal von Ko Yen Kow,
Schmuckstr. 7, z.B. bestand aus einem Labyrinth von zwölf Keller-
räumen und war gleichzeitig Quartier für durchreisende Landsleute.
Hamburg war in den 20er Jahren wichtiger Umschlagplatz für

Rauschgift. An dem Geschäft waren u.a. Chinesen beteiligt, doch auch die Polizei dealte mit (Fall Langemaack und Kollegen, 1926).

Aus rassistischen Gründen und weil sie den Verdacht hatten, die Asiaten würden für die Alliierten spionieren, verhafteten die Nazis am 13. Mai 1944 alle in Hamburg lebenden Chinesen, brachten sie ins KZ Fuhlsbüttel und später in das Zwangsarbeitslager »Langer Morgen« in Wilhelmsburg. 17 der 165 Chinesen sind in der Haftzeit umgekommen. Mit den Transvestiten ist nun in der Schmuckstraße, deren eine Häuserzeile abgerissen wurde, eine andere Minderheit eingezogen.

»Eine Tür klappt und er ist verschwunden«: Chinese in der Schmuckstraße auf St. Pauli

Der Straßenname Große Freiheit – wie auch der der benachbarten Kleinen Freiheit – wird oft mit den Amüsierbetrieben in einer der bekanntesten Vergnügungsstraßen St. Paulis in Verbindung gebracht, doch hat er andere Gründe: An der Grenze zwischen beiden Städten gewährte Altona seit 1611/12 Religions- und Gewerbefreiheit für Flüchtlinge und Vertriebene. So war hier die Kirche der Mennoniten, der »Taufgesinnten«, und die der Reformierten (beide Gebäude in den 50er Jahren abgerissen), und bis heute besteht hier die katholische Kirche St. Joseph.

Mit Große Freiheit 84 ist dank der Bemühungen von Denkmalschutz und Autonomen Jugendwerkstätten (die die Instandsetzung durchführten) eine der letzten Budenreihen Hamburgs erhalten geblieben. Um 1850 gebaut, beherbergten die Buden anfangs meist Handwerker, ehe mit der Industrialisierung hier vor allem Arbeiter (auch aus der benachbarten Fischräucherei) eine billige Unterkunft fanden, die sie aber dennoch offensichtlich nur schwer finanzieren konnten: Einzelne Zimmer wie auch Betten waren untervermietet, und bis zu zehn Menschen lebten in den Buden. Wichtig: Die Budenreihe ist nur vom Parkplatz Große Freiheit 70 der früheren Fischräucherei einzusehen.

Große Freiheit 84

Große Freiheit 73 - 75

Ebenfalls instand gesetzt, vom »Verein Große Freiheit«, wurden das ehemalige mennonitische Pfarrhaus von 1772 im Barockstil (Nr. 75) und das Gemeindehaus von 1865 (Nr. 73).

»Geheimnisvoll und rätselhaft«: Hamburgs Chinatown 1930

Große Freiheit 70

Wo ehemals Fische verkauft wurden, sind nun Büros und das Restaurant »Weite Welt« beheimatet. Die Fischräucherei von Tollgreve & Co war zuvor in Hamburgs letztem erhaltenen historischen Bau der fischverarbeitenden Industrie zu Hause. »Der Betrieb hat Wahrzeichencharakter für die Geschichte des Arbeitsalltags eines ehemals von der Fischindustrie beherrschten Stadtteils«, plädieren die Autoren des Stadtrundgangs »Arbeitswelt und Arbeiterwelt« für den Erhalt. Der charakteristische, 42 Meter hohe Schornstein überragte 24 Räucheröfen. Vom Kontor-Erker am Hauptbau hatte der »Fabrikherr« den Überblick über den Hof und damit eine Kontrollmöglichkeit über seine Arbeiterinnen und Arbeiter.

Große Freiheit 68

»Harry's Hafenbasar«, eine Hamburger Institution, war bis 1996 in der Hafen-nahen Bernhard-Nocht-Straße in den früheren Wein- und Schnaps-Lager-Kellern der Firma Niebuhr ansässig. Das exotische Sammelsurium hat nun an neuer Adresse in einer ehemaligen Fabrikhalle 20 Räume und 1500 qm zur Verfügung. Wir empfehlen: Unbedingt angucken! Und kaufen Sie etwas, gibt's das Eintrittsgeld retour.

Das »Grünspan«

Harry war Harry Rosenberg, ein ehemaliger Seemann. Er begründete den Basar 1954 und verstarb 2000 im Alter von 75 Jahren.

Ende der 60er entstand ein »Psychedelic-Tempel« namens »Grünspan«, der einem Roman von Hubert Fichte den Namen gab. Die Op-Art-Bemalung von Werner Nöfer in dem Musiklokal wurde zum Aufbruchsignal für bundesdeutsche Wandbild- und Graffiti-Künstler. 2001 war ihr Bestand durch Wasserschäden bedroht.

Große Freiheit 58/62

Die katholische Barockkirche St. Joseph (1718–23) ist im 2. Weltkrieg schwer beschädigt und 1953–55 wiedererbaut worden. Der Joseph mit dem Jesusknaben über dem Portal ist eine Kopie: Das Original ist im Altonaer Museum.

Große Freiheit 43

Im Haus Nr. 62 befand sich das »Indra«, wo »The Beatles« am 17. August 1960 ihr erstes Deutschland-Engagement antraten. John und Paul waren schon damals bei den »Silver Beatles« dabei, der Drummer hieß Pete Best und ein weiteres Band-Mitglied Stu Suttcliff, das in Hamburg blieb und dort verstarb. Übernachtet haben die Musiker damals im »Bambi-Kino« (Paul-Roosen-Str. 33), die erste Plattenaufnahme fand Kirchenallee 57 statt.

»Die Not hat ein Ende! Die Zeit der Dorfmusik ist vorbei!« – Mit diesem Plakattext wurde am Freitag, den 13. April 1962, die Eröffnung des »Star Club« mit einer »Rock'n'Twist-Parade« im 19. Jahrhundert-Bau, wo Ernst Thälmann von der KPD gesprochen hatte, eine 2.-Weltkriegs-Großküche und das »Stern-Kino« gewesen waren, angekündigt. Mit im Premieren-Programm waren »The Beatles« für 750 DM Wochengage, die schon 1960 das erwähnte »Indra« miteröffnet hatten.

Große Freiheit 39

Der »Star Club«, dessen Gebäude 1986 abgerissen wurde, woraufhin ein nächtlicher Trauermarsch über die Reeperbahn stattfand, hatte Vorläufer auf St. Pauli: das »Indra«, Ende 1959 den »Kaiserkeller« Ecke Große Freiheit/Schmuckstr. (jetzt »Große Freiheit 36«), den »Top Ten Club« Reeperbahn 140, aber der Rockladen war ohne Zweifel der »Star Club«.

Die Band-Wettbewerbe im »Star Club« förderten eine deutsche Rockmusik-Szene, deren bekannteste Gruppen »The Rattles« und die »Lords« waren. Und der Rock war es auch, der den legendären Club umbrachte: als die Musikindustrie expandierte, ins Fernsehen und in die Konzerthallen Eingang fand, als die Diskotheken aufkamen und sich das Zeitgefühl der Jugend änderte. Der letzte Versuch der »Rattles« Achim Reichel und Frank Dostal mit dem »Star Club« endete Silvester 1969; 1970 zog das Sex-Theater »Salambo« ein. Jüngere Leser mögen kaum glauben, wer da alles auf der »Star Club«-Bühne stand – es liest sich wie ein Rock-Lexikon: The Beatles, Bill Haley, Little Richard, Fats Domino, Ray Charles, Jerry Lee Lewis, Everly Brothers, Chuck Berry, Eric Burdon, The Cream, Jimi Hendrix Experience, Brenda Lee ... Im Hof Große Freiheit erinnert ein Gedenkstein an den »Star Club«.

Vor der »Finkenbude« Ende der 20er Jahre: »Kein Geld, nicht mal 'ne lausige Zigarette«

Wir überqueren die Reeperbahn, wo zur Elbe hin weitere Teile von Alt-St. Pauli erhalten sind. Die Finkenstraße allerdings ist völlig neu bebaut, und nichts mehr erinnert an das »Gast- und Logirhaus ›Zur Finkenbude‹«, ein Stück Hamburger Sozialgeschichte. St. Pauli hatte viele dieser Herbergen. Für die Zeitungen war die »Finkenbude« »ein

Finkenstraße

St. Pauli-Kirche: Die Hamburger selbst zerstörten ihre Vorgängerin

Hein-Köllisch-Platz
❿

Bernhard-Nocht-Straße 75

berüchtigtes Asyl«, und in der Literatur taucht sie immer wieder als »Unterwelt-Lokal« auf:

»Die Klapptür führt gleich in den Schankraum, der sich kahl und leer wie ein breiter Gang erstreckt, trübe beleuchtet, zur Rechten ein paar lange rohe Tische, ebensolche Bänke. Der Schanktisch ist kein Tisch, er ist ein Bollwerk, gebaut, um zu schützen und abzuwehren. Der Wirt hat seine Gründe. Vor dem Schanktisch lungert ein Dutzend schmächtiger Gesellen. Von frischer Gesichtsfarbe ist nichts zu sehen, allerlei Dialekte lassen erkennen, daß sie aus allen möglichen Winkeln hier zusammengelaufen sind.

In der Herrenweide finden sich noch Reste der alten Bebauung, ebenso auf einer Seite der Lincolnstraße. Ecke Trommelstr./Herrenweide hängen permanent drei der Hausbewohner im Fenster. Im Eckhaus Lincolnstr. 1/Am Nobisteich, im Jugendstil, das Lokal »Nobiskrug« mit stadtteiltypischer Wandreklame für die Weingroßhandlung Claus Tiedemann von 1884, die ihren Sitz Trommelstr. 23/24 hatte. Lincolnstr. 33 ist ein vorgründerzeitliches Backsteinsahlhaus, vermutlich ältestes Gebäude der Straße. Hier war der Fischhandel von Gottfried Clas Hagenbeck, der 1848 auf dem Spielbudenplatz sechs Seehunde ausstellte und 1863 Spielbudenplatz 19 Tierhandlung und Menagerie gründete – Vorläufer des 1907 in Stellingen gegründeten Privatzoos.

Südlich des Platzes im Sanierungsgebiet steht die St. Pauli-Kirche, deren Vorgängerin 1682 als Filiale des Michel geweiht wurde. Die Hamburger selbst zerstörten den Bau, als sie 1686 die in dieser Gegend liegenden Dänen beschossen. 1814 brannten die Franzosen den Gottesbau erneut nieder. Die jetzige klassizistische Kirche entstand 1819–29 nach Plänen des Esplanade-Architekten Carl Ludwig Wimmel (Turm von 1864) auf dem alten Kirchhof.

Teil der Wiederaufbauplanung St. Paulis nach der Franzosenzeit sind auch das ehemalige Wachgebäude von Infanterie, Nacht- und Feuerwache (Lange Straße 6, heute Glaserei), um 1820 entstanden, und die klassizistischen Schul-, Pastorats- und Küsterhäuser an den Eckpunkten der Friedhofsanlage. Keinesfalls versäumen: den Blick vom Ende der Antonistraße auf den Hafen.

Als 1951 der Wiener Manfred Quinn auf seinen Tramps nach Hamburg kam, landete er zunächst in der Jugendherberge – und dann in der »Washington Bar«, wo er noch in der Nacht des Ankunftstages den Laden »voller anglo-kanadischer Seeleute« mit Songs zur Gitarre unterhielt. Wirt Hans Mathiessen, ein Emigrant, behielt Freddy gleich da, und so begann seine Karriere, die er später in der »Tarantella«-Bar im Hotel Esplanade am Dammtor fortsetzte.

1956 nahm Freddy im Großen Saal der Musikhalle seine erste Schellack-Platte auf: A-Seite »Heimweh«, B-Seite »Sie hieß Mary Ann«, und war schon bald Plattenmillionär. Der Star hat auf St. Pauli auch in Musicals gespielt, als »Der Junge von St. Pauli«, in »Heimweh nach St. Pauli« oder »Große Freiheit Nr. 7«. Er lebt jetzt in der italienischen Schweiz.

Werner Skrentny

Heiligengeistfeld und Dom: »Amerikanisierung der Vergnügen«

»Dom auf dem Heiligengeistfeld« – das klingt, als läge dort der Mittelpunkt kirchlichen Lebens in Hamburg. Wer sich freilich schon einmal auf den Weg dorthin gemacht und den weithin strahlenden »Heiligenschein« als der Welt größtes mobiles Riesenrad ausgemacht hat, wird feststellen, daß das bunte Jahrmarktstreiben am Rande von St. Pauli sich schon arg weit entfernt haben muß von jenen Anfängen, die dem Ort und Trubel bei der Namensgebung Pate standen.

Ehe dem Spiel- und Unterhaltungstrieb hier seit den 1880er Jahren ein Dom erbaut wurde, hatte das dreieckige Feld schon seinen Namen erhalten: Es handelte sich um die Restfläche der Ländereien des Heilig-Geist-Hospitals, die 1620 nicht in den Befestigungsring miteinbezogen und den »Knochenhauern« als Weideland überlassen worden war.

Die Bezeichnung »Dom« hatte sich Anfang des vorigen Jahrhunderts für den seit dem Mittelalter in und um den 1805–06 abgebrochenen Dom (vgl. Straßenbezeichnung Domstraße) in der Vorweihnachtszeit abgehaltenen Christmarkt durchgesetzt. In der Gründerzeit verdrängten Großstadtverkehr und -polizei den Domtrubel aus der Innenstadt an den Stadtrand, ehe 1893 alle Kauf- und Schaustellerbuden in der inneren Stadt aufgehoben und auf den Spielbudenplatz von St. Pauli sowie das Heiligengeistfeld, wo sie sich schließlich in einer lichterfüllten Budenstadt konzentrierten, verwiesen wurden.

Die wirtschaftlichen und technischen Entwicklungen des Industriezeitalters machten auch vor der Tradition des althamburgischen Domvergnügens nicht halt: »Die Amerikanisierung der Vergnügen, wirtschaftlich der Übergang zum Alleinvorrecht (Monopol), die Vereinigung der kleinen Schaustellungen zu einem großen Unternehmen, in der der früher selbständige Gaukler und Kraftkünstler Angestellter wird, schreitet unaufhaltsam vorwärts. Das von Menschenkraft oder Pferden bewegte harmlose Karussell fliegt jetzt meist elektrisch betrieben herum und ist mit prunkenden, schlau ersonnenen marktschreierischen Lichtwirkungen ausgestattet.« (1923)

Die hier gesetzten Akzente sind bis heute nur graduell verschoben. Dennoch mag sich wohl kein Dombesucher mehr menschliche Arbeitskraft oder die Antriebskraft von Tieren in den Mühlen der Karussellkreise wünschen. Stellenweise ist die Tradition des Doms der Jahrhundertwende auf dem Heiligengeistfeld aber noch anschaulich: Schiffsschaukeln, Holzpferde- und Schlittenkarussells oder automatische Jahrmarktsorgeln erinnern nicht nur im Falle des Kinderfahrgeschäfts (1902) und der mechanischen Orgel (1911) von Rolf Vespermann an die Domzeit vor den beiden Weltkriegen. Und der als »Internationaler Verein reisender Schausteller und Berufskollegen« gegründete, heute unter dem Namen »Hamburgs Schaustellerverband von 1884 e.V.« bekannte Zusammenschluß der »Domhersteller« repräsentiert wohl die »älteste Berufsorganisation der Schausteller im Bundesgebiet«. Eine Hochburg der Zerstreuungskultur und ihrer Produzenten war Hamburg nämlich schon seit alters her. (J.H.)

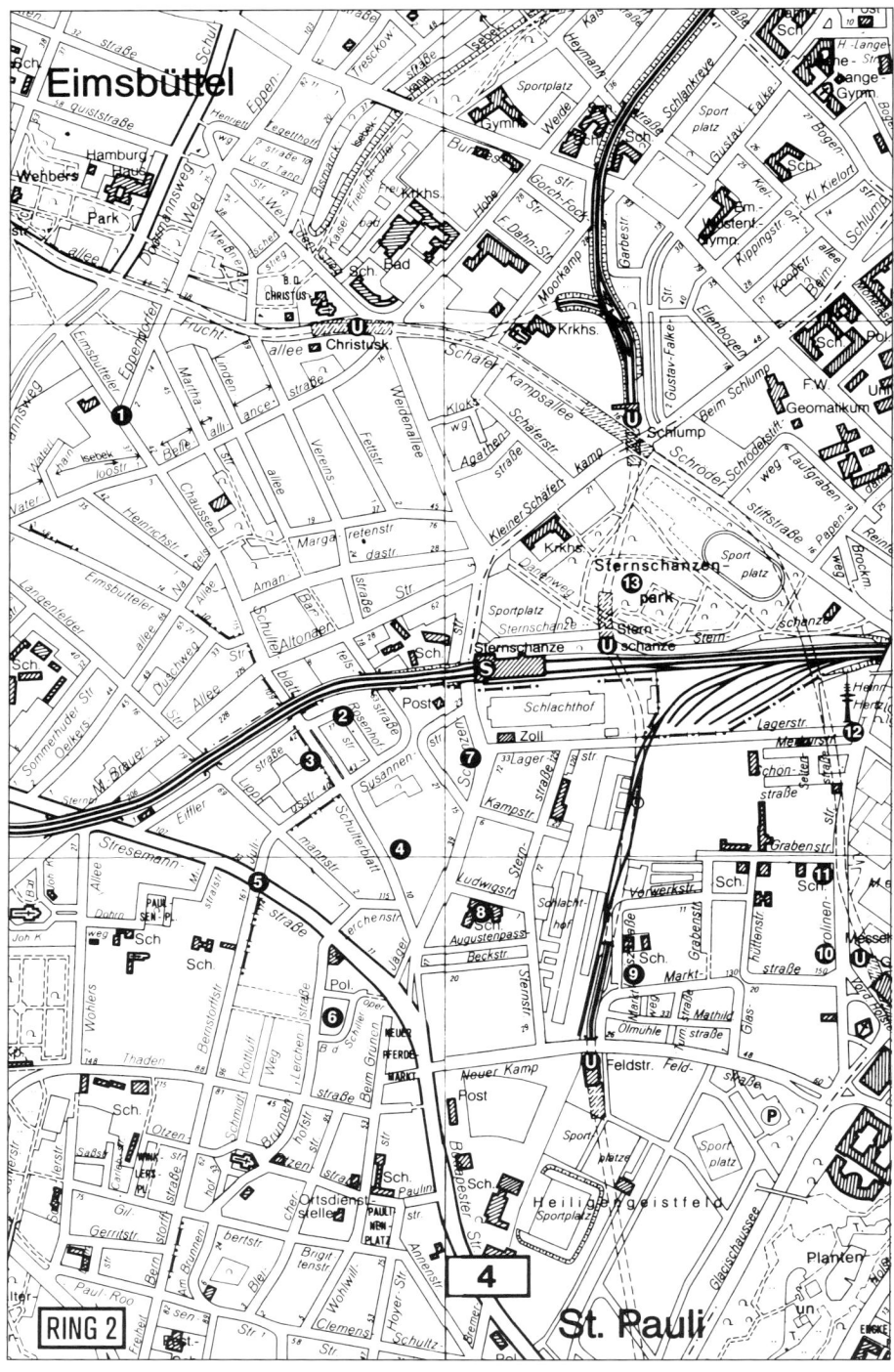

»Schanze« und »Karo« – lebendig und problematisch

Ausgangspunkt: U-Bahnhof Christuskirche (U2)
Endpunkt: U/S-Bahnhof Sternschanze (S11, S21, S31, U3)
Dauer des Rundgangs: 4 Stunden

Keine eigentlichen Stadtteile sind das Schanzenviertel (Szene-Jargon: »Schanze«) und das Karolinenviertel (»Karo«), trotz zum Teil sozialer Probleme und wegen jüngerer Entwicklungen sicherlich mit die interessantesten Quartiere der Stadt.

Das Schanzenviertel galt noch 1978 als »verkommenes Altbaugebiet« (»Abendblatt«), und der Bereich Margaretenstraße, Lindenallee, Vereinsstraße, Fettstraße war sogar als Neubaugelände für eine Stadtautobahn eingeplant. Parallel zum Abriß von 400 Häusern begannen dann die Sanierungen (zuständig ist die Stadterneuerungs- und Stadtentwicklungsgesellschaft Hamburg mbH, kurz: STEG, die Stadtteilentwicklung und »sozialen Ausgleich« verfolgt), wobei das Viertel heute vor allem von Jüngeren und Ausländern bewohnt ist und im Laufe der Jahre eine ganz eigene Szene entwickelt hat, deren politischer Teil sich nachhaltig mit Parolen an Häuserwänden und wildem Plakatieren in Erinnerung bringt. Den erstaunlichsten Schriftzug fanden wir in der Ludwigstraße: »VIVA Ceaucescue PCR!« – so lebt denn die rumänische KP samt ihrem Vorsitzenden wenigstens im Schanzenviertel fort ... Die Bewohner beider Quartiere gelten als streitfähig, was sich im Widerstand gegen die »Verkiezung« (schicke Kneipen- und Lokalszene) oder im Kampf um leerstehende Häuser ausdrückt. Ein Großprojekt wie das Musical-Haus »Neue Flora« war hier nicht durchsetzbar.

Nachdem sich die Drogenszene »in der Schanze« etablierte, gilt das Viertel als einer der sozialen Brennpunkte der Stadt. Der »Fixstern« – Träger Freiraum e.V. – soll nun vom Schulterblatt in die Lagerstraße verlegt werden. Anwohner-Initiativen, Jesus Center e.V., Quartiermanager, Stadtteilpflegeprojekt »Schanzenkieker« (gegen Vermüllung und Verslumung) u.a. bemühen sich. Die »Rotfloristen« – siehe unten – beklagen derweil, dass Drogen-Dealer »drangsaliert, weggeknastet und vertrieben« würden.

Obwohl nicht weit vom Vergnügungsdorado St. Pauli entfernt, hatten sich an der Eimsbütteler Chaussee und am Schulterblatt schon früh und bis in die 50er Jahre hinein Unterhaltungs-Etablissements niedergelassen, deren Gebäude zum Großteil noch erhalten sind.

Karolinen-Passage

Fleischfabrik Kessler

Eimsbütteler
Chaussee

Eingekeilt zwischen Messe und Schlachthof, Heiligengeistfeld und vor allem viel Autoverkehr hat unser zweites Ziel, das Karolinenviertel, allen Abrißplänen trutzig widerstanden. Im Schatten des 1895 in Betrieb genommenen und nun stillgelegten Kraftwerks »Karoline« leben auf 31 Hektar 6000 Menschen, davon die Hälfte Ausländer. 90 Prozent der Häuser entstanden vor 1900. Die Spekulation hatte zur Folge, daß so ziemlich jeder Quadratmeter bebaut wurde (siehe Marktstraße 109–113, die Julius-Terrasse). Im Zuge der Messe-Erweiterung sollte das »Karo« verschwinden, man ließ die Gebäude verfallen und muß nun gründlich sanieren.

Auch das Karolinenviertel hat eine alternativ-bunte Szene, ist über alldem dank der bunten Marktstrasse-Boutiquen vielleicht sogar dabei, eine Touristen-Attraktion zu werden. Laut Aussagen der Ladenbesitzer verzeichnet man jetzt schon Kundschaft aus Kiel und Bremen – oho! Schon früher verlangte »Die Welt«, »das museumsreife Viertel für den Hamburg-Tourismus nutzbar zu machen«, und vermerkte, das sei hier »wie im Urlaub in den Abruzzen«, man spüre »den Hauch der frühen Londoner Carnaby Street«.

Vor und im 2. Weltkrieg war sie eine der Hauptgeschäftsstraßen Hamburgs: Viele Firmen aus der Innenstadt hatten hier Ableger – Karstadt mit seinem »Epa«(Einheitspreis)-Haus, Jaeger & Mirow, die Konsumgenossenschaft »Produktion« (das »Pro-Haus«). Dazu gab es hier und am nahen Schulterblatt reichlich Freizeitangebote, vom Kino bis zum Ballhaus. Spuren in der Stadt:

Eimsbütteler Chaussee 63, gegenüber der Einmündung des Eppendorfer Weges: Das frühere »Central-Kino«, heute Squash-Center.

Eimsbütteler Chaussee/Ecke Waterloostr. 5–7: Ehemals Standort der »Fabrik feiner Fleisch- und Wurstwaren« der Gebrüder Kessler, wegen der noblen Verkaufsräume in einer Art Marmorhalle weit übers Viertel hinaus bekannt. Erhalten ist das rückwärtige Fabrikgebäude.

Eimsbütteler Chaussee 3: Die ehemaligen »Kursaal-Lichtspiele«. Hinter dem Kino befand sich in einem weiteren Bau der große Saal mit Bühne des »Theaters des Westens« (jetzt »Delphi-Theater«, vorher Großdisco »Trinity«).

Ecke Amandastr./Schulterblatt: Anstelle des Neubaus war hier das Kaufhaus Poetsch im jüdischen Besitz, das Karstadt in der NS-Zeit übernommen haben soll.

Direkt gegenüber an der anderen Straßenecke lag das jüdische Kaufhaus Bucky, gegründet 1890 als Woll- und Weißwarengeschäft. »Die neue Bucky-Ecke« mit ihrer Lichtreklame erregte 1928 Aufsehen: »Das Haus zeigt mit dem ersten in Deutschland genehmigten Glas-Baldachin entlang der beiden Fronten einen weit über Hamburgs Grenzen hinaus bekannten modernen und praktischen Kaufhaus-stil.« (Firmentext) Wie viele andere jüdische Firmen Hamburgs auch wurde Bucky im Dezember 1938 »arisiert«: Mit dem Anzeigentitel »Hoppla, jetzt kommen wir!« kündigte die Firma Dasking die Übernahme an (wenn Sie mitgezählt haben: Bislang haben Sie auf dem kurzen Weg bereits sechs Spielhallen passiert ...).

»Selbst der Onkel aus Kentucky geht doch nur ins Kaufhaus Bucky«: Die populäre »Bucky-Ecke«, eröffnet 1928, »mit dem ersten in Deutschland genehmigten Glasbaldachin«

1980–81 gab es auch in Hamburg eine Serie von Hausbesetzungen, so auch im leerstehenden Haus Amandastraße 73. Wie das »Abendblatt« mutmaßte, stand die DDR hinter den Besetzern: »Die DKP, die dem ›DDR‹-Regime treu ergeben ist, hat sich in Hamburg an die Spitze der Hausbesetzer-Bewegung stellen können.« Das Haus immerhin wurde gerettet, nachdem es schon für den Abriß vorgesehen war. Auch die Amandastraße hat »Multi-Kulti«-Charakter, mit türkischen und afrikanischen Lokalen und der Sambaschule.

Eines der vielen Lichtspielhäuser der Gegend war das »Belle-Alliance-Kino« von Godemann, Ecke Schulterblatt/Eimsbütteler Straße, im Volksmund »Belle« genannt. Wo heute das Kurbad Rossi und Backpacker-Hostel sind (Max-Brauer-Allee 279), waren die »Kaiser-Säle«, eine bekannte Veranstaltungsstätte. Die Freifläche gegenüber Ecke Schulterblatt/Max-Brauer-Allee entstand durch den Abriß von Geschäften wegen des geplanten »Flora«-Musicalhauses.

Die kleine, gewundene, im Krieg teils zerstörte Rosenhofstraße mit den hohen Etagenhäusern der Jahrhundertwende ist in die Literatur eingegangen. In der Festungshaft, u.a. in Bergedorf, verfaßte der KPD-Redakteur Willi Bredel (1901–1964) das Buch »Rosenhofstraße«, 1931 in der Reihe »Der Rote-Eine-Mark-Roman« erschienen. Der gebürtige Hamburger kämpfte im Spanischen Bürgerkrieg und war später DDR-Nationalpreisträger.

Schrieb Hamburg-Romane: DDR-Nationalpreisträger Willi Bredel 1962 an den St. Pauli Landungsbrücken

»Rosenhofstraße« beschreibt den Kampf einer kommunistischen Straßenzelle, Auseinandersetzungen mit den Nazis, Wahlkampf, Mieterstreik und Streik in der Pianofabrik – Steinway & Sons war gleich nebenan. Lokale Bezüge finden sich in Bredels Roman reichlich.

Rosenhofstraße

»Ein neuer Fall ›Winterhuder Fährhaus‹ scheint vorprogrammiert«, stand in früheren Auflagen dieses Buches zum einstigen Varieté »Flora«, das die städtische Sprinkenhof AG seit 1964 an den Billigmarkt »1000 Töpfe« vermietet hatte und das baulich zunehmend verkam, obwohl die Grundstrukturen von Rang und Bühne, auch die Schrift über dem Portal und die schönen Jugendstil-Türgriffe (später von Unbekannten entwendet) noch erhalten waren. Und tatsächlich kam es auch so wie in Winterhude, nur noch schlimmer: Straßenschlachten, Polizeiaufmärsche, Verletzte, Festnahmen. Gleichzeitig brachte der Konflikt um die »Flora« aber auch die Erfahrung, daß die Obrigkeit nicht alles durchsetzen kann, schon gar nicht gegen die Interessen der Bewohner dieses Viertels.

»Auf in die Flora!«:
Zeitungsanzeige

1988 hatte der SPD/FDP-Senat das 6000-qm-Areal (seltsamerweise genoß der »Flora«-Bau nie Denkmalschutz) für die Stella GmbH des Produzenten Fritz »The Cat« Kurz freigegeben, der hier ein 2000-Plätze-Theater für das Musical »Phantom der Oper« bauen wollte. Früh setzten die Proteste ein: Man fürchtete eine »Schicki-Mickisierung«, explodierende Mieten und Preise, die Vertreibung der sozial schwachen Bewohner.

Am 21. April 1988 kamen die Abrißbagger, und die ersten Auseinandersetzungen zwischen Polizei und den Gegnern des 42-Millionen-DM-Super-Theaters, dessen Betrieb das Viertel auch verkehrsmäßig ungemein belastet hätte, begannen. Der Abriß war umstritten, »rechtswidrig«, wie auch das »Abendblatt« seinerzeit feststellte. Am Schulterblatt begann die »Brokdorfisierung« (»taz«): ständige Polizeipräsenz, ein Metallgitterzaun rund ums Grundstück.

Die Flora 1890

»Flora und Gomorrha« drohten die Gegner an; der Bauplatz wurde besetzt, polizeilich wieder geräumt. Das Viertel war ständiger Unruheherd, und auch die Gewerkschaft der Polizei (GdP) meldete auf Flugblättern Bedenken gegen die Senatspolitik an. Investor Kurz zog sich schließlich zurück, und am 13. September 1988 gab auch der Senat auf: Der Widerstand am Schulterblatt hatte das Phantom vertrieben an den S-Bahnhof Holstenstraße. Dort war am 29. Juni 1990 Premiere, begleitet von Demonstrationen und Straßenschlachten. In der Neuen Flora sahen bis Sommer 2001 sieben Millionen Zuschauer das Musical.

Am Schulterblatt stand nun nur noch das Eingangsgebäude der »Flora«, ein Mahnmal gescheiterter Senatspolitik (der auch die Abrißkosten übernommen hatte) und inzwischen umfunktioniert zum Stadtteilzentrum »Rote Flora«, am 29. November 1995 durch einen Brand schwer beschädigt. Stets, wenn's im »Flora«-Umfeld Unruhen gibt – so die Krawalle am 1. Mai 2000 –, haben CDU, die neue Partei des Richters Schill und Teile der Springer-Presse wieder ihr Reizthema; gerne wird die »Rote Flora« dann mit den Ereignissen um die Hafenstraße von damals verglichen. 2001 wurde der Komplex, der u.a. als Ort für Konzerte und Parties dient, an einen Privatmann verkauft, der die Betreiber gewähren lassen will. Immobilien-Unternehmer Klausmartin Kretschmer (dem u.a. die Riverkasematten am Hafen und die alte Polizeiwache am Dammtor gehören) zahlte 370 000 DM. Erklärung der »Rotfloristen« aus dem selbstverwalteten Kulturzentrum daraufhin: »Die »Rote Flora« ist unverträglich, unsere politische Arbeit war, ist und wird nicht käuflich sein. Die Stadt wird uns mit dem Verkauf als Störfaktor nicht loswerden.«

Zugrunde ging über alldem ein historischer Theaterbau. Seit 1888 waren hier »Tivoli« und »Concerthaus Flora« mit großem Parkgarten, dann das »Flora-Theater«. Der jüdische Hamburger Komiker Siegfried Arno, in der NS-Zeit in die USA emigriert, sang hier das Charly-Wittong-Lied »Auf in die Flora!«, und es gab stets ein buntes Programm für die Leute der Gegend: Varieté, Revuen, Aufführungen, aber auch Berufsboxen (»Hamburger Punching«) und Ringer-Turniere (Catchen). Renoviert eröffnete die »Flora« nach dem Krieg 1949 wieder mit »Die lustige Witwe«, ehe das Theater – ein Zug der Zeit – 1953 in ein Kino umgewandelt wurde, das zuletzt über 800 Plätze verfügte. Hinter der »Roten Flora« wurden 42 Sozialwohnungen errichtet, dank Anwohner-Initiative entstand der kleine Park.

»Abrißbagger, Polizei, Brokdorfisierung«: Was blieb vom berühmten »Flora-Varieté«, ist die »Rote Flora«, hier vor dem Brand

Gegenüber der »Flora«, wo mittels Fahrbahnverengung nun eine kleine »Piazza« entstanden ist, entdeckte man Ende der 1990er Jahre einen ganz neuen Trend: »In« war plötzlich die portugiesische Pasteleria, man trinkt Galao und nascht Natas mit Pudding. Und prompt eröffneten weitere Pastelerias im Quartier ...

Schulterblatt 47-49/ 58

Früher war Nr. 47-49 das »Hansen-Kino«, jetzt ist hier ein Supermarkt. Das Industriehaus Nr. 58, weiterhin gewerblich, aber auch als Wohnraum (Lofts) genutzt, geht zurück auf Isermanns Pianoforte-Firma, die sich hier 1873–74 mit Fabrik, Kontorhaus, Lager etc. einrichtete. Um die drei Innenhöfe (nach dem Vorbild der Berliner Gewerbehöfe) zogen später viele kleine Firmen ein, so eine Kautschukwäscherei, eine Maschinenfabrik und eine Gewürzmühle. Heute wirkt auch dort die neue Multimedia-Branche, zu der das »Freie Sender Kombinat« (FSK), Schulterblatt 23a-c im Hinterhof, als alternatives Radio natürlich nicht zählt. FSK sendet auf 93,0 MHz.

Nach René Martens ist »die Schanze« heute mit über 100 Firmen »Hochburg der Hamburger Multimedia-Szene«.

Schulterblatt 26 - 36
❹

»Moderne möblierte Einzel- und Doppelzimmer, Apartments mit Bad und Kochnische« offerierte das »Boarding-Haus des Westens« von 1928, angelehnt an Vorbilder aus der damaligen Reichshauptstadt Berlin, wo man derlei Wohnhäuser vor allem als Mätressen-Quartier ansah. Man versuchte hier ein »Ein-Küchenhaus« mit dem Service eines Hotels zu etablieren, ehe das Haus bis 1933 in ein gewöhnliches Mietshaus umgewandelt wurde. Eigentümer des Boarding-Hauses war die Schulterblatt-Baugesellschaft, Bewohner z.B. in den 30er Jahren Konsuln, Schauspieler, Makler, Anwälte, Direktoren. Später übernahm die Landesversicherungsanstalt (LVA) die Gebäude, bis 1976 Montblanc einzog und die Natursteinfassade hellgrau übertünchen ließ.

Schulterblatt 24 a-h

Vorne die Konsuln, im Hinterhof des Schulterblatts die Mietshäuser, die anfangs unter dem vielversprechenden Namen »St. Pauli-Gartenwohnungen« standen. Der »Hamburger Hof« mit seiner grünen Lindenallee war auf Hamburger Gebiet gelegen, aber nur von Altona aus zugänglich.

Neuer Pferdemarkt
36/32/31/21

Ein wiederhergestelltes Nebengebäude ist vom »Hermann-Göring-Heim« der Hitler-Jugend (HJ), heute »Café online«, geblieben. Der Hauptbau mit großer Halle sowie sechs sog. Schaarräumen wurde im Krieg zerstört. Weiter interessant am Neuen Pferdemarkt: Nr. 32 der alteingesessene Schwulen-Buchladen »Männerschwarm«, Nr. 31 das »Hotel Pacific«, wo viele »Star Club«-Gruppen nächtigten, und Nr. 21, dessen Fassade Albrecht Dürer schmückt.

Stresemannstraße

Vom Neuen Pferdemarkt geht die Stresemannstraße ab, bundesweit bekannt geworden, als sich hier 1991 die Anwohner dem Autowahn entgegenstellten. Die unfallträchtige »dreckigste Straße Hamburgs« (Stickstoffdioxid-Werte) wurde zeitweise von täglich 43 000 Fahrzeugen, darunter 5000 Lkw, benutzt.

Stresemannstraße/
Bernstorffstraße
❺

Als am 27. August 1991 Ecke Bernstorffstraße die neunjährige Nicola bei Grün die Stresemannstraße überqueren wollte, überrollte sie ein Lkw. Das Mädchen war sofort tot – das sechste Kind, das in sieben Jahren an dieser Kreuzung starb. Spontan blockierten Anwohner die Straße und begannen ihren ausdauernden Protest. Daraufhin wurde eine Tempo 30-Zone eingerichtet, zwei Fahrstreifen wurden in Busspuren umgewandelt. Das Problem Verkehrsinfarkt aber bleibt in Hamburg. 870 000 Fahrzeuge sind zugelassen, 75 000 mehr als Anfang der 1990er Jahre, jährlich wächst die Zahl um weitere 5000 Pkw. Immer mehr Lkw aus Skandinavien und Osteuropa rollen durch die Stadt, an Spitzentagen überquert eine viertel Million Fahrzeuge die Elbe. *Rush hour* herrscht hier oft den ganzen Tag über.

Bei der Schilleroper
❻

Das Wort »Stadtteilkultur« wird von Hamburgs Senat gerne im Mund geführt. Die Schilleroper zu Altona scheint über alldem vergessen worden zu sein und wird – nur konsequent bei dieser Ignoranz – irgendwann wohl dem Abriß anheimfallen. Im ehemaligen Zirkusbau von Busch (1888) eröffnete 1905 das »Schiller-Theater«. In den 20er/30er Jahren wurden dort Klabund, Marieluise Fleißer und § 218-Stücke gespielt, traten Hans Albers und Asta Nielsen auf, gab

es Revuen mit Girltruppen und wurde auch politisch getrommelt.

1932 war das Theater zur »Schilleroper« umgestaltet und mit dem »Frei-schütz« eröffnet worden. Die letzte Vorstellung lief am 11. September 1939, »Sonnenstrahl im Hinterhof«, im Hauptpart die damals populäre »Berliner Göre« Rotraut Richter: Es war Krieg, und der Luftschutz verlangte die Schließung und den Umzug ins Operettenhaus am Millerntor. Von da an starb die Schilleroper in Raten: erst Großgarage, dann Notquartier für Aus-gebombte, Lager für Kriegsgefangene, Pläne für ein Großkino, Schwarz-markt-Treff, Hotel, 150 Betten für ausländische Werftarbeiter von Blohm & Voss. Und schließlich durchweg verworfene Projekte: ein Winterzirkus, ein Bordell, ein Zentrum für Kongresse. Das Bezirksamt Eimsbüttel hat das Ge-bäude längst als »Grünfläche« eingeplant. Die Schilleroper wird so dasselbe Schicksal treffen wie die benachbarte »Marien-Terrasse«, wegen der vielen Kommunisten und der vielen Kinder »Kleinasien« genannt (Abriß 1981). Horst Königsteins liebevolle Geschichte der Schilleroper wird eines Tages nur noch als Nekrolog zu lesen sein.

An einem Dienstag, den 21. Februar 1933, griffen etwa 20 Anhänger der KPD das Nazi-Lokal »Adler-Hof« Schanzenstr. 2–4 (heute »noodle's«) an; zwei Passanten wurden erschossen. Schanzenstr. 8 lohnt sich der Blick in den Hinterhof; spätestens die Träger für Lastentransporte verraten, daß hier Gewerbe ansässig war und ist.

Schanzenstraße 2-4/8/41a

Hausbesetzer, Polizeieinsätze – und ein Happy-End: Die inzwi-schen bunt bemalten Hinterhof-Terrassen Nr. 41a wurden renoviert, nachdem Eigentümer Michael Rebien als erster Hamburger Hausbe-sitzer 1987 einer Besetzer-Gruppe den heruntergekommenen Kom-plex zum Kauf anbot.

Das denkmalgeschützte »Montblanc-Haus« (1897/1907) ist nach dem Auszug der Füller-Firma 1989 nach Eidelstedt nach dem Vorbild des Ottenser Werkhofes neuer Nutzung zugeführt worden: Volks-hochschule, Übernachtungshaus »Schanzenstern«, Kino »3001« u.a.m. Schön auch das Gebäude Schanzenstr. 56, erbaut 1869, »Joh. Mich. Fett & Co«.

Schanzenstraße 54/56/75-77/120

Die Wandmalerei Schanzenstraße 54 verweist auf das Gewürzwerk Hermann Laue, das 1990 das Viertel nach Ahrensburg verließ. Um den sog. Laue-Komplex gab es viele Auseinandersetzungen bis hin zu

Stadtteilkultur Fehlanzeige: Die verfallende Schilleroper. Zuletzt mit Restaurant

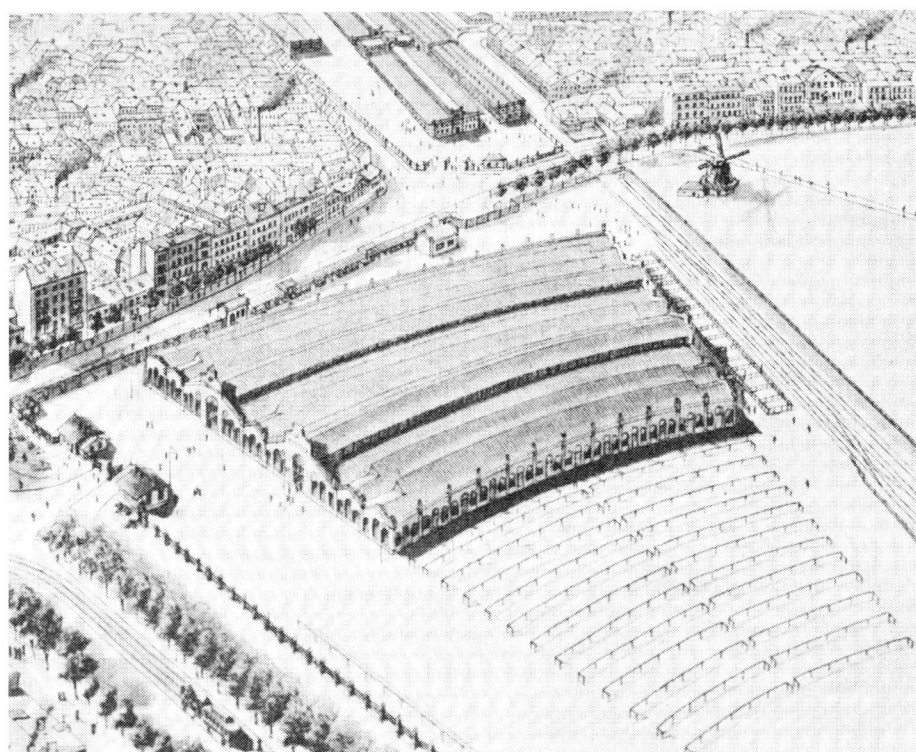

Schlachthof um 1890: Vorne der Central-viehmarkt mit Rinderhalle auf dem Heiligengeistfeld; rechts die Windmühle; im Hintergrund die Schlachthof-Gebäude

Susannenstraße

Barrikaden, der Verwüstung einer Bank und Plünderungen kleiner Geschäfte. Nun werden auf dem Gelände meist öffentlich geförderte Wohnungen neu gebaut (Kamp-/Ludwig-/Sternstraße).

Die Volksschule Nr. 120 aus der Gründerzeit war am 15. und 19. Juli 1942 Sammelpunkt für 925 und 801 jüdische Bürger Hamburgs, die in das KZ von Theresienstadt (heute Terezin, Tschechien) deportiert wurden. Fast alle kamen ums Leben (Gedenktafel). Der Schulhof ist an Wochenenden nicht zugänglich, Grund ist die Drogenszene im Umfeld.

Ein Schauplatz der Zusammenstöße zwischen Nazis und Linken war wie erwähnt auch das Schanzenviertel. 1930 wurde dort – NS-Parole: »Rotmord zeigt sein blutiges Gesicht / wir vergessen die Schlacht an der Sternschanze nicht!« – bei einer Straßenschlacht zwischen SA und Kommunisten der SA-Mann Heinrich Dreckmann (44) getötet, elf Menschen verletzt. Nach der Machtübernahme wurde Dreckmann von Staats wegen als Held gefeiert, die Susannenstraße am 30. Januar 1934 nach ihm benannt.

U-/S-Bahnhof Sternschanze und der Sternschanzenpark waren lange Zentrum der Drogenszene. Das Jesus Center e.V. hat 1999 den (nun alkoholfreien) Kiosk vor dem Bahnhof übernommen, vermittelt Therapie- und Übernachtungsplätze (zur Geschichte der Bahnhöfe siehe S. 87).

In Verbindung mit dem Viehmarkt auf dem Heiligengeistfeld (Ecke Feldstraße/Budapester Straße, heute Supermarkt) und dem Viehhof Sternschanze (zwischen Lagerstraße und Bahn) war der »Central-Schlachthof« 1889–92 gebaut worden. Um 1930 erfolgte die erste Modernisierung (Kühlhallen) und in den 50er Jahren der Aufbau der Fleisch-Großmarkthalle und des Kühlhauses.

Sternstraße/ Feldstraße

Die Pläne, im südlichen Schlachthofbereich vis-à-vis U-Bahnhof Feldstraße ein neues Wohnviertel zu bauen, wurden 1986 fallengelassen. Im Fleischgroßmarkt Hamburg GmbH, den 80 Firmen betreiben, wird seit 1996 nicht mehr geschlachtet. Der größte derartige Betrieb in Europa ist aber nach wie vor ein wichtiger Standort im Viertel, zählt man doch 2000 Beschäftigte und etliche angrenzende Gewerbezweige. Falls Sie sich wundern, wenn im Schlachthof-Umfeld ab 2 Uhr nachts warme Speisen serviert werden: Die Arbeitszeit dauert bis 5 Uhr. Zu der Zeit haben Promi-Lokale wie »Schlachterbörse« und »Mertens« am Ende der Kampstraße bereits geschlossen.

Sternstr. 7 und 29 sind klassizistisch geprägte sog. Putzwohnhöfe erhalten, einschließlich der offenen »Zollischek-Terrasse« im Norden von um 1865. Das einmalige Dokument der hamburgischen Sahlhaus-Tradition (s. S. 149) mit den charakteristischen Dreitürengruppen für getrennte Eingänge zu Erd- und Obergeschoßwohnungen ist z.T. durch Modernisierungen beeinträchtigt.

Sternstraße 7, 29

Daß nahe dem Schulterblatt gleich zwei Zoologische Gärten bestanden, ist weitgehend unbekannt. 1874 erwarb Carl Hagenbeck das Gelände zwischen Neuer Pferdemarkt und Ludwigstraße, insgesamt 6200 qm; hier begann er auch Menschen auszustellen, zuerst eine Lappen-Familie aus Grönland. Den ehemaligen Tierpark beim Schulterblatt kaufte zum Großteil der Staat 1903 und ließ darauf die Volksschule Ludwigstr. 7 bauen.

Ludwigstraße 7 ❽

Von der Sternstraße führen die Beckstraße (1898–99), Verlängerung einer Terrasse und reich dekoriert, und die um 1870 angelegte Augustenpassage zum Neuen Pferdemarkt.

Beckstraße/ Augustenpassage

Bindeglied zwischen »Schanze« und »Karo« ist die 1913 fertiggestellte Rinderschlachthalle, in enger Abstimmung mit dem Denkmalschutz für 12 Mio. DM als ABM-Maßnahme umgestaltet, samt »Schlachthofpassage« bzw. »Karo-Diele« und Brücke über die Bahnlinie. Erhalten blieben auch Pförtnerhäuschen und ehemaliger Pferdestall (»Palé«, wo z.T. frühere Drogenabhängige beschäftigt waren). Unter dem sterbenden Stier am Tor, ein Werk von Hans Martin Ruwoldt aus dem Jahr 1935, läßt sich Schlachthof-Geschichte nachlesen: »Erb. 1889–92«, »umgeb. 1934–36«. Mit der »bunten, stadtteilverträglichen Lösung« (STEG) Rinderschlachthalle war ein Teil der Anwohner nicht einverstanden, man fürchtete auch hier den Zustrom »eines Publikums, das Umsätze verspricht, aber meist nicht aus dem Schanzenviertel kommt«. Ein 2000 neu gefundener Betreiber scheint nun akzeptiert.

Das »Karo«-Viertel auf der anderen Seite der Bahnlinie ist eines der Hauptbetätigungs-Felder der 1989 gegründeten Stadterneuerungs- und Stadtentwicklungsgesellschaft Hamburg mbH (STEG), die sich der Problemgebiete der westlichen Innenstadt angenommen hat. Die Sanierung im Karolinenviertel wird dabei noch bis 2008 andauern.

Laeiszstraße 18/ Marktstraße 95 ❾

Anlaß unruhiger Tage und Nächte im Viertel waren immer wieder die sog. »LaMa«-Häuser, Laeiszstr. 18 und Marktstr. 95 (im Hof) von Besitzer Nikolai Rabels, den die »taz« »Spekulant« nennt und das »Abendblatt« »einen Hausbesitzer, der die Gewalt magisch anzieht«. Das »Abendblatt«: »Es bleibt der Eindruck, als hätte die Polizei ihre Aufgabe besonders gründlich erledigt, um vollendete Tatsachen – eine nicht mehr zu sanierende Ruine – zu schaffen.« Beide Häuser sollen neu erbaut werden.

Vorwerkstraße 21

Der Backsteinbau des Vorwerkstifts entstand 1866–67. Stifter des »Asyl Vorwerk« war der Kaufmann Georg Friedrich Vorwerk (1793– 1867). Vorwerk-/Laeiszstraße besteht schon länger der Bauwagen- platz »Wagenburg Bambule« – schon erstaunlich, dass das ohnehin enge und dichtbevölkerte »Karo«-Viertel als Standort einer Bau- wagenkolonie dient. Räumungsgerüchte führten im Dezember 1994 zu einer Straßenschlacht. Ginge es nach der CDU, so müssten alle Bauwagen – es sollen 170 mit 200 Bewohnern sein – von ihren zehn Plätzen im Stadtgebiet zum »Parkplatz Braun« am Volksparkstadion umziehen. Die »Schul-Kinderkonferenz« der Laeiszstraße bittet der- weil: »Liebe Leute aus den Bauwagen! Bitte passen Sie auf Ihre Hun- de auf, damit sie nicht auf unserem Schulhof Dreck machen.«

Grabenstraße 28/32

Seit 1892 an diesem Ort ist die 1690 von der Frau des Stadt- medicus Rumbaum gestiftete »Rumbaumsche Schule« vom Alten Steinweg. Carl von Ossietzky, späterer Friedensnobelpreisträger (s. S. 222), der aus ärmlichen Verhältnissen stammte, konnte die Schule 1896–1904 besuchen, nachdem ihm ein Senator, ein Freund des verstorbenen Vaters, zu einem der begehrten Plätze verholfen hatte. Als das Stiftungskapital nicht mehr ausreichte, wurde die »Rumbaumsche Schule« 1920 aufgelöst. Gegenüber, Nr. 32, ist die Volksschule von 1889, jetzt Rudolf-Steiner-Schule.

Glashüttenstraße 78 - 79, 38

Nahe den Schulen fallen zwei Industriebauten auf: Unter Nr. 78– 79 ist die nun von verschiedenen Nutzern bezogene frühere Mietfabrik, das »Industriehaus« von 1907–08. In Nr. 38 – Aufschrift: »Warner's Corsets« – wurde zur selben Zeit die Werkzeugmaschinen- fabrik von Heidenreich & Harbeck errichtet; der Bau orientiert sich am Typ des Kontorhauses.

Marktstraße 7 - 9, 5 - 6, 109 - 113

Hauptstraße des Viertels ist die Marktstraße, ein erstaunlicherweise abseits aller Shopping-Zonen und in isolierter Lage entstandenes buntes Gemisch aus Boutiquen, Lokalen und historischen Wohnbau- ten. Szene- oder Frauen-Magazine werden wohl bald den Käuferstrom hierher lenken. Hinter dem Putzbau Nr. 7–9 sind nach dem Großen Brand von 1842 entstandene Notwohnungen. Nr. 5–6 wurde als er- stes Objekt im Viertel von der Stadterneuerungs- und Stadtentwick- lungsgesellschaft (STEG) saniert, was mit weiteren 56 Häusern im »Karo« geschehen ist. Nr. 109–113 ist die erwähnte Julius-Terrasse.

Im Viertel finden sich zahlreiche Beispiele für Terrassen und Passa- gen (s. S. 201), die städtebauliche »Charakterschwäche« der hambur- gischen Stadterweiterung im 19. Jahrhundert. Beispiele:

Karolinenstraße 2–2a: Ein Wohn- und Gewerbehof mit den Merkmalen der Nutzungsverteilung der früheren Altstadthöfe. Hinter dem Pflasterhof an einer einseitigen Terrasse mit Lindenreihe und einer Backsteinfabrik liegt anstelle des Fleets wie in der Altstadt zur Grundstücksgrenze hin ein zweites hohes Werkstattgebäude. Haus 1–5 wurden nun instand gesetzt (25 Wohnungen, 12 Ateliers, 4 Gewerbeeinheiten).

In der Sternstraße

Karolinenstraße
⑩

Karolinenstraße 4–6: Ein Jugendstil-Wohnhof, vor dem 1. Weltkrieg erstellt; eine Spätform der Terrassenbebauung, mit Ansatz zur Auflösung im halböffentlichen Straßenraum.

Karolinenstraße 23–27/Glashüttenstraße 87–89: Die Karolinenpassage mit dem Karolinenweg. Ein mehrschichtiger Terrassenkomplex, wobei die Nordzeile des Karolinenwegs, die frühere Karolinenterrasse, nach englischem Reihenhaus-Muster entstand. Die heutige Karolinenpassage weist gründerzeitliche – historische Ziegelverblender – und spätere Putzjugendstilfassaden auf. Die Sanierung der um 1860 erbauten »Carolinen-Terrassen« (Karolinenstr. 26) hat das dänische (!) Wohnungsbau-Ministerium mitfinanziert – von wegen des Projektes »Kostensparende Sanierung im deutsch-dänischen Vergleich«.

Gegenüber steht die neuromanische Gnadenkirche (1905–06, Fernando Lorenzen), in der am frühen Sonntagnachmittag Schwarzafrikaner stimmungsvolle Gottesdienste feiern. Die frühere Fachwerkschule nebenan (Vor dem Holstentor 2) ist »Haus der Heimat« der Vertriebenen-Verbände.

Karolinenstraße 8

»Eine Schule ohne Beispiel in Hamburg« – so charakterisiert Autorin Ursula Randt die 1884 eingeweihte »Israelitische Töchterschule« (Aufschrift am Haus erneuert; Gedenktafel seit 1984), jetzt Gedenk- und Bildungsstätte, seit 1998 Dr. Alberto-Jonas-Haus. Dr. Jonas (1889–

Karolinenstraße 35
⑪

1942) leitete die Schule bis zu seiner Deportation ins KZ Theresienstadt von 1924 bis 1942. Zwar hatten die Nationalsozialisten noch
Mitte der 30er Jahre den Fortbestand jüdischer privater Schulen gut-
geheißen (»entlastet die öffentlichen Schulen von jüdischen Elemen-
ten«), doch begann 1939 die Odyssee von Lehrern, Schülern und
weiterem Personal, die für viele in den Vernichtungslagern endete.

Die Schule, seit 1930 auch Realschule für Mädchen, war damals
aufgelöst worden; der Unterricht ging in der Talmud-Thora-Schule
(s. S. 225) weiter. Noch im selben Jahr mußte man auf Befehl von
Reichsstatthalter Kaufmann zurück in eine »Neue jüdische Einheits-
schule« (265 Schüler, 185 Schülerinnen) Karolinenstr. 35 – eine
Schule auf Zeit, die kaum noch finanzielle Unterstützung erhielt, wo
vom ABC-Schützen bis zum Hausmeister alle den Gelben Stern tragen mußten und aus der die ersten Lehrerinnen und Lehrer 1941
nach Lodz deportiert wurden. Am 29. April 1942 verbot Kaufmann
die »Unterrichtung von Judenkindern in Schulen«, das Ende von fast
60 Jahren jüdischer Schulgeschichte im Karolinenviertel.

76 Schülerinnen und Schüler fanden sich zuletzt noch im jüdischen Waisenhaus (Papendamm 3) ein, bis mit dem 30. Juni 1942 alle
jüdischen Schulen im Deutschen Reich geschlossen werden mußten.
Während den Kindern noch Abschlußzeugnisse ausgestellt wurden,
bevor man sie in die KZ deportierte, freute sich ein Hamburger
Schulrat über das »wertvolle Schulinventar zu außerordentlich an-

Am Rande des
Messegeländes:
Planten un Blomen

nehmbaren Preisen«, das in der Karolinenstraße zurückgeblieben war. Mehr erfährt man in der Ausstellung »Jüdisches Schulleben am Grindel« (Di und Do 14–18 Uhr).

Ecke Grabenstraße arbeitete bis Ende der 80er Jahre die »Dreckschleuder Karoline«, als erstes großes Kraftwerk der Hamburgischen Electricitäts-Werke (HEW) 1895 entstanden. Das Kohlekraftwerk hatte über viele Jahrzehnte die Umwelt mit Stickoxiden, Schwefeldioxid und Staub belastet. Neben einigen Industrieanlagen sind noch die Backsteinbauten zur Karolinenstraße hin erhalten.

Etwas abseits des Rundgangs ist, weitgehend unbekannt, am Rande des Messegeländes noch ein Überbleibsel der einstigen Friedhöfe vor dem Dammtor (Ende des 19. Jahrhunderts geschlossen und bis 1934 u.a. wegen der Anlage des heutigen Parks Planten un Blomen beseitigt): die ehemalige Begräbniskapelle des Kirchspiels St. Petri, ein Rundbau um 1800, dessen Säulenumgang 1925 hinzugefügt wurde.

St. Petersburgerstr. 27

Höchster Turm der Stadt ist mit 271,5 Metern der Fernsehturm, offiziell »Heinrich-Hertz-Turm«, gelegentlich auch »Tele-Michel« genannt. Der Fernmeldeturm der Deutschen Bundespost entstand 1965–68, Architekten: Fritz Trautwein und Fritz Leonhardt, letzterer »Vater« des Stuttgarter Fernsehturms. Es gibt im Turm eine Aussichtsplattform und ein Drehrestaurant. Namensgeber des Baus ist der aus Hamburg stammende jüdische Physiker Heinrich Rudolf Hertz (1857–1894), Entdecker der elektromagnetischen Wellen für Funkübertragungen.

Karolinenstraße/ Lagerstraße

In der angrenzenden Lagerstraße, am Tor 1 des Schlachthofes, lauert nach wie vor der kampfeslustige Stier. Hier werden neue Messehallen entstehen; hoffen wir, dass der Stier seinen Standort behält.

Zweiter charakteristischer Turmbau der Gegend ist der Wasserturm (1909, Wilhelm Schwarz) im Sternschanzenpark, 57,5 m hoch und seit 1956 außer Betrieb. 1990 erwarb eine Münchner Investorengruppe den Bau, wollte dort u.a. ein Bad, Restaurants, Bars und Ateliers, später dann ein Hotel einrichten. Aus alldem ist nichts geworden.

Sternschanzenpark

Mit der Verbindungsbahn Hamburg-Altona 1864–66 entstand der alte Sternschanzenbahnhof, von dessen Nachfolger (1904) an der Schanzenstraße beim Rundbunker nicht mehr viel erhalten ist. Seine große Halle, die wie die des Dammtor-Bahnhofs aussah, ist 1975 abgerissen worden, nachdem der Fernbahnsteig schon 1962 stillgelegt worden war.

Auf dem Bahngelände kam 1980 ein junger Demonstrant ums Leben. Als Franz Josef Strauß damals am 25. August zum erstenmal nach über zehn Jahren wieder »öffentlich« (Ernst-Merck-Halle) in Hamburg auftrat, demonstrierten 15 000 Menschen gegen den damaligen CDU/CSU-Kanzlerkandidaten. Bei der Abschlusskundgebung am Sternschanzen-Bahnhof gab es Auseinandersetzungen (NDR-Hörfunk) mit der Polizei. Als die geflüchteten Demonstranten über die Gleise zurückkehrten, erfaßte ein S-Bahn-Zug den 16jährigen Tischlerlehrling Olaf Ritzmann, der am 29.August 1980 seinen Verletzungen erlag.

Bei Demonstration gegen Strauß ums Leben gekommen: Lehrling Olaf Ritzmann, 16 Jahre jung

Werner Skrentny

Die Sanierungen: »Freie und Abrißstadt Hamburg«

Eine deutsche Architekturgeschichte der Sanierungen müßte Hamburger Abräum-maßnahmen wohl an vorderster Stelle erwähnen. Gewinnbringende Sanierungen können hier nämlich auf eine über hundertjährige Tradition zurückblicken, und das heutige Innenstadtbild präsentiert sich über weite Strecken als ausgesprochenes Sanierungsresultat.

Die Rede von Alfred Lichtwark, dem Direktor der Kunsthalle, von der »Freien und Abrißstadt Hamburg« attestierte der Hansestadt schon vor dem 1. Weltkrieg eine lokalspezifische Abbruchmentalität. Bereits 1866 hatten die Baulöwen-Gebrüder Wex die folgerichtig Wexstraße und Brüderstraße getauften Verkehrsschneisen mitten durch das Gängeviertel der Neustadt schlagen lassen, damit »Luxuswoh-nungen da entstehen, wo jetzt zum Teil Höhlen existieren, welche als kaum von Menschen bewohnbar bezeichnet werden müssen«. Indes wurde mit einer Verbes-serung der Wohnverhältnisse wohl auch eine Verbesserung der Gewinnverhält-nisse angestrebt.

Erst nachdem die Cholera (1892) auf die unhygienischen Wohnverhältnisse alter Hamburger Stadtviertel aufmerksam gemacht hatte, nahmen auch staatliche Sanie-rungsvorhaben deutliche Gestalt an. 1897 wurde das umfassende Sanierungswerk in der südlichen Neustadt um den Schaarmarkt aufgenommen. Wie in den vorange-gangenen Privatsanierungen boten Straßendurchbruchpläne auch dem staatlichen Sanierungsprogramm wichtige Anlässe: Der Bau der Kaiser-Wilhelm-Straße und der Ringstraße am Holstenwall leitet bereits vor der Jahrhundertwende die von den Nationalsozialisten beendete Neuordnung des Arbeiterquartiers um den Rade-machergang im Gängeviertel ein; und die Planung der Mönckebergstraße (1910–13) stand für den ersten Abschnitt der Sanierung der östlichen Altstadt, die zwi-schen den Weltkriegen mit dem Bau des Kontorhausviertels um das Chilehaus (1922–24) und den NS-Wohnbauten des Altstädter Hofes (1936–37) ihren Ab-schluß fand.

Die Geschichte der als Sanierung begriffenen Bewohnervertreibung beiderseits der Steinstraße macht auch deutlich, daß der Begriff der Sanierung sich teilweise auf eine gewinnbringende Neuüberbauung reduzieren ließ. So gesehen, besaß auch das große Demolierungswerk der Speicherstadt (1882–89) Sanierungseigen-schaften. Und nicht von ungefähr konnten die Riesenzerstörungen des Großen Brandes (1842) modernen Städtebauern unseres Jahrhunderts als »grausame aber auch radikale Sanierung« (F. Schumacher) gelten.

Ganz neue, früher unbekannte Dimensionen haben demnach weniger die Sanie-rungspläne der 60er und 70er Jahre angenommen, sondern eine neue Qualität hat vor allem der Widerstand gegen die Stadtplanungsbürokratie entwickelt. Einen er-sten Wendepunkt von der Ablehnung zur offenen Opposition der Sanierungs-bevölkerung markieren die jahrelangen Kämpfe der Bürgerinitiativen und Hausbe-setzer in St. Georg gegen das inzwischen ad acta gelegte »Alster-Manhattan«. Mit letzterem waren freilich nur großflächige Kahlschlagsanierungskonzepte vom Tisch. Statt ihrer bestimmen heute an vielen Stellen die Probleme der hamburgspezifi-schen »Stadterneuerung in kleinen Schr(n)itten (SIKS)« das Sanierungsbild der Freien und Abrißstadt Hamburg. Die Stafette des Protestes haben die St. Georger weitergereicht – z.B. an die Bewohner von Schanzen- und Karoviertel. (J.H.)

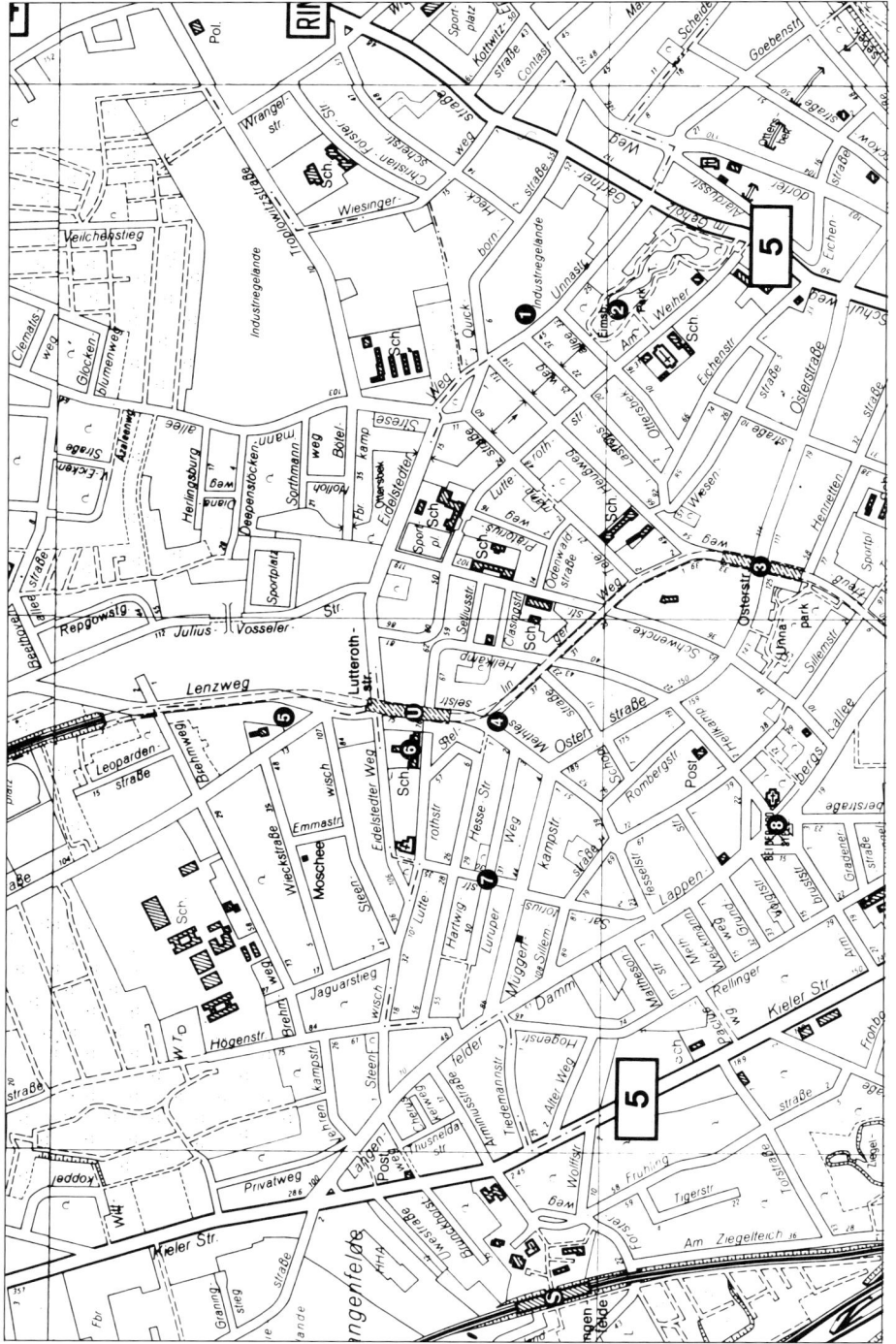

Leukoplast und »Burg« mit Silbermedaille

Ausgangspunkt: Bus 113, Haltestelle: Unnastraße
Endpunkt: U-Bahnhof Lutterothstraße (U2)
Dauer des Rundgangs: 1 ½ Stunden

Wie Barmbek, Eppendorf oder Winterhude hat die große Stadt auch das Dorf »Eymersbuttele« (1275) »geschluckt«. Als die Torsperre fiel, wuchsen dort die Häuser des Arbeiterviertels: »Die Entwicklung ist geradezu beispiellos und erinnert fast an amerikanische Verhältnisse.« – »Eine fieberhafte Bautätigkeit entfaltete sich, und nach einigen Jahren war die ganze Gegend mit modernen Etagenhäusern bebaut.« – »1885 noch 20 022 Einwohner, 1898 schon 104 429. Kein anderer Stadtteil hatte solchen Zuwachs!« Ein Nachruf auf Alt-Eimsbüttel schien den »Hamburger Nachrichten« schon 1896 angebracht:

»Die Gebäude Alt-Eimsbüttels, welche an die Zeit erinnern, als Eimsbüttel noch ein Dorf bei Hamburg war, verschwinden immer mehr von der Bildfläche. Die Häuser mit Strohdach sind jetzt bis auf 2 oder 3 verschwunden. Aber auch die alten Gartenhäuser und herrschaftlichen Villen werden weniger. Viele derselben sind der Speculation zum Opfer gefallen, und an ihrer Stelle erheben sich hohe Etagenhäuser, vielleicht sogar große Terrassen. So verliert Eimsbüttel nach dieser Seite hin mehr und mehr seinen früheren Charakter.«

Zerstörtes Eimsbüttel: Ecke Fruchtallee/ Eppendorfer Weg

Helmuth Warnke hat in seinem Eimsbüttel-Buch (»... nicht nur die schöne Marianne«) die Frage: »Welche Leute wohnten da?« beantwortet. Rothenburgsort und Hammerbrook galten als rein proletarisch; in Barmbek lebte »eine originelle Mischbevölkerung« und »ein hoher Prozentsatz radikaler Arbeiter«; Eimsbüttel hatte aber wenig im Sinn mit »Barmbek basch« (d.h. vorlaut, immer vorneweg): »Die Eimsbütteler Arbeiterschaft ist in ihrer politischen Haltung, zumindest bis Anfang der 20er Jahre, weniger radikal als die in Barmbek gewesen«, berichtet Warnke.

Im 2. Weltkrieg war Eimsbüttel schwer betroffen: 50 % der Häuser waren zerstört. Der Marktplatz wurde Trümmeraufbereitungsstätte. Als die Trümmerbahn 1951 ausgedient hatte, war Eimsbüttel als erster Bezirk trümmerfrei. Der Schutt wurde zwischen Volkspark und Friedhof Eidelstedt gelagert: HSV-Anhänger im Volksparkstadion standen bis zum Stadion-Neubau auf den Trümmern des Stadtteils.

Etagenhäuser prägen die alte Bebauung, mal sehr repräsentativ ausgestattet, mal für die einkommensschwächere Bevölkerung errichtet.

Hauptstraße des
Kleine-Leute-Viertels:
Die Osterstraße

Fast 244 000 Einwohner hat der Bezirk Eimsbüttel, über 55 000 der gleichnamige Stadtteil, damit nach Rahlstedt und Wilhelmsburg bevölkerungsreichster in Hamburg (1928: 131 574 Bewohner, 1950: 90 145). Unter den am dichtesten besiedelten Stadtvierteln steht Eimsbüttel hinter Hoheluft-West an zweiter Stelle. Der folgende Rundgang führt durch den Kernbereich des Stadtteils.

Unnastraße 48
❶

Als »Keimzelle der Chemiefabrik Beiersdorf« (Anne Frühauf) gelten die Fabrikgebäude, u.a. mit einem Speicher, von 1892–93, sowie ein weiterer Fabrikbau von 1913. Beiersdorf, 1882 gegründet, erlangte nach dem Kauf durch den jüdischen Apotheker Oscar Troplowitz (Straßenbenennung) Weltruf durch Artikel wie »Nivea«, »Leukoplast« oder »Labello«.

Daß sich die Firma 1933–34 einer antisemitischen Kampagne ausgesetzt sah, ist nachzulesen (Bajohr/Szodrzynski, in: Herzig, Die Juden in Hamburg). Eine Reihe Vorstands- und Aufsichtsratmitglieder waren 1933 Juden bzw. »Halbjuden«; die Mehrheit besaß die jüdische Bank M. M. Warburg. »Unsere ganze Firma ist rein arisch und national«, warb daraufhin Konkurrent Queisser, Eimsbütteler Chaussee 69–71, und der Schwarzwälder Betrieb Wolo aus Freudenstadt ließ publizieren: »Wer Nivea-Artikel kauft, unterstützt damit eine Judenfirma!« Auch Mouson Frankfurt/M. beteiligte sich an der Kampagne. Die jüdischen Mitglieder von Vorstand und Aufsichtsrat von Beiersdorf traten noch 1933 zurück. Die Firma selbst erklärte, sie sei nun in »christlichen Händen«.

Eimsbütteler Park
❷

Die Grünanlage entstand 1875 im Zusammenhang mit der »Villenkolonie Eichenpark«; früher befanden sich dort die Fischteiche des St. Johannis-Klosters. Etliche stattliche Gebäude in der Gegend sind erhalten, sehr imposant besonders in der Eichenstraße, der Ottersbekallee und in der Straße Am Weiher.

Geht man diese hinauf, gelangt man zur Kirche St. Bonifatius Am Weiher 29
(1910, Arch. Fritz Kunst, Karlsruhe). Nach dem Dom St. Marien
(S. 80) war dies der zweite katholische Kirchenbau nach der Reformation in Hamburg, weshalb laut Denkmalamt »mittelalterliche Elemente« an dem Backsteinbau an die vorreformatorische Stellung des
Katholizismus in Hamburg erinnern. Die Chorglasfenster von 1910
zeigen ein Stadtbild samt St. Bonifatius-Kirche, Erzbischof Ansgar
präsentiert das Bauwerk von St. Marien. Älter als die Kirche sind
die Orgel (1880), die früher im Konzerthaus Ludwig an der Reeperbahn (!) stand, sowie aus einer früheren Notkirche von 1892 Marien-
kapelle-Altar und Kanzel (falls geschlossen, seitlicher Zugang durch
Marienkapelle).

Am Eingang zur Eichenstraße liegen die frühere Polizeiwache
(Nr. 37 a, um 1890) und das Michaeliskrankenhaus (Adresse: Am
Weiher 7, 1905), dessen Vorläufer die Nervenheilanstalt »Eichenhain«
war – Eimsbüttel war damals noch ländlicher Erholungsort mit fri-
scher Luft! Das Eimsbütteler Volksheim (Nr. 61) ist das einzige in Eichenstraße 61
Hamburg, das den Bombenkrieg überstand; die von Hammerbrook,
Barmbek und Rothenburgsort sind zerstört. In der Weimarer Repu-
blik war das Volksheim Treffpunkt für Jugendliche unterschiedlicher
Richtungen. 1933 wurde es von den Nazis übernommen.

Im Keller links vom Eingang war in der NS-Zeit eine wichtige Emilienstraße 30
Anlaufstelle des Widerstandes: Der Maschinenschlosser Paul Thürey
(1944 hingerichtet) und seine Frau Magda (als Lehrerin seit 1933 mit
Berufsverbot belegt; an den Haftfolgen verstorben) unterhielten
hier den Seifenladen »Waschbär«. Als beide 1943 verhaftet wurden,
gingen zahlreiche NS-Gegner in die Gestapo-Falle im Laden.

Hier also ist das Zentrum Eimsbüttels, baulich wahrlich nichts Osterstraße
Bedeutendes, blickt man auf den Komplex mit »Deutscher Bank«
und »Görtz« (Osterstr. 111), den »Karstadt«-»Klotz« (Nr. 119) und die
»Haspa«-Filiale vis-à-vis. Die rühmliche Ausnahme bildet der Eckbau Ecke Osterstr.
Osterstr. 118–122/Heußweg 33–35 von 1927, nach Kriegsschäden 118-124/
wieder aufgebaut. Architekt des Komplexes »im Stil der Neuen Sach- Heußweg 33-39
lichkeit« (Helga Schmal) samt dem benachbarten Kino (Nr. 124), das
der Volksmund »Emelka-Palast« taufte, war 1927–28 Karl Schneider,
von den Nazis als »Kulturbolschewist« verfemt, 1938 emigriert und
1945 in Chicago verstorben.

Nachdem der auf einem Grundstück zweier jüdischer Familien
1944 errichtete Bunker am Heußweg 1996 beseitigt wurde, bedeuten
die 2001 fertiggestellten »Karl Schneider Passagen« (Heußweg 37–39;
Architekten: von Bassewitz, Patschan, Hupertz, Limbrock) mit Läden,
Büros und Wohnungen eine Aufwertung des Stadtteil-Zentrums.

Das erwähnte »Emelka-Kino« besaß ehemals 1550 Plätze sowie
einen Portier, zwei Pagen am Einlaß, Programm-Verteiler, sechs Platz-
anweiserinnen und war Eimsbüttels bedeutendstes Lichtspieltheater.
Nach den Kriegszerstörungen gab es 1953 einen Wiederaufbau, bis
2001 folgte ein Umbau im Zuge des Projekts »Karl Schneider Passagen«, in den ehemaligen Kinosaal zog nun »ALDI« ein.

Osterstr. 181 ist das »Sammlerhaus Engel«, dessen Auslagen neugierig machen auf »Gedrucktes aller Zeiten«.

Bemerkenswert ist der Neubau Osterstraße 135 von 1983 – 84, in dem ein Eiscafé mit Gründungsjahr 1924 unter dem Namen »Adda-Eis« firmiert, wo ganze Generationen von Eimsbüttlern schleckten und das über den Stadtteil hinaus bekannt war und ist.

Stellinger Weg 36 - 38/ Methfesselstraße 84 ❹

Als vorbildliches Projekt galt die »Hamburger Burg« des »Bau- und Sparverein« von 1899, der dafür auf der Weltausstellung 1900 in Paris mit einer Silbermedaille bedacht wurde. Hier lebten vor allem kleine Beamte und Angestellte. Hermann Hipp bezeichnet Eimsbüttel als Ursprungsort dieses Baukonzeptes: »Die wichtigste Idee des Bautyps war, durch die Bildung eines großen Vorhofes das Grundstück maximal auszunutzen und trotzdem allen Wohnungen Zimmer zur Straße zu sichern.« Weitere Beispiele der »Hamburger Burg« in Eimsbüttel sind Eidelstedter Weg 63 – 65, Lutterothstr. 54 – 56 und 62 – 74, Odenwaldstr. 6 – 14.

Methfesselstraße 88 - 96

Ein vielgerühmter Versuch, die Wohnungsnot der Arbeiterschaft in Selbsthilfe zu beseitigen, war 1908 der Wohnblock der Baugenossenschaft »Produktion«, vorgesehen für PRO-Mitglieder und Angestellte. »Gaststätte Zink« war dort Verkehrslokal des Reichsbanners, wie überhaupt die Umgebung als SPD-Hochburg galt. Die Anhänger der KPD lebten in den 20er und 30er Jahren in den Hinterhöfen, Terrassen und Seitenstraßen (z.B. Luruper Weg oder Prätoriusweg; dort zwischen Nr. 12 und 14 Hinterhof-Zugang). Auch zwischen Stellinger Weg 41 und 45 war eine der »roten Terrassen«, in die die Polizei bis 1933 keinen Fuß zu setzen wagte.

Aufwertung des Stadtteil-Zentrums: Die Karl Schneider Passagen am Heußweg

Geht man, bereits auf Stellinger Gebiet, weiter die Methfesselstraße hinauf, so trifft man an der Gabelung mit der Hagenbeckstraße eine Überraschung an: den farbenprächtigen Bau der russisch-orthodo-

xen Kirche des heiligen Prokopius von 1961–65. Die Gemeinde hatte 1901 der Priester der Berliner Botschaftskirche gegründet; ihre Kirche »St. Nikolaj« im Böhmersweg besteht noch, wird aber nur noch zweimal jährlich für Gottesdienste genutzt. Zu St. Prokopius in Stellingen gehören einige hundert Mitglieder.

Methfesselstraße/
Hagenbeckstraße

»Knaben« steht auf der einen, »Mädchen« auf der anderen Seite der heutigen Gesamtschule Stellingen (1911–12, Fritz Schumacher), einem Backsteinbau, der im Giebel das hamburgische Wappen trägt und darüber eine Kogge als Wetterfahne.

Lutterothstraße
78 - 80

St. Stephanus (1912, Distel & Grubitz), Nr. 98, ist insofern bemerkenswert, als sie keine freistehende Kirche ist: Auf dem Eckgrundstück zum Eidelstedter Weg wurden Gemeinde- und Pfarrhaus an die Kirche angebaut.

Bekannt bis Moskau war die Straße Luruper Weg, bis 1933 eine Bastion der Kommunisten und »Klein-Moskau« genannt wie etliche andere Hamburger Quartiere auch. 1906 angelegt und 1910 gepflastert, bekam sie bald den Spottnamen »Hypothekenkirchhof«.

Luruper Weg

»Die Straße macht mit ihren gleichförmigen, schmucklosen Häusern einen düsteren Eindruck und bildet keineswegs eine Zierde von Eimsbüttel. Aber die Wohnungen sind billig, und das ist hier die Hauptsache.« (»Hamburger Fremdenblatt«, 1910)

Die Straße war »rot« und dokumentierte das nach außen hin unübersehbar: Transparente, Sowjetsterne, rote Fahnen, KPD-Embleme. Die Versuche der Nazis, hier in provokatorischer Absicht einzudringen, scheiterten kläglich:

Müggenkampstraße
9, 15

»Einmal mußten die Nazis durch den Luruper Weg marschieren, das konnte ja nicht gutgehen. Das eine Mal war es eine große Blamage für sie. So schnell konnten die sich gar nicht davonmachen, wie sie aus den Häusern von oben mit Blumentöpfen, Müll und Abwaschwasser eingedeckt wurden.« (Bewohnerin)

Nach dem Brand von 1977 beim Wiederaufbau eine interessante Lösung für das Innere: Gehen Sie einmal hinein in die Apostelkirche!

1933 zwangen die Nationalsozialisten die Bewohner, Hakenkreuz-Flagge zu zeigen und »revanchierten« sich 1935 mit einer propagandistischen Lindenpflanzaktion:

»Wir kennen die Straße als ein Musterbeispiel kommunistischer Agitation. Bilder dieser Zeit erschienen sogar in der russischen Presse! Das leuchtende Grün junger Linden wird mit dem beginnenden Frühling auch äußerlich den Wandel widerspiegeln, der in den Herzen der Bewohner vor sich gegangen ist.« (Die Linden dienten 1945 als Brennholz.)

In den Höfen Müggenkampstraße ist allerlei Gewerbe verborgen, so auf Höhe von Nr. 9 eine Bäckerei mit efeubewachsenem Schornstein. Nr. 15 ist ein Neubau anstelle der ehemaligen Polizeiwache 42, die die Polizei gleich zweimal stürmen mußte. Einmal war sie 1923 beim Hamburger Aufstand nach blutigem Kampf von den Arbeitern erobert worden (s. Jan Valtin: »Tagebuch der Hölle«). Im März 1991 stürmte die Polizei neuerlich: Diesmal war das leerstehende Haus aus Protest gegen den geplanten Abriß besetzt worden.

Bei der Apostelkirche
8

Durch die Rombergstraße, in der die alte Bebauung fast komplett und eindrucksvoll erhalten ist, und über den Hellkamp, der für den 50er-Jahre-Wiederaufbau steht, erreicht der Rundgang die Apostelkirche (1893–94) am zentralen Platz, auf dem auch Markt abgehalten wird. Die Backsteinkirche brannte 1977 aus. Beim Wiederaufbau fand man für das Innere eine interessante Lösung: Gehen Sie ruhig einmal hinein.

Zurück kann der Weg durch den Unnapark führen, benannt nach Dr. Eugen Unna von Beiersdorf, der 1933 infolge der erwähnten antisemitischen Kampagne zurücktreten mußte.

Werner Skrentny

Das Mietshaus: Gewinnstreben diktierte die Entwürfe

Das Wohnen zur Miete zählte schon vor der Industrialisierung zu den Alltagserfahrungen breiter Bevölkerungskreise der großen Städte. Bis heute repräsentieren die vereinzelt erhaltenen Hamburger/Altonaer Sahlhäuser den vorindustriellen Gebäudetyp des Mehrfamilien-Mietshauses.

Die Entstehungsgeschichte des modernen Mietshauses, das sich von dieser vorindustriellen Tradition löste, ist bislang kaum erhellt. Einen entscheidenden Impuls erfuhr der Miets- oder Etagenhausbau durch die Wiederaufbauarchitektur nach dem großen Hamburger Brand von 1842 – mit zweifelhaftem Erfolg: »Selbst eine enge ärmliche Sahlwohnung ist oft noch der nach dem Brande entstandenen Etagenwohnung vorzuziehen ... Die Baumeister verstanden es nicht immer, ihre Grundrisse so zu disponieren, dass nicht allein der Wunsch der Eigner nach möglichst vermiethbaren Zimmern, sondern auch die nothwendige Rücksicht auf Luft und Licht Rechnung fanden.« (1869) Das Gewinnstreben der »Baulöwen« wurde durch die staatliche Baupolizeigesetzgebung von 1865 und 1882 im Bauboom der Gründerzeit bis nach der Jahrhundertwende kaum gebremst und war ein Hauptentwurfskriterium der Mietshausarchitektur.

Kellerwohnungen, Hinterhäuser (Falkenried-Terrassen), Etagen mit drei oder vier schlecht belüftbaren Wohnungen an einem Treppenpodest waren für die Kleinwohnungen der hafen- und industrienahen Massenwohnquartiere keine Ausnahme. Die sogenannte »Schlitzbauweise«, bei der die Grundstückstiefe durch rückflügelartige Ausbauten der zwei Zimmer tiefen Blockränder systematisch ausgenutzt wurde, führte selbst für Vorderhauswohnungen zu einer licht-, luft- und sonnenarmen Orientierung (vgl. Rückfront Schwenckestraße, Eimsbüttel).

Auch das Gestaltungsvielfalt vortäuschende Arrangement der Mietshausfassaden unterlag dem rationellen Kalkül der Bauspekulation. Allenfalls eine Handvoll vorgefertigter Stuckdekorelemente überzieht in leichten Abwandlungen die Straßenfronten am Luruper Weg oder entlang der Hartwig-Hesse-Straße und überspielt so ein wenig das profitable, weil gleichförmige Fassadenschema. Stuckkartuschen mit den Berufszeichen ehrbarer Bauhandwerker (Hammer und Kelle) oder Baumeister (Zirkel und Lineal) spiegeln nur das angemaßte Traditions- und Selbstbewußtsein der Baukapitalisten wider, die Wohnungen wie Ware in Serie produzierten. (Luruper Weg 3/5)

Wichtige Anstöße zu einer durchgreifenden Reform des Mietwohnungsbaus gingen erst von den zur Jahrhundertwende auf den Stadt-Plan tretenden Arbeiter-Baugenossenschaften aus. Mit der »Hamburger Burg«, einer sich hufeisenförmig um eine Grünfläche zur Straße öffnenden Hofbebauung, sorgten sie in den Arbeiterstadtteilen vor dem 1. Weltkrieg für neue architektonische Akzente: Der 1907 erbaute, im Krieg beschädigte Eimsbütteler Großwohnblock der Konsum-, Bau- und Spargenossenschaft »Produktion« (Methfesselstr. 88 - 96/Lutterothstraße) repräsentierte formal und sozial eine Alternative zu der privatwirtschaftlich erstellten Mietshausbebauung am Luruper Weg. Mit dem »Arbeiterschloß« Stellinger Weg/Methfesselstr. 86 hatte der Bau- und Spar-Verein zu Hamburg schon auf der Weltausstellung in Paris (1900) eine Medaille ergattern können. (J.H.)

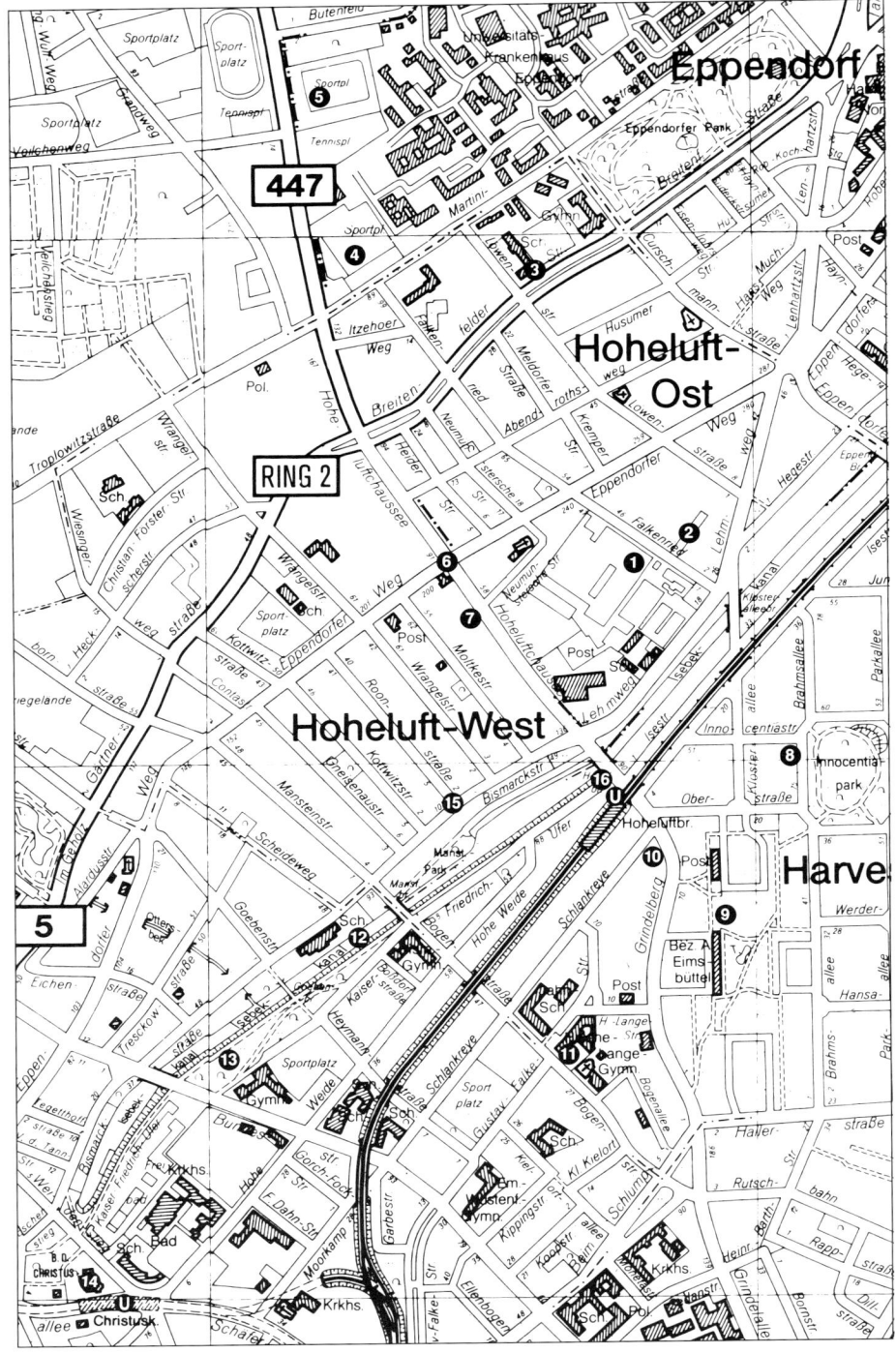

Durch die Terrassen zum »schwarzen Kanal«

Ausgangspunkt: U-Bahnhof Hoheluftbrücke (U3, Bus 102)
Endpunkt: wie oben
Dauer des Rundgangs: ca. 3 Stunden

Zwischen Eppendorf und Eimsbüttel liegt der Stadtteil Hoheluft, genau: Hoheluft-Ost, u.a. mit dem Arbeiterquartier Falkenried-Terrassen, der größten derartigen Anlage der Stadt, und Hoheluft-West, dem am dichtesten besiedelten Stadtteil Hamburgs, zu dem auch das »Generalsviertel« gehört.

Mittelpunkt ist die Hoheluftchaussee: »Eine prächtige Straße zum Wohnen, Handeln, Einkaufen und Flanieren, der Nachbarschaft und gemeinsamem Feiern sehr zugetan« – so haben sie Ältere in Erinnerung. Heute ist die Chaussee eine der Hauptverkehrsstraßen der Stadt, mit 36 000 Autos täglich, hat aber die zentrale Bedeutung für diesen Bereich behalten, so wie ehemals, als die ländliche Bevölkerung von Schnelsen oder Lokstedt zur Straße mit den vielen Läden, Vergnügungsstätten und Sport-Großereignissen bei Victoria oder dem ETV kam.

Fabrikschloß
Hoheluft

Falkenried, das ist ein besonderes Quartier im Viertel, mit Fabrikanlagen und Arbeiterwohnungen, ganz im Gegensatz zur sonst vorherrschenden gutbürgerlichen Wohnkultur. Der Weg dorthin führt entlang der Isebek, vorbei an der Schule von 1898 (Lehmweg 14). Falkenried 3 ist im Hof die Keramik- und Ofenfabrik von A. H. Wessely, in der auch Klinkerterrakotten gefertigt wurden, wie sie im »Capitol«-Kino an der Hoheluftchaussee zu sehen waren und am Schulgebäude Curschmannstraße noch sind.

Falkenried 3

Bedeutender als Arbeitgeber im Viertel war Falkenried 7 die Straßenbahnfabrik. Das Gelände, auf dem heute noch die Fahrzeugwerkstätten Falkenried GmbH (FFG), eine Tochter der Hochbahn, angesiedelt sind, hatte 1889 eine Straßen- und Eisenbahngesellschaft erworben. Da damals noch Pferdefuhrwerke verkehrten, lagen auf dem Terrain neben Wagenbauanstalt und zentraler Reparaturwerkstatt »von internationalem Rang« auch Stallungen für 300 Pferde. Bis 1914 wurden im Falkenried 6000 Straßenbahnwagen gebaut, auch für den Export, z.B. ins zaristische Rußland. Die 1600 Straßenbahnwagen, die 1939 in Hamburg liefen, kamen sämtlich aus der Fabrik. Mit Einstellung der Straßenbahn zum 1. Oktober 1978 übernahmen die FFG das Depot. Jetzt wurde das »Filetstück« am Rande Eppendorfs verkauft: Auf über 70 000 qm entsteht das »Quartier Falkenried« mit

Falkenried 7

*Spekulative Grund-
stücksausnutzung im
gesetzlichen Rahmen:
Die Falkenried-
Terrassen*

Falkenried/
Löwenstraße
❷

500 Wohnungen; die historischen Fabrikhallen sollen z.T. erhalten
bleiben.

In nächster Nachbarschaft ist zwischen Falkenried und Löwenstraße mit dem Arbeiterquartier Falkenried-Terrassen »der größte
zusammenhängende Bereich dieser für Hamburgs Gründerzeit charakteristischen Wohnhausform« (Hipp) erhalten geblieben. Nachdem das Neue-Heimat-Eigentum vom Abriß bedroht war, nahm
sich 1991 die Lawaetz-Stiftung der 324 Kleinwohnungen, die unter
Denkmalschutz stehen, an; Verwalter ist die Mietergenossenschaft.
Zwischen 1890 und 1903 sind die Terrassen für die Arbeiter der
Straßenbahnfabrik entstanden: Kleinwohnhäuser, an deren Fassaden noch dieses und jenes alte Gewerbe nachzulesen ist (»Brod
Niederlage« z.B.). Die Wandmalereien am Luftschutzbunker sind
von Sönke Nissen und Eckart Keller. Auf den Bunker hat man nun
draufgesattelt, ein Teil der »Bunkerterrasse« hat einen Bonbon-rosa-
farbenen Anstrich erhalten – wer hat denn dies ausgeheckt?!

Die Bewohner der Terrassen, mehrheitlich zu KPD und SPD
orientiert, waren nach der NS-Machtübernahme zahlreichen Razzi-
en und Angriffen der Nazis ausgesetzt. Bereits einen Tag, nachdem
die NSDAP in Hamburg an der Macht war, wurden am 6. März
1933 die Terrassen abgeriegelt, alle Wohnungen durchsucht und
zahlreiche Falkenrieder verhaftet und mißhandelt. Die Nazis hatten
ihr »Verkehrslokal« namens »Falkenburg« damals Ecke Falkenried
47/Goßlerstraße (jetzt Eppendorfer Weg). Am 26. Februar 1933,
dem Sonntag eine Woche vor der Reichstagswahl, war die »Falkenburg« Ziel eines Feuerüberfalls von KPD-Anhängern.

Der 17jährige Hitler-Junge Otto Blöcker, dessen Mutter am nahen Eppendorfer Baum ein Blumengeschäft besaß, wurde getötet, der HJler Götsch schwer verletzt. Der Name Blöcker bestimmte fortan Partei-Feiern und die Appelle Tausender Hamburger Hitler-Jungen: Das Falkenried wurde in Otto-Blöcker-Straße umbenannt, in der Böhmkenstr. 13 weihte die HJ 1933 ein Otto-Blöcker-Heim. Wegen des Feuerüberfalls wurden 24 Menschen des »gemeinschaftlichen Mordes« angeklagt und – im Beisein von Reichsstatthalter Kaufmann und Justizsenator Rothenberger – verurteilt: Arthur Retzlag wurde drei Tage nach seinem 27. Geburtstag, am 9. Februar 1934, in Hamburg hingerichtet, Karl Dettmer kam 1945 im Zuchthaus Oslebshausen ums Leben.

Die typische Bebauung für »hohe Herrschaften« der Jahrhundertwende, u.a. mit einer »Hamburger Burg« Nr. 24–30 (s. S. 183), ist hier zu sehen. Ecke Abendrothsweg 43 steht die im Wohnhausbau enthaltene Eben-Ezer-Kirche von 1907, vis-à-vis ist im Giebel am Eckhaus Nr. 53 (1906) eine schöne Jugendstil-Darstellung zu entdecken. Auch nicht alltäglich: die Schützenkönigsscheibe aus der Heide überm Portal Löwenstr. 42.

Löwenstraße 24 - 30, 43, 53, 42

Die jetzige Gesamtschule Eppendorf wurde 1912 als Knabenschule (Arch. Schumacher) eröffnet und u.a. von Schriftsteller Walter Jens besucht. Sie war im 1. Weltkrieg Lazarett, ab 1919 eine sog. Wendeschule (Versuchsschule) und nach 1945 Sitz des Ortsamtes.

Breitenfelder Straße 35

Auf einen Entwurf von Fritz Höger von 1919 geht der Klinkerbau des 1926–28 entstandenen ehemaligen Lyceums zurück, das nun zum nahen Universitäts-Krankenhaus Eppendorf gehört. Das UKE, dessen Haupteingang gleich in der Nähe ist, war 1889 eröffnet worden. Wegen Seuchengefahr hatte man seinerzeit die Pavillon-Bauweise gewählt. 40 Prozent der Gebäude sind im 2. Weltkrieg zerstört worden. 1934 wurde das Allgemeine Krankenhaus in Universitäts-Krankenhaus umbenannt.

Curschmannstraße 39

Das Feld überm Eingang von Haus III (1915) der »Martin und Clara Heimann-Stiftung«, in dem normalerweise der Name des Stiftes stehen müßte, ist leer: Wohl eine Folge der NS-Zeit, in der der Fortbestand dieser jüdischen Stiftung nur möglich war, weil man den Namen in »Stift Bredenfelde« abänderte. Haus II an der Löwenstraße wurde 1903 fertiggestellt.

Martinistraße 83, 85

Der Erdwall und die verschlossenen Aufgänge sind Bestandteil einer der schönsten und stimmungsvollsten Hamburger Fußballarenen: dem Victoria-Platz, auf dem 1911 das erste Fußball-Länderspiel in der Stadt (gegen Schweden) ausgetragen wurde. Traditionsverein »Vicky« hatte in seinen blau-gelben Reihen elf Fußball-Nationalspieler und gehörte noch nach dem Krieg der höchsten Spielklasse, der Oberliga Nord, an; heute sind die Victorianer fünftklassig. Die Zeiten, als hier wie 1947–48 über 35 000 zu Entscheidungsspielen zwischen dem HSV und St. Pauli pilgerten, sind dahin. Wegen der Erweiterung des Universitätskrankenhauses Eppendorf war schon eine Beseitigung des Stadions im Gespräch: Ein arger Frevel wäre das, ist doch auch der Victoria-Platz ein Stück Hamburger und

Lokstedter Steindamm 87

Lokstedter
Steindamm 75
❺

Endfpiel
zwiſchen Leipzig-Begau und Lorbeer 06-Samburg
auf dem Bitteria-Sportplatz Hamburg-Hoheluft
am Sonntag, 17. Mai, 16 Uhr

Arbeiterfußball-Endspiel 1931

Hoheluftchaussee
165

192 Hoheluft

Sportarchitektur-Geschichte (die Holztribüne von 1922 ist eine der ältesten Deutschlands und die älteste in Norddeutschland). Der SC Victoria vermietete seinen Platz ehemals an Linke wie Rechte: Hier trugen die Arbeitersportler Großkämpfe aus, so die »Russenspiele« 1926 und 1927 oder die Endspiele des deutschen Meisters SC Lorbeer aus Rothenburgsort (u.a. mit Erwin Seeler, dem »Vadder« von Uwe und Dieter). Hier sprach auch Hitler im Wahlkampf 1932; Polizei mit Maschinenpistolen hielt damals die umliegenden Dächer besetzt, um die Kundgebung zu schützen.

Eine weitere ehemals bedeutende Sportstätte ist gleich nebenan. »Vorbei, die Eimsbütteler Tage«, klagt Professor Walter Jens, Hamburger Jahrgang 1923, den es in die Fußball-Provinz nach Tübingen verschlagen hat. Schriftsteller Jens war (und ist?) Anhänger des ETV, der seit 1911 auf dem Platz an der Hoheluft spielt, »eine gewaltige Anlage, die in Deutschland nur wenige ihresgleichen hat« (1939); die Mannschaft war in den 30er Jahren ganz groß: 8:3, 2:1, 7:0 gegen den HSV.

Jens: »Die Stars waren Menschen, die man in der Straßenbahn ansprechen konnte; die Fünferreihe des Sturms bestand aus Eimsbütteler Werktätigen (Anrainer dazugerechnet). Wenn ich den letzten Goethe-Vers vergessen habe, werde ich den Eimsbütteler Sturm noch aufzählen können.« So spielten auf der Hoheluft, Rekordbesuch 24 000, die Rohde, Rohwedder, Panse für den Eimsbütteler TV und Fußball-Legenden von außerhalb. Heute ist der Club viertklassig: »Vorbei die Eimsbütteler Tage«. Vom alten ETV-Stadion hat der heutige Großverein nichts übriggelassen: Zu guter Letzt wurde im Sommer 1985 die Tribüne abgerissen, um eine Tennishalle zu bauen.

Bis in die 60er Jahre stand an der Stelle des heutigen Supermarkts das Grenzhaus, bekanntes Ausflugs- und Gartenlokal (»Restauration, Salon und Club-Lokal«). Seine Historie ging zurück auf ein Zollhaus von 1789 an der Grenze von Hamburg zu Dänemark, später zu Preußen. In der Nähe, in der kleinen verwahrlosten Anlage vor Hoheluftchaussee 165, findet sich noch ein Grenzstein »HP C7

1789« – »Herrschaft Pinneberg Christian VII. 1789«. Die Beliebtheit des Grenzhauses gründete u.a. in der anderen Sperrstunden-Regelung Preußens. Im Krieg beschädigt, wurde der Wirtschaftsbetrieb schließlich eingestellt. Gebäude und Anwesen verfielen, ehe Ende der 60er Jahre der Abriß kam. Eine Attraktion und Treffpunkt der Jugendlichen war bis 1929 das mit Dampf betriebene Karussell Strehmel neben dem Grenzhaus.

Anstelle des heutigen Backsteinhauses, hinter dem sich noch Terrassenbauten befinden, lag die »Alte Blumenburg«, die wie so viele andere Kinos der Stadt den Beinamen »Flohkiste« hatte: Drinnen war's eng, muffig, aber eben billiger als im nahen Capitol. **Hoheluftchaussee 113**

Steigerwald, Eigentümer der »Alten Blumenburg«, zog 1912 in einen neuen Großbau stadteinwärts, »Neue Blumenburg« genannt: ein Lichtspieltheater mit 1000 Plätzen und zeitweise Varieté-Aufführungen zwischen den Filmen. Das Kino bestand bis in die 50er Jahre. **Hoheluftchaussee 97**

Im Hinterhof versteckt liegt heute jenes Fabrikschloß, das ehemals die Gegend beherrschte – ein für Hamburg ungewöhnlicher Baustil, der sich an dem der Schlotbarone orientiert haben mag, denn Stammsitz der Tabakfirma Johann Wilhelm von Eicken war 1770 Mülheim/Ruhr. Angesichts des bevorstehenden Zollanschlusses (1889) hatte Carl H. (Heinrich) von Eicken (1846–1926) sich in der Hansestadt eingekauft. Eicken erscheint im Rückblick als Firmenpatriarch reinsten Wassers; politisch in der Freisinnigen Volkspartei engagiert, später dann bei den Demokraten. **Hoheluftchaussee 95**

Auf der Hoheluft hatte Eicken 1902–03 gebaut. Vorbild für die Verarbeitung »besserer Feinschnittsorten und Rauchtabakmischungen in englischamerikanischer Geschmacksrichtung, um damit die ausländischen Fabrikate entbehrlich zu machen«, waren US-Firmen, die Sohn Johann Wilhelm besucht hatte. Im 4. Stock des Baus wurde Tabak gelagert und ausgewogen, im 3. geschnitten, eine Etage tiefer für den Versand verpackt. Die Kisten dafür wurden im Keller hergestellt.

Das Fabrikschloß derer von Eicken: An den Schlotbaronen orientiert?

Eicken, vor dem 1. Weltkrieg noch einer der großen deutschen Tabak-fabrikanten, überstand zwar den »Vernichtungskrieg« der Branche in den 20er und 30er Jahren, blieb aber hinter den Konzernen zurück. 1983 verlegte der Pfeifentabak- und Feinschnitt-Hersteller seine 100 Arbeitsplätze nach Lübeck, was mit der »Kapitulation vor hohen Grundstückspreisen« begründet wurde. Und nun heißt die Fabrik eben »factory«, ist ein Lokal, beherbergt einen Verlag und andere Firmen.

Hoheluftchaussee 139 - 141

Eine interessante Kombination aus Etagenwohnhaus und Fabrikgebäude (im Hof) ist hier 1914 entstanden, wobei die gewerbliche Nutzung rückwärtiger Areale auf der Hoheluft noch heute oft zu entdecken ist. Ansässig war hier eine Firma für chirurgische Instrumente – nahe dem Eppendorfer Krankenhaus.

Hoheluftchaussee 117 - 119

Getränkemarkt »Bier-Spezi«, ein Kopierladen und eine Bar – dank Autorin Helga Schmal wissen wir, daß hier einmal anderes war. Nach US-Vorbild entstanden am »Highway Hoheluft« Tankstelle und Reparatur-Werkstatt (= Getränkemarkt, 1952; Tankstellendach 1966), Gaststätte (= Bar, um 1955) und Laden (= Copy-Shop, um 1955). Und nun der Clou: Rückwärtig liegt ein 1958 fertiggestelltes Motel inmitten der Stadt! Geparkt wird in den Garagen, gewohnt in den Zimmern samt Balkon im Obergeschoß darüber. Da fallen einem die »2000 Motels« und Frank Zappa ein – ob der auch hier war?

Hoheluftchaussee 91 - 93, 83

»KaHo« war noch einige Zeit an der Hausfassade Nr. 91 - 93 zu lesen: »Kaufhaus Hoheluft«, das 70 Jahre bestand und auf wundersame Weise als etwas antiquierte Kaufstätte bis 1989 überlebte, ehe der Verkaufsraum in viele kleine Läden aufgeteilt wurde. Das Eckhaus Eppendorfer Weg gegenüber steht an der Stelle der alten Polizeiwache, und an der Fassade von Hoheluftchaussee 83 dahinter hat die Kulturbehörde ein Versprechen eingehalten: Die alte Zwergen-Reklame für »Seifix«, entdeckt beim Hausabriß, ist erhalten geblieben und restauriert worden.

Ein kleiner Abstecher nach links hinein in den Eppendorfer Weg führt zur Kirche St. Markus (1898 - 99, Hugo Groothoff), die nach den Kriegszerstörungen bis 1949 wiedererbaut wurde.

Hoheluftchaussee/ Eppendorfer Weg ❻

Auch an dieser Kreuzung ist die Verkehrsbelastung des Stadtteils unübersehbar. Zumindest für acht Stunden lang war das einmal nicht so: Die Projektgruppe »Gesündere Zukunft für Hamburg« erreichte am Sonntag, 16. Juni 1991, die Sperrung der Hoheluftchaussee. Der Aktionstag sollte »auf das Bewußtsein der Menschen einwirken, damit sie in Zukunft auf ihr Auto verzichten«.

Hoheluftchaussee 52 ❼

»Kuddelbums« hieß im Volksmund das »Colosseum«, das sich mit mehreren Sälen, Restaurant, Kegelbahn, Weinstube (»mit Weinzwang«) und Schießstand neben dem heutigen Supermarkt befand und die bedeutendste Veranstaltungsstätte im Viertel war. Militär-Kameradschaften feierten hier, Maskeraden waren besondere Ereignisse, der Bürgerverein tagte, der Chor probte. Zu Pfingsten soll die erste Besitzerin Mutter Gericke stets die Damenwelt St. Paulis bewirtet haben; die Droschken standen damals weit die Hoheluftchaussee hinauf. Der Supermarkt war in den Räumen des ehemaligen Kinos Capitol untergebracht, das 1927 vom Geschäftsmann Deneke im Colosseum-Garten gebaut wurde. Der Neubau hat nun alle baulichen Spuren beseitigt. Vor der Post (Nr. 22) postiert: Frauke Wehbergs Postzustellerin auf einem Rad ohne Speichen ...

Im Hof hinter dem Vorderhaus lag die 1943 durch Bomben zerstörte jüdische Synagoge. Ein schon vorhandenes Gebäude war vom Architekten Semmy Engel umgestaltet und 1909 eingeweiht worden: »Ein helles, hochfenstriges Gotteshaus mit geräumiger Frauensynagoge.« (1937)

Hoheluftchaussee 25

Durch die prächtige Isestraße mit ihren Jugendstilbauten (zwischen 1905 und 1918) hindurch, in die man das Hochbahn-Viadukt gesetzt hat, das wiederum den beliebten Isemarkt beschützt, führt die Route zum 1884 angelegten Innocentiapark, übrigens eine der wenigen Rodel-Gelegenheiten dieser Gegend. Die Villa Nr. 37 beim Park war eines der »Judenhäuser«, in denen die jüdische Bevölkerung der Stadt auf engstem Raum zusammenziehen mußte.

Innocentiastraße 37

Im September 1943, nach den Bombardements, wurde dies mit Wohnraummangel begründet: »Der vorhandene Wohnraum ist stärker als bisher zu belegen. Die Grindelgegend ist zunächst zu bevorzugen.« Zu diesem Zeitpunkt allerdings war ein großer Teil der über 20 Bewohner schon in die Vernichtungslager deportiert worden, nachdem man sie zuvor aus ihren Wohnungen in der Haynstraße, der Hansastraße, Fischers Allee und von anderswo in das Haus am Park geholt hatte. Ihre Schicksale:

Markt unterm Hochbahnviadukt in der Isestraße

Eines der Grindel-hochhäuser: Die ersten Hochhaus-bauten nach 1945 in der Bundesrepublik Deutschland

Als erste wurden Edith Benndorf (44) und Prof. Dr. Friedrich Adler (64, 1878 in Laupheim/Württemberg geboren, 1924–33 Professor an der Kunstgewer-beschule, später Landeskunsthochschule Hamburg, und ein Künstler des deutschen Jugendstils, der erst 1980 entsprechend gewürdigt wurde) am 11. Juli 1942 nach Auschwitz deportiert. Henriette Schmid (64) beging am 17. Juli 1942 Selbstmord. Dies war vermutlich der Tag, bevor sie sich an der »Sammelstelle« einfinden mußte. Am 19. Juli 1942 wurden in das KZ There-sienstadt deportiert: Fritz Weinstein (73), Gertrud Weinstein (57), Zerline Adler (70), Zerline de Taube (72), Lina Bernstein (73), Franziska Leweck (oder Lewek) (69), Max Rösel (66), Gertrud Rösel (62), Carl Krauss (77), Käthe Josephi (oder Joseph) (70), Elise Dahms (65). Hauswart Ferdinand Strompf (64) und Hedwig Strompf (42) folgten am 9. Juni 1943. Als jüdi-scher Partner einer Mischehe wurde Oscar Strelitz am 14. Februar 1945 de-portiert. Ungeklärt: das Schicksal von Bianka Wolff (geb. 1887), Maria von Lima, Simon Kahn (1866) und Richard Meyer (1870).

Seit 1935 befand sich in der Villa die Synagoge der Portugiesisch-Jüdischen Gemeinde, die, da nur noch wenige Juden in der Neu-stadt lebten, von der Markusstraße hierher verlegt worden war. Weil sich auf dem Ecktürmchen des Hauses ein Davidstern und über dem Eingang eine hebräische Inschrift befanden, beschwerte sich die NSDAP umgehend bei der Polizei: Derlei würde »mit Recht zur Verärgerung der arischen Bevölkerung dieses Stadtteils beitragen«. Die Polizei antwortete, man habe »zur Zeit keine gesetzliche Hand-habe«. Die Synagoge wurde aufgehoben, die Villa 1942 umgebaut.

Die ersten Hochhausbauten nach 1945 in Deutschland, »die be-deutendste städtebauliche Gesamtanlage der Nachkriegszeit in Ham-burg« (Hipp), sind die zwölf Grindelhochhäuser. Die Engländer hat-ten sich bei Kriegsende auf eine längere Besatzungszeit eingestellt, erkannten allerdings bald, daß der vorhandene Wohnraum – vor allem in der Villengegend von Harvestehude – für ihr Personal nicht ausreichte. So entstand 1946 im Rahmen des »Hamburg project« die Planung am Grindelberg, wo die alte Bebauung, ohnehin durch Bomben zum Teil stark zerstört, abgerissen wurde. Weil die vorhandene Fläche knapp war, entschieden sich die Briten für eine Bebauung durch Hochhäuser, in denen Offiziere, Unteroffiziere u.a. untergebracht werden sollten. Die Bauherren von der Insel kamen jedoch nur bis zu den Fundamenten: Politisch war 1947 aus US-Zone und Britischer Zone die »Bizone« mit dem Verwaltungsschwerpunkt Frankfurt/Main entstanden; die Hamburger Pläne waren hinfällig. Die Stadt bzw. deren Siedlungs-Aktiengesellschaft (SAGA) übernahm 1948 das Vorhaben für den sozialen Wohnungsbau. 1950 waren die ersten beiden Hochhäuser, 1956 die Gesamtanlage – weitere vier Häuser mit acht Geschossen, sechs mit 14 – fertiggestellt. Insgesamt stehen 2120 Wohnungen zur Verfügung; auch das Bezirksamt Eimsbüttel ist hier untergebracht.

Grindelberg

Eines der markantesten Bauvorhaben der 20er Jahre in dieser Gegend ist entlang der Schlankreye der »Klinker« – so auch die Aufschrift am Haus Grindelberg 83, wo die Blockbebauung beginnt. Um seinen überwiegend in der Baubranche tätigen Mitgliedern Aufträge zu verschaffen, Kapital anzulegen und für den Eigenbedarf u.a. auch Werkstätten im Innern der Klinkerblöcke zu schaffen, hatte der »Gewerbeverein vor dem Dammthor« 1924 auf dem Höhepunkt der Inflation das Projekt in Angriff genommen. Für eine zahlungskräftige Klientel entstanden insbesondere 3- bis 4-Zimmer-Wohnungen, von denen die ersten 1926 bezogen werden konnten. Abschluß war 1929 die Einweihung des Vereinshauses und eines Festsaals (Schlankreye 69). Der mittelständische Verein allerdings hatte sich mit den Großbauten übernommen und mußte 1943 die gesamte Anlage an die Siemers-Stiftung verkaufen, die ihr Vermögen mit Grundstücksgeschäften in den 30er Jahren in Langenhorn gemacht hatte. Bald darauf wurde der »Klinker« durch Bomben weitgehend zerstört und 1952–53 wiederhergestellt; daran erinnert vor dem Haus Schlankreye 53 eine Säule der Stiftung. Seit 1982 steht die Anlage unter Denkmalschutz. Einer der Mieter war bis zu seiner Übersiedlung nach Schweden Herbert Wehner.

Grindelberg 83/ Schlankreye

Synagoge am Innocentiapark: Beschwerden über den Davidstern

Das Kino »Holi« (»Hoheluft-Lichtspiele«) war 1952 im Innenhof des Wohnblocks im ehemaligen Vereinsfestsaal eröffnet worden. Eine Besonderheit ist sein 50er-Jahre-Bühnenvorhang, der Hamburgs Skyline zeigt, von Herbert Rose und Wilfried Haase entworfen und 1951 von der Berliner Künstlerin Schwenk bemalt wurde und als letztes Muster seiner Art gilt (1988 renoviert).

Das um die Jahrhundertwende rasch besiedelte und dicht bebaute Gebiet weist etliche Schulbauten auf, unter denen das Helene-Lange-Gymnasium (1908–10, Albert Erbe), Bogenstr. 32, als eine der ersten staatlichen höheren Mädchenschulen der Stadt eine besondere Stellung einnimmt. Den Namen der Reformerin der Frauenbildung († 1930) trägt die Schule seit 1927; eine Büste steht im Eingangsbe-

Bogenstraße 32, 34 - 36, 30

reich. Die benachbarte Ida-Ehre-Schule (1929–33), Bogenstr. 34–36, hat Fritz Schumacher geplant. Nr. 30 ist die rote Backsteinkirche St. Andreas (1907). An deren Rückseite ist nun das Grindel-Kino erweitert worden, was zu Protesten im »Bogenviertel« geführt hat (Verkehrsbelastung).

Bogenstraße 54 i

Nr. 54 i lebte die Lehrerin Emma (Emmi) Carstensen (1902–1981), deren Wohnung ein Anlaufpunkt für den Widerstand gegen die Nationalsozialisten war. Hier wurde die Zeitschrift »Der Klassengewerkschafter« der kommunistischen Revolutionären Gewerkschafts-Opposition (RGO), die auch sozialdemokratische Genossen vertrieben, vervielfältigt, hier lebte illegal der NS-Verfolgte Emil Sand, 1942 im KZ Sachsenhausen ermordet. Emma Carstensen wurde wegen »Beihilfe zur Vorbereitung eines hochverräterischen Unternehmens« 1935 zu anderthalb Jahren Gefängnis verurteilt.

Bogenstraße 56 - 62, 59

Bogenstr. 56–62 (auch Hohe Weide 39–53, 58–88) ist ein weiteres Klinker-Wohnbauprojekt der 20er Jahre, errichtet von der »Baugenossenschaft Hoheluft«. Nr. 59 steht das Bismarck-Gymnasium – »Oberrealschule« ist noch überm Portal zu lesen –, 1909–11 nach Plänen von Albert Erbe erbaut.

Isebekkanal
⓬

Der Weg führt weiter entlang des Isebek-Kanals, sozusagen »Eimsbüttels Riviera«, gebaut nicht als Industriekanal oder Verkehrsweg, sondern für die Baulanderschließung und Kanalisation. Noch im letzten Jahrhundert dümpelte der Bach (Bek), gespeist vom Bahrenfelder Diebsteich, vor sich hin, ist nun aber in der Stadt infolge des Eimsbüttler Baubooms weitgehend verschwunden. Den Anstoß zur Kanalisierung (1883–84) gab das »Klosterland-Consortium«, getragen vor allem vom Bankhaus M.M. Warburg, das die ehemaligen Ländereien des Johannisklosters bebauen wollte. Dazu mußte der Grundwasserspiegel abgesenkt werden. Der neue Kanal war zudem als Transportweg für Baumaterialien geeignet und konnte Siele und Notauslässe der Kanalisation aufnehmen.

Daraus resultierte mit den Jahren ein Umweltproblem: »Schüttet den Unflat zu!« verlangte 1927 der »Hamburger Anzeiger«. Die Isebek galt als »Pestbeule Hamburgs«, »Blinddarm der ölig-speckigen Kanäle«, »der schwarze Kanal«. Zeitweise wurde überlegt, sie mit einer Schnellstraße zu überbauen. Als im Sommer 1987 fast alle Fische wegen des Sauerstoffdefizits starben, startete die Umweltbehörde ein umfangreiches Sanierungsprogramm. So wird denn die Isebek eines Tages vielleicht doch einmal wieder »Eimsbüttels Rio Grande«, mit Gondeln, Strandcafés und hübscheren Anlagen und Wegen am Ufer als heute.

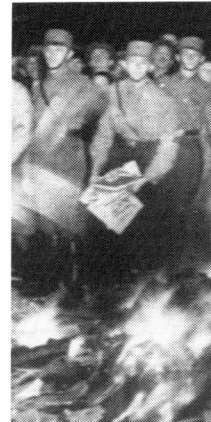

Berlins Beispiel nachgeeifert: Hamburger Bücherverbrennung am 15. Mai 1933

Am 15. Mai 1933, einem Montag, marschierten gegen 23 Uhr am Kaiser-Friedrich-Ufer (»Kaifu«) der SA-Studentensturm 6/76, Korporierte und die Hochschulgruppe des deutschnationalen Stahlhelm »wider den undeutschen Geist« zur Bücherverbrennung auf. Hamburg eiferte damit dem Berliner Beispiel nach, wo am 10. Mai auf dem Opernplatz 20 000 Bücher in Flammen aufgingen.

Dank der Bemühungen einer Bürgerinitiative besteht seit 1983 am Ort der Bücherverbrennung ein Gedenkplatz, wegen dessen In-

schrift sich die SPD-Mehrheit in der Bezirksversammlung über den Vorschlag der Initiative hinwegsetzte. Die hatte »jüdische, pazifistische, kommunistische und republikanische Autoren« benannt – die SPD vermißte sozialdemokratische Schriftsteller. 2001 gab es die Marathon-Lesung »LESEZEICHEN« von der in der NS-Zeit verbotener Literatur, Dauer 12 bis 0 Uhr.

1933 »wider den undeutschen Geist«: Gedenkplatz am Ort der Bücherverbrennung

Ein weiterer Schulbau ist das Kaiser-Friedrich-Gymnasium, Architekt ebenfalls Albert Erbe, 1909–11 als erste Oberschule Eimsbüttels entstanden.

Kaiser-Friedrich-Ufer

Als »Kaifu« populär ist das »Sommerbad Kaiser-Friedrich-Ufer«, 1936 als Hamburgs »erstes Warmwasser-Frei-Bad« mit seinerzeit 22 Grad Wassertemperatur eröffnet.

Und dann endet der Kanal mit dem Isebek ganz unspektakulär, gleich hinterm alten Bootshaus, einfach so. Man sollte sich aber noch die »Rückseite« des »Kaifu-Bades« ansehen, am Weidenstieg, im Stile eines mittelalterlichen Burgzwingers errichtet.

Schon in Eimsbüttel sind die einstige Realschule Weidenstieg 29 (1894), nun Handelsschule, und die Christuskirche, neugotisch und in Backstein 1884 fertiggestellt, im 2. Weltkrieg ausgebrannt (die Spuren des Wiederaufbaus von 1952–53 sind an der Fassade noch gut zu erkennen). Zum Ensemble gehören die Pastoratshäuser (Nr. 1, 3, 5).

Weidenstieg 29/ Bei der Christuskirche

Wer den steinernen, poppig-bunt bemalten Ludwig Freiherr von und zu der Tann treffen will, der sehe Von-der-Tannstr. 9 nach. Zurück geht's durch die Bismarckstraße, deren auffälligstes Gebäude man unter Nr. 57–61 findet: den Wohnblock der Finanzbeamten (1927, Ernst H. Dorendorf) im Stil der Reformarchitektur der 20er Jahre mit Wohnturm; es folgen Bunker und Schule an der Isebek (Nr. 83–85, 1902).

Linker Hand ist das »Generalsviertel«, angelegt ab kurz vor 1900, meist zwischen 1909 und 1912, dessen Namen durchweg Militärs wie Moltke, Wrangel, Kottwitz, Gneisenau etc. lieferten, was gelegentliche Umbenennungsinitiativen herausforderte. Hier sind im 2. Weltkrieg kaum Häuser zerstört worden, und so ist das Viertel, das unter Milieuschutz steht, ein eindrucksvolles bauliches Beispiel der Gründerzeit.

Roonstraße
⑮

Einer der typischen Straßenzüge ist die Roonstraße, 1874 nach des Kaisers Kriegsminister benannt, erst als Privatstraße mit 13 Metern Breite angelegt (nur die Mansteinstraße bekam vier Meter mehr), später vom Staat übernommen. Die Etagenhäuser entstanden von 1901 bis 1903, die Straße weist nach wie vor das alte Pflaster auf. Eine besonders schöne Fassade besitzt ein weiteres »Afrika-Haus«: Nr. 28, 1901 von W. Kording in Auftrag gegeben, der Bauherr, Bauunternehmer und Architekt in einer Person war.

Bis zum 2. Weltkrieg lebte hier gehobener Mittelstand, was sich auch in den Wahlresultaten ausdrückte: Für die NSDAP z.B. 1930 fast 30 Prozent, für Rechte und Bürgerliche noch einmal über 40.

Verändert hat sich die Straße mit dem Kopfsteinpflaster, den 44 Häusern, 400 Wohnungen, 1200 Bewohnern und 180 parkenden Autos; das ist die Geschichte von den 13 verschwundenen Läden. Frau N., die seit 1924 in der Roonstraße lebt:

»Wir hatten fünf Krämerläden, zwei Bäckereien, zwei Schuster, ein Grünwarengeschäft, einen Milchladen, den Friseur und den Zeitungsladen in der Straße – manches heute noch zu erkennen an den Vorbauten der Häuser und den großen Fenstern. Nach dem Krieg starben die Alten weg, und neue Besitzer fanden sich nicht ein. Dann ging das alles so langsam ein, erst recht, als die Supermärkte aufkamen.«

Kottwitzstraße 19

Kottwitzstr. 19 im »Generalsviertel« ist eine kleine Gedenktafel für den niederdeutschen Dichter Hermann Boßdorf (1877–1921), dessen Stück »De Fährkrog« 1918 unter Richard Ohnsorg Premiere hatte.

Hoheluftbrücke
⑯

Der kleine Manstein-Park geht über in einen der ehemaligen Landungsplätze des Kanals, 1919 betoniert. Bis in die 70er Jahre lag hier vor der Hoheluftbrücke die Imitation eines Mississippi-Dampfers, der als »Love-Boat« durch Prostitution, Mord und Brand in die Schlagzeilen kam. Hoheluft und Hoheluftchaussee haben uns nun wieder; nach Hause geht's von der Hoheluftbrücke (U3, Metro-Bus 5) in alle Himmelsrichtungen.

Werner Skrentny

Die Terrassen: Im Hinterhof proletarische Bescheidenheit

»Aber die Großstadt wuchs auch nach der Hoheluft hinaus, die freien Wiesenplätze an der Straße wurden allmählich mit Einzelhäusern bebaut ... Als dann aber, hart an unseren Garten stoßend, in der Gärtnerstraße ein hohes Etagenhaus und dahinter eine Terrasse mit Kleinwohnungen erbaut wurde, da war das Schicksal unseres schönen, früher so idyllisch gelegenen Sommeraufenthaltes besiegelt.«

So erinnerte sich in den 20er Jahren ein »heimatvertriebener« Sommerhausbewohner an die zum ausgehenden letzten Jahrhundert auch in die ehemals exklusiven Alstervororte vorrückenden Hinterhausanlagen, in Hamburg beschönigend »Terrassen« genannt.

Als 1890 zwischen Falkenried und Löwenstraße in Eppendorf mit der Errichtung der drei mittleren Hinterhaus-Doppelreihen (SAGA-Terrasse, Baum-Terrasse, Bunker-Terrasse) und ein Jahr später mit der Olga-Passage im Süden begonnen wurde, waren die Vorzüge des Vorortlebens ebenfalls bereits weitgehend verplant. Die Anordnung der Hinterhauszeilen um schmale Lichthöfe und minimierte Wohnwege nutzte bloß den gesetzlichen Rahmen zur spekulativen Grundstücksausnutzung. Die schematische Ausgestaltung der roten Ziegelblenderfassaden mit schlichtem, hellem Zementstuckdekor drückt den langen Hinterhausreihen im Vergleich zu den aufwendiger ornamentierten Kopfbauten an der Straße den Stempel »proletarischer Bescheidenheit« auf.

Der vergleichende Blick auf die umgebende Prachtarchitektur der Etagenhäuser von Eppendorf oder Harvestehude-Rotherbaum verstellt jedoch auch ein wenig die Einsicht in die besonderen Qualitäten, die das Arbeiter- und Terrassenquartier Falkenried im Gesamtspektrum der Hamburger Hinterhauslandschaft auszeichneten. Ohne die in Hamburgs älteren Hinterhäusern üblichen Kellerwohnungen, wie in der Augustenpassage oder an der Karolinenstr. 20 – 27 (St. Pauli), und ein Geschoß niedriger als die frühen Terrassen im Karolinen- oder Schanzenviertel, nehmen sich die Falkenried-Terrassen vergleichsweise licht aus. Der Verzicht auf eine den Wohnhof von der Straße abschottende Straßenfront mit dunklen Torwegen tut ein übriges zur freundlichen Gesamtwirkung des größten in Hamburg erhalten gebliebenen Terrassen-Ensembles.

Die außergewöhnliche architektonische Qualität der Falkenried-Terrassen war schon den Zeitgenossen im Kaiserreich geläufig. Nicht umsonst lag die Miete hier 1893 fast um zwei Drittel höher als in den ausstattungsmäßig vergleichbaren Arbeiterterrassen Humboldtstr. / Schumannstr. 41 – 46 und Schenkendorfstr. 19 – 27 (Barmbek-Uhlenhorst). Und für die ersten Sanierungspläne zur Jahrhundertwende für die choleraverseuchten Gängeviertel stand sogar einem Architekten die Wohnwegstruktur von Falkenried als vorbildliches Modell vor Augen: »Für die verkehrsarmen Wohnstraßen genügen schmale Straßen, ja, schon nach zwei Seiten hin ausgebaute Terrassen. Eine solche Passage mit kleinen Häusern bildet das erstrebenswerte Ziel; eine einigermaßen befriedigende Anlage ist z.B. die auf Falkenried.« (J.H.)

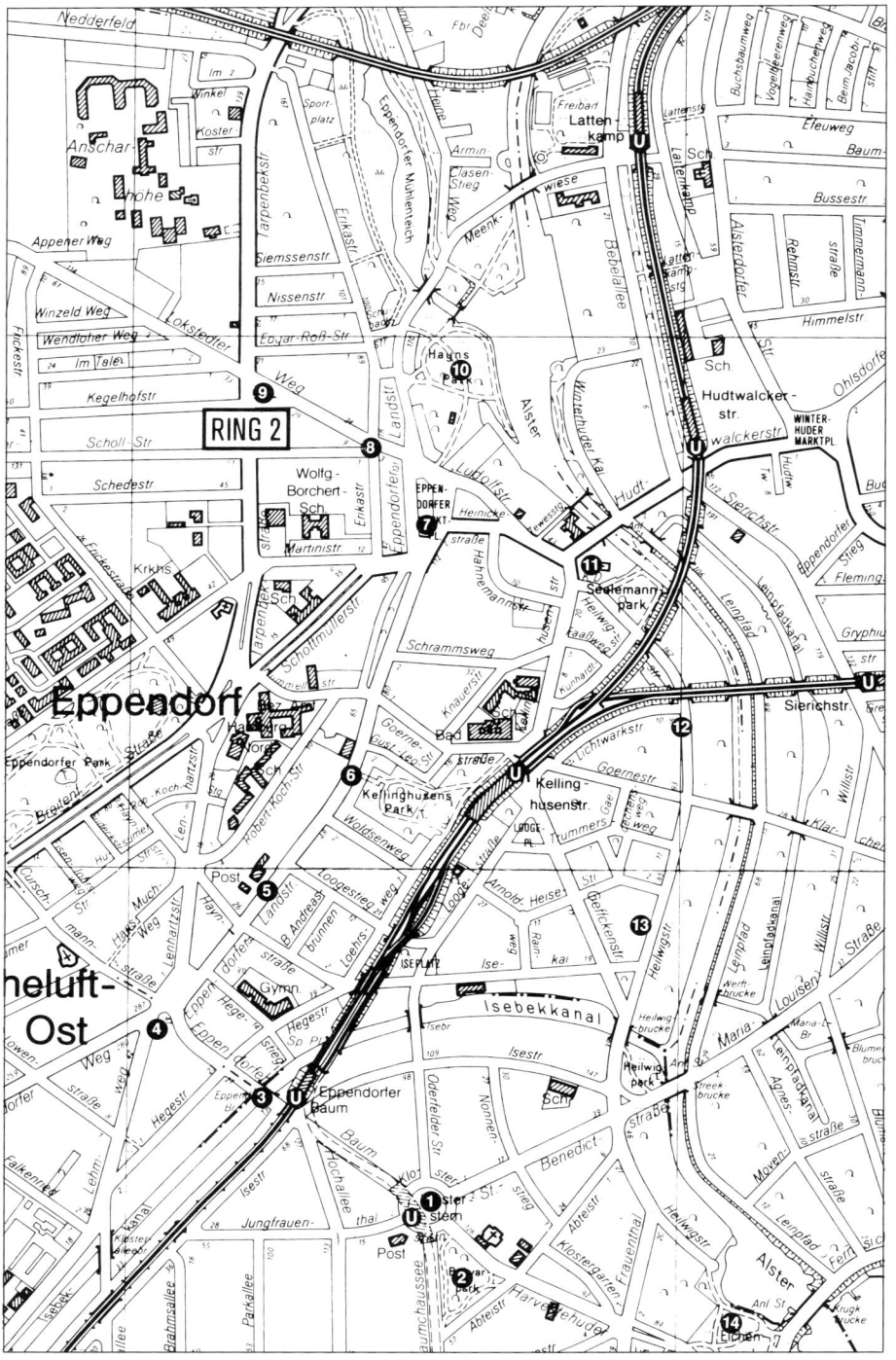

Senators Kaffeestube
im vielgeliebten Stadtteil

Ausgangspunkt: U-Bahnhof Klosterstern (U1)
Endpunkt: wie oben
Dauer des Rundgangs: 2 ½ Stunden

Eppendorf ist nicht weit vom Stadtzentrum entfernt und doch oft im Grünen, an Alster und Tarpenbek, mit vielen Parks. Es hat vor allem seine großbürgerlichen Etagenhäuser der Jahrhundertwende behalten, denn zerstört worden ist hier im 2. Weltkrieg kaum etwas (weshalb der Volksmund das Viertel »Glücksstadt« nannte). Kein Wunder, gilt der gepflegte Stadtteil doch als bevorzugter Wohnort: Bei einer Umfrage des »Abendblatts« 1992, wo man denn nun gerne leben möchte, lag Eppendorf auf Rang eins. Entsprechend ist das Viertel im Trend, die Mieten im Aufwind.

Eppendorfer Wahrzeichen an der Niendorfer Straße (jetzt Geschwister-Scholl-Straße): Abriß 1904

Gerne wird Eppendorf der »Schicki-Micki«-Stempel aufgedrückt, aufgrund der gehobeneren Boutiquen-Kultur (die viele alteingesessene Läden für den Alltagsbedarf verdrängt hat). Die Zeit der in-Lokale dort aber scheint vorbei, und überhaupt ist der Stadtteil sozial »durchmischt«, hat zum Beispiel in der Gegend um die Kegelhofstraße ein Wohnquartier der sog. kleinen Leute und ist auch sonst von der Bewohnerschaft her nicht dreist-protzig, wie sich die Stadt andernorts offenbart. Jetzt leidet das Viertel zunehmend unter dem immer massiver werdenden Verkehr, den am Wochenende die motorisierte Provinz von außerhalb dominiert – »die Geister, die ich rief ...«

Noch Ende des 18. Jahrhunderts ein »Kirchdorf mit 110 Feuerstellen, worunter aber viele hamburgische Gartenhäuser sind«, machte Eppendorf wie andere Hamburger Vororte auch den Bauboom der Jahrhundertwende mit. 1871 lebten hier knapp 2000 Einwohner; 1905 waren es bereits 48 000; 1920 annähernd 83 000 (heute knapp 23 000, dabei 61 Prozent Single-Haushalte). Das Dorf- und Landhaus-Idyll verschwand zusehends; die Mühle am Mühlenteich wurde 1901 niedergelegt, die Windmühle an der Niendorfer Straße 1904, und so haben sich nur noch einige wenige ländliche Szenerien erhalten, dafür aber eben fast komplett die eindrucksvolle Gründerzeitbebauung.

Der Rundgang beginnt am Klosterstern, der genaugenommen wie einige andere Teile der Route auch nicht in Eppendorf, sondern in Harvestehude liegt.

Die erste Sehenswürdigkeit des Rundgangs ist unter der Erde: Walther Puritz hatte die Bahnsteighalle der U1-Station Klosterstern 1929–30 gestaltet; 1986 ist sie rekonstruiert worden.

Hayns Park mit dem »Monopteros«, ehemals »Senators Kaffeestube«

St. Nikolai am Klosterstern: Kreuzigungsmosaik von Kokoschka

Doch hinauf ans Tageslicht: Den »Platz«, dessen Name wie viele andere Benennungen der Gegend auf das ehemalige Kloster Harvestehude zurückgeht, hat sich der Autoverkehr erobert; was sehenswert ist, liegt am Rande, so die Kirche St. Nikolai (1960–62, Architekt: Gerhard Langmaack), Nachfolgerin der im 2. Weltkrieg zerstörten Hauptkirche an der Ost-West-Straße. Für viele Hamburg-Besucher gehört das Gotteshaus, täglich 9–18 Uhr geöffnet, zum Programm, befindet sich doch dort seit 1974 über dem Altar das Kreuzigungsmosaik »Ecce homines« (»Siehe, so sind die Menschen«) von Oskar Kokoschka. Gemeindemitglieder – »ein Götzenbild« – beantragten 1995 die Entfernung, doch das Kunstwerk bleibt (in der Vorhalle: Kirchenfenster von Elisabeth Coester, vorgesehen für die alte St. Nikolai-Kirche).

Die frühere klösterliche Kiesgrube hieß bis 1952 Abteipark, ehe sie auf Vorschlag des venezolanischen Generalkonsuls nach dem lateinamerikanischen Unabhängigkeitskämpfer benannt wurde. Kurios: Zur Einweihung mit Bürgermeister Max Brauer mußte die Kapelle sieben Nationalhymnen spielen – die der Bundesrepublik und die der bolivarischen Länder.

Die Straße – Eigenwerbung: »Viertel mit Flair« – ist typisch für den Stadtteil: hohe Etagenhäuser der Jahrhundertwende, errichtet fürs großbürgerliche Publikum. Neben einigen Gebäuden steht auch das Geländer der Eppendorfer Brücke über den Isebek-Kanal unter Denkmalschutz: Richard Haizmann hat es 1927 geschaffen.

Dahinter sollte man die Eppendorfer Prachtstraße kurz verlassen: Links in der Hegestraße sind unter Nummer 46a-f Hamburg-typische Terrassenhäuser, und Nr. 34–40 ist die ehemalige Brotfabrik der Genossenschaft »Produktion« von 1911; ins Hoftor sind eiserne Brezeln eingearbeitet.

Das schmucklose Gebäude, nun Supermarkt, war einst eine erste Adresse für Unterhaltung: erst »Tanzsalon« und bis zum 1. Weltkrieg »Eppendorfer Gesellschaftshaus«, ehe sich hier mit den »Harvestehuder Lichtspielen« eines der größten Hamburger Kinos (800 Plätze) etablierte. In den 60er Jahren zog das »Hamburger Künstlertheater« ein, das bis Sommer 1969 spielte.

Eppendorfer Baum 35 - 37

Auf Eppendorf und speziell diesen Ort, jetzt das Restaurant »Legendär«, wird jene »Hamburger (Musik-)Szene« zurückgeführt, die in den 70er Jahren bundesweit ein Begriff war. 1970 startete hier, vom Mittelweg kommend, anstelle des »Ballhaus Eppendorf« »Onkel Pö's Carnegie Hall«, und hier haben sie alle angefangen mit der Karriere oder sind zumindest noch eine Sprosse höher geklettert: Otto Waalkes aus Emden, Helen Schneider aus Brooklyn, N.Y., Al Jarreau aus Milwaukee und all die anderen Lokalmatadore wie Truck Stop, Leinemann, Gottfried Böttger, Lonzo Westphal, genannt »Teufelsgeiger von Eppendorf«. Udo Lindenberg hat den Ort in seinem »Andrea Doria«-Song verewigt: »Bei Onkel Pö spielt ne Rentnerband, seit zwanzig Jahren Dixieland ...« Silvester 1985 war Schluß; die Musik spielt nun woanders.

Lehmweg 44

Die Landstraße war ehemals auch eine solche, führte von der Stadt hinaus aufs (Eppen-)Dorf, wo die Bauern lebten und wohlhabende Städter ihre Land- und Sommersitze hatten. Der rasante Wandel der Stadterweiterung, den auch Eppendorf zwischen 1871 und 1905 durchmachte, ist im Buch »Der junge Tobias« (1927) von Kunstschriftsteller Karl Scheffler (1869–1951) aus Eppendorf beschrieben.

Eppendorfer Landstraße

»Dem Gründer dieser Anstalt« steht auf dem Gedenkstein für Georg Andreas Knauer (1759–1828): eine Erinnerung an jene Jahre, als Eppendorf noch »Bad« war. Knauer hatte hier 1825 den »Andreasbrunnen« eröffnet (Straßenname »Beim Andreasbrunnen« in der Nähe; eine Eppendorf-charakteristische Wohnstraße der späten Kaiserzeit), in dem künstliches Mineralwasser ausgeschenkt wurde: eine stattliche Anlage mit Bade-, Brunnen- und Kurhaus und natürlich auch Kurkonzert. Eigens dieser Einrichtung wegen hielten die Alster-Dampfschiffe damals am Eppendorfer Baum. Vom »Andreasbrunnen« ist nichts auf unsere Zeit gekommen: Hohe Etagenhäuser der Jahrhundertwende stehen nun auf seinem Areal.

Eppendorfer Landstraße 42

Das Postamt vis-à-vis ist 1929–30 gebaut worden, und an bemerkenswerten Bauten sind auch zu nennen der Klinkerbau Nr. 47-51 (1929, Robert Friedmann) und eine der kleinen Villen, die von Alt-Eppendorf erhalten blieben, Nr. 39, das »Guttemplerhaus«: Die Abstinenzler waren 1903 eingezogen und unterhielten auch eine antialkoholische Gaststätte, das »Bundeshaus Eppendorf«. Viel Wirbel gab's seit 1990 um Nachbarhaus Nr. 35, wo sich mit einem sog. Dianetik-Zentrum die umstrittene Sekte Scientology-Kirche niederließ und von ihrem Grundstück aus intensivst um neue Mitglieder warb. Eine große Koalition aus Bürgern, Kirchen, Parteien und Elternverbänden setzte der Sekte Widerstand entgegen.

Eppendorfer Landstraße 47 - 51, 39

Eppendorfer Landstraße 35

**Eppendorfer
Landstraße 58 - 62**
❻

Im großen Klinkerwohnblock ist der Durchgang zu einem der vielen Parks des Stadtteils, dem Kellinghusen-Park mit kleinem Teich und Strohdachkate, früher beliebter Treff zum sonntäglichen Skat. 1987 brannte das kleine Fachwerkhaus ab, nun ist darin seit 1996 das erste Hamburger Kinder-Umwelthaus des Bundes für Umwelt- und Naturschutz Deutschland (BUND). Im Park hatte der Senator und spätere Bürgermeister Kellinghusen seinen Landsitz, später Bürgermeister Schröder, und nach dem Verkauf des Geländes in den 20er Jahren hieß das hier folglich Schröders Park. Als die in London ansässige Familie Schröder 1954 der Stadt einen Park an der Elbchaussee schenkte und auf der Benennung »Schröderpark« bestand, bekam das Eppendorfer Grün einen neuen Namen.

**Eppendorfer
Landstraße 77**

Zwischen Bezirksamt Hamburg-Nord (1953–59) und Karstadt (1951) liegt Eppendorfs Zentrum; der C & A-Bau von 1964 wurde 1996 abgerissen, der Nachfolgebau der Volksfürsorge gilt im Stadtteil als äußerst umstritten. Der Parkplatz vor dem Kaufhaus soll umgestaltet werden.

Karstadt Eppendorf feierte am 20. April 2001 das 50jährige Bestehen und hatte ehemals »weithin in Deutschland und im Ausland wegen der epochalen technischen Vollkommenheit und Zweckmäßigkeit berechtigtes Aufsehen erregt«. Eppendorf war damals Ersatz für das kriegszerstörte Karstadt-Haus von Barmbek, von 375 Beschäftigten kamen 135 aus der dortigen Steinwüste. Den neuen Standort hatte man auch gewählt, weil viele durch den Krieg obdachlos gewordene Menschen in Eppendorf Unterschlupf fanden. Am Ort des Kaufhauses (wo in der Technikabteilung Nr. 77 das letzte Eppendorfer Kino, das »Monokel«, war) war der Friedhof des Stadtteils, auf dem 1904 die letzte Beerdigung stattfand. Das Gräber-

*Eine Wohnhofallee
der Gründerzeit: Der
sog. Marienweg, »Dorf
in der Stadt«*

feld machte schon in den 40er Jahren einen verwahrlosten Eindruck und ist in der Hunger- und Notzeit 1946–47 von den Bewohnern des Stadtteils vollends zugrunde gerichtet worden.

Blick vom Eppendorfer Marktplatz; rechts zweigt die Martinistraße ab

Einen Abstecher wert ist »eine der ältesten, als geschlossene Einheit projektierte Wohnanlage« (Haspel) hinter den Vorderhäusern Schrammsweg 17–21: eine Wohnhofallee der Gründerzeit, der sog. Marienweg, ein »Dorf in der Stadt«, 1892–94 vom Architekten Muxfeldt geplant (Nr. 19 a-e).

Ecke Eppendorfer Landstraße/Schrammsweg ist »Café Lindtner«, eine Institution im Viertel, im Sommer 1944 eröffnet. »Hamburgs klassische Konditorei« wirbt mit »Ambiente, das seinesgleichen in Hamburg sucht« und »dem Ruf der Backstube, der weit über die Grenzen der Hansestadt hinausreicht«. Ursprünglich war das Café seit 1939 am Meßberghof ansässig.

Entlang der Landstraße verläuft der 2001 neu gestaltete Park (kleine Plastik mit Borchert-Zitat).

Da ist er nun, der Marktplatz - und hat keinen Markt mehr (den gab es bis 1894: »Wer den nicht sah, kennt eine der größten Belustigungen der Hamburger nicht!«), keinen Marktbrunnen und kein Rathaus ... Das Wohnhaus des Klostervogts (Nr. 11) ist seit 1864 im Besitz der Schlosserfamilie Hausmann, nun in der vierten Generation und damit Eppendorfs ältester Handwerksbetrieb. Entstanden ist der Fachwerkbau vermutlich 1778 und 1806 erneuert worden. Der letzte Klostervogt, Christian Georg Borchert, starb 1833.

Café Lindtner

Eppendorfer Markt

Eine Erinnerung »an den glorreichen Frieden von 1871« ist die Friedenseiche auf dem Marktplatz, Symbol des militärischen Sieges über Frankreich. Daneben ist nun seit 1984 Wolfgang Borcherts Aufruf zur Verweigerung »Sag nein!« nachzulesen; CDU und Eppendorfer Bürgerverein waren seinerzeit gegen das Mahnmal.

Im Supermarkt (Landstr. 108) war früher eines der größten und

Historische Aufnahme der Erikastraße: Die Hausnummern 1, 25 oder 37 gibt es nicht mehr

ältesten Kaufhäuser der Stadt: »Die Dame fährt nicht mehr zur Stadt, weil es auch Kaufhaus Dittmer hat«, war ein Werbeslogan der 30er Jahre.

Marktplatz und Alster verbindet seit 1998 anstelle eines Gewerbehofes ein Park, der massive Einsatz von Beton und unansehnlichen rostigen Stahlwänden lassen am Konzept (ver)zweifeln.

Eppendorfer Landstraße 97

»Alt-Eppendorfer Brauhaus anno 1881« steht in den Holzbalken zu lesen, und tatsächlich ist das Haus ein Stück vom alten Dorf, gebaut 1779. Seine Lokal-Geschichte begann 1887, als der Fuhrmann Kunkel die »Gastwirtschaft zum alten Landhaus« eröffnete, mit einem Ausspann nahe der Pferdebahn-Haltestelle günstig gelegen. Das kleine Putzwohnhaus Nr. 126 ist von 1881 und steht unter Denkmalschutz.

Erikastraße

Die Hausnummern 1, 2, 25 oder 37 werden Sie vergebens suchen: 1937 wurde der Erikastraße einfach ein Stück weggenommen und nach dem bekannten Mediziner Hugo Schottmüller, seit 1933 Mitglied der NSDAP, benannt. Es gibt Bestrebungen, die Straße und die Schottmüllerschule umzubenennen. Bemerkenswert ist, daß sich in der Erikastrasse die kleinen Läden über die Jahrzehnte weg gehalten haben und der Straßenzug als Bummel- und Einkaufsmeile seinen ganz eigenen Charakter behalten hat.

Geschwister-Scholl-Straße

An der Ecke zur Erikastraße ist »Borchers« (Nr. 1-3), auch dies eine Eppendorfer Institution als »Speise- und Schankwirtschaft«, die bis 1972 im Besitz der gleichnamigen Familie war. Der alte August Borchers muß dabei gut verdient haben, denn er besaß auch einige Mietshäuser in der heutigen Geschwister-Scholl-Straße, die seit 1947 in Erinnerung an die von den Nazis ermordeten Hans und Sophie Scholl so heißt. Vorher trug sie andere Namen: erst Albertstraße, nach der Eingemeindung nach Hamburg ab 1894 Niendorfer Straße (eine Albertstraße gab's schon in Hammerbrook), nach 1937, als Lokstedt mit seiner Niendorfer Straße zu Hamburg kam, dann Tettenbornstraße nach einem russischen General.

Nachdem er erst in der Eppendorfer Siemssenstr. 4 gelebt hatte, war Ernst-Thälmann-Platz
Ernst Thälmann (1886–1944), seit 1924 Vorsitzender der KPD und ❾
einer der populärsten Politiker der Weimarer Republik, mit Frau Irma,
Tochter Rosa und Schwiegervater 1929 nach langer Suche in eine
Drei-Zimmer-Wohnung im 2. Stock dieses Eckhauses eingezogen.

*»Teddy«, wie seine Anhänger den Kommunisten nannten, war gebürtiger
Hamburger, ehemals Mitglied von SPD und USPD, zweimal Reichspräsi-
dentschaftskandidat, Reichstagsabgeordneter und Mitglied der Hamburger
Bürgerschaft. Politisch stand er, der gewiß kein »Intelligenzler« war, sondern
als Arbeiter-Typus den »Führer« der Partei abgeben mußte, für die Stalinisie-
rung der Massenpartei und radikale Opposition mit dem Ziel, ein »Sowjet-
deutschland« zu schaffen.*

Dreizimmer-Wohnung
im Eckhaus:
Gedenktafel für Nazi-
Opfer Ernst »Teddy«
Thälmann

*Letztmals war Thälmann am 25. Januar 1933 in seiner Heimatstadt. Der
Kassierer einer Berliner Gartenkolonie (der nach 1945 Selbstmord beging)
verriet nach der Machtübernahme der Nazis das Versteck des KPD-Vorsitzenden, der am 3. März 1933 verhaftet wurde. Elfeinhalb Jahre lang war
Ernst Thälmann in Berlin, Hannover und Bautzen inhaftiert. Auf Anweisung von Hitler wurde er im Alter von 58 Jahren am 18. August 1944 im KZ
Buchenwald ermordet.*

Die Benennung des Thälmann-Platzes (mit drei Hausnummern) war
ein Kompromiß: Von 1946 bis 1956 hieß die heutige Budapester
Straße auf St. Pauli Ernst-Thälmann-Straße (s. S. 154). 1984 kündigte
Bürgermeister von Dohnanyi eine neuerliche Straßenbenennung
nach dem NS-Opfer an, doch war nicht, wie angenommen, die
Tarpenbekstraße gemeint, sondern ein kleines Stück der Kegelhofstraße. Vor allem Springer-Presse und »FAZ« kommentierten ableh-
nend, ebenso CDU und örtlicher Bürgerverein. Von Dohnanyi blieb
standhaft: »Es gilt, die Erinnerung an Menschen aus allen politischen
Lagern zu bewahren, die gegen das NS-Regime kämpften.« Nach dem
Zusammenbruch der DDR, die einen regelrechten Thälmann-Kult
betrieben hatte, gab's neuerlich Diskussionen, doch blieb der Thäl-
mann-Platz. Das geplante Denkmal auf dem Platz, eine geballte
Riesenfaust, für die Alfred Hrdlicka als Künstler im Gespräch war,
wird allerdings nie mehr realisiert werden.

Seit 1969 besteht im »Thälmann-Haus« (Volksmund) die »Ernst-
Thälmann-Gedenkstätte«, Eppendorfs einziges Museum, dessen Ausstellung auch die einzige ständige Darstellung der Geschichte der
örtlichen Arbeiterbewegung in der Stadt ist, allerdings nach einer
Neupräsentation verlangt, mit der der Träger überfordert ist. Promi-
nentester Besucher im »Thälmann-Haus« war 1978 Leonid Bresch-
new. Unverständlich: 1999 wurde die Gedenkstätte erstmals im Hamburger Verfassungsschutz-Bericht erwähnt.

Wer einen kleinen Umweg einschlagen möchte, dem sei der Gang
durchs Eppendorfer »Stiftsviertel« empfohlen, dem »Ballungsraum
hanseatischer Liebestätigkeit« (Haspel). Das Areal hatte der Staat
nahe dem 1889 eröffneten Krankenhaus zur Verfügung gestellt. In
der Schedestraße sind die »Bürgermeister-Joachim-von-Kampe- und
Nicolaus-van-den-Wouwer-Gotteswohnungen« (Nr. 29, schöner In-

Schedestraße/
Frickestraße

nenhof), das »Julius- und Betty-Rée-Stift« (Nr. 27 – 37, Mittelbau von 1910), die »Familie-Beyling-Stiftung« (Nr. 13 – 17), die »Bürgermeister-Albert-Hackmann-Gotteswohnungen« (Nr. 11) und Ecke Fricke-straße das »Gustav-Kammerer-Stift« (Nr. 2). In der Frickestraße be-heimatet sind die »Vaterstädtische Stiftung« (Nr. 4) und das »Martin-Brunn-Stift« (Nr. 24, 1897 bezogen), basierend auf einer jüdischen Stiftung. An der Tarpenbekstraße liegen das »Mathilden-Stift« von 1901 (Nr. 33) und das »Daniel-Schutte-Stift« von 1907 (Nr. 31) im Stile althanseatischer Bürgerhaus-Architektur.

Tarpenbekstraße 82

Für 14 Jahre war Wolfgang Borchert (1921 – 1947) Eppendorfer: Geboren wurde er im 3. Stock des Eckhauses, 1935 verzog die Fami-lie nach Winterhude. In der Erzählung »Der Stiftzahn oder Warum mein Vetter keine Rahmbonbons mehr ißt« hat der Schriftsteller sogar ein kleines Stück Eppendorf verewigt: »Ein richtiges kleines Vorstadtkino«, die »Viktoria-Lichtspiele«, Lokstedter Weg 41, jetzt Supermarkt.

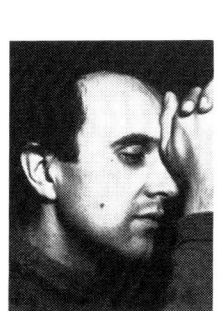

Gebürtiger Eppen-dorfer: Wolfgang Borchert, 1921 - 1947

»Draußen vor der Tür«, »die bittere Klage eines Heimkehrers«, hatte 1947 der damalige Nordwestdeutsche Rundfunk (NWDR) als Hörspiel ausge-strahlt. Am 21. November 1947 führten die Hamburger Kammerspiele das Stück auf; Borchert war am Tag zuvor in Basel verstorben. An den Autor erinnern in Hamburg die Straße Borchertring, die Wolfgang-Borchert-Sied-lung von Alsterdorf, die Internationale Borchert-Gesellschaft, Gedächtnis-raum und Archiv in der Staatsbibliothek »Carl von Ossietzky«, die Eppen-dorfer Borchert-Schule und eine HADAG-Barkasse.

Hayns Park
❿

Hinter den denkmalgeschützten großen Wohnblocks (1934, C. Petzold) an der Landstraße, die laut Denkmalbehörde »die Abkehr der NS-Ära von architektonischen Prinzipien der 20er Jahre« markie-ren, ist Hayns Park, schönste und größte Grünanlage des Viertels. Vom Landsitz des Senators und 2. Bürgermeisters Max Theodor Hayn (1809 – 1888) ist nur noch das klassizistische Rundtempelchen erhalten, »Monopteros« genannt, und ehemals »Senators Kaffee-stube«, leider immer wieder durch Farbschmierereien verunstaltet. Im Park, postalische Anschrift Eppendorfer Landstr. 148, ist »Silwars Idylle« (»Hamburger Abendblatt«), ein Bootsverleih, dessen Ge-schichte bis ins Jahr 1874 zurückgeht.

Tradition hat auch das Bootshaus Barmeier an der Mündung der Tarpenbek in die Alster: 1926 wurde es erbaut. Der nahe Mühlen-teich wie auch die Lokalität »Zur alten Mühle« erinnern an den 1245 erstmals erwähnten Müllerei-Betrieb, der um 1860 eingestellt wurde. Heute ist der Mühlenteich vor allem als Winterquartier (seit 1957) der Alster-Schwäne (Eigentum der Baubehörde!) bekannt.

Ein Kuriosum an der Ostseite des Teiches ist die »Mühlenteich-Brücke«, deren Existenz sich lange nicht erklären ließ, verkehrte doch dort kaum ein Zug (was sich, Anwohner mögen es beklagen, nun geändert hat). Das 1939 fertiggestellte Bauwerk – das »Hambur-ger Tageblatt« lobte »Größe und Schönheit« – ist Bestandteil der Güterumgehungsbahn, die u.a. als Ersatzstrecke gebaut worden war, falls die Lombardsbrücke im 2. Weltkrieg durch Bomben zerstört werden sollte.

Als »außergewöhnliches Dokument hamburgischer Villenarchitektur« und »bemerkenswertes Zeugnis für die Geschichte des Backsteinrohbaus« lobt das Denkmalschutzamt das denkmalgeschützte Gebäude. Als es 1981 im Anschluß an eine Mieterdemonstration besetzt wurde, rückten im Dunkel der Nacht gemäß der »Hamburger Linie« von SPD-Innensenator Alfons Pawelczyk (»kein Haus in Hamburg bleibt länger als 24 Stunden besetzt«) Mobiles Einsatzkommando und Bereitschaftspolizei an: Als Zugang zur Villa benutzten sie nicht (wie die friedlichen Besetzer) die Haustür, sondern zertrümmerten die Veranda. Salomon-Heine-Weg 24

Fast unablässig rauscht der Verkehr über Eppendorfs »historische Meile« – kaum vorstellbar, wie idyllisch das einmal war. Am Beginn war der unschöne Gewerbehof (Nr. 7), der wie erwähnt 1998 dem Park gewichen ist. Ohne jede Not wurde hier von Staats wegen 1970 u.a. Eppendorfs letztes Strohdachhaus vernichtet, wobei auch das Denkmalschutzamt dem damals sehr für den Erhalt engagierten Bürgerverein jegliche Unterstützung versagte. Auch die Gebäude Nr. 23 und 25, letzteres das Geburtshaus des erwähnten Karl Scheffler, wurden niedergelegt. Erst später stellte man fest, daß dies aufgrund des Straßenausbaus gar nicht notwendig gewesen war. Geblieben sind unter Nr. 15 der Sitz des ältesten deutschen Kanu-Clubs (»Alster-Canoe-Club« von 1905), ehemals das Anwesen eines Bauern – das Gitter rechts vom Haus stammt von der Torwache am Millerntor auf St. Pauli –, und das Patrizierhaus Nr. 19, das »Will'sche Palais«, wohl noch vor 1700 gebaut. 1881 war hier E.C.H. Will, »Fabrikant verbesserter amerikanischer Schnell-Liniir-Maschinen«, an- Ludolfstraße

Hayns Park 1949: Ganz rechts »Senators Kaffeestube«, im Hintergrund der Winterhuder Kai mit Nissenhütten

sässig geworden. Nr. 43 ist eine Eppendorfer Landmarke (1861, Denkmalschutz; früher: »Zur alten Eppendorfer Grenze«, »Brahms Stuben«).

St. Johannis ⑪

Wahrzeichen des Stadtteils ist die erstmals 1267 erwähnte Kirche, »einer der anziehendsten Punkte im Rahmen unseres Alsterbildes« (Architekt Julius Faulwasser, 1903). Der Kirchturm war ehemals wohl Wachturm, wurde 1751 ummantelt und mit einer Haube versehen. 1622 entstand das Kirchenschiff als Fachwerksaal. Man sollte unbedingt zur Rückseite des Baues gehen und auch nicht die Besichtigung des Innern versäumen (der Schlüssel ist Mo u. Fr 9 - 12, Di - Do 9 - 12 und 16 - 18.30 Uhr im Kirchenbüro nebenan erhältlich). St. Johannis, populär als »Hochzeitskirche«, hat viele Kunstschätze, so ein Kruzifix (um 1510), Gemälde im Chorraum und Darstellungen an den Emporen. Die Kanzel erarbeitete 1781 der Eppendorfer Tischler Ulrich Reese.

Heilwigstraße 125

Eppendorfs »erste Adresse« ist diese Straße parallel zum Alsterlauf. Das bolivianische Generalkonsulat, Nr. 125, kam dabei durch zwei Ereignisse bundesweit in die Medien. 1971 war hier Roberto Quintanilla Pereira, als Konsul gerade außer Diensten, erschossen worden: »Victoria o Muerte«, »Sieg oder Tod«, stand auf einem Zettel, den man am Tatort fand.

Pereira, so wurde bekannt, war an der Ermordung des legendären Guerilla-Führers Ernesto Che Guevara und auch am Tod des bolivianischen Präsidenten Barrientos beteiligt gewesen, in illegale Waffengeschäfte mit Israel verwickelt und eng mit der CIA liiert. Die Tatwaffe hatte einst der Mailänder »rote Millionär« und Verleger Giangiacomo Feltrinelli gekauft. Als Täterin gilt Monika Ertl, Tochter eines NS-Filmers, Mitglied der bolivianischen Befreiungsarmee ELN, 1973 bei einem Feuergefecht mit der Polizei in einem Arme-Leute-Viertel von La Paz ums Leben gekommen. Ein Dokumentarfilm von Christian Baudissin (»Gesucht: Monika Ertl«) hat das Leben der Revolutionärin aufgearbeitet.

»Einer der anziehendsten Punkte im Rahmen unseres Alsterbildes«: St. Johannis, deren Kirchturm ehemals wohl Wachturm war

Als 1980 per Putsch in dem lateinamerikanischen Land eine Militärjunta an die Macht kam, verweigerte sich der Hamburger Generalkonsul Juan Emilio Sanchez (1928 - 1986) den neuen Herren und erklärte sich zum »Generalkonsul im Widerstand«, unterstützt von einem breiten Spektrum von Junge Union bis DKP. Die Konsulatsgelder legte der Bolivianer beim Notar Henning Voscherau fest, bis er 1983, nach Rückkehr einer demokratischen Regierung, wieder amtieren konnte.

Seelemanns Park

Im Park an dem Ort, wo Villa und Gärten der Familie Seelemann waren, hat nun »de gode Heinken« seinen hoffentlich letzten Platz gefunden: Dank der Tätigkeit des Küsters, von 1768 - 1778 an St. Johannis, gilt Eppendorf als »Wiege des deutschen Taubstummenbildungswesens«. Der damalige Pastor Granau hatte den Samuel Heinicke allerdings heftig attackiert, würde er doch »in Gottes Willen eingreifen«. Das Denkmal wurde 1895 geschaffen und stand bis 1972 Ecke Ludolfstr./Heinickestraße, ehe es dem Straßenverkehr weichen mußte.

»Ein herrlicher Bau ist entstanden«, jubilierte 1914 Bürgermeister O'Swald, als das Kloster St. Johannis (Architekten: Ludwig Endresen und Richard Kahl), ein 1,03-Millionen-RM-Projekt, seiner Bestimmung übergeben wurde. 1236 war auf dem heutigen Rathausmarkt ein erstes St. Johannis-Kloster gegründet worden, das zuletzt am Klosterwall lag, ehe die Stadtsanierung den Umzug des Damenstiftes nach Eppendorf erforderte.

Heilwigstraße
158 - 162

Die »Sonderwelt der Hamburger Oberschicht« – Betreten verboten! – am Alsterufer war stets nobles Refugium der weiblichen Crème de la crème der Stadt, sofern diese ledig oder verwitwet war. 70 Damen leben noch hier, und »Ehrenwerte Jungfrau Domina«, also Stiftsvorsteherin, ist nach alter Tradition noch immer eine Senatorentochter. Das Anrecht auf den Platz im Stift wurde den Frauen mit dem »Klosterbrief« oftmals schon in die Wiege gelegt; nun besteht ganz profan eine Warteliste. Die drei Hausnummern haben ihren Grund in der Aufteilung in Damenstift (Nr. 160), Witwenhaus (Nr. 158) und den Sitz des Klosterschreibers (Nr. 162). Auch von außen gut zu sehen: der 32 Meter hohe Uhrturm, die St. Johannis-Statue im Hof und die Wappen von Stiftern und Förderern überm Portal.

»Sonderwelt der Hamburger Oberschicht«: Das Damenstift Kloster St. Johannis am Alsterufer

Heilwigstraße 114

Im Klinkerhaus (1925–26, Gerhard Langmaack) war die am 1. Mai 1926 eröffnete »Kulturwissenschaftliche Bibliothek« des Kunsthistorikers Aby M. Warburg (1866–1929), unterstützt auch vom gleichnamigen jüdischen Bankhaus. »1933 wurde die Bibliothek nach London gebracht«, berichtet der Tafel-Text am Haus etwas sehr verkürzt, denn aus freien Stücken »emigrierte« die Bibliothek ja nicht, war doch ihre Existenz nach der NS-Machtübernahme bedroht. Nachdem die Nazis ein Lösegeld von 2000 Bänden (Thema: 1. Weltkrieg) erpreßt hatten, brachten 1933 die beiden Dampfer »Hermia« und »Jessica« die Bibliothek nach England, wo sie heute noch als »The Warburg Institute« an der Universität von London besteht. Die Stadt kaufte das Gebäude 1993 für 4,9 Mio. DM, ließ es für 2,5 Mio. renovieren und übergab es 1995 der Aby-Warburg-Stiftung als geistes- und sozialwissenschaftliche Forschungsstätte.

Heilwigstraße 52

Eine der schönsten Villen der noblen Gegend (1906, J. Grotjahn) war ehemals ein Domizil der Stars: In den 50er Jahren lebten hier Regisseur Geza von Cziffra (1900–1989), Spezialist der leichten Muse, und sein Schützling Vera Molnar (1923–1986), damals sehr populäre Filmschauspielerin. Das denkmalgeschützte »Weiße Haus« in der Heilwigstraße ist nun das »Medienhaus« von Thomas Wegner (»Schaulandt«).

Heilwigstraße 31

Ein anderer architektonischer Höhepunkt ist das »Backstein-Schloß« (1907–08, Paul Schöß, der auch die Eckvilla Nonnenstieg 9 entwarf) von Henry O'Swald, »einer hochgeschätzten Persönlichkeit des hamburgischen Außenhandels«. O'Swald starb 1938; seine Witwe Marion unterhielt in dem Bau zeitweise eine Pension.

Eichenpark

Spektakulärer Abschluß der Heilwigstraße ist dort, wo die Alster vom Fluß zum »See« wird, zur Außenalster, und das »Schiffsloch« mit seinem kleinen Bootsanlegesteg im Eichenpark ein idyllisches Plätzchen ist. Gleich nebenan, Nr. 1, lebte Heinz Erhardt, und wenn's nun um »noch'n Gedicht« geht, so zitieren wir aus der Ode »Harvestehude« von Friedrich von Hagedorn (1708–1754): »Hier gehet in gewölbten Lüften / Die Sonne recht gefällig auf / Und lachet den beblümten Triften / Und sieht mit Lust der Alster Lauf.« Dem Dichter ist im Park ein Denkmal gesetzt worden, beim Harvestehuder Weg (1897, Bronzerelief von Carl Börner).

Der Blick geht zur Krugkoppelbrücke (1927–28, Fritz Schumacher und Gustav Leo), in die DDR-Geschichtsliteratur als Ort des »heroischen Kampfes der Hamburger Arbeiterklasse« eingegangen. Das meinte 1923, den Hamburger Aufstand der KPD, als ein bewaffneter Trupp im Morgengrauen die wichtige Verkehrsverbindung besetzte. Anführer Ernst Thorell wurde im Schnellverfahren zum Tode verurteilt, im Wiederaufnahmeverfahren zu endgültigen 4 Jahren Haft verurteilt.

Das weiß kaum noch wer; heute ist die Brücke Ausgangspunkt zum Außenalster-Spaziergang bei schönem Wetter, für einen Besuch bei »Bobby Reich« oder um einen nobleren Gebrauchtwagen-Verkaufsmarkt auf bzw. um die Brücke anzuschauen.

Werner Skrentny

Stiftsbauten: Ballungsräume hanseatischer Liebestätigkeit

»Als ein Hauptzug des Hamburgischen Charakters ist mit Recht oft der Wohltätig-keitssinn hervorgehoben worden. Derselbe offenbart sich namentlich durch eine große Zahl milder Stiftungen ...«

So leitete vor über 100 Jahren ein lokaler Architekturführer die Vorstellung vorbild-licher Stiftsbauten ein – und vergaß darauf hinzuweisen, daß nur ein verschwindend kleiner Teil der minderbemittelten, aber nicht unbemittelten Bevölkerung in den Genuß der preiswerten Stiftswohnungen gelangen konnte.

Tatsächlich besitzt das Stiftungswesen in Hamburg eine ins Mittelalter zurück-reichende Tradition. Die heute das Stadtbild prägenden Bauzeugnisse dieses »mild-tätigen« Traditionsstranges entstanden freilich überwiegend erst im vorigen Jahr-hundert.

Die Konzentration der Stiftsarchitektur in den Wachstumsgebieten, wo sie sich stellenweise mit anderen Sozialbauten zu regelrechten Ballungsräumen hanseati-scher Liebestätigkeit massiert, spiegelt auch wesentliche Expansionsschübe der Großstadtwerdung Hamburg-Altonas wider: in Altona südlich des Paulsenplatzes und gegenüber dem Altonaer Krankenhaus an der Max-Brauer-Allee 134; in St. Ge-org parallel zum Allgemeinen Krankenhaus entlang der Stiftstraße; an der Nordseite der Bürgerweide in Borgfelde; im Vorfeld des Eppendorfer Universitätskranken-hauses westlich der Tarpenbekstraße (und schließlich in den späten 20er Jahren die Winterhuder Stifte zwischen Braamkamp und Ohlsdorfer Straße).

Die Standortverlagerung der Hamburger Stiftsbebauung läßt sich als ständige Flucht vor der aus der Kernstadt über die Vorstädte und Vororte immer weiter aus-greifenden Großstadtbebauung und ihren Folgen (Einbußen der Wohnqualität und der Profite aus unrentabel bebauten zentralen Stiftungsgrundstücken) erklären. Standen die Stiftsbauten doch nur in ihren Anfangsjahren allein auf weiter Flur im Grünen – Vorposten der nachrückenden Mietshaus-Baufront. Die Konzentration der Stiftsquartiere und ihre Zuordnung zu verwandten Fürsorgeeinrichtungen verrät aber auch etwas von einer lenkenden Hand hinter dieser Monostruktur: Als ge-meinnützige Wohltäter konnten die vermögenden Stifter auf die verständnisvolle Unterstützung des Hamburger Senats durch Überlassung preiswerter Baugrund-stücke auf Staatsgelände rechnen.

Die im letzten Jahrhundert vielbeschworene Tradition einer mildtätigen Mentalität der hamburgischen Kaufmannsseele scheint aber gerade beim Vergleich mit den althamburgischen Wohnstiftungen nicht ganz ungebrochen. Die Krameramtswoh-nungen am Krayenkamp 10 oder das Beylingstift in der Peterstraße 35/39, beide in der Neustadt, erinnern noch an die innenzentrierte Hofstruktur der traditionellen »Gottesbuden« oder »Testamentswohnungen«, die sich gleichsam verinnerlicht und verschämt vom öffentlichen Straßenraum abwandten. Ihre Nachfolger dagegen lenkten mit kaum verhüllten Repräsentationsabsichten als schloßartige Mehrflügel-anlagen mit gotisierenden Backsteinfronten oder historisierenden Schmuckfassa-den schon aus der Ferne die Aufmerksamkeit der Passanten auf die gebaute Wohl-tat – um zu beweisen, daß sich mit dem Profit der Stifter auch die allgemeine Wohlfahrt hob? (J.H.)

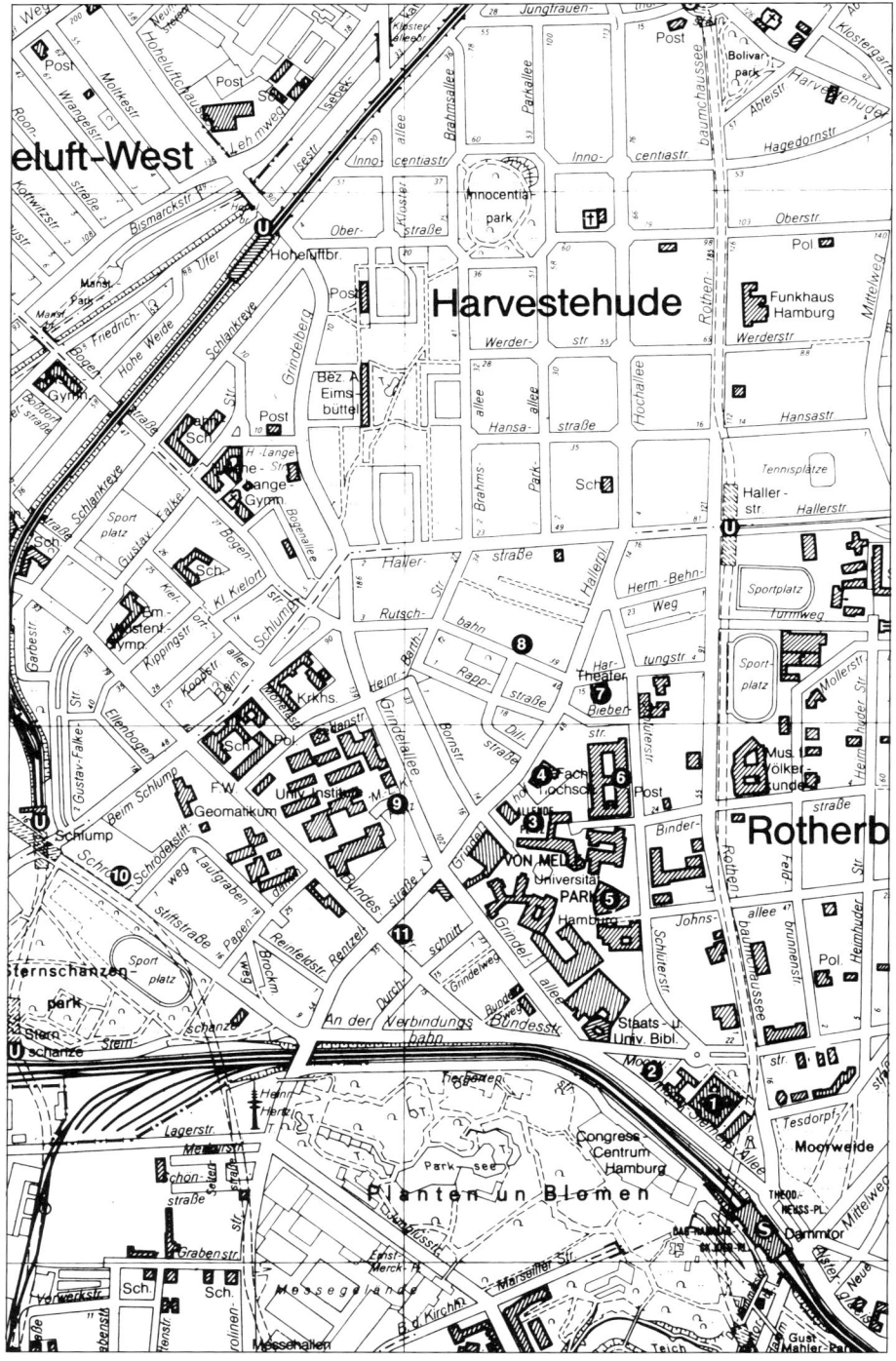

Koscherer Mittagstisch
in »Klein-Jerusalem«

Ausgangspunkt: Dammtor-Bahnhof (S11, S21)
oder U-Bahnhof Stephansplatz (U1)
Endpunkt: S- oder U-Bahnhof Sternschanze (S11, S31, U3)
Dauer des Rundgangs: 2 Stunden

Verwaltungstechnisch ist das Grindel-Viertel kein eigener Stadtteil, gehört teils zu Harvestehude und Rotherbaum, teils zu Eimsbüttel. Im Grindel ist die Universität, die fünftgrößte der Bundesrepublik; sie prägt die Gegend nachhaltig mit all ihren »Folgeeinrichtungen« wie Copy-Shops, ausländischen Restaurants, Buchläden, Reisebüros etc. Das hat Strukturen verändert: Im Viertel, ohnehin eine gute Adresse, wuchs infolge reichlich vorhandener Laufkundschaft die Begehrlichkeit nach Ladenraum. Das »Abendblatt«: »Die Investoren und Unternehmer haben den neuen Markt im Univiertel erkannt. Die Gewerbeflächen sind begehrt, und die Mieten explodieren, sobald ein Mietvertrag ausläuft. Gerade die kleinen Händler können drastische Mieterhöhungen nicht verkraften.« (1990) Entsprechend dieser Entwicklung ist auch Wohnraum für Studierende im Bereich der Universität rar geworden.

Da der Uni-nahe U-Bahnhof Johnsallee auf der U1-Strecke nie realisiert wurde, ist der Grindel stets an allen Ecken und Enden zugeparkt – »Tal der Gesetzlosen« soll die Polizei angeblich diesen Bereich nennen. Nach langjährigen Protesten entschloss sich die Stadt schließlich, den Grindelhof z.T. als Einbahnstraße verkehrszuberuhigen.

Daß der Grindel bis in die 40er Jahre hinein ein Zentrum jüdischen Lebens in Hamburg war, ist erst in den letzten Jahren wieder so recht ins Bewußtsein gerückt. Hamburgs Juden, die vorher vor allem in der Neustadt (s. S. 65) lebten, hatten sich im Zuge der Stadterweiterung im vergangenen Jahrhundert hierher orientiert. 1811 werden »Sommerwohnungen und Gärten, die hinten an den Grindel stoßen«, als »Judengasse« bezeichnet. 1933 lebten 20 000 Angehörige der Jüdischen Gemeinden in dieser Stadt, das bedeutete Rang vier im Deutschen Reich. Sie entsprachen einem Anteil von 1,4 Prozent der Bevölkerung Hamburgs. Und sie wohnten vor allem am Grindel: Über 31 Prozent sind 1925 mit einer Adresse in Harvestehude/Rotherbaum nachgewiesen.

Als »freiwilliges Ghetto Rotherbaum« ist der Bereich 1928 bezeichnet worden. Der jüdische Schriftsteller Arie Goral († 1996) relativierte das, als er von »einem Stadtteil, in dem Juden und Nichtjuden

Audimax auf dem Campus: Die fünftgrößte Hochschule der Republik

lebten«, schrieb. Dem Philosophie-Professor Ernst Cassirer galt das Viertel als »das neue Zion«: »Die Begegnung mit dem Freund und Genossen auf engstem Raum macht diese Gegend so behaglich. Hier ist der besondere Pulsschlag dieser Stadt.« »Jerusalem-Expreß« hieß im Volksmund die Straßenbahn, die hierher fuhr, und »Klein-Jerusalem« das ganze Quartier. Arie Goral: »Aber von der Deutsch-Jüdischen Gemeinde Hamburgs, einer der wichtigsten und bestorganisiertesten Gemeinden Deutschlands, und ihren Zentren ist nichts geblieben.« In Hamburg und Schleswig-Holstein zählt die Gemeinde heute 4000 Mitglieder, aber nicht alle hier lebenden Juden gehören der Gemeinde an.

**Edmund-Siemers-Allee/
Rothenbaumchaussee**

Hamburgs ältestes Personen-Denkmal (1802) hat über Kunsthallen-Gelände und Lombards-/Kennedybrücke 1985 hierher gefunden. Es erinnert an Johann Georg Büsch (1728–1800), Mathematik-Professor, Mitbegründer der »Patriotischen Gesellschaft« und Mitgestalter einer Armenordnung für Hamburg.

Ehemals »Hamburgisches Kolonialinstitut«: Das heutige Uni-Hauptgebäude von 1911, hier aufgenommen im Jahr darauf

1919 beschloß die Bürgerschaft, eine Universität zu errichten; Vorläufer waren das Akademische Gymnasium (1613–1883), die sog. Wissenschaftlichen Anstalten, das »Allgemeine Vorlesungswesen«, die »Hamburger Wissenschaftliche Stiftung« und das »Hamburgische Kolonialinstitut« von 1907. Das Hauptgebäude, Edmund-Siemers-Allee 1, ist eine Stiftung des Reeders Edmund J. A. Siemers, entworfen von Distel und Grubitz, erbaut 1909–11. Die beiden Anbauten wurden für 60 Millionen DM von Hannelore Greve (besitzt Europas größtes Handelsunternehmen für englische Stilmöbel) und Helmut Greve (Inhaber der größten Bauträger-Gesellschaft der Stadt) gestiftet.

Edmund-Siemers-Allee

Der Nationalsozialistische Studentenbund war seit 1931 stärkste Gruppe im Allgemeinen Studenten-Ausschuß (AStA). Nach der Machtübernahme 1933 wurde ein Achtel des wissenschaftlichen Personals entlassen, darunter viele jüdische Wissenschaftler wie der Direktor des Philosophischen Seminars und Uni-Rektor Ernst Cassirer, Otto Stern (physikalische Chemie), Agathe Lasch, erste Professorin in Hamburg (1942 deportiert und ermordet), und William Stern, der Psychologe. »Entsprechend tief war der Absturz der Universität«, berichtet deren Geschichte.

Der eigentliche Aufbau der heutigen Uni vollzog sich mit dem Campus im Von-Melle-Park in den 60er Jahren. 1949 waren es 3000 Studierende, 1964 bereits 17 000, und heute werden in den 270 Gebäuden, davon 120 im Fachbereich Medizin, 44 000 Studierende gezählt (Studienanfänger im Wintersemester 1995: 5000). Nach München, Berlin, Köln und Münster hat Hamburg damit die fünftgrößte Hochschule der Republik.

In den 60er Jahren manifestierte sich auch an dieser Universität Widerstand gegen das Establishment: Man wollte einen Rektor nicht mehr »Magnifizenz« (Herrlichkeit) und einen Dekan nicht mehr »Spektabilität« (Ansehnlichkeit) nennen. Berühmt geworden ist die Parole, die 1967 bei einer Rektorats-Feierlichkeit Studenten auf einem Spruchband trugen: »Unter den Talaren der Muff von tausend Jahren«.

Neben dem Hauptgebäude der Universität Edmund-Siemers-Allee 1 standen seit 1926 bzw. 1935 die aus Deutsch-Ostafrika und

Studenten-Protestaktion 1967: Kritik an der Rolle der Wissenschaft in der NS-Zeit. Der linke Protestierer ist Gert Hinnerk Behlmer, heute Staatsrat der Kulturbehörde, rechts steht Detlev Albers, nun SPD-Vorsitzender und Professor in Bremen

Kamerun hierher verbrachten Denkmäler des »Afrikaforschers« Hermann von Wissmann (1835-1905) und des Kolonialoffiziers Hans Dominik (1879-1910). Nachdem das Studentenparlament am 31. Oktober 1968 beschlossen hatte, die Denkmäler zu stürzen, da sie »eine ungeheuerliche Provokation für jeden Afrikaner« und »das versinnbildlichte Ideal vom europäischen Herrenmenschen« darstellen würden, schritt man nach Sitzungsschluß umgehend zur Tat: »Bei diesen Aktionen waren sich Studenten von ›links‹ bis ›rechts‹ einmal einig. Man zog vereint an den Stricken«, meldete das »Abendblatt«. Bruchstücke des gestürzten Wissmann waren 1987 auf Kampnagel in der Ausstellung »Männersache« zu sehen.

Moorweidenstraße 36

Das 1909 eingeweihte Logenhaus, »die freimaurerische Heimat aller Brüder der ehrwürdigen Provinzialloge von Niedersachsen«, hatten die Nazis 1935 mit der Auflösung des Freimaurerbundes beschlagnahmt. Auf der Suche nach »Geheimmaterial« schlugen SS und Gestapo die Wände ein und bauten die Holzvertäfelungen ab. Das Logenhaus war 1941 Sammelpunkt vor der ersten Deportation Hamburger Juden in die Vernichtungslager. Bereits 1938 hatten sich dort aufgrund eines »Evakuierungsbefehls« »naturalisierte Ostjuden, staatenlose Juden, ›mißliebige‹ polnische Juden und alle Juden, die in den bis 1918 zum Deutschen Reich gehörenden Ostgebieten gelebt hatten«, melden müssen.

Dr. Max Plaut, bis 1943 Vorsitzender der Jüdischen Gemeinde Hamburg, hat die Umstände der ersten Deportation von 1034 Menschen – der größte Transport überhaupt, der von hier ausging – am 25. Oktober 1941 nach Lodz, das die Nazis damals Litzmannstadt nannten, festgehalten: »Ein Schreiben ordnete die Evakuierung an. Ihr Vermögen wird mit sofortiger Wirkung beschlagnahmt, jede Verfügung über Vermögen wird bestraft. Ein Vermögensverzeichnis mußte angefertigt werden, das übrige Bargeld im Logenhaus abgeliefert werden. 50 Kilo Gepäck (z.B. Wäsche, Kleidung, Decken) und Mundvorrat für zwei Tage durften in die Moorweidenstraße mitgebracht werden. Der Wohnungsschlüssel war im zuständigen Polizeirevier abzuliefern. Die Polizisten versiegelten die Wohnungen, die dann zugunsten des Deutschen Reiches durch den Oberfinanzpräsidenten eingezogen wurden. Im Logenhaus wurde durch die Gestapo nochmals kontrolliert: Auch Taschengeld war nicht erlaubt. Auf Lastwagen erfolgte der Abtransport unter Polizei-Begleitung zum Hannoverschen Bahnhof.«

Platz der jüdischen Deportierten

Nachdem im Logenhaus noch ein Lager für Kriegsgefangene und Zwangsarbeiter bestand, beschlagnahmten 1945 die Briten den Bau. Heute ist er wieder Sitz der Provinzialloge.

Seit 1989 trägt die sog. Kleine Moorweide vor dem Logenhaus diesen Namen. Die Kulturbehörde hatte 1983 im Alleingang eine Gedenkstätte für diesen Ort beschlossen, jenen »stummen Stein« von Ulrich Rückriem, von dem niemand auch nur ahnen konnte, warum er hier stand. Erst hatte man eine kleine Tafel mit der Erklärung im Gehweg der Edmund-Siemers-Allee eingemauert, einige Tage darauf wieder entfernt und (aus der Entfernung unsichtbar) am Fuß des Steins deponiert. 1985 wurde eine Gedenktafel am Zaun angebracht. Jetzt weist ein kleines Schild auf die Geschichte des Platzes hin, von dem aus mindestens 3200 jüdische Bürger in die Vernichtungslager deportiert wurden. Allerdings suggeriert der Text, daß dies der einzige Platz für Deportationen war, wo in Wahrheit doch auch das heutige Haus der Kammerspiele, die Volksschule Schanzenstraße, der (zerstörte) Bau Beneckestraße und die Talmud-Thora-Schule Sammelpunkte waren.

In dem heute noch bestehenden Lokal, das damals »Grindeler Schinkenkrug« hieß, eröffnete der NSDAP-Kreis Rotherbaum 1925 sein erstes Parteilokal mitten im jüdischen Wohngebiet Grindel.

Grindelallee 1

Grindelallee/
Moorweidenstraße

Die Staatsbibliothek Carl von Ossietzky geht in ihrer Geschichte bis auf die 1479 von Bürgermeister Hinrich Murmester initiierte Ratsbibliothek zurück, die »jedem ehrbaren Manne« offenstehen sollte. Mit der Gründung der Universität 1919 wurde die wissenschaftliche Stadtbibliothek auch Universitätsbibliothek. Sie ist im 2. Weltkrieg im alten Johanneum am Speersort weitgehend zerstört worden: Über 700 000 der 850 000 Bände wurden vernichtet; Hamburg hatte damit die größten Kriegsschäden aller deutschen Bibliotheken.

Neuer Standort wurde das Wilhelms-Gymnasium, dessen Altbau an der Moorweidenstraße bzw. am Beginn der Grindelallee noch erhalten ist. Das war eine enge, etwas düstere und später unzeitgemäße Bleibe, deren Provisorium die Eröffnung des neuen Benutzertrakts 1982 beendete. Die Bibliothek verfügt derzeit über 2,5 Millionen Bände; 7600 Zeitschriften werden laufend bezogen. Es gibt innerhalb der Bibliothek zahlreiche Einzelsammlungen, so die Hamburgensien-Sammlung (ca. 7000 Bände frei zugänglich), die

Nazi-Lokal im jüdischen Viertel

Von diesem Ort gingen Deportationen jüdischer Bürger aus

Platz der jüdischen Deportierten

Die Weltbühne
Der Schaubühne XXVIII. Jahr
Wochenschrift für Politik Kunst Wirtschaft
Begründet von Siegfried Jacobsohn
Unter Mitarbeit von Kurt Tucholsky
geleitet von Carl v. Ossietzky

Inhalt

Verlag der Weltbühne
Charlottenburg · Kantstrasse 152

Lesertreff im »Café Timpe«: Die »Weltbühne«

Grindelallee 1

Friedensnobelpreisträger Carl von Ossietzky: Namensgeber der Staats- und Universitätsbibliothek

Grindelallee 10

Theater-Sammlung im Zentrum für Theaterforschung, das Wolfgang-Borchert-Archiv und die Hamburger Arbeitsstelle für deutsche Exilliteratur (mit Ossietzky-Lesesaal), die einzige universitäre Einrichtung der BRD, die sich ausschließlich mit der Erforschung der Geschichte des deutschsprachigen Exils 1933–45 und seiner Nachwirkungen befaßt. Über weitere Sonderabteilungen informiert der Bibliotheksführer, der auch die in der Staatsbibliothek ausgestellten Gemälde und Kunstobjekte aufführt, von denen »Der gestürzte Stamm« (1983) von Jan Meyer-Rogge im Atrium (von den Haupttreppen aus zu sehen) das größte ist.

Gegenüber dem Bibliotheks-Neubau, Grindelallee 1, war ein Wohnort des Namensgebers der Staatsbibliothek, Carl von Ossietzky (1889–1938), Friedensnobelpreisträger von 1935 und gebürtiger Hamburger, der den größten Teil seines Lebens in dieser Stadt verbrachte und hier auch seine Laufbahn als Publizist und Schriftsteller begann. Mit der Benennung der Staatsbibliothek nach Carl von Ossietzky gab Hamburg dem Land Niedersachsen ein Beispiel: Dort hatten SPD und CDU die Benennung der Universität Oldenburg (1933–1938 war der Schriftsteller u.a. in dem nahen Moor-KZ gefangen) nach Ossietzky bis 1992 verhindert (Hamburgs CDU bezeichnete ihn als »Landesverräter«).

Von Ossietzky wurde am 3. Oktober 1889 in Hamburg geboren. Er besuchte 1896–1904 die Rumbaumsche Schule (s. S. 174). Bis zu seiner Übersiedlung nach Berlin im Herbst 1919 lebte er Koppel 106, Neuer Wall 61, Schmilinskystr. 6 und zuletzt Grindelallee 1. Seit 1907 war Carl von Ossietzky im Justizdienst. Nach der Rückkehr aus dem Krieg arbeitete er im Arbeiter- und Soldatenrat mit. Erst Sekretär der Friedensgesellschaft in Berlin, war er seit 1927 verantwortlicher Redakteur der »Weltbühne«, was ihm 1931 wegen »Landesverrat« 18 Monate Gefängnis einbrachte. Nach dem Reichstagsbrand 1933 wurde Carl von Ossietzky verhaftet. Er starb am 4. Mai 1938 an den Haftfolgen.

Grindelallee 5 ist bereits seit über einem Vierteljahrhundert mit dem »Musikschuppen« »Logo« eine musikalische Adresse, um einige Ecken findet man Durchschnitt 15 einen Schallfolien-Händler (»Unterm Durchschnitt«).

Diese Adresse existiert nicht mehr: An ihrer Stelle ist der Neubautrakt der Staatsbibliothek. Hier war das »Café Timpe«, in den 20er und frühen 30er Jahren ein Treffpunkt jüdischer Intellektueller, Linker, Liberaler und der »Weltbühne«-Leser; auch Carl von Ossietzky verkehrte hier. Schriftsteller Arie Goral, der zu »Timpe«-Zeiten noch Walter L. Sternheim hieß: »Cafés wie das ›Timpe‹ gibt es nicht mehr und wird es nie mehr geben, weil es Juden von der Art, wie sie im ›Timpe‹ zusammenkamen, nicht mehr gibt.«

Über die Grindelallee kommen wir in die Froebelstraße (die eigentlich keine Straße ist) und von dort – noch immer auf dem »Campus« – zum Von-Melle-Park. An der dortigen Hochschule für Wirtschaft und Politik (HWP) ist ein Studium ohne Abitur möglich, Abschluß: Diplom-Betriebswirt, -Sozialwirt, -Volkswirt, -Sozialökonom. Ein

Wandbild über dem Eingang, erarbeitet von Studierenden und der Argentinierin Cecilia Herrero, zeigt Szenen aus dem einstigen jüdischen Alltag im Grindelviertel.

Die Namensgebung des Platzes zum 10. Todestag des 1973 beim Putsch von Militär und CIA ermordeten demokratisch gewählten chilenischen Präsidenten führte 1983 in der Hamburger Bürgerschaft zu einer heftigen Debatte, die mit dem Auszug der CDU-Fraktion endete.

Am Allende-Platz ist der sog. Pferdestall, erbaut 1908 von Fuhrunternehmer Schlüter, der dort 300 bis 400 Pferde und 100 Kutschen einstellen ließ, angeblich Europas größtes Luxusfuhrgeschäft.

Als die Firma in den 20er Jahren in Konkurs ging, kaufte der Senat die Gebäude und richtete 1929 darin Seminare der Philosophischen Fakultät ein. Deren Direktor war bis 1932 Ernst Cassirer, der einzige Rektor im Deutschen Reich, der sich zum Judentum bekannte. Seine Einsetzungsfeierlichkeiten wurden von den Studenten aus eben dem Grund boykottiert. Cassirer (1874–1945) emigrierte über England und Schweden in die USA. Im Keller des Gebäudes befand sich im 2. Weltkrieg ein Luftschutzraum für »Nichtarier«, die den benachbarten Hochbunker, jetzt Sitz der Institute für Bodenkunde und Humanbiologie, nicht betreten durften.

Im heutigen Fachbereich für Philosophie und Sozialwissenschaften sind im Eingangsraum historische Fotos von Synagoge und Pferdestall; über mehrere Stockwerke verteilt sind die Wandbilder von Constantin Hahm zur Geschichte des Gebäudes.

Das »Abaton« ist das erste und älteste Programmkino Deutschlands.

Erstes und ältestes Programmkino Deutschlands: Das »Abaton« am Allende-Platz

Allende-Platz

Allende-Platz 1 - 3

1970 eröffneten Regisseur Werner Grassmann und Anwalt Winfried Fedder in der früheren Schlüterschen Autogarage von 1912 das Kino. Ihr Konzept: Nur Filme zeigen, die ihnen selbst gefielen – ein buntes Gemisch aus Filmkunst, Musikfilmen, Horrorschinken, Underground und Filmen mit starkem politischen Engagement. Das »Abaton«-Modell machte überall in Deutschland Schule, und aufgrund vielfältiger Kontakte entstand 1972 die »Arbeitsgemeinschaft Kino«. Anfang der 70er Jahre war das »Abaton« eine der ersten und besten Adressen des neuen deutschen Films. Das »Abaton« wurde mit 19 Bundesfilmpreisen ausgezeichnet und gilt als höchstdekoriertes Kino der Bundesrepublik.

Zweimal Feuer gelegt in der Synagoge am Bornplatz: Hier eine Aufnahme von Johann Hamann um 1908

Der Gedenktafel-Text für die frühere Synagoge, nachzulesen am ehemaligen Luftschutzbunker, den Instituten für Bodenkunde und Humanbiologie (Allende-Platz 2 / Grindelhof 52), samt Fachbereich

Biologie, führt in die Irre: Tatsächlich war die Synagoge nebenan, wo lange Zeit ein Parkplatz auf dem Bornplatz war und nun die Gedenkstätte auf dem neu benannten Joseph-Carlebach-Platz (nach dem 1942 in Riga ermordeten Hamburger Oberrabbiner) ist. 1988, zum 50. Jahrestag der Pogromnacht, wurde der neugestaltete Platz eingeweiht, auf dem die Künstlerin Margrit Kahl mit einem Pflaster-mosaik den Synagogen-Grundriß bzw. das Deckengewölbe darge-stellt hat. Die CDU und Geschäftsleute hatten gegen diese Lösung mit der Begründung opponiert, es würden zu viele Parkplätze weg-fallen. Teile des rituellen Bades, die Archäologie-Studenten bei Aus-grabungen in den 80er Jahren freigelegt hatten, sind wieder in der Erde verschwunden.

Die Synagoge Bornplatz war die erste völlig freistehende Synagoge der Stadt, erbaut 1904–06 (Ernst Friedheim und Semmy Engel). Das Schutz-bedürfnis der Juden und die öffentliche Ablehnung ihrer Kulturbauten führten dazu, daß die Synagogen bis dahin durchweg hinter Vorderhäusern und in Hinterhöfen eingerichtet wurden. Diese Entwicklung ging zurück auf das Juden-Gesetz von 1710, das »keine publique Gebäude« erlaubte und »Gottesdienst in Privathäusern« vorschrieb. Die Erfahrung der Pogrome hatten Hamburgs Juden ja auch schon lange vor 1933 gemacht.

»Im Stadtteil Rotherbaum«, meldeten die »Hamburger Nachrichten« vom 10. November 1938 nach der Pogromnacht, »wurden an vier verschiedenen Stellen an der Rothenbaumchaussee, Beneckestraße, Rutschbahn, Bornplatz Fenster und Einrichtungen von Synagogen zerstört.« Sogar am 12. Novem-ber wurde noch einmal in der Hauptsynagoge, Mittelpunkt des »Schtetl am Bornplatz«, Feuer gelegt. Am 30. März 1939 mußte der Jüdische Religions-verband seine »Einwilligung« zu den Plänen der Hansestadt und ihrer Tief-bauabteilung Nord geben: »Die Synagoge am Bornplatz ist bis auf die Grundmauern abzubrechen. Das Mauerwerk im Keller und Erdgeschoß be-steht zum großen Teil aus Eisenbeton und müßte gesprengt werden.« Bis Januar 1940 war die Zerstörung von Hamburgs größter Synagoge beendet. Die Abbruchkosten gingen zu Lasten des Jüdischen Religionsverbandes.

Jüdische Firmen im Grindelviertel 1938

Die Aufschrift an der Fassade des heutigen Fachbereichs Biblio-thekswesen der Fachhochschule ist nachträglich wieder angebracht worden. Erbaut 1909–11 (Ernst Friedheim), geht die Geschichte der jüdischen Schule bis aufs Jahr 1805 zurück, als sie in der Neustadt gegründet wurde. Die Talmud-Thora-Realschule gehörte zu den be-deutendsten jüdischen Schulen im Deutschen Reich, bekannt für strenge Erziehung zum orthodoxen Judentum. Seit 1932 war sie Oberrealschule. Unterrichtet wurde auch Grindelhof 38 und Johns-allee 33. Nachdem vorübergehend die Klassen aus der Karolinen-straße (s. S. 175) hier eingewiesen worden waren, ließ Reichsstatt-halter Kaufmann die Schule nach den Sommerferien 1939 schlie-ßen; statt dessen zog die Hochschule für Lehrerbildung ein. Die Gebäude mußten an die Stadt verkauft werden, wobei der Preis »ver-rechnet« wurde.

Während nebenan die Synagoge abgerissen wurde, verlor die Jüdi-sche Gemeinde so ein weiteres ihrer Zentren, das nicht allein dem

Grindelhof 30
4

Schulunterricht gedient hatte: Sprachkurse bereiteten auf die Auswanderung vor; es gab Lehrwerkstätten z.B. für Schneiderinnen und Schlosser; Sportabende waren möglich, denn der Zugang zu öffentlichen Turnhallen oder Sportplätzen war Juden verboten. Die letzten beiden Abiturienten der Talmud-Thora-Schule legten die Prüfung 1940 an der Karolinenstraße ab: Oskar Judelowitz, der in seine von der Sowjetunion besetzte Heimat Lettland zurückkehren wollte, ist verschollen. Rolf Levisohn, körperbehindert und von seinen Freunden »little Boy« genannt, ist 1941 nach Lodz deportiert worden und umgekommen.

Über den Campus führt der Rundgang zum Audimax (1959, Bernhard Hermkes, s. S. 233), in dessen Foyer seit 1971 eine Gedenkplatte in den Boden eingelassen ist, die an die studentischen Opfer der Hamburger Weißen Rose in der NS-Zeit erinnert. Die Rückseite des

Audimax

Auf dem Uni-Campus im Grindelviertel

Audimax ziert das Wandgemälde »Von Hamburg nach Leon«, ein Projekt des Jugendaustausches mit Nicaragua.

Das Eckgebäude an der Schlüterstraße war die Privatklinik Adolf Calmann, als Calmannsche Frauenklinik bekannt. Dort zogen 1939 Patienten und Personal des aufgehobenen Jüdischen Krankenhauses St. Pauli (s. S. 156) ein. Über das Haus Johnsallee 54 (zerstört), das Siloah-Diakonissenhaus, kamen 1942 die verbliebenen 47 Patienten, vier Schwestern und vier weitere Angehörige des Personals in die Schäferkampsallee 29. Das dortige jüdische Pflege- und Siechenheim war frei geworden, weil seine Insassen in das KZ Theresienstadt deportiert wurden. **Johnsallee 68**

Beim Universitätsgebäude des Pädagogischen Instituts war bis 1962 die Schule Binderstraße – vom Ruf her eine »Prinzenschule«, was sich auch auf ihre Nachfolgerin am Turmweg vererbt hat. Bemerkenswert ist die Binderstraßen-Schule im Hinblick auf ihre direkte Nachbarschaft zur jüdischen Talmud-Thora-Schule. **Binderstraße 34**

Auszug aus der Schulchronik, die Harald Vieth in seinem Grindel-Buch zitiert: »Schüler der Schule Binderstraße beteiligten sich an den Ausschreitungen gegen Juden. Die Scheiben der jüdischen (Talmud-Thora-)Schule wurden wiederholt zum Zielobjekt von Wurfübungen, dem Gebäude wurden mehrfach Besuche abgestattet und dabei Wände beschmiert, das Mobiliar beschädigt. Als schließlich die ›Kristallnacht‹ die letzten Hemmungen und Hindernisse gegenüber jüdischen Mitbürgern beseitigte, stürmten die Schüler aus der Binderstraße die Schule und tobten ihre Zerstörungswut aus.«

Im monumentalen ehemaligen Zentralfernsprechamt (errichtet 1902–07 von der Reichspostverwaltung, nachdem 1881 das Telefon in Hamburg eingeführt worden war) startete 1924 NDR-Vorgänger NORAG (s. S. 245). Die ersten Radiosendungen hatten eine Reichweite von 12 Kilometern. Um das Programm über Kopfhörer empfangen zu können, mußten zu Hause Detektor und Akku aufgestellt werden. An den Bauplänen für das heutige Fernmeldeamt 1 und Postamt Hamburg 13 soll auch Kaiser Wilhelm II. herumgemalt haben. »Mächtig wie eine Ordensburg, das Backsteinmauerwerk durch Sandstein neugotisch gegliedert, inszeniert das Amt die neue Kommunikationstechnik und die Kaiserliche Post.« (Hipp) **Schlüterstraße 51 - 55**

Daß Hamburg von 1935 bis 1938 ein jüdisches Theater besaß, ist weitgehend in Vergessenheit geraten. Die Maßnahmen nach 1933 hatten die Juden ins kulturelle Ghetto getrieben: Schauspieler und Regisseure wurden entlassen, ab 1938 waren Theater- und Kinobesuch verboten. Der Jüdische Kulturbund hatte im August 1935 ein eigenes, jüdisches Schauspiel-Ensemble gegründet. Spielstätte war der große Saal des Conventgarden (s. S. 74), der sich rasch als ungeeignet für andere als Monumentalstücke erwies (auch der legendäre jüdische Tenor Joseph Schmidt trat hier auf). Man zog in den kleineren Saal um, um im Januar 1937 die Jüdische Gemeinschaftshaus GmbH zu gründen. Ihr Ziel: ein jüdisches Zentrum inmitten des jüdischen Wohnviertels Grindel, Hartungstraße 9–11. Dort, in der ehemaligen Pfennigschen Villa (Architekt Semmy Engel), war seit **Hartungstraße 9 - 11**

1903 die jüdische Henry-Jones-Loge ansässig gewesen, ein jüdischer Orden in der Tradition der Freimaurer. Infolge der Weltwirtschaftskrise wurde das Logenhaus 1930 an den »Bauverein Hamburger Anthroposophen« verkauft. Die Nationalsozialisten haben diese Vereinigung 1935 aufgelöst.

Im Februar 1937 kaufte der Kulturbund das Haus, das baulich wesentlich umgestaltet wurde: Zur Verfügung stand im 2. Stock ein Theatersaal mit 500 Plätzen; weiter gab es einen Vortragssaal, Restaurant, Bibliothek, weitere Gemeinschaftsräume, eine Kegelbahn. Für die Arbeiten wurden, »soweit irgend möglich«, jüdische Handwerker beschäftigt.

Am 9. Januar 1938 eröffnete das Jüdische Gemeinschaftshaus, Premierenstück war »Romeo und Julia«. Einer der Redner an jenem Tag war der Bankier Max M. Warburg, »der den Gedanken des Gemeinschaftshauses zum Siege geführt hat«.

Hamburgs jüdisches Schauspiel-Ensemble hatte sich zu diesem Zeitpunkt finanziell konsolidiert, nachdem man in der Anfangszeit bei 25 700 Besuchern 1935/36 noch rote Zahlen geschrieben hatte. Entscheidend war die Anerkennung als »Reichsensemble« durch den Reichsverband der Jüdischen Kulturbünde und die daraus resultierende Subvention. So bespielten die Hamburger nun auch Beuthen und Haigerloch, Gleiwitz und Göppingen, Kassel und Königsberg. 13 Künstler waren fest unter Vertrag, 230 Menschen hatten ein loses Arbeitsverhältnis.

Noch 1939, das Ensemble war aufgelöst, zählte der Hamburger Kulturbund 3500 Mitglieder und war damit nach Berlin der zweitstärkste im Reich. Dreimal wöchentlich gab es Filmvorführungen, monatlich einen Kleinkunstabend und gelegentlich auch noch Gastspiele des Berliner Jüdi-

Links: Judenboykott am 1. April 1933 vor dem Haus Grindelallee 79.
Rechts: Hebräische Buchhandlung Lambig, Rutschbahn 11; später zog sie ins Hochparterre um

schen Theaters. Das vorgesehene Gastspiel von Molnars »Spiel im Schloß«
fand nicht mehr statt: Mit dem 11. September 1941 wurde der Jüdische
Kulturbund verboten, »aufgrund des § 1 der Verordnung zum Schutz von
Volk und Staat«.

Das Gemeinschaftshaus fiel an NS-Hamburg und wurde Ausweich-
quartier des (zerstörten) Thalia-Theaters. 1945 spielten die Engländer Kabarett an der Hartungstraße. Über den englischen Theater-
offizier John Olden, später bekannter Fernsehregisseur, bekam die
jüdische Schauspielerin Ida Ehre 1946 die Konzession für die bis
heute bestehenden »Hamburger Kammerspiele«, in denen 1947
Wolfgang Borcherts (s. S. 210) Stück »Draußen vor der Tür« Premiere hatte.

Ida Ehre, 1985 erste Ehrenbürgerin der Stadt und 1988 zum Dr.
phil. h.c. ernannt, starb 1989. Zwei Jahre darauf ging das Privattheater mit 1,9 Mio. Schulden in Konkurs (vom Gericht mangels
Masse abgelehnt; Altlasten der Ära Ehre ca. 1 Mio. DM). Die Beleg-
schaft besetzte das Gebäude, woraufhin die städtische Sprinkenhof
AG als Eigentümer alle Zugänge verbarrikadierte. »Spiegel«-Heraus-
geber Augstein bot 700 000 DM für die Fortsetzung des Spielbetriebs
unter Ursula Lingen, Antwort der Sprecherin der Kulturbehörde:
»Wir können uns nicht zu Hampelmännern von Sponsoren machen
lassen!« Es kam ein junger Intendant, Bilanz '94: 2,6 Mio. Verlust,
minus 50 % Zuschauer. Neues Spiel, neues Glück: In die Spielzeit
95 – 96 gingen Ulrich Tukur, der Schauspieler, ein Name in der Stadt,
und Ulrich Waller, ein Mäzen ist Jürgen Hunke. 2001 erhielt das

Ehemalige »Vereinigte
Alte und Neue Klaus-
Synagoge« von 1905

Theater, in dem sich auch das »Bistro Jerusalem« befindet, einen gläsernen Vorbau.

Rutschbahn 11a
❽

1939 meldete die Gestapo in einem Bericht den Abriß der »Vereinigten Alten und Neuen Klaus-Synagoge« von 1905, die Semmy Engel im Hinterhof geplant hatte. Der Augenschein widerlegt die Gestapo-Meldung: Die Synagoge, in deren 1. Stock sich noch ein Lehrsaal befand, ist 1938 zwar demoliert worden, aber ansonsten erhalten. Nach 1945 zog hier eine Tischlerei ein, ehe die Jewish Trust Corporation for Germany 1956 das Anwesen an die Stadt verkaufte, die es wiederum für gewerbliche Zwecke veräußerte. Dabei wäre auch hier ein geeigneter Ort gewesen, um in einer ständigen Ausstellung von der Geschichte des Hamburger Judentums zu berichten.

Rutschbahn 37

Im Keller des Hauses bot um 1930 die jüdische Gaststätte Ehrlich koscheres Essen an:

»Ach verwehte Wohlgerüche von Grindel mit dem Vorgeschmack von gefillte Fisch und dann der Götterschmaus von Lokschen auf salzige Art mit gehacktem Hammelfleisch, gerösteten Zwiebeln, Thymian, bouillongetränkten Graupen und maisduftendem Gänseschmalz. Was ist der Grindel ohne diese Gerüche? Auf der Zunge und in der Nase beschwöre ich verlorene, unwiederbringlich zerstörte Paradiese. Was bleibt, sind Worte, die den Appetit auf das Manna des Grindels nicht stillen.« (Arie Goral)

Rutschbahn 40

Zeitweise zu Hause war unter dieser Adresse der Schriftsteller Justin Steinfeld (1886 – 1970). Der Hamburg-Roman »Ein Mann liest Zeitung« des jüdischen Emigranten ist erst 1984 veröffentlicht worden.

Hallerstraße 76

Der Ort einer der vielen Tragödien im Grindelviertel: Ehemann Sch., »Arier«, wollte mit seiner jüdischen Frau in den Tod gehen und teilte dies seiner Firma brieflich mit. Der Brief kam dort früher als geplant an: Der Mann konnte noch gerettet werden, seine Frau starb. Rechts vor dem Haus ist der Dienstboteneingang zu erkennen – »der Haupteingang war ja nur für Herrschaften«.

Grindelhof 81 - 83, 73 - 77, 89

Von der Terrassenbebauung von 1892 – 93 Grindelhof 81 – 83 sind acht Häuser im Bombenkrieg zerstört worden. Ein Wiederaufbau wurde nicht erlaubt, da die Bebauung als zu dicht galt. Am Ende der Gasse links ein Röhrenbunker, rechts ein weiterer. Jede Häuserzeile hatte ihren eigenen Bunker. Grindelhof 73 - 77 (1880 - 1904) ist der Eingang zur Jägerallee, deren linke Häuserzeile im Krieg abbrannte. In der Nähe ist noch die Lindenhofalle, Grindelhof 89, Haus 1 - 9, erbaut 1892 - 93.

Grindelhof 62

Hier war einer der Hamburger Wohnorte von Schriftsteller Heinz Liepmann (1905 - 1966), der nach der Haft 1933 im KZ Wittmoor über Paris und London nach New York emigrierte. Im Exil verfaßte der jüdische Autor die Romane »Das Vaterland, Tatsachenroman aus dem heutigen Deutschland« (1933) und »... wird mit dem Tode bestraft« (1935). 1947 kehrte Liepmann als »Time«-Korrespondent nach Hamburg zurück und arbeitete später für »Die Welt«.

In einem Teil des heutigen türkischen Restaurants war ursprünglich eine streng koschere Wurstküche mit Schlachterladen unter

Aufsicht des Oberrabbinats von Hamburg, die später der Jüdischen Buchhandlung Lambig weichen mußte. Diese bestand bis in die 30er Jahre, wurde dann geschlossen und ins Hochparterre im selben Haus verlegt.

Rutschbahn 11

Zerstört worden sind 1943 die Häuser 3–5, in denen eine kleine Synagoge, die älteste im Grindelviertel, war, deren Inneneinrichtung nach der Auflösung nach Skandinavien gerettet wurde. Nr. 8 und 19 sind ehemalige »Judenhäuser«: Hier mußten auf Anweisung der NS-Behörden Juden auf engstem Raum zusammenziehen, bis sie in die Vernichtungslager deportiert wurden. Weitere »Judenhäuser« im Verlauf des Rundgangs sind Rutschbahn 15 und 25 a (Hinterhof), Dillstr. 15 und 16, Bornstr. 16 und 22.

Heinrich-Barth-Straße 3 - 5, 8, 19

Um 1903 wurde das jüdische Louis-Levy-Stift eröffnet, in dem Ende 1943 auch das Büro bzw. die Hamburger Verwaltungsstelle der Reichsvereinigung der Juden in Deutschland war.

Bornstraße 22

An der Stelle der heutigen Tiefgaragen-Einfahrt war mit damaliger Adresse Papendamm 3 das Deutsch-Israelitische Waisen-Institut von 1883 mit Synagoge (1943 zerstört). Hierher kamen 1943 die letzten Schüler aus der Karolinenstraße (s. S. 176). Viele von ihnen wurden, wie auch die letzten Hausbewohner, ermordet.

Martin-Luther-King-Platz

❾

Für »Hilfsbedürftige aus besseren Ständen«: Das Schröderstift

Eine Gedenktafel Laufgraben 37 erinnert an das 1884 begründete

Straßenbahn der Linie 11 (Dammtor-Fruchtallee-Langenfelde) in der Straße Verbindungsbahn. Links, hinter der Mauer, war der jüdische Friedhof

Israelitische Mädchen-Waisenhaus »Paulinenstift«, später ein jüdisches Alters- und Pflegeheim.

Schröderstiftstraße

Der Hamburger Kaufmann Freiherr Johann Heinrich von Schröder (1784 – 1883), als »Privatwohltäter« bezeichnet, bot seit 1852 im Schröderstift 200 Freiwohnungen »für Hilfsbedürftige aus besseren Ständen« an. Geplant hatte den palastartigen Bau der jüdische Architekt Albert Rosengarten, der 1896 auch den Neubau der Kapelle entwarf, die erweitert wurde, als die Sarkophage des Stifter-Ehepaars Schröder von den Dammtor-Friedhöfen hierher überführt wurden. 1972 wurden Stift und Särge nach Langenhorn verlegt.

Ins ehemalige Stift zogen Studenten ein. Als der Zerfall der Gebäude drohte, setzte das stadteigene Bauunternehmen SAGA die Kosten für den Erhalt mit 5 Millionen DM an. Tatsächlich erledigten die Schröderstift-Bewohner die Renovierung seit 1981 in Selbsthilfe für 870 000 DM. So wurde das Schröderstift gerettet, an dessen Stelle eigentlich Neubauten der Universität vorgesehen waren.

Verbindungsbahn/ Rentzelstraße

Auf dem Gelände zwischen Rentzelstraße und Verbindungsbahn, in der NS-Zeit mit Wohnblocks bebaut, befand sich der jüdische Friedhof. Auf Anweisung des Senats mußte der Friedhof 1935 geräumt werden: Die Jüdische Gemeinde exhumierte ihre Toten, und Oberrabbiner Carlebach klagte: »Wie ein Tag des Gerichtes, ein Tag des Zornes und Grimmes ist uns dieser Tag der Aufstörung unserer Toten.« Ein Teil der historisch bedeutenden Grabdenkmäler wurde an die Ilandkoppel (s. S. 280) überführt. Die Gedenktafel wurde 1987 an der Verbindungsbahn aufgestellt.

Werner Skrentny

Das Audimax: Demonstrative Abkehr von der Tradition

Als Kern einer aufgelockerten Campus-Universität, über deren großzügige Grünflächen die breite Hamburger Öffentlichkeit am Universitätsleben teilhaben sollte, war der zentrale Hör- und Lehrsaalbau 1955 vom Senat genehmigt worden, ein programmatischer Grundstein für eine bürgernahe Hochschulausbildung.

Der von Bernhard Hermkes (1903–1995) als neues Zentrum der »universitas litterarum«, der Gesamtheit der Wissenschaften also, entworfene Schalenbau wurde im November 1959 eingeweiht. Der gewölbte Betonpanzer der »Schildkröte« bot von Anfang an auch zahlreichen außeruniversitären Veranstaltungen Raum und hatte sich bald »zu einem geistigen Mittelpunkt der Stadt entwickelt«.

Programmatisch wie die Funktion war auch die Gestaltung des Gebäudes ausgefallen. Der Architekt wies in diesem Zusammenhang auf die Kuppelgewölbe des Pantheon und der Hagia Sophia als Vorbilder hin. Sein Hinweis zielt aber weniger auf die für die moderne Fortschritts- und Wissenschaftsgläubigkeit in Dienst genommene Architekturform des »Heiligtums aller Götter« (Pantheon) und der »Heiligen Weisheit« (Hagia Sophia) oder auf ein Anknüpfen an entsprechende Architekturzitate wie etwa der kuppelbekrönten Hamburger »Tempel«-Kunsthalle, Vorlesungsgebäude und Elbtunnel. Seine Bemerkung zielt auf die Verwandtschaft im abstrakten Ideal einer konstruktiv »ehrlichen« Bauingenieurskunst: die sichtbar vor die Außenwände tretenden Betonstützen, die zu einer transparenten Glasmembran zwischen Innen- und Außenraum aufgelöste Westfront und vor allem die prägnante Gestalt der dünnen Betonschale, die die gesamte Grundfläche stützenfrei überspannt.

Die konstruktive Logik der Formfindung, deren Raumbildungen eher Naturgesetzen der Statik als belasteten historischen Vorlagen oder verdächtigen gesellschaftlichen Konventionen zu folgen schienen, konnte einer vom Neuanfang im Nachkriegsdeutschland überzeugten Generation leicht zum erfolgversprechenden Leitbild geraten. Daß diese konstruktivistische Entwurfslogik US-amerikanisch stimuliert war, irritierte da kaum.

Zur demonstrativen Abkehr von der Tradition hatten sich weitgespannte Beton-Flächentragwerke schon zuvor bewährt. Die zweireihigen Zylinderschalen des Windhukkaischuppens läuteten 1931 eine neue Ära in der Hamburger Hafenarchitektur ein, und der 1946–47 errichtete Kaischuppen 75 übernahm die vorbildliche Schalenbauweise. Der Bau der ebenfalls von Hermkes entworfenen, wellenförmigen Schalenreihe der Großmarkthalle an der Bankstraße (1958–62) oder die Betonschalen der U-Bahn-Haltestelle Lübecker Straße (1961–62, Sandtmann/Grundmann) und der Alster-Schwimmhalle (1968–73, Niessen/Störmer) markieren im Hamburger Stadtbild neue Gestaltungsabsichten.

Die Übertragung der für moderne Technik- und Verkehrszwecke entwickelten Ingenieurbauform der Betonschalen auf die traditionell hochangesiedelte Bauaufgabe eines Auditorium-Maximum-Gebäudes signalisierte gleichsam die Anerkennung der technischen Intelligenz durch die klassischen Universitätsdisziplinen. Es scheint, als hätte die Ideologiekritik der frühen Studentenbewegung tendenziell nur für den Universitätsalltag einlösen wollen, was die Rationalität und Transparenz der Audimax-Architektur von Anfang an versprochen hatte. (J.H.)

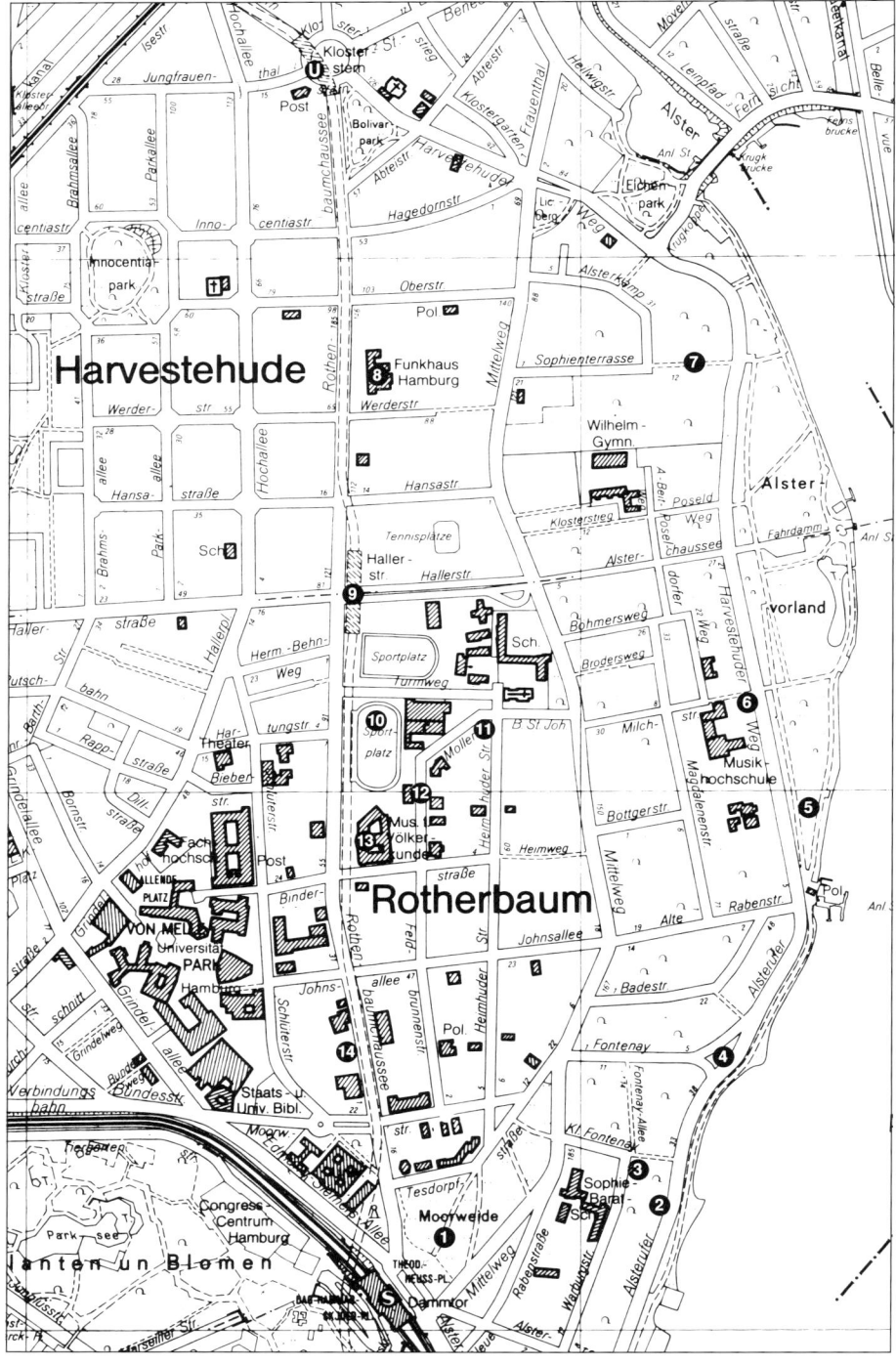

Eine ganz feine Adresse

Ausgangspunkt: Bahnhof Dammtor (S11, S21, DB)
oder U-Bahnhof Stephansplatz (U1)
Endpunkt: wie oben
Dauer des Rundgangs: 2 ½ Stunden

Innenstadtnah und doch oft schon im Grünen, gelegen an einem der schönsten Ufer Hamburgs, an der Außenalster, mit prächtigen Villen und anderen bemerkenswerten Bauten des 19. Jahrhunderts, bekanntermaßen sehr teuer – Harvestehude und Rotherbaum sind eine ganz feine Adresse.

US-Amerikanisches Konsulat am Alsterufer 27: ehemals »Gauhaus« der NSDAP

Allerdings, die reichsten Hamburger wohnen statistisch gesehen woanders: Nach Angaben von 1995 entlang des Elbufers - in Nienstedten (Einkünfte je Steuerpflichtigen 140 696 DM), Othmarschen (137 484 DM) und Blankenese (137 404 DM). Der Hamburger Durchschnitts-Verdienst liegt bei 65 579 DM. Da die soziale Schere immer weiter auseinanderklafft, liegen etliche Stadtteile unter diesem Wert: So St. Pauli (41 465 DM), Veddel, Dulsberg, Barmbek-Nord, Hamm-Mitte, Horn, Rothenburgsort, Hamm-Nord, Wilhelmsburg (47 990 DM). Vielleicht liegt Harvestehudes Status auch daran, daß hier in der Hauptsache gar nicht mehr gewohnt wird: Die großen Bürohäuser am Alsterufer sind nur Vorposten einer Entwicklung, in der die Geschäfts-City immer weiter in diese Gegend vordrang und private wie öffentliche Dienstleistungsbetriebe immer mehr Wohnraum in Anspruch nehmen.

Das Verzeichnis der Hausbesitzer am Harvestehuder Weg, der parallel zur Außenalster verläuft, las sich jedenfalls 1930 noch wie ein Hamburger »Who is Who«:

Nr. 2 J. R. Warburg; Nr. 4 A. Calmon; Nr. 10 Blohms Erben; Nr. 16 Dr. Leisler Kiep; Nr. 19 Rudolf Blohm; Nr. 21 Baronin von Schneider; Nr. 22a Karstadt AG; Nr. 23 Huth, Vorstand Vereinsbank; Nr. 26 Krogmann (die Familie stellte den »Regierenden Bürgermeister« der NS-Zeit, Carl Vincent K.); Nr. 27a E.F. Laeisz Reederei; Nr. 28 Direktor Sloman von Sloman & Co AG; Nr. 36 O. Blohm etc. etc.

Prompt siedelten sich in der NS-Zeit denn auch wesentliche Stellen von Partei und Wehrmacht im noblen Viertel an, das im letzten Jahrhundert »als Nebeneinander von Planungen und Spekulation« (Hipp) entstand.

Der Wohnsitz Außenalster ist laut »Abendblatt« auch 2001 wieder gefragt, die Preise stiegen bis 25 Prozent, eine Stadtvilla kann statt 3 nun 10 Mio. DM kosten. Der Quadratmeter Eigentumswohnung

Außenalster: Ab dem Jahr 2002 soll hier wieder gebadet werden können – der Umweltsenator hat's versprochen

Moorweide

❶

Reminiszenz an die Intervention der Deutschen in Spanien: Der Mittelweg wurde zur Francoallee

kommt z.T. auf 10 000 bis 20 000 Mark, die Mietwohnung auf 30 bis 48 DM pro qm. Die Kundschaft ist jung, es sind Erben, Jungunternehmer, Börsen-Spekulanten; »erspart ist das Geld selten«, heißt es.

Die große Grünfläche vor dem Dammtor-Bahnhof ist von jeher einer der politischen Versammlungsorte, ehemals Exerzierplatz vor der Stadt. Vor 1933 veranstaltete die KPD dort ihre 1.-Mai-Feiern am Vormittag, während die SPD nachmittags zum Stadtpark demonstrierte.

Die Nationalsozialisten nahmen die Moorweide oftmals für Aufmärsche in Anspruch: 1939 waren 70 000 bei der Maifeier. Am 30. Mai 1939 feierte Hamburg auf der Moorweide die »Helden« der Legion Condor, beteiligt an der Vernichtung der Spanischen Republik. Der angrenzende Mittelweg wurde 1939 in Francoallee umbenannt, um den faschistischen Führer zu ehren, zu dessen Sieg von Hamburg aus einiges beigetragen wurde.

Was Feind und Krieg bedeuteten, wurde auf der Moorweide, im Schatten des 1939 – 40 errichteten Rundbunkers (heute Lokal) anschaulich, als dort einer der Sammelpunkte für die Ausgebombten eingerichtet und Notrationen samt Preßkaffee ausgegeben wurden.

1941 mußten sich auf der Moorweide jene sammeln, die in die Vernichtungslager und den Tod geschickt wurden. Ralph Giordano hat das miterlebt (»Die Bertinis«):

»Was Roman Bertini am Morgen des 25. Oktober 1941 in die Nähe der Moorweide am Dammtorbahnhof trieb, um Zeuge der ersten Verschleppung Hamburger Juden nach dem Osten zu werden, konnte er nicht sagen. Er stellte sich am Mittelweg auf, mit dem Rücken gegen einen Baum

gelehnt, und blickte auf die Schar der Verdammten drüben, die schwer bewacht unter einem unerbittlichen Himmel dort zusammengepfercht wurden, die meisten, so schien ihm, ruhig, wie in einem Traum befangen, und doch so wirklich wie die Passanten, die unbetroffen und eilig ihres Weges zogen, kaum, daß einer stehenblieb oder gar nachfragte – die Flut der gelben Sterne ließ ohnehin keinen Zweifel, wer dort auf der Wiese vor dem spitzdachigen Luftschutzbunker versammelt wurde.«

Die Tradition der politischen Versammlungen lebte noch lange fort; viele Demonstrationen nahmen nach 1945 von hier ihren Ausgang. 1972 sammelten sich auf der Moorweide 30 000 anläßlich des Mißtrauensvotums von CDU/CSU zu einer Kundgebung für Willy Brandt, später begannen dort die großen Demonstrationen gegen das AKW Brokdorf, heute wird auf der Moorweide vor allem Fußball gespielt. Vor Ort: ein Abguß von Henry Moores »Liegender«.

Auf der Moorweide war seit 1966 »der Hamburger Hyde Park«: »Hier kann künftig jedermann unter freiem Himmel offen seine Meinung sagen und seine Ansichten äußern.« (»Abendblatt«) Die »Rednerecke« fand viel Zulauf, bis zu 2000 Interessenten, doch wurde schon bald ein »erster Krawall« gemeldet. »Heute stehen auf der Meckerwiese vor allem langmähnige, oft uniform gekleidete Jugendliche, beateln ein bißchen vor sich hin«, klagte »Die Welt«. Elf Jugendliche mußten vor Gericht, weil sie einen Alt-Nazi auf dem Rednerpodium (einer Trittleiter) mit Tomaten beworfen hatten. Hamburgs »Speakers Corner« erledigte sich; der Protest 60er Jahre nahm sich die Straßen der Stadt.

Am Ende der Moorweide war das Amerika-Haus des United States Informations Service (USIS) (1957) u.a. mit Bibliothek. Sein 1950 eröffneter Vorläufer war Ecke Lombardsbrücke / Ballindamm, bis der Straßenverkehr mehr Raum forderte. Als am 22. November 1963 US-Präsident John F. Kennedy erschossen wurde, riefen drei Tage später alle Jugendverbände, AStA und Schülerparlament zur

Moorweide

»Beweisen, daß wir dem Feind wieder gewachsen sind«: Göring empfängt nach dem Spanischen Bürgerkrieg 1939 die Legion Condor auf der Moorweide

Tesdorpstraße 1

Trauerfeier auf. Vom Rathausmarkt zogen 50 000 – »junge Menschen, so weit das Auge reicht« (»Abendblatt«) – in einem Fackelzug zum Amerika-Haus und weiter zum US-Generalkonsulat.

Die Zeiten änderten sich, Ende der 60er Jahre mußten die verglasten Fenster des Nachkriegsbaues mit Mauersteinen ausgefüllt werden, als die Studentenbewegung das Amerika-Haus immer wieder zum Ziel ihrer Proteste gegen die US-Politik nahm. 1997 schlossen die USA aufgrund von Sparmaßnahmen das Amerika-Haus; das Amerikazentrum findet man nun im Curio-Haus (s. unten). Das Areal gab die Stadt an Hotel-Nachbar Eugen Block, der dort einen Ballsaal für 1000 Personen und weitere Gästezimmer plant.

Alsterufer

Im Gebiet Harvestehude-Rotherbaum waren in der Nazi-Zeit Dienststellen und Einrichtungen der Partei konzentriert: Zum Hamburger »NS-Regierungsviertel« gehörten u.a. Parteihaus (Alsterufer 27), »Reichsstatthalterei« (Harvestehuder Weg 12), Kriegsmarine (Harvestehuder Weg 3/4), Reichs- und Gau-Propagandaamt (Harvestehuder Weg 41), SS Nordwest (Harvestehuder Weg 8a) und Generalkommando (Sophienterrasse 14).

Gegen Kriegsende igelte sich NSDAP-Gauleiter Karl Kaufmann in dem Viertel regelrecht ein: Am 27. April 1945 wurden die Häuserblocks zwischen Harvestehuder Weg und Mittelweg, Milchstraße und Alsterchaussee mit Stacheldraht und zusätzlichen Militärposten gesichert. Der innere Sperrkreis war nur noch mit Sonderausweis zu betreten. Kaufmann selbst legte sich eine Art Leibgarde aus Volkssturm-Männern zu. Am 3. Mai verhafteten die Briten Hamburgs mächtigsten Nationalsozialisten. Kaufmann war mehrere Jahre in Haft, wurde aber mit Hinweis auf seinen Gesundheitszustand nie vor ein Gericht gestellt.

Alsterufer 27

Hamburgs »Weißes Haus«, das US-Generalkonsulat an der Alster (seit 1950), war früher Gauhaus der NSDAP (die angebrachten Sprengladungen entdeckte man erst 1955!). Es entstand aus zwei freistehenden Villenbauten von Martin Haller: Nr. 27 im Jahre 1882 für den Kaufmann Michaelsen erbaut, Nr. 28 ein Jahr später für Julius Rée. In die vereinigte Groß-Villa zog Wilhelm Anton Riedemann (1832–1920) ein, Chef der Deutsch-Amerikanischen Petroleum-Gesellschaft, der späteren ESSO. Der Meppener stiftete u.a. die Barmbeker Sophienkirche (1900) an der Weidestraße; den Namen gab seine Frau. An exponierter Stelle ist noch heute das Riedemann-Mausoleum auf dem Ohlsdorfer Friedhof (s. S. 280) zu sehen.

Nach NSDAP-Darstellung stand die Villa 14 Jahre lang leer, woraufhin die Riedemanns den Nationalsozialisten die feine Adresse »zur Verfügung stellten« und nicht namentlich erwähnte Hamburger Mäzene das Geld für den Umbau aufbrachten. Dieselben Architekten, die das Haus NS-konform gestaltet hatten, richteten es 1951 für die Belange des US-Konsulates her. Der Säulenvorbau entstand 1955 und trägt zur Weihnachtszeit den allseits bekannten Riesen-Tannenbaum mit den bunten Lichtern.

Die internationalen US-Interventionen (Grenada, Libyen, Panama, Golfkrieg, Jugoslawien, letzteres gemeinsam mit NATO/

Deutschland) forderten zuletzt immer wieder Proteste vor dem US-Konsulat heraus, wo vorsorglich polizeiliche Sperrgitter deponiert sind.

Bis zum Umzug an den Baumwall war hier im sog. »Affenfelsen« – neben anderen Zeitschriften des Gruner + Jahr-Verlages – der »stern« zu Hause, 1948 erstmals erschienen, 16 Seiten für 40 Pfennig und Hildegard Knef auf dem Titel, Auflage 130 000. Der Wandel vom buntschillernden Bilder-Blatt zur linksliberalen Polit-Illustrierten (Auflage 1995: ca. 1,24 Millionen) war das Werk des (ehemaligen) Chefredakteurs Henri Nannen: Er machte das Blatt berühmt. Noch berühmter wollten es seine Nachfolger machen. »Hitlers Tagebücher entdeckt« – ein Titel, der im April 1983 eine Weltsensation versprach. Daraus wurde nichts. Die Bücher stellten sich als Fälschung heraus. Über neun Millionen Mark zahlte die »stern«-Verlagsleitung für die falschen Kladden. Kassiert haben sollen sie der Militaria-Händler und Kunstfälscher Konrad Kujau (†) und der Reporter Gerd Heidemann. Beide wurden zu vier Jahren Gefängnis verurteilt, erhielten aber Haftverschonung.

Zwischen Alsterufer und Neuer Rabenstraße ließ der Kaufmann John Fontenay, der 1769 bis 1835 lebte, 1818 einen Privatpark anlegen und Landhäuser bauen; ein 1835 aufgestellter Gedenkstein zwischen Fontenay und Alsterufer erinnert an den Bauherren. Aus seiner Zeit stehen Mittelweg 183 (um 1820) und 185 (um 1825) noch klassizistische Bauten. Erst nach Eröffnung der Alsterufer-Straße 1912 war das Areal öffentlich, weitere repräsentative Bauten entstanden: Alsterufer 35–36 (1914, Brüder Gerson), Nr. 37 (1922, Block & Hochfeld) und Nr. 38 (1921, Max Bach). In den 30er Jahren wurden die Reihenhausgruppen an der Fontenay-Allee (Elingius & Schramm)

Warburgstraße 50

Fontenay

Einer von Hamburgs favorisierten Spazierwegen: Die Harvestehuder Seite der Außenalster

errichtet: »Eine kleinstädtische Idylle«, »ein merkwürdig liegengebliebenes Idyll«, »Hamburgs schönste Allee«. Hamburgs Immobilienkönig Robert Vogel (ehemals FDP-Vorsitzender) samt seiner »Anna M.M. Vogel KG« schien das Areal zwischen Fontenay, Klein-Fontenay und Fontenay-Allee allerdings unrentabel genutzt: Er setzte auf Abriß und Neubauten.

Dagegen gab es ausdauernde, letztlich vergebliche Proteste von Prominenz, der Bürgerinitiative »Rettet die Fontenay« und der CDU. Deren damaliger Fraktionsvorsitzender und Bürgermeister-Kandidat Hartmut Perschau (nach der sog. Gehälter-Affäre von Sachsen-Anhalt 1995 im Bremer Senat angekommen) wohnte Fontenay 9, woraus sich ein Politikum entwickelte – oder soll man schreiben: Schildaer Verhältnisse? FDP-Vogel, damals in Koalition mit der SPD, erhöhte CDU-Perschau rückwirkend die Miete, die Privatangelegenheit wurde öffentlich: »Ihr Hund hat durch permanentes Bellen der gesamten Nachbarschaft den Genuß der Frühsommertage reichlich verdorben«, rügte Vogel Mieter Perschau.

Ein weiteres Fontenay-Kapitel wurde 2000 geschrieben, als die denkmalgeschützte klassizistische Fachwerkvilla von 1820 zweimal (!) in Brand gesteckt wurde. Trotz schwerer Beschädigung wird das Haus Mittelweg 183 wiedererbaut.

**Fontenay/
Außenalster
❹**

*Bootsfahrt auf Alster
und Kanälen*

Das Denkmal für die im Krieg gegen Frankreich 1870–71 getöteten Hamburger stand ehemals an der Esplanade und ist seit 1926 hier. Der Entwurf ist von Johannes Schilling, aufgestellt wurde es 1877. Sein Altonaer Gegenstück verschwand nach 1945, da es nach Alliierten-Ansicht für den deutschen Militarismus stand und Kriegsereignisse verherrlichte.

In der Straße, die parallel zum Harvestehuder Weg verläuft, ent- tarnten Bürgerrechtler unter Mitwirkung von Bärbel Bohley (Ex-DDR) 1991 ein Quartier des Bundesnachrichtendienstes (BND), nachdem zuvor schon dessen Winterhuder Adresse Willistraße 11 aufgeflogen war: Dort schnüffelten BND-Leute säckeweise den Briefverkehr mit der ehemaligen DDR aus. In der Magdalenenstraße brachten Demonstranten ein Transparent am Haus an: »Hier bespitzelt Euch Stasi West im Interesse der Bonzenpest!« Neuer Eigentümer ist nun Ex-Tennisstar Michael Stich.

Nachbarhaus 64 a entstand 1871 für einen Baron, später lebte dort die Reederfamilie Laeisz, ab 1912 war in dem Haus die Gesandschaft von Preußen.

Zwischen Alte Rabenstraße und Krugkoppelbrücke (s. S. 214) ist **Alstervorland** das Alstervorland, wie auch alle anderen Wege um die Außenalster, öffentlich – eine Tatsache, die zu Recht als Beweis für Hamburger Liberalität herangezogen wird; man vergleiche mit Starnberger See oder Lago Maggiore. Allerdings war auch das Alstervorland als Gartengelände der Villeneigner bis 1953 nicht öffentlich, ehe mit der Internationalen Gartenbauausstellung (IGA) der jetzige Park geschaffen wurde.

Die Harvestehuder Seite der Außenalster, schöner und repräsentativer als das gegenüberliegende Uhlenhorster Ufer, ist einer von Hamburgs Lieblings-Spazierwegen. Kommt die Sonne mal durch im hohen Norden, so sind hier Tausende unterwegs. Einrichtungen wie »Bodos Bootssteg« (mit Bootsverleih) auf Höhe der alten Rabenstraße, »Cliff« (früher »Kleines Fährhaus«; Höhe Alsterchaussee) oder einfach nur fliegende Händler sorgen dann für die Verkösti-

Wenn der »See« zugefroren ist, setzt eine Völkerwanderung ein: Die Stunde verkannter Eis-Prinzen und verirrter Ski-Langläufer

*Verschobene
Perspektive:
Wandgemälde in
Pöseldorf*

gung der Spaziergänger. Noch lebhafter wird's bei zugefrorener Alster im Winter: Dann ist hier eine Völkerwanderung im Gange, ein großes Wintersport-Areal mit improvisierten Eishockey-Matches, verkannten Eislauf-Prinzen und verirrten Ski-Langläufern – dabei natürlich auch die unvermeidlichen Bratwurstgerüche und Glühwein aus dem Kessel sowie überlautes »Entertainment« von den Bühnen diverser Radiosender.

Spätestens in der »Zu Fuß durch Hamburg«-Ausgabe 2004 werden wir von Badeplätzen an der Alster berichten können, denn versprochen hat's der ehemalige Umweltsenator Vahrenholt bereits für 2002. Tatsächlich hat sich die Wasserqualität der Alster (Januar 1992: »mäßig belastet«) erheblich verbessert., u.a. dank Mischwasser-Rückhaltebecken. Die im Schnitt 2.5 m tiefe Außenalster weist nun die Wasser-Güteklasse II auf – Trinkwasser hat die Güteklasse I. Gegen ein »Alster-Freibad« sprechen allerdings eine Reihe von Gründen: Laufen die Siele über, würden Fäkalkeime das Wasser verunreinigen; es fehlen Liegeplätze, Parkplätze, Toiletten; der Uferbereich steht z.T. unter Naturschutz; und dann wäre da noch die EU, die eine »Mindestsichttiefe« vorschreibt – die Alster aber ist ein eher trübes Gewässer.

Pöseldorf

Vom Alstervorlandweg führt die Milchstraße hinein nach Pöseldorf, einige Zeit lang als Schicki-Micki-Distrikt und »Schnöseldorf« sehr en vogue. Inzwischen hat sich das Ganze, von Eduard Brinkama inszeniert, doch einigermaßen überlebt, »in« sind andere Gegenden.

Die »Perlenkette opulenter frei stehender Einzelhäuser« am Harvestehuder Weg setzt sich fort, bis hinauf zur Krugkoppelbrücke.

Nr. 41, das »Schlößchen«, ist ein Martin-Haller-Bau von 1875, mit »Goldenem Saal« und Malereien; der Gartensaal wiederum ist 1905 angebaut worden (im Vorgarten das Heine-Porträt von 1898, gestiftet vom Verleger Julius Campe). Auch Villa Nr. 44 plante Haller 1865, ebenso den Umbau 1901 für den Kaffeeimporteur und El-Salvador-Konsul Gustav Müller. Nun gehören beide Villen inklusive der 1991er Neubauten Nr. 42 und 43 zum Hoffmann und Campe Verlag von Thomas Ganske, dessen »Jahreszeiten-Verlag« weiterhin in Winterhude angesiedelt ist.

Harvestehuder Weg
41, 42 - 43, 44

Ältestes Haus am Alsterufer ist die »Sloman-Burg« Harvestehuder Weg 5, 1848 für den Reeder Robert M. Sloman erbaut und die erste dauernd benutzte Villa Hamburgs. Nr. 7a und 8 sind aus den 1870er Jahren, während die Villa Nr. 8a 1906 – 07 (Ernest P. Dorn) für die Reeder-Witwe Sophie Laeisz erstellt wurde. Sophie war Familienregentin, nachdem Ehemann und Sohn 1900 verstarben. Einer der Hauslehrer, die sie für ihre Enkel anstellte, war Friedrich Huch, Vetter der Schriftstellerin Ricarda Huch. Wie Katharina Baark im »Abendblatt« berichtete, war der Hauslehrer nebenbei Autor und kritisierte in seinen Arbeiten u.a. das Bürgertum. Als Witwe Sophie das erfuhr, wurde Huch umgehend entlassen. In der Laeisz-Villa ist nun das englische Generalkonsulat.

Harvestehuder Weg
5, 7a, 8

Nr. 13 (1890 – 91, mit großem Wirtschaftshof) plante ebenso wie Nr. 14 (1896 – 99) Rathaus-Baumeister Martin Haller. In letzterer Villa lebte die jüdische Bankiersfamilie Behrens (Bankhaus L. Behrens, Hermannstr. 31). Nachdem der Gerling-Konzern ausgezogen war, kam der Prachtbau als vorübergehender Sitz des Internationalen Seegerichtshofes in Frage. Der aber wurde in Nienstedten angesiedelt, und so erwarb die Modeschöpferin Jil Sander für 18,1 Millionen DM das Areal.

Harvestehuder Weg
13, 14

Die Villa hatte Martin Haller 1884 für den Schiffsmakler Ivan Gans geplant. Der jüdische Bankier Henry Budge (1840 – 1928), der aus Frankfurt/M. stammte und in den USA geschäftlich erfolgreich war, kaufte den Bau 1903, weil seine Frau Emma (1852 – 1937) gebürtige Hamburgerin war. Das Budge-Palais mit Spiegelsaal und Ausstellungen, Kegelbahn im Keller und Theatersaal im Erdgeschoß wurde ein wichtiger Faktor Hamburger kulturellen Lebens. Lobte das »Hamburger Fremdenblatt« 1925: »Ein schönes Haus an der Alster. Mit seltener Großzügigkeit hat Budge auf den verschiedensten Kunstgebieten gesammelt und macht diese seine kostbare Sammlung mit steter Liebenswürdigkeit zugänglich.« Mäzen Budge vermachte testamentarisch Haus, Einrichtung und Kunstsammlung der Stadt; er starb 1928. Seine Frau Emma änderte das Testament im Oktober 1933: Ein jetzt nationalsozialistisch beherrschtes Hamburg sollte nicht mehr erben. Statt dessen setzte sie die US-Regierung bzw. die Israelitische Gemeinde (»Emma-Budge-Heim, ein Erholungsheim für deutsche Juden«) ein.

Harvestehuder Weg
12

Als Frau Budge 1937 starb, rief NS-Hamburg seine Gerichte an, ließ die US-Testamentsvollstrecker der US-Bürgerin Budge absetzen und zog das Anwe-

Nur von 1931 bis 1938 bestand der Tempel Oberstraße

Sophienterrasse 14
❼

sen zu seinen Gunsten ein. Ab Januar 1938 residierte in der Villa die »Reichsstatthalterei« von NSDAP-Gauleiter Karl Kaufmann. Eine seiner ersten Sorgen war »ein bombensicheres Stabsquartier« (November 1939), ein Bunker, heute noch hinter dem Gebäude, einige hundert Meter vom Zierteich entfernt, sichtbar. Die Engländer beschlagnahmten die NS-Machtzentrale 1945 für ein Lazarett und den »West Side Club«. 1952 erhielten die Budge-Nachkommen ihr Erbe zurück. Jene Richter, die demnach 1937 offensichtlich Recht verbogen hatten, wurden nie belangt.

1957 ging das Anwesen an die Freie und Hansestadt; damit begann sein Niedergang. Musikhochschulen-Neubau und Tiefgarage ließen nichts von seiner ehemaligen Wirkung übrig. Der Spiegelsaal von 1905, der als einzigartiger neoklassizistischer Festsaal in Norddeutschland gilt, wurde 1980 abgerissen und in ca. 4000 Einzelteile zerlegt. Dank der »Elsbeth-Weichmann-Gesellschaft« und insbesondere einer 2-Millionen-DM-Spende von Gertrud Reemtsma aus der Zigaretten-Dynastie konnte die Inneneinrichtung des Saals 1987 im Museum für Kunst und Gewerbe am Hauptbahnhof wieder aufgebaut werden. Gegen den Hochschul-Erweiterungsbau – Stifter Hannelore und Helmut Greve – gibt es Proteste prominenter Anwohner (»Fremdkörper«, »Schuhkarton«).

»Das ungewöhnlichste öffentliche Gebäude in Harvestehude-Rotherbaum« und »das einzige namhafte öffentliche Gebäude aus der Zeit des ›Dritten Reichs‹ in Hamburg« nennt Hermann Hipp das frühere Generalkommando der Wehrmacht. Mit der Einführung der Allgemeinen Wehrpflicht 1935 setzte auch in Hamburg ein Boom beim Bau militärischer Anlagen ein. Am »Zentrum der Wehrmacht« Sophienterrasse 14 (Distel und Grubitz) konnte nach nur dreieinhalb Monaten Bauzeit im Mai 1936 Richtfest gefeiert werden: »An der Gestaltung dieses Gebäudes haben erste Kräfte gewirkt, und der Bau wird in der schönen Alstergegend ein neues Schmuckstück darstellen«, hieß es zum Projekt in der einstigen Privatstraße. 2001 gab es Hinweise auf einen Verkauf des Muschelkalkgebäudes samt 16 000 qm-Gelände. Der Hauptbau, ehemals größte Außenstelle der »Auslands-Abwehr« des Oberkommando der Wehrmacht, bleibt, da unter Denkmalschutz.

Nur wenige Jahre konnte der Israelitische Tempelverband den Tempel Oberstraße 116–120 nutzen, der 1931 nach Plänen von Robert Friedmann und Felix Ascher fertiggestellt wurde und den Tempel Poolstraße (s. S. 65) ersetzte. 1200 Menschen fanden im Kultraum Platz, 250 im Gemeindesaal. – »... einer der bedeutendsten modernen Sakralbauten Deutschlands.« (Hipp)

In der Pogromnacht 1938 wurde die Tempeleinrichtung demoliert und geplündert. 1941 »kaufte« die Hansestadt den Bau, der heute als Sendesaal des NDR dient und von dessen Vorläufer NWDR 1950 ausgebaut wurde. Die Möglichkeit, an dieser Stätte die Geschichte des jüdischen Hamburg z.B. in Form einer ständigen Ausstellung zu dokumentieren (was bislang an keinem anderen Ort der Stadt geschieht), hat man verstreichen lassen. Wieder freigelegt wurde die hebräische Inschrift über dem Eingang (Jesaja 56,7): »Mein Haus soll ein Bethaus genannt werden für alle Völker«. Seit 1983 befindet sich das Denkmal von Doris Waschk-Balz vor dem Gebäude.

Oberstraße 116 - 120

Größte öffentlich-rechtliche Anstalt im Norden ist der Norddeutsche Rundfunk (NDR) an der Rothenbaumchaussee. Die Norddeutsche Rundfunk AG, die NORAG, hatte 1928 die Engelbrechtsche Villa von 1884 gemietet, später das gesamte Gelände gekauft. 1929–30 entstand das Funkhaus nach Plänen von Puls und Richter. Anfangs hatte die Polizei die politischen Sendungen kontrolliert, ehe 1926 ein Überwachungsausschuß eingesetzt wurde. Der lehnte u.a. eine Rede des Sozialdemokraten Adolf Biedermann ab (»Echo« 1929: »ein unerhörter Fall von Bevormundung«), ebenso Ernst Thälmann von der KPD und Übertragungen vom 1. Mai.

Rothenbaumchaussee 132 - 134

Die Engländer besetzten am 4. Mai 1945 das Funkhaus und meldeten sich 22 Stunden nach Ende der letzten deutschen Sendung vom Rothenbaum: »Hello, hello; here is Radio Hamburg, a station of the Military Government.« Mitarbeiter der sog. ersten Stunde waren Axel Eggebrecht, Peter Bamm, Peter von Zahn, aber auch Karl Eduard von Schnitzler (später Chef der DDR-TV-Sendung »Der schwarze Kanal«), der 1947 mit anderen Kommunisten entlassen wurde. Weihnachten 1952 begann der Nordwestdeutsche Rundfunk (NWDR) mit einem täglichen Fernsehprogramm aus dem (abgerissenen) Flakbunker auf dem Heiligengeistfeld. Heute wird aus Lokstedt, vom Gazellenkamp, gesendet.

Nachdem der Sender durch die Pläne des früheren niedersächsischen CDU-Ministerpräsidenten Albrecht auseinanderzufallen drohte, sicherte 1980 ein neuer Staatsvertrag den Bestand der Drei-Länder-Anstalt (Hamburg, Niedersachsen, Schleswig-Holstein), die 1992 um Mecklenburg-Vorpommern erweitert wurde. Natürlich ist der NDR in den wesentlichen Positionen streng nach Parteienproporz besetzt.

»Zeitgemäße Kunst, modernste Technik«: Das NORAG-Haus an der Rothenbaum-chaussee

Bekannteste Fernsehsendungen vom NDR sind »tagesschau« und »tagesthemen«, beides ARD-Einrichtungen, in Lokstedt beim NDR-Fernsehen angesiedelt. Im Hörfunk sendet NDR 1 die Landesprogramme, NDR 3 bedeutet

Abrißobjekt HSV-Platz: Hier vor dem 2. Weltkrieg, im Hintergrund links die Reitbahn

viel Klassik, NDR 4 informative Wortbeiträge. Unter dem Druck der Privatsender hat die ehemals angesehene Unterhaltungswelle NDR 2 mächtig abgebaut. Für die jüngere Generation sendet »n-joy«.

U-Bahnhof Hallerstraße

Im Oktober 1938 änderte die Hallerstraße, wie viele andere Straßen und Wege Hamburgs auch, ihren Namen: Das Reichsministerium des Innern hatte angeordnet, alle Straßenbenennungen nach Juden und jüdischen Mischlingen 1. Grades zu beseitigen. Betroffen war auch der Bürgermeister des 19. Jahrhunderts, Nikolaus Ferdinand Haller: Die U-Bahn hielt bis 1945 in der Ostmarkstraße (Ostmark = Österreich).

Rothenbaum-chaussee

»Jüdische Straßennamen verschwinden«: Ab 1938 hieß die U-Bahnstation Hallerstraße plötzlich Ostmarkstraße

Der HSV-Platz, in Hamburg einer der ehrwürdigsten von »König Fußballs Palästen«, ist 1996 infolge der Neubebauung verschwunden, wobei die SPD in den 80er Jahren zunächst Sozialwohnungsbau favorisierte, der damalige Bürgermeister von Dohnanyi dann aber lieber Eigentumswohnungen wollte (und der Hamburger SV einen kommerziellen Sport-Park). Leider verträumte der Denkmalschutz hier den Erhalt einer historischen Sportanlage. Mit der Bebauung des Geländes gingen neben einer geschichtsträchtigen Sportstätte auch eine Grünzone und eine Schulsport-Anlage verloren.

Der HSV, dessen Vorgänger HFC von 1888 das Gelände 1910 gepachtet hatte, paßte in das noble Viertel: »Die übrigen Hamburger Spitzenvereine waren mehr auf idealen Prinzipien aufgebaut als der mehr von kaufmännischem Geist getragene Rivale vom Rothenbaum«, klagte die Konkurrenz früh über Hamburgs erfolgreichsten Fußballverein.

Legende sind die Nachkriegsspiele am Rothenbaum, wohin die Spieler noch mit der Straßenbahn kamen: Idole zum Anfassen, Fußball hautnah. Das »Abendblatt« 1960, als der HSV Deutscher Meister wurde: »Mehr als 100 000 Hamburger umjubelten die von siegreicher Fußballschlacht heimgekehrten Mannen des HSV. Vom Dammtor bis zum Sportplatz am Rothenbaum stand ein dichtes Spalier. Stürmischer haben vermutlich einst die Griechen ihre erfolgreich heimkehrenden Krieger auch nicht empfangen. Wie ein Donnerschlag pflanzte sich das ›Hurra‹ über die Stadt fort, bis nach Altona, Eilbek und Eimsbüttel.«

Berühmt war das Stadion auch als Freiluft-Boxarena. »Der Spiegel« 1947, als Schwergewichtler Hein ten Hoff und der »blonde Tiger« Walter Neusel vor 40 000 aufeinandertrafen: »Der Andrang war gewaltig. Ordnungspolizisten fielen in Ohnmacht. Von den Dächern der umliegenden Häuser, auf denen in lebensgefährlichen Positionen Leute klebten, tönten anfeuernde Rufe.«

Das letzte Pflichtspiel der HSV-Profis, am 19. August 1989 im Pokal gegen Duisburg (2:4), endete im Fiasko, als die berüchtigten Hooligans im Schlepptau des Vereins einmal mehr ausrasteten. Klub-Fazit: »Es wird nie wieder ein Pflichtspiel am Rothenbaum geben«, wozu nun auch keine Gelegenheit mehr bestünde.

Beim Pausentee am Rothenbaum: HSV-Heroe »Old Erwin« Seeler

Die ganze Rothenbaum-Angelegenheit ist eine komplizierte Geschichte, mit einem Ex-SPD-Senator als »Berater« und HSV-Vize und dem Noch-Senator, der das geplante Nebeneinander von Medien und Luxus-Seniorenappartments in hehren Worten pries. Der Projektentwickler ging pleite, die Wohnbebauung gilt als nicht gelungen, und 1999 änderte sich überraschend der Bebauungsplan »Rothenbaum 27«: Wegen des starken Verkehrsaufkommens sei Wohnungsbau nicht angebracht. Eigenartig, wo doch auf der anderen Straßenseite seit eh und je Wohnungen sind?

Nun gibt's eben noch ein Multimedia-Zentrum ...

Auf dem Platz hinter dem Flakbunker beim HSV-Stadion entstand 1906 eine Reithalle, zu der Musikpavillon, Restauration und Stallungen für 150 Pferde gehörten. 1942 übernahm das Luftgaukommando das gesamte Areal: »aus öffentlichem Interesse« – es war Krieg. Der Bunker war 1945 Befehlsstand des letzten Hamburger »Kampfkommandanten«, eines Bayern namens Alwin Wolz, und Ausgangspunkt der Luftlagemeldungen im 2. Weltkrieg, gesprochen von NS-Senator Georg Ahrens alias »Onkel Baldrian«. Nun wurde der Bau zum Medienzentrum, vor dem 1999 das Multi-Media-Center (Arch. Sir Norman Foster) fertiggestellt wurde.

Rothenbaumchaussee 78-80/ 80 a-c

Die Kühe davor um die »Kuh-Bahn-Station« gehören zur Fiberglas-Rinderherde der »Verlagsgruppe Milchstraße«, die hier ansässig ist. Verteilt im Stadtgebiet sind nach Zürcher Vorbild (1998) 50 bis 80 Viecher, 500 bis 800 lehnte die Kunstkommission der Stadt ab.

Sportpark Rotherbaum

HSV-Platz, Club an der Alster und Uni-Sportgelände bildeten den Sportpark Rotherbaum, dessen Ursprünge im letzten Jahrhundert liegen. Neben der Hallerstraße etablierte sich 1886 der »Eisbahnverein vor dem Dammtor«. Um die Anlage auch im Sommer profitabel zu machen, wurden Tennisplätze angelegt. Mit der Zeit lief »Der Club an der Alster«, ursprünglich Unterpächter, dem Besitzer den Rang ab; 1933 mußte der Eisbahn-Verein aufgeben.

Der extravagante »Club«, auf dessen Centre Court schon Becker & Co im Daviscup spielten und auf dem alljährlich die »Internationalen« im Tennis ausgetragen werden, hat heute Aufnahmestop. Bemerkenswert, daß die Stadt dem Verein jegliche Pachtzahlungen erlassen hat. Der Deutsche Tennis-Bund will seinen 1998 überdachten Centre Court (Tribünen 1986) mit »Events« noch mehr vermarkten, was bislang noch nicht genehmigt wurde.

Rothenbaumchaussee 101a-f findet man die Terrassenbauten von 1889-94.

Heimhuder Str. 90

Die neugotische Kirche St. Johannis ist eine Landmarke der Gegend und wurde 1880-82 erbaut. Bei St. Johannis 5-6 ist ein Wohnhaus vom Beginn des 19. Jahrhunderts erhalten. Bei St. Johannis 4 wirkte seit 1935 »der Schuster von Pöseldorf«, dessen Geschichte kein Happy-End fand: Die Ärzteversorgung Niedersachsen, Bauherr auf dieser Ecke, klagte den alten Mann nach einem Bundesverfassungsgerichts-Urteil heraus, ließ zwangsräumen und das Häuschen von 1842 anschließend luxussanieren. Der Protest der Anwohner – über 3000 Unterschriften – war vergebens. Das einzige klassizisti-

Alsterchaussee 30

sche Landhaus des Stadtteils (von 1829) steht Alsterchaussee 30 und ist seit 1948 Veranstaltungsort des »Theaters im Zimmer«, gegründet von Helmuth Gmelin; Prinzipalin ist nun Tochter Gerda Gmelin. 1954 hatte hier Samuel Becketts »Warten auf Godot« Deutschland-Premiere.

Mollerstraße 20/ Heimhuder Straße ⓫

Eines der bemerkenswerten Gebäude der Gegend ist auch die »Villa für den alleinstehenden Herrn«, 1920 von Hans und Oscar Gerson für den Anwalt Dr. Walter Magnus entworfen. Magnus, der 1877-1949 lebte, war Vorsteher der Philharmonischen Gesellschaft; außerdem engagierte er sich stark in der Volksheim-Bewegung, die »Heimstätten und Hochschulen zur Bildung des sozialen Menschen« schaffen wollte, vor allem zur Bildung der Arbeiterjugend. Die Hamburger Volksheime – Sachsenstraße, Hammerbrook; Marschnerstraße, Barmbek; Billhorner Mühlenweg 41, Rothenburgsort; Eichenstraße 61, Eimsbüttel – wurden bis auf letzteres im 2. Weltkrieg zerstört.

Feldbrunnenstraße ⓬

Dies war eine der Straßen im »Regierungsviertel« der NS-Zeit, die massiv mit Dienststellen besetzt war: Nr. 7-10 Deutsche Arbeits-Front (DAF); Nr. 9 DAF im »Gorch-Fock-Haus«; Nr. 16 der Befehlshaber der Ordnungspolizei im Wehrkreis X; Nr. 54 die Casa de Fascio, das Haus der italienischen Faschisten; Nr. 66 NSDAP-Jugendheim; Nr. 72 Waffen-SS »Nordsee«.

Feldbrunnenstraße 58

Das Gebäude mit breiter Wagenauffahrt, die zum Portal mit Glasdach führte, fällt selbst in diesem noblen Distrikt aus dem Rahmen: »Villa Palazzo« oder »Klein Potsdam« soll der Volksmund die ehemalige Villa von Albert Ballin (1857-1918), dem Generaldirektor der Hamburg-Amerika-Linie (HAPAG) genannt haben. Die Villa wurde 1908-09 erbaut (Lundt & Kallmorgen). Nach Ballins Tod 1918 wurde das Gebäude verkauft. In der Nachkriegszeit war es eine Zeitlang Sitz der Kulturbehörde, heute ist dort das Unesco-Institut für Pädagogik.

Selbstmord am Tag der Ausrufung der Republik (9.11.1918): HAPAG-Generaldirektor Ballin

Der jüdische Kaufmann Ballin entstammte einer Altonaer Familie; der Vater war Auswandereragent. Ballin wird in Hamburg bis heute hoch geschätzt, denn unter seinem Management vollzog sich der rasante Aufstieg der 1847 gegründeten »Hamburg-Amerika Packetfahrt-Aktiengesellschaft«. 1886 hatte Ballin die Passageabteilung der Gesellschaft übernommen, 1899 wurde er ihr Generaldirektor, war Kaisers Freund, aber beim hanseatischen »Reederadel« nicht wohlgelitten. Unter Ballin beherrschte die HAPAG die Hamburger Überseefahrt, »fraß« die Konkurrenten oder zwang sie in Betriebsge-

meinschaften. 1914 war sie die größte Reederei der Welt. Gigantische Zeugen des HAPAG-Aufstiegs unter Ballin (»mein Feld ist die Welt«) waren die Riesendampfer »Imperator« und »Vaterland«. Als er sein Lebenswerk nach dem 1. Weltkrieg vernichtet sah, verübte der Reeder Selbstmord.

Hamburgs Kaufmannschaft kehrte von Übersee nie mit leeren Händen zurück, und so dürfen im 1908–12 (Albert Erbe) erbauten Museum für Völkerkunde heute noch »Erinnerungen an verloschene Kulturen« (Eigenwerbung) bewundert werden. Hervorgehoben wurden von der Hamburg-Werbung z.B. »Bronzen des westafrikanischen Königreiches Benin«. Als Benin-Bronzen im Museum von Benin-City, Nigeria, ausgestellt werden sollten, konnte man dort anstelle der Originale nur Fotografien zeigen. Der zeitweilige Kultursenator von Münch (FDP) wollte das Museum in »Museum der Dritten Welt« oder »Museum der Weltkulturen« umtaufen, aber es blieb, wie es ist.

Rothenbaum-
chaussee 64

*Terrassen-Innenhof
in der Rothenbaum-
chaussee*

Gegenüber, hinter Rothenbaumchaussee 71-73, die viel fotografierten Terrassen.

Rothenbaumchaussee 13 - 15
⓮

Erbaut hatte das Curiohaus (Giebel-Inschrift) 1910-11 die »Gesellschaft der Freunde des Vaterländischen Schul- und Erziehungswesens« - Architekten: Schaudt und Puritz -, die seit 1805 bestand und von Johann Carl Daniel Curio gegründet worden war (Denkmal in der Durchfahrt). Die Nazis überführten die Organisation 1933 in den Nationalsozialistischen Lehrer-Bund (NSLB) und lösten sie 1937 endgültig auf. Das Curiohaus war nun Sitz des NSLB. Zwar wurde die Gesellschaft 1945 im November in der Musikhalle wiedergegründet, doch ihr Bau war von den Engländern beschlagnahmt worden. Im Saalbau und dem Hinterhaus tagte bis 1950 das Militärgericht (»Curiohaus-Prozesse«). 1946 verurteilte es den Kommandanten des KZ Neuengamme, Max Pauly, und zehn weitere Angeklagte zum Tod. Die Hinrichtungen fanden in Hameln statt.

Im Curiohaus haben heute die Gewerkschaft Erziehung und Wissenschaft (GEW), Bibliothek, »Hamburger Lehrerzeitung« (HLZ), das Amerikazentrum u.a. ihren Sitz.

Werner Skrentny

Am Ende des Rundgangs: War's wirklich so anstrengend?

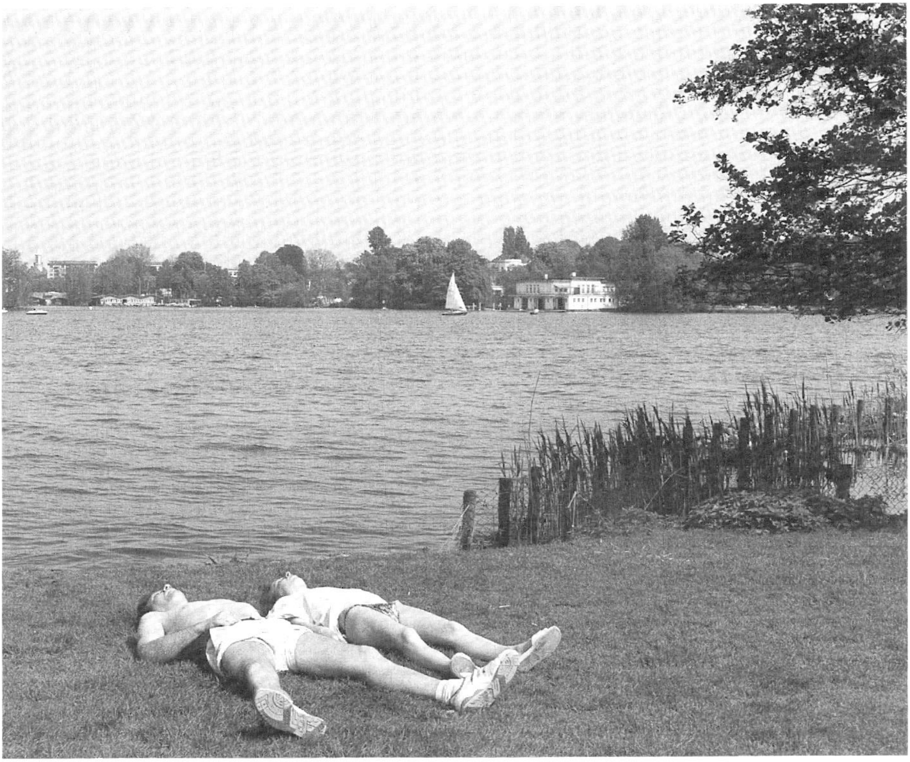

Die Villen: Hanseatischer Beitrag zur Architekturgeschichte

Gärten, Landhäuser und Villen gelten bis heute als Hauptbeitrag des hanseatischen Bürgertums zur europäischen Architekturgeschichte. Vor allem die Elb- und Alstervororte mit ihren ausgedehnten Villen- und Einfamilienhausgebieten aus dem 19. und 20. Jahrhundert legen Zeugnis ab vom wirtschaftlichen Wohlstand und vom Kulturvermögen der Hamburger und Altonaer Oberschichten.

Auf dem Geestrücken oberhalb der Elbe reihen sich entlang der Elbchaussee zahlreiche bemerkens- und sehenswerte Villen, Nebengebäude und Parkanlagen aus der Blütezeit der klassizistischen Landhauskultur auf. Darunter befinden sich auch, im antikisierenden »Kopenhagener Stil«, die großartigen Elbvillen (vgl. Palmaille, Stallgebäude Elbchaussee 215–228; Hirschparkhaus Elbchaussee 499; Landhaus Elbchaussee 547) des königlich dänisch-holsteinischen Baumeisters Christian Frederik Hansen (1756–1845) oder an der Baron-Voght-Straße 50 das bekannte Jenisch-Haus (Forsmann/Schinkel 1831–34).

Im linksseitigen Alstervorort Harvestehude-Rotherbaum haben sich nur vereinzelt einfache klassizistische oder biedermeierliche Garten- oder Sommerhäuser aus dem frühen 19. Jahrhundert, wie die Walmdachbauten Mittelweg 50, 116, 184 - 185 oder das heutige »Theater im Zimmer« (Alsterchaussee 30, 1829) mit seinem vornehmen Säuleneingang erhalten.

Aus der ersten flächengreifenden Besiedlung des Stadtteils nach dem Großen Brand (1842) und der Aufhebung der Torsperre (1860–61) stammen dagegen noch zahlreiche Beispiele einer historistischen Villenarchitektur, deren Fassaden häufig durch gotisierende Motive romantisch bereichert sind (Harvestehuder Weg 5–7, Alsterglacis 8, Badestraße 30) und sich stellenweise mit klassizistisch verpflichteten Putzfronten zu kleinen Doppel- oder Reihenvillen-Ensembles zusammenschließen (Böhmersweg, Sophienterrasse).

Das Gros historistischer Villenarchitektur stellen Gründerzeitbauten in Neurenaissance- und Neubarockformen sowie die Jugend- und Heimatstilhäuser aus dem Kaiserreich, die als Spekulationsprodukte teilweise ganze Straßenabschnitte prägen (Heilwigstraße, Hochallee, Feldbrunnenstraße, Oberstraße). Erkennbar bleibt aber auch für diesen Zeitraum das sozialtopographische Gefälle der Alstervillenarchitektur: Freistehende repräsentative Einzelbauten mit opulentem Fassadenschmuck und großzügigen Gartengrundstücken hatten am Alsterufer und Harvestehuder Weg die wassernahen Aussichtslagen besetzt. Von der Alster wegführende oder abgelegene Nebenstraßen werden hinter Vorgartenstreifen meist von schematisch abgewandelten Villenzeilen gesäumt.

Der Klinkertraditionalismus und -expressionismus (Alsterufer/Fontenay) sowie das Neue Bauen (Sophienterrasse/Alsterkamp) der Zwischenkriegszeit fanden in der Villenarchitektur des Prominenten-Stadtteils nur noch wenig Entfaltungsraum. Ihre hervorragendsten Vertreter suchten die neu erschlossenen Bauplätze am Alsterlauf (Alsterdorf, Bebelallee) oder am Rand der wachsenden Großstadt auf, wie etwa Karl Schneider (1892–1945) mit seinen unglaublich modernen Villenentwürfen für das Haus Michaelsen, Grotiusweg 55 in Blankenese (1922–23), oder Haus Müller-Drenkberg, Bredenbekstraße 29 in Wohldorf-Ohlstedt (1929). (J.H.)

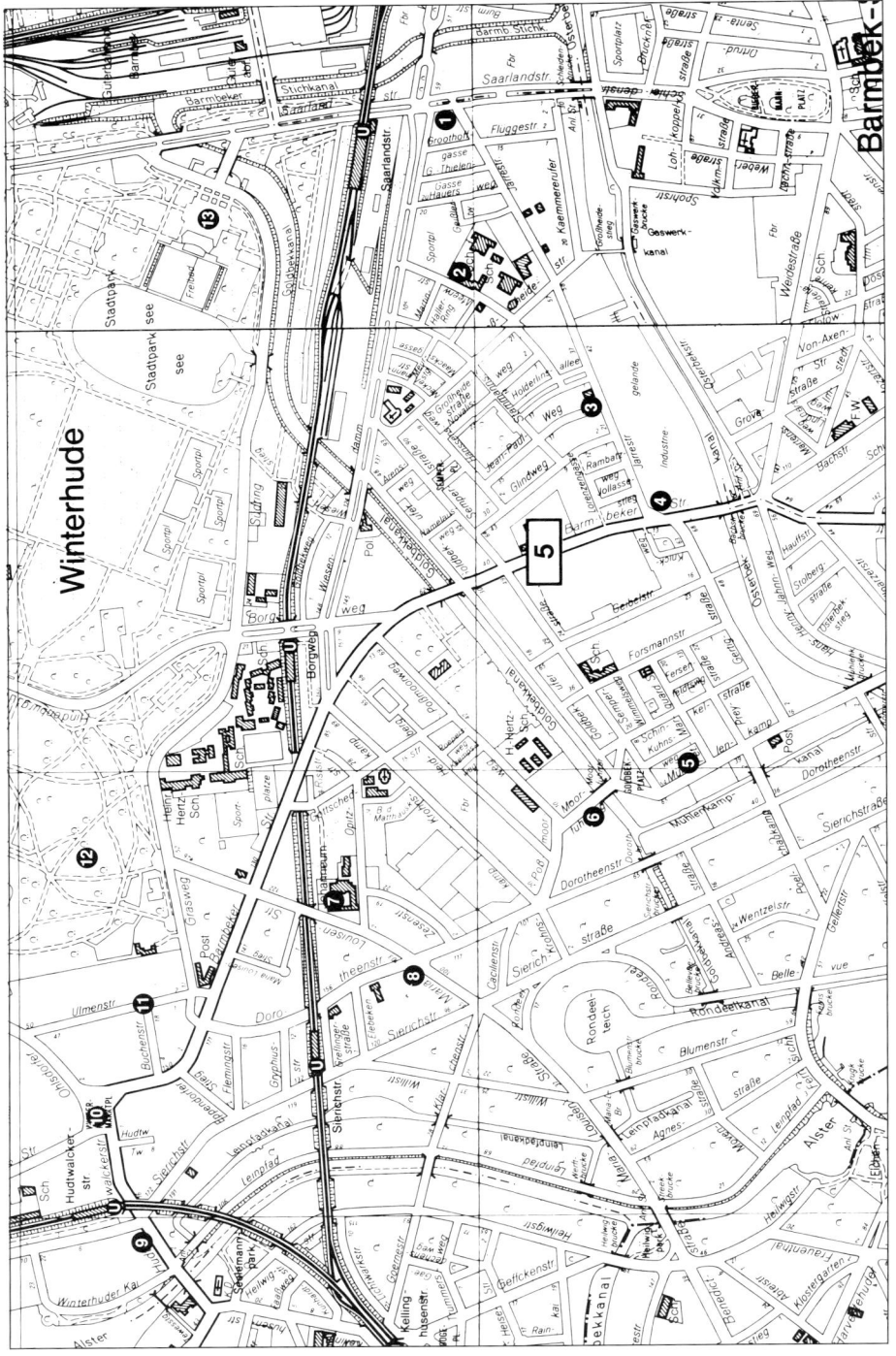

Ein attraktives Viertel
und der größte Park der Stadt

Ausgangspunkt: U-Bahnhof Saarlandstraße (U3)
Endpunkt: U-Bahnhof Saarlandstraße (U3)
Dauer des Rundgangs: 2 ½ Stunden

In der »Hitliste« der beliebtesten Hamburger Wohnviertel ist Winterhude gut plaziert: Hier haben große Teile der repräsentativen Jahrhundertwende-Bauten den 2. Weltkrieg überstanden; man ist mit dem Stadtpark dem größten Grüngelände der Stadt nahe und hat die Alster »vor der Nase«. Dazu hat sich über die Jahre eine interessante Szene mit Lokalen und Restaurants entwickelt.

Wasserturm im Stadtpark: Werbe-Vignette von 1939

Als noch »das lachende Dörfchen Winterhude«, 1250 erstmals erwähnt, bestand, »stand das Vieh auf der Weide und frei war der Blick über die Alster und Hamburg, das türmreich den Horizont abschloß« (1833). Nach Aufhebung der Torsperre 1860 war auch das Bauernland draußen vor der Stadt als Baugebiet gefragt (1894 Stadtteil). Mit dem Goldschmied Johann Sierich, dessen Villa noch bis 1957 (Abriß) an der Barmbeker Straße stand und in der Nachkriegszeit dem Bezirksamt diente, und dem Lotteriebesitzer Julius Gertig fanden sich zwei Spekulanten, die durch Grundbesitz in Winterhude zu großen Reichtümern kamen.

Sierich-Sohn Adolf war größter Grundbesitzer des Stadtteils und erwarb Land bis zur Hudtwalckerstraße und Fernsicht. An Alster, Rondeelteich und Leinpfadkanal entstanden prächtige Villen. Der halbe Stadtpark war Sierich'sches Jagdrevier, und in den Straßennamen Winterhudes sind alle, die ihm nahestanden, verewigt: die erste Ehefrau Maria Louise (Maria-Louisen-Straße), Agnes, die Schwester der zweiten Frau (Agnesstraße), und Mutter Dorothea (Dorotheenstraße). Sierich wollte sogar einen eigenen Stadtteil mit Namen »Osterhude«, doch soweit kam es nicht.

Lotteriebesitzer Gertig investierte beizeiten am Mühlenkamp und ließ seine 1886–1901 bestehende Trabrennbahn dort in sieben Straßen und unzählige Bauplätze parzellieren.

Mit dem Ausbau der Kanäle zog die Industrie in den dichtbebauten Stadtteil ein, wovon heute noch etliche Fabrikbauten der Gründerzeit zeugen.

Unser Ausgangspunkt, der U-Bahnhof Saarlandstrasse, ist 1996/97 umgebaut und trefflich restauriert worden. Er hieß 1912 Flurstraße, 1924 Stadtpark und bekam 1970 den heutigen Namen.

Als »städtebaulicher Höhepunkt des Hamburger Wohnungsbaus

*Arbeiterwohnungs-
bau in der Jarrestadt:
Jean-Paul-Weg*

Jarrestadt
❶

Stammannstraße
9-17, 17-23, 24-29/
und Ecke Großheide-
str. 30

Georg-Thielen-Gasse
2-4

der Weimarer Republik« (Hipp) gilt die 1928–30 zwischen Wiesendamm, Semperstraße, Barmbeker Straße und Jarrestraße angelegte
Jarrestadt. An dem 1926 veranstalteten Ideenwettbewerb durften nur
Hamburger Architekten teilnehmen. Der Arbeiterwohnungsbau,
nahe Fabriken (z.B. Kampnagel) und U-Bahn-Stationen wurden von
gemeinnützigen bzw. gewerkschaftlichen Genossenschaften, priva-
ten Auftraggebern und anderen Genossenschaften finanziert. Zwei
Drittel des Wohnraums entfielen auf 2-Zimmer-Wohnungen, ein
Drittel auf 3-Zimmer-Wohnungen.

Die Jarrestadt, die seit 1974 unter Milieuschutz steht, ist im 2.
Weltkrieg schwer zerstört worden. Darunter haben eine Reihe von
Bauten gelitten, so auch der Mittelhof der Anlage von Karl Schneider, Stammannstr. 9–17. In dieser Straße, Nr. 17–23, ist auch der
»Otto-Stolten-Hof« der Allgemeinen deutschen Schiffszimmerer-Genossenschaft (Ostermeyer, 1928–29), benannt nach dem im Jahr
1901 ersten und einzigen sozialdemokratischen Bürgerschaftsabgeordneten der Stadt. Die Schiffszimmerer-Genossenschaft gab Stammannstr. 24–29 und Großheidestr. 30/Stammannstraße das »Kranz-
haus« (Puls & Richter, 1930, Wiederaufbau 1948) – sehenswerte Plastik und steinerne Geschichtstafel – in Auftrag.

Am Ostende der Jarrestadt, zwischen Jarrestraße und Wiesendamm, wurden 1929–30 von der Gesellschaft »Rationell« für die
Reichsforschungsstelle für die Wirtschaftlichkeit des Bauwesens
neue Wohnbaukonzepte erprobt. Die Brüder Frank planten dort
Georg-Thielen-Gasse 2–4/Groothofgasse 1–3 ein Laubenganghaus,
in dem mehrere Wohnungen von einem Gang aus erreichbar sind.

1930 wurde die Schule Meerweinstraße in der Jarrestadt einge-

weiht (Architekt: Schumacher). Das »Hamburger Echo« damals: Meerweinstr. 26 - 28
»Eine der schönsten und modernsten Volksschulen Hamburgs, eine
sog. Koedukationsschule für Knaben und für Mädchen. Licht und
Luft strömen von allen Seiten in diesen Glaspalast.« Die Nazis be-
kämpften unter der Parole »Schluß mit der roten Pädagogik!« das
»rote Mistbeet von Winterhude« oder den »Marmorpalast«, wie sie
die Schule nannten. 1935 wurde die Koedukation aufgehoben und
der Bau nach NS-Lehrerbund-Führer Hans Schemm benannt. Das
»Denk-Mal«-Projekt der heutigen Gesamtschule erinnert mit Güter-
waggon, Skulpturengruppe und Gedenktafel an die in der NS-Zeit
ermordeten jüdischen Lehrerinnen Julia Cohn und Hertha Feiner.

In der Leichenhalle, die bis 1943 bestand, war der 1931 von der SA Jarrestraße/
Großheidestraße
ermordete Bergedorfer KPD-Bürgerschaftsabgeordnete Ernst Hennig
aufgebahrt. 35 000 Menschen begleiteten ihn auf den letzten Weg
nach Ohlsdorf.

Seit 1941 lebte hier Franz Jacob mit Familie. Der Hamburger war Jarrestraße 21
nach der Maschinenbauer-Lehre Arbeiter auf der Deutschen Werft,
die ihn 1927 wegen einer Kundgebung gegen die Sacco-und-Vanzetti-
Hinrichtungen entließ. Jacob, zuvor in der SPD, gehörte seit 1925
der KPD an, war in der Bezirksleitung Wasserkante und 1932–33
auch Bürgerschaftsabgeordneter. 1933 wurde er in Berlin verhaftet:
Zuchthaus bis 1936, KZ bis 1940. Jacob baute nach der Entlassung
gemeinsam mit Bernhard Bästlein und Jakob Abshagen die BJA-
Widerstandsgruppe auf, die in über 30 Betrieben nach dem Dreier-
prinzip (jeweils drei Leute kannten sich persönlich) organisiert war.
1942 floh der Hamburger nach Berlin, wo er 1944 verhaftet wurde.
Im Alter von 38 Jahren wurde Franz Jacob am 18. September 1944
im Zuchthaus Brandenburg hingerichtet.

Adolf Biedermann

Vor 1933 war hier das »Volkshaus«, das nach 1945 »Adolf-Bieder- Jarrestraße 27
mann-Haus« hieß. In den 70er Jahren war es ein Lokal der (neuen)
KPD, jetzt Restaurant »Il Tegame«, ehemals »Zorba«.

Der SPD-Reichstagsabgeordnete Adolf Biedermann, gebürtiger Jarrestraße/
Jean-Paul-Weg
Hamburger, reiste am 11. Mai 1933 von Köln in seine Heimatstadt,
wo er nie ankam. Der 52 Jahre alte Biedermann wurde bei Recklinghausen tot auf den Gleisen gefunden; angeblich ein Unglücksfall
bzw. Selbstmord. Die Umstände konnten nie geklärt werden. Adolf
Biedermann hatte sich nach Schlosserlehre und »Walz« weitergebil-
det, war SPD-Distriktsleiter von Winterhude und Bürgerschaftsabgeordneter, seit 1926 im Reichstag. Trotz Verbot und Überwachung
demonstrierten an seinem ersten Todestag Hunderte von Genossen
mit einem Besuch des Grabes in Ohlsdorf ihre ungebrochene Haltung. Am Wohnhaus erinnert eine Gedenktafel an den Politiker.

Im Mittelpunkt des »Rote 1 Mark-Roman« von 1930 unter dem Jarrestraße/
Barmbeker Straße
Titel »Maschinenfabrik N & K« steht das Eisenwerk Nagel & Kaemp,
seit 1875, als Kampnagel-Gelände seit Beginn der 80er Jahre wichtiger Bestandteil Hamburger kulturellen Lebens und inzwischen zur
»internationalen Kulturfabrik« avanciert. Roman-Autor Willi Bredel
(s. S. 167) hatte 1927–28 als Dreher in der Fabrik gearbeitet, wurde
in den Betriebsrat gewählt - und, da Kommunist, entlassen.

Kampnagel

N & K, später umbenannt in Kampnagel AG, war bis 1968 auf dem Gelände und stellte vor allem Hafenkräne her. Es folgten die Still-Werke (Gabelstapler), nach deren Auszug das Schicksal des Areals zwischen Osterbekkanal, Jarrestraße und Barmbeker Straße eigentlich klar war: Abriß und Neubebauung.

Doch daraus ist nur zum Teil etwas geworden. 1981, während der Renovierung des Hauses an der Kirchenallee, zog das Deutsche Schauspielhaus mit seinem »Malersaal« hier ein. 1982 wurde in einer der leeren Fabrikhallen die Ausstellung »Vorwärts – und nicht vergessen. Arbeiterkultur in Hamburg um 1930« (55 000 Besucher) inszeniert, und »Kampnagels Fest« lockte über 4000 aufs Gelände. Joseph Beuys pflanzte Bäume, Peter Brooks zeigte »Carmen«, freie Künstler- und Theatergruppen richteten sich ein, ein Zirkus kam und weitere Ausstellungen. Zum 1. Sommertheater der freien Gruppen kamen 1984 über 33 000: Kampnagel war gerettet, wenn auch Spritzenhaus, Arbeiterkulturhalle und andere Fabrikgebäude der Zerstörung anheimfielen.

Gegenüber auf der anderen Seite des Osterbekkanals waren die Elektrizitätszentrale Barmbek und die Gaskokerei. Die Investoren Greve ließen dort »Alster-City« bauen, das sie als »neuen Stadtteil« anpriesen: 110 000 qm Bürofläche, ein gigantischer Komplex, der fast bis zum Biedermannplatz Barmbeks reicht.

Barmbeker Straße 17

»Alle Hamburger Zeitungen sprachen sich bei Einführung des Stern-Bräu, Ende Juni 1895, in höchstem Grade lobend aus«, annoncierte die 1881 gegründete Winterhuder Bierbrauerei Actien-Gesellschaft. Von den Brauerei-Hallen ist nach Modernisierungen Ende der 80er Jahre nichts geblieben (jetzt Einkaufszentrum).

Der frühere »Löschkeller«, jetzt »Traveller« mit Spezialitäten des US-Südens, Geibelstr. 12, war ehemals ein Verkehrslokal der SPD. Eine traditionsreiche Kneipe ist »Niewöhner«, Gertigstr. 14, das früher auch eine Futterstelle für Pferde hatte. In der Geibelstraße sind noch zahlreiche Terrassenhäuser erhalten: Nr. 8–10 (1904), 21 (1889–91), 23–27 (1888–89), 29–33 (1889–90), 35–41 (1890) und Nr. 42 (1902). **Geibelstraße 12/ Gertigstraße 14**

Ein bekanntes, unter diversen Bezeichnungen existierendes Etablissement war bis zum Abriß 1978 unter dieser Adresse; der Neubau (1982) ist Anlageobjekt einer Karlsruher Versicherung. Lotteriebesitzer Gertig hatte hier 1857 ein Ausflugslokal eingerichtet, in dem am 14. Dezember 1900 Rosa Luxemburg vor 700 Menschen sprach. Unter Besitzer Bukowiecki hieß es Ballhaus »Himmel« und »Tegernsee«, hatte seit 1909 ein »Theater lebender Photographien«. **Mühlenkamp 34 ❺**

Der Mühlenkamp hat am Beginn des Osterbekkanals, am Ende des »Langen Zugs«, einen Alsterschiff-Anleger mit dem Café Fiedler, einer ehemaligen Bedürfnisanstalt, deren futuristischer Ausbau im Viertel umstritten ist. **Alsterschiff-Anleger**

Stellvertretend für den Wandel in Winterhude stehen der gewagte Neubau Mühlenkamp 2 (»Wohnen auf die Spitze getrieben«) und der Büroriegel rechts vom Osterbekkanal (Alster Gewerbehof Hans-Henny-Jahn-Weg 21). Friseurläden heißen jetzt »Haircare«, »Shape« und »New Hair«, das »time out« nimmt man sich Mühlenkamp 47 im »TH 2« – Öffnungszeiten ganz international 8 am bis 8 pm – oder im italienischen »Caffé 42« (Mühlenkamp 42). Aber es gibt auch noch das »Miederstübchen« und Ecke Mühlenkamp/Hans-Henny-Jahn-Weg hat 2001 das traditionsreiche »Mühlenkamper Fährhaus« wiedereröffnet, das auf das Jahr 1886 zurückgeht. Bis 1989 fuhr die »Weiße Flotte« den Kanal noch weiter hinauf, bis zur Saarlandstraße. Das geschieht nun nur noch bei Kanalfahrten. **Osterbekkanal**

Parallel zur Straße verläuft der Mühlenkampkanal, an dem sich um die Jahrhundertwende Industrie niederließ. Nr. 6b sind die Gebäude der Biskuit- und Keksfabrik von 1909, Nr. 29–31 das Industriehaus von Wasmuth (1914), wo chemisch-pharmazeutische Präparate hergestellt wurden. Allerdings hat die Industrie dem Stadtteil auch ein giftiges Erbe hinterlassen: Galvanisierbetrieb Nr. 11–13 im Hinterhof, wo nach dem Abriß durchgerostete Fässer mit Cyanid entdeckt wurden. Ein kleiner Umweg in die Preystr. 4 lohnt der neoklassizistischen vier Damen wegen. **Mühlenkamp 6b, 11 - 13, 29 - 31**

Industrie siedelte auch am Goldbekkanal, und problematisch ist auch hier die Hinterlassenschaft. Auf dem Gelände der 1908 errichteten Fabrik Rieck & Melzian (Nr. 2) war das Grundwasser verseucht. Daneben (Nr. 1) ist die 1899 gebaute Fabrik von H.C. Klotz für Gießereibedarf, jetzt »Home & Garden«. **Goldbekplatz 1, 2**

Im Goldbekhaus und Goldbekhof waren bis zum Umzug 1963 nach Glashütte die 1889 begründete Desinfektionsfirma Schülke & Mayr. Deren Mittel »Lysol« wurde während der Cholera-Epidemie 1892 kostenlos in der Stadt verteilt und verhinderte eine weitere Ausbreitung der Seuche. Mit »Lysol« konnten auch Tropenkrankheiten **Moorfurthweg 9 ** verhindert werden, so daß das Mittel den Zugriff der Kolonialmächte auf überseeische Länder ermöglichte. Mittels einer Postlinie lieferte der Winterhuder Betrieb bis nach Afrika und gab 1892 eigene Briefmarken heraus: »Schülke & Mayr's Afrikanische Seen-Post unter Contract mit dem Kaiserl. Gouvernement in Deutsch-Ost-Afrika«. Auch diese Firma hat durch Kresole und Phenole verseuchten Boden hinterlassen. Da die Firma beim Auszug 1963 mit der Stadt vereinbarte, keine Folgekosten zu tragen, mußte Hamburg 30 Mio. DM für die Bodenreinigung aufbringen. In dem Komplex bestehen nun das Restaurant »Kalenbach« (Plätze am Wasser), Holzatelier, Kulturbühne, Patienteninitiative, Frauenberatung u.a.m.

Goldbekufer 19

Seit 1912 (SPD) politisch organisiert war Bernhard Bästlein, ein Feinmechaniker, der sich 1920 der KPD anschloß und hier lebte (Haus wiederaufgebaut). Nach ihm ist die (Bästlein-Jacob-Abshagen) BJA-Widerstandsgruppe mitbenannt. Nach den Märzkämpfen 1921 hielt sich der Bürgerschaftsabgeordnete bis 1923 in der Sowjetunion auf: 1933 verhaftet, wurde er zu 20 Monaten Zuchthaus verurteilt und anschließend vier Jahre im KZ gefangengehalten. In Hamburg ging er nach der Entlassung wieder in den Widerstand. Am 18. September 1944 ist er in Brandenburg hingerichtet worden. Bernhard Bästlein wurde 49 Jahre alt.

Die Dorotheenstraße ist ein Winterhuder »Boulevard« und hält einige Überraschungen parat: Einen Hockey-Shop, in der nahen Cäcilienstraße »Scottish Sports wear« und »Reggae Revival«, Sitz: »London – Hamburg – Tokio« – also doch »Weltstadt«?

Nachstehende beide Stationen muß man nicht aufsuchen, doch gehören sie zur weniger bekannten Geschichte Winterhudes und sind deshalb der Erwähnung wert. Das zerstörte Lokal »Wucherpfennig« war bis 1933 Treffpunkt von KPD-Anhängern und Sportlern des linksgerichteten Vereins VfL 05. Als die Nazis an der Macht waren, wechselte der Wirt umgehend ins andere Lager, was am 1. April 1933 einen Bombenanschlag auf die Wirtschaft zur Folge hatte. Das Hanseatische Sondergericht verhandelte 1934 gegen 29 Angeklagte. Der Kohlenarbeiter Ernst Sander wurde zum Tode verurteilt, weitere KPD-Anhänger zu hohen Zuchthausstrafen.

Barmbeker Straße 33

Der Sportverein VfL 93 entstand aus den Arbeitersportklubs Hamburg 93 und VfL 05. Letzterer, mit etwa 500 Mitgliedern führend in Fußball und Leichtathletik, schlug sich 1929 in den Auseinandersetzungen zwischen SPD und KPD auf die Seite der Kommunisten und wurde vom sozialdemokratischen Arbeitersportkartell ausgeschlossen. Dank eines Mäzens gehörte der Klub, der am Borgweg spielt, bis 1996 der dritten Fußballiga an. Nr. 79, nun Bettenlager, war früher das Kino »Jalousie«.

Barmbeker Straße 62, 79

»Johanniter tragen die Bürgermeisterkette im Schulranzen«, schrieb Helmut Alter und unterstrich damit den hohen Ruf der ältesten der höheren Schulen der Stadt, die Reformator Johannes Bugenhagen (Denkmal von 1885 vor dem Johanneum) 1529 eröffnete. Vom alten St. Johanniskloster zog die Schule zum Speersort, schräg gegenüber der Petrikirche, um, und 1914 weiter nach Winterhude (1912 – 14, Fritz

Maria-Louisen-Straße 112

Schumacher). Das frühere Johanneum auf dem Domplatz wurde 1943 zerstört; die Ruinen vom Arkadengang und ein Flügelbau standen noch bis in die 50er Jahre. Im Hof des Winterhuder Johanneums ist die Statue »Jüngling« (1929) von Richard Kuöhl. Der spätere Bundeskanzler Helmut Schmidt ging allerdings nicht hier, sondern in der Lichtwarkschule, jetzt Heinrich-Hertz-Schule, Ecke Grasweg/Voßberg, am Stadtpark, in den Unterricht.

In der Nähe, Maria-Louisen-Str. 63–67/Dorotheenstr. 123, ist die »runde Ecke«, ein von Karl Schneider konzipierter Wohnblock von 1927–28.

Maria-Louisen-Str./ Dorotheenstraße

Einmalig in Bundesdeutschland soll die Sierichstraße insofern sein, als hier 1952 das Prinzip der »wechselseitigen Einbahnstraße« eingeführt wurde: Von 4–12 Uhr rollt der Verkehr stadteinwärts, von 12–4 Uhr stadtauswärts – eine Regelung, die bis heute gilt und 1962 bis zur Hudtwalkerstraße ausgedehnt wurde.

Sierichstraße

An der Grenze zu Eppendorf, wo der Alsterschiff-Anleger und das Café Leinpfad am Fluß sind, war ehemals das Winterhuder Fährhaus, eine traditionsreiche Veranstaltungsstätte und ein wichtiger Kommunikationsort für beide Stadtteile. Der Eigentümer Sprinkenhof AG, eine Hundert-Prozent-Tochter der Stadt, ließ den Jahrhundertwende-Bau verkommen. Als 1977 an neun Stellen im Fährhaus Feuer gelegt wurde, entstand ein Schaden von 2 Millionen Mark. Gegen den Willen von Kultursenator Tarnowski (SPD), des Denkmalamtes und einer Bürgerinitiative zerstörten im Morgengrauen des 6. August 1979 Bulldozer den Bau. Im Hinblick auf den Neubau gab es allerlei Versprechungen: Ein Bürgerzentrum sollte entstehen, vielleicht ein Kino, und möglicherweise wollte man das Ganze sogar rekonstruie-

Hudtwalckerstraße

»Winterhuder Fährhaus« heißt der Alsterschiff-Anleger, doch der Bau, der den Namen lieferte, ist zerstört worden

ren, denn die Fassade hatte man vor dem Abriß zeichnerisch aufgenommen. Das alles war vergessen, als Bürgermeister von Dohnanyi den Pressetroß 1985 per Alsterschiff zur Grundsteinlegung hierher bringen ließ: Man war vom »Neuen, Schönen, Guten« des »Standorts Hamburg« begeistert und stellte keine kritischen Fragen. Jetzt sind hier das Privattheater »Komödie Winterhuder Fährhaus«, Büro- und Wohnbauten.

Winterhuder
Marktplatz

Wo vor einhundert Jahren noch die Bauernhöfe am Winterhuder Markt standen, ist nun nach Um- und Neubauten der 80er Jahre ein Zentrum des Stadtteils geblieben, mit Geschäften und vor allem auch als Verkehrsknotenpunkt. Die Bebauung stammt zum Teil aus den 20er Jahren, so die Wohnblocks Winterhuder Marktplatz 10 (1928-29), Ohlsdorfer Str. 2-6 (1927-28, Fritz Höger) und Hudtwalckerstr. 24-30 (1928). Das Einkaufszentrum »Winterhuder Forum« beherbergt auch die Stadtteil-Bibliothek. Der Winterhuder Marktplatz ist gefällig umgestaltet worden und nun auch wieder Ort eines Marktes.

Ulmenstraße
⓫

Wer von hier die Ohlsdorfer Straße hinaufwandert und weiter hinein in die Ulmenstraße, trifft auf das ehemalige Bleicherviertel mit den ältesten Häusern Winterhudes aus der Mitte des 19. Jahrhunderts:

»Sie sind für Hamburg als in dieser Dichte einzigartige Gebäudegruppe wesentliche Bestandteile des unverwechselbaren Ortsgebildes von Winterhude und hervorragende bauliche Urkunden für seine individuelle Entwicklung. Zusammen mit den Nutzbauten bezeugen sie Lebens- und Arbeitsbedingungen von Gewerbetreibenden und Handwerkern im 19. Jahrhundert.« (Denkmalamt)

Das älteste der Bleicherhäuser, ein Fachwerkbau, ist Nr. 11-13/Ecke Buchenstraße, errichtet 1856. Haus Nr. 8, das Vogthaus, in dem Pfingsten lebte, entstand 1857 und wurde 1874 und 1894 umgebaut. Ulmenstr. 18, erbaut zwischen 1885 und 1888, gilt dem Denkmalschutzamt als »besonderes historisches Objekt, mit seinem bis ins kleinste Detail erhaltenen originalen Zustand, wie es in Hamburg in solch unveränderter Form nur noch selten anzutreffen ist«. Auf dem rückwärtigen Gelände steht noch das ehemalige Waschhaus. Doppelhäuser sind unter Nr. 25/27 (1861-62) und 45/47 (1866) erhalten. Nr. 33/35 ist eine der ältesten Terrassen der Stadt. Auf dem Anwesen Nr. 36 war die frühere Mangelstube, »das letzte Exemplar ihrer Art im Viertel« (Denkmalamt), man wundert sich daher über ihr Verschwinden zugunsten von »Wohnen im Grünen«. Ein Laboratorium (1905, Ernst Friedheim, der auch die Synagoge am Grindelhof mit plante) ist Nr. 38/40, umgebaut in den 30er Jahren, mit Wirtschaftsgebäuden im Hinterhof, so einem ehemaligen Pferdestall (jetzt Architektenbüro). Eine frühere Schmiede, vor 1884 entstanden, unter Nr. 44-46 im Hof. - In der Ohlsdorfer Straße sind die Bleicherhäuser Nr. 31, 32-34, 37, 39-41. Unter Nr. 2 (Fotoatelier) kann man dort alte Fotos anschauen.

Den Abschluß des Rundgangs bildet der Stadtpark. Nur wenige deutsche Großstädte können so viele Parks und Gärten aufweisen wie Hamburg. Größte Grünanlage der Stadt ist der Stadtpark: 145

*Das Stadtparkseebad
mit der (zerstörten)
Stadthalle*

Hektar, so groß wie das Fürstentum von Monaco; mit 200 Stauden- und 30 Blumenarten; mit ca. 100 000 Besuchern am Wochenende; 600 000 DM kostet die jährliche Parkpflege. Der von 1910 bis 1914 und bis in die 20er Jahre angelegte Park war ein »politischer Park«: »Ein für alle Kreise der Bevölkerung bestimmter Volkspark«, insbesondere für die Bewohner der dichtbesiedelten nördlichen Stadtteile Barmbek und Winterhude. Grundbesitzer Johann Sierich leistete sich einst mit dem Sierich'schen Park ein eigenes Jagdrevier, von dem an der Hindenburgstraße noch das Försterhaus von 1885 steht, das seit 2001 Denkmalschutz genießt. Die Bürger durften hier nur gegen Entgelt spazierengehen. Bereits in den 1890er Jahren, als die Stadtteile immer mehr bebaut wurden, kam die Idee eines großen Parks im Hamburger Norden auf. Alfred Lichtwark, der Direktor der Hamburger Kunsthalle: »Der Hamburger fragt sich, ob seine Vaterstadt, wenn nicht ein großer Stadtpark geschaffen wird, auf die Dauer bewohnbar bleibt.« 1902 kaufte die Stadt das Sierich-Revier, und seit 1908 schuf der damalige Baudirektor Fritz Schumacher nach Entwürfen von Oberingenieur Fritz Sperber den Plan. Im Westen, nahe Ohlsdorfer Straße und Ulmenstraße, ist der Waldpark. 1919 – 24 entstand hier die Jahnkampfbahn (früher Hindenburg-Kampfbahn), ein Stadion, das vor allem für die Leichtathletik genutzt wird.

Stadtpark

Die Hauptachse des Parks erstreckt sich über 1,4 km vom Planetarium zum Stadtparksee. Der Wasserturm (Aussichtsplattform), seit 1930 mit Planetarium, entstand 1913 – 15 (Oscar Menzel). Die Wasser-Kaskaden am Turm sind seit 1989 wieder in Betrieb. Architektonischer Gegenpol waren Stadthalle und Stadtcafé am Stadtparksee. Beide Gebäude wurden 1943 zerstört, ebenso Milchwirtschaft und Bauernhaus im Park, denn auf der Festwiese war seit 1939 eine Flakstellung. Der künstliche Parksee hat Verbindung mit dem Osterbek- wie auch dem Goldbekkanal und wird bei den Kanalfahrten der Alsterschiffahrt angesteuert. Hier ist auch das Sommerbad Stadtparksee, das von der Stadt geschlossen wurde, dank einer Bürgerinitiative aber weiter existiert.

Zwischen Turm und See entstand 1924 die Festwiese, die vor dem Krieg immer wieder als politisches Aufmarschgebiet genutzt wurde, von der SPD

Die Festwiese im Stadtpark; im Hintergrund der Wasserturm mit Planetarium

zum 1. Mai, aber auch von der NSDAP für Kundgebungen. Seit 1934 wurden im Park Auto- und Motorradrennen veranstaltet, zu denen bis zu 100 000 Zuschauer kamen. Nachdem 1952 bei einem Rennen zwei Menschen ums Leben kamen und 24 verletzt wurden, verbot der Senat die Austragung. 1953 fand auf der Festwiese und andernorts im Park das Deutsche Turnfest statt. Da waren die etwa 200 Nissenhütten und Baracken, die nach dem Kriegsende dort errichtet worden waren, schon wieder verschwunden.

Stadtparksee
⓭

Zum beliebten Stadtpark gehören das Sommerbad, ein Planschbekken, Freilichtbühne Saarlandstraße (viele Konzerte im Sommer), Bootsverleih auf dem Inselchen im Stadtparksee, Modellbootsee, Landhaus-Gaststätte, in der seit 1996 »Hamburgs größter Biergarten« und ein »Blues-Club« bestehen, und Brunnenhaus (1912). Ein »Fremdarbeiterlager Stadtpark« bestand von 1942 bis 1945 mit 1200 Zwangsarbeitern nicht im Park, sondern am U-Bahnhof Alsterdorf. Es hat uns gefreut, daß die Erwähnung dieses Lagers in früheren Auflagen dieses Buches die Bezirksversammlung Hamburg-Nord auf Antrag der CDU-Fraktion veranlaßte, Ecke Hindenburgstr./Möhringbogen aus Anlaß des 75jährigen Stadtpark-Jubiläums eine Gedenktafel anzubringen.

Hindenburgstraße

Eine Anmerkung noch zur Hindenburgstraße, die durch den Stadtpark verläuft und eine der längsten Hamburger Straßen ist:

Es gibt einen Beschluß von SPD und GAL der Bezirksversammlung Hamburg-Nord, die Benennung nach dem einstigen kaiserlichen General, Militaristen und Reichspräsidenten, der Hitler zum Reichskanzler ernannte, rückgängig zu machen. Der Voscherau-Senat hat diesen Beschluß 1988 abgelehnt und u.a. erklärt: »Dieser frei gewählte Reichspräsident hat sich länger als viele andere bürgerliche Politiker einer Regierungsbeteiligung der Nationalsozialisten widersetzt.« Die »taz« kommentierte: »Der Senat wartet mit geradezu reaktionären Geschichtsmythen auf.«

Werner Skrentny

Die Jarrestadt: »Neue Wohnkultur ist entstanden«

»Die Jarrestadt ist eine Angelegenheit der Nützlichkeit, eine Aktion gegen die Wohnungsnot gewesen und trotzdem ein Baudenkmal geworden ...« Mit diesen Worten stellte die Hamburger Presse das kaum bezogene Backstein-Ensemble in Winterhude-Süd bereits 1931 unter Denkmalschutz.

Als Gesamtkunstwerk der hamburgischen Zwischenkriegsmoderne ist die Jarrestadt in doppelter Hinsicht anzusprechen. Denn hinter ihrer geschlossenen Wirkung stand der vereinheitlichte Gestaltungswille konkurrierender Interessen. Knapp ein Dutzend Hamburger Architekten, die 1926 aus dem städtebaulichen Wettbewerb für das Gebiet als Sieger hervorgegangen waren, mußten sich zusammenraufen, um ein gemeinsames Konzept für die ersten zehn Baublöcke zu entwickeln.

Jeder der zehn Preisträger hatte für seinen Block einen »zur Zeit unbeschäftigten selbständigen Privatarchitekten zu kollegialer Mitarbeit heranzuziehen«. So trug bereits die Planung der Jarrestadt Züge eines architekturpolitischen Gesamtkunstwerks.

Auf der Grundlage der Rahmenplanung Schumachers und der Entwurfsideen des Wettbewerbsgewinners Karl Schneider blieben alle zehn zwar ihrer individuellen Handschrift treu, bedienten sich aber einer gemeinsamen Architektursprache: Kubisch geschnittene Backsteinbaukörper, zu funktionsorientierten Gliederungselementen gestraffte Fassadenstrukturen (horizontale Fensterbänder, vertikaler Treppenhausrhythmus) und knapp angedeutete Details demonstrierten das Ethos moderner Zweckarchitektur. Die formale Sparsamkeit der reduzierten Außengestaltung versprach erhöhte Gebrauchswerte im Wohnungsinnern.

Die modernen Bauformen gehen freilich mit dem Traditionsbaustoff Backstein und vertrauten Architekturmerkmalen wie dem Sprossenfenster einher. Selbst die ab 1930 erbauten Stahlskelett-Wohnzeilen im Osten des Gebiets oder die Betonskelettkonstruktion der Schule Meerweinstr. 26 - 28 (1930, Schumacher), wurden in die »plattdeutsche« Materialstruktur der Klinkerverbände einbezogen: Avantgarde-Architektur als bodenständige Bautradition?

Die neue Qualität der Jarrestadt wird schlagartig deutlich, wenn man sich ihren Klinkerblöcken über die benachbarten Massenquartiere aus der Kaiserzeit (Mühlenkampterrassen, Geibelstraße) nähert. Statt wilhelminischer Fassadenpracht sachlich gegliederte Backsteinfronten und statt sonnenarmer Hinterhäuser große, aufgeschnittene, grüne Innenhöfe.

Die architektonische Gemeinsamkeit und der gebaute Massencharakter der roten Backsteinkuben galt den politisch für die Jarrestadt maßgeblich verantwortlichen Sozialdemokraten von Anfang an als Widerspiegelung und Werkzeug gesellschaftlicher Umwälzungen:

»In diesen gewaltigen Wohnblocks, die in den letzten Jahren geschaffen worden sind, ist eine neue Wohnkultur entstanden. Der Gemeinschaftsgeist, die Solidarität, die in der modernen Arbeiterbewegung lebendig sind, haben hier greifbare Gestalt angenommen.« (1929) (J.H.)

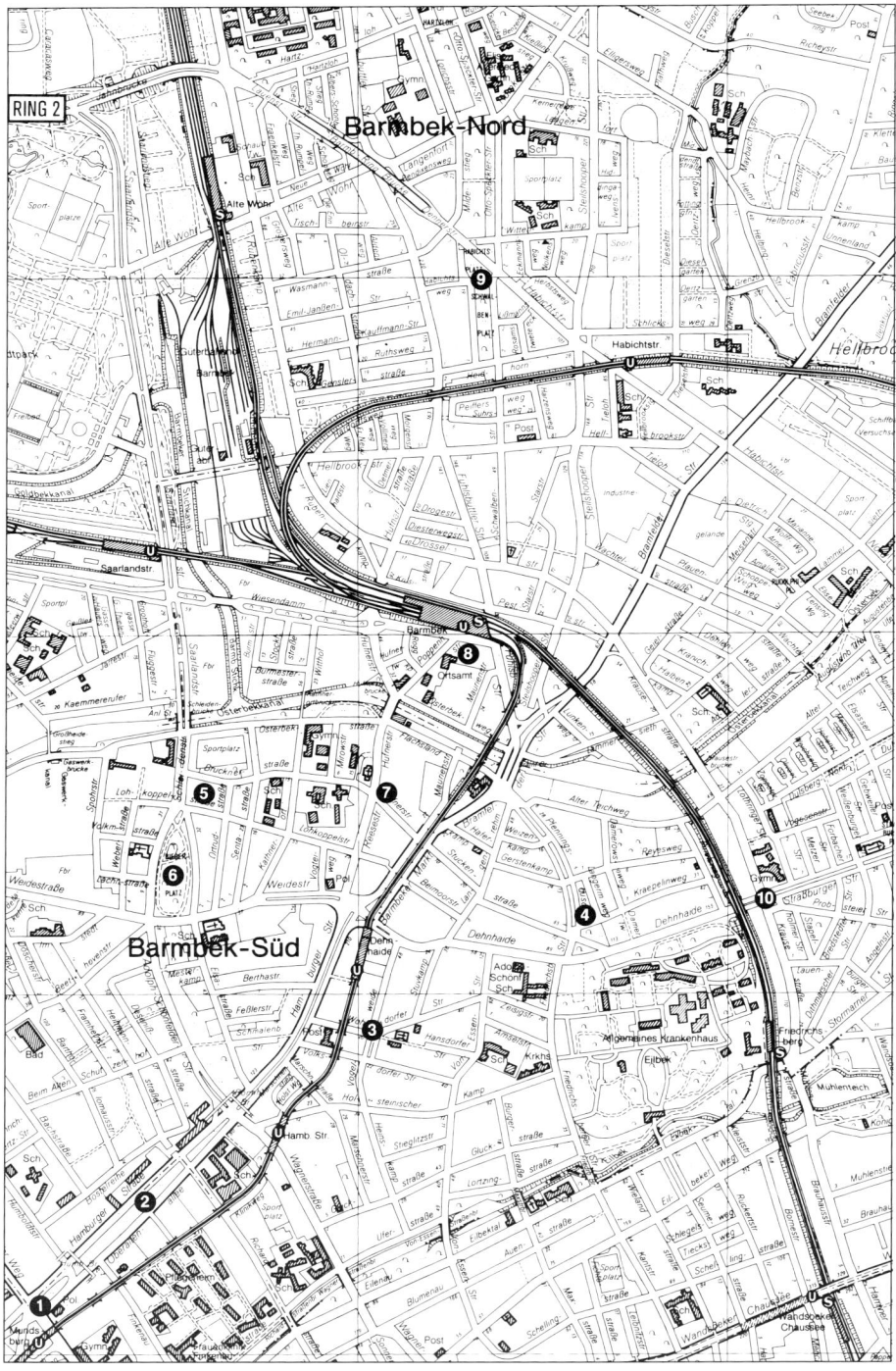

Wachstum wie in Amerika

Ausgangspunkt: U-Bahnhof Mundsburg (U2)
Endpunkt: U-Bahnhof Alter Teichweg (U1)
Dauer des Rundgangs: ca. 4 Stunden

Auch Barmbek war einmal ein Dorf, und es war mit einer Viertel-million Einwohnern bei Beginn des 2. Weltkrieges größter Hambur-ger Stadtteil: ein Arbeiterviertel, dichtbevölkert wie der »Jammer-brook« (alias Hammerbrook), mit Mietskasernen, aber auch moder-nem Wohnungsbau. Von alldem, wie auch vom einstigen Dorf, ist nur wenig geblieben, denn mit Barmbek geschah 1942 und 1943 das, was die NS-Propaganda anderen Städten prophezeit hatte: Es wurde (fast) »ausradiert«. Weil historische Bauten rar sind, holt die-ser Rundgang entsprechend weit aus und kann ggf. auch mit dem Rad zurückgelegt werden. Eine andere Möglichkeit: Barmbek-Nord und Dulsberg widmet man an einem weiteren Tag Zeit.

Barmbeker Rundbunker: Bald ein Heimatmuseum?

   Nach den Bombenangriffen hatten im August 1943 noch 15 000 Menschen in »Armbek« gelebt. Bei Kriegsende waren 85 Prozent der Gebäude zerstört und 60 000 Wohnungen verlorengegangen. Ent-sprechend stellt sich der Stadtteil heute dar: ein Resultat des Wieder-aufbaus der 50er und 60er Jahre, eine »Neue Heimat«, autogerecht eingerichtet.
   Seit Aufhebung der Torsperre zum Jahresende 1860 war der länd-liche Ort stärker besiedelt worden. Ein Bauboom setzte mit der Beseitigung der Arbeiterwohngebiete zugunsten der Schaffung des Freihafens ein. Die Einwohnerzahl Barmbeks belief sich 1855 noch auf 1800; zur Jahrhundertwende lag sie bei 48 000; 1925 bei über 150 000.
   In Barmbek-Nord, rund um den Habichtsplatz, und im Dulsberg-Viertel entstanden dabei unter Regie des sozialdemokratisch-bürger-lichen Senats in den 20er und 30er Jahren wichtige Zeugnisse des Reform-Wohnungsbaus, die auch unsere Route berühren.
   Barmbek war »rot«, 1923 einer der Schwerpunkte des Hamburger Aufstandes und immer eine Hochburg der Arbeiterbewegung. Inso-fern war die 1.-Mai-Demonstration, die noch in den 80er Jahren stets am Bahnhof Barmbek begann, eine »Hommage« an die Vergan-genheit. Bereits 1913 waren von dort 43 000 Menschen am 1. Mai marschiert, mit den Parolen: »Kurze Arbeitszeit, langes Leben!«; »Raus aus der Kirche!«; »Mehr Arbeitsschutz auf den Werften!«
   Der Rundgang beginnt an der Grenze zu Uhlenhorst, wo der

U-Bahnhof, 1910–12 im Zuge des Hochbahnrings erbaut, eines der markantesten Gebäude ist. Hinter der Hochbahn, Lerchenfeld 14, ist das frühere Hammonia-Bad, nun u.a. Spielstätte des »english theatre«. Ein Blick in die Lobby des 1928 fertiggestellten Gebäudes lohnt, die Plastiken sind von Richard Kuöhl und eine Tafel teilt mit: »Was Kopf und Hand mit Fleiß hier schufen / den Kranken zu helfen, sei es berufen«. Ein weiteres Theater ist Ulmenau 25, schräg gegenüber dem Bahnhof, das »Ernst-Deutsch-Theater«. Friedrich Schütter (†1995) hatte 1951 mit Wolfgang Borchert (nicht identisch mit dem Schriftsteller Große Bleichen das »Junge Theater« gegründet, das über Rabenstrasse (1952) und Marschnerstrasse (1956) im Jahr 1964 in einem früheren Kino an die Mundsburg kam. Die größte private Sprechbühne Deutschlands erhielt am 22. März 1973, dem vierten Todestag von Schauspieler Ernst Deutsch (1890–1969), den neuen Namen. Der Jude Deutsch, Paraderolle »Nathan der Weise«, emigrierte 1933 und kehrte 1947 zurück.

Hamburger Straße

Die Hamburger Straße war schon vor dem 2. Weltkrieg die Haupteinkaufsstraße Barmbeks, wobei auch der heutige Grünstreifen zwischen ihr und der Oberaltenallee dicht bebaut war. Hier war das 1928 eröffnete Warenhaus des Karstadt-Konzerns, eines der größten in Europa, das den Platz des Warenhauses Gebrüder Heilbuth (seit 1903) eingenommen hatte. Karstadt Barmbek hatte sechs Personenaufzüge, Rolltreppen, 32 Schaufenster, dazu den berühmten Dachgarten mit der Lichtsäule (»Symbol des neuen Barmbek«):

»Der Dachgarten hat bei allen, die ihn einst betraten, eine bleibende Erinnerung hinterlassen. Bei einem Gedeck für ein paar Mark konnte man die ringsum sich bietende schöne Aussicht genießen, während aus dem Inneren die zarten Weisen einer renommierten Tanzkapelle klangen, die zum Fünfuhrtee aufspielte.« (Lachmund, Das alte Barmbek)

1923 in der Vogelweide: Eine der vielen Barmbeker Barrikaden

Wie so viele andere Gebäude dieser Gegend ging auch das Groß-kaufhaus im Bombenhagel des Juli 1943 unter. Eine Bombe traf dabei die Lüftungsanlage des Karstadt-Bunkers, in dem durch Kohlenoxyd-Vergiftung 370 Menschen ums Leben kamen.

»Der Dachgarten hat eine bleibende Erinnerung hinterlassen«: Karstadt-Kaufhaus Barmbek um 1930

Auf dem Grünstreifen zwischen den Fahrbahnen am Beginn der Hamburger Straße ist nun ein von der Friedensinitiative Barmbek-Uhlenhorst initiiertes »Mahnmal gegen Krieg und Faschismus« (1985, Hildegard Huza). Der Text:

»In der Nacht zum 30. Juli 1943 starben im Luftschutzbunker an der Hamburger Straße bei einem Bombenangriff 370 Menschen. Diese Toten mahnen: Nie wieder Faschismus, nie wieder Krieg.« Der genaue Standort des Kaufhauses war hinter der Desenißstraße und links vor der heutigen Rönnhaidbrücke. Eine sog. Geschichtstafel, die die Geschichtswerkstatt Barmbek zum 100. Stadtteiljubiläum Hamburger Str. 11 errichtet hat, informiert über das Geschehen (weitere derartige Tafeln treffen wir im Verlauf unserer Tour).

Ende der 60er, Anfang der 70er Jahre ist die Hamburger Straße mit dem großangelegten Einkaufszentrum (das unter dem häßlichen Kürzel »EKZ« firmiert) wieder zu einem Geschäftszentrum geworden. Die drei Hochhäuser, zwei davon mit Wohnungen, eines für Büros, prägen die Silhouette der Stadt. Hier ist Hamburgs erste und größte Einkaufspassage, 1987 durch eine Glaspassage zur Straße hin und Glaskuppeln im Innern modernisiert.

Hamburger Aufstand: Darstellung der »Hamburger Volkszeitung« der KPD von 1927

Ein kleiner Abstecher führt uns von der Hamburger Str. nach links in die Bartholomäusstraße (nicht mehr auf der Karte verzeichnet): Dort steht Nr. 95 die »Bartholomäus Therme«, 1909 als »Bartholomäus-Bad« mit Bücherhalle im 1. Stock erbaut. Die nahe Straße Am Alten Schützenhof erinnert an die gleichnamige Einrichtung, die 1900 an die Grenze zu Bramfeld verlegt wurde, nachdem 1898 eine Kugel einen Arbeiter getötet hatte.

Nach den Kriegszerstörungen dominiert in der Hamburger Straße heute der Zweckbaustil der 50er und 60er Jahre. Kaum anders ist es mit dem ehemaligen Arbeiterwohngebiet um Wohldorfer Straße und Vogelweide, östlich hinter der U-Bahn-Linie. Hier, um den U-Bahnhof Dehnhaide, war einer der Schwerpunkte des Hamburger Aufstandes von 1923. Die Aktionen in Hamburg, die am 23. Oktober frühmorgens 5 Uhr mit dem Sturm auf die Polizeiwachen begannen, blieben in der Weimarer Republik isoliert und ohne Unterstützung. Die sowjetische Schriftstellerin Larissa Reisner hat den Hamburger Aufstand und auch die Ereignisse von Barmbek recht pathetisch nacherzählt (»Hamburg auf den Barrikaden«, 1925):

»Es gab keine Straße in Barmbek, keine Gasse, keinen einzigen Durchschlupf, den er nicht mit zwei, drei Hindernissen versperrt hätte. Die Barrikaden wuchsen wie aus der Erde, vermehrten sich mit unglaublicher Schnelligkeit.« (»er« meinte den militärischen Leiter Hans Kippenberger, 1937 in der UdSSR ermordet.)

Für die andere Seite kommentiert Lothar Danner, Chef der Ordnungspolizei und Sozialdemokrat, später Innensenator, die Kämpfe um Barmbek:

»Die Kommunisten hatten sich in dem Dreieck, das gebildet wird von der Stadtbahn zwischen den Bahnhöfen Friedrichsberg und Barmbek und den Straßen Am Markt – Nordende Hamburger Straße und Holsteinischer Kamp, mit starken Kräften festgesetzt. Jeder Versuch der Ordnungspolizei, in die Straßen dieses Dreiecks einzudringen, wurde mit starkem Feuer von Dachschützen beantwortet. An den Eingängen der Straßen und auch im Innern des Dreiecks entstanden zahlreiche Barrikaden.«

Die schweren Maschinengewehre vom Kreuzer »Hamburg«, den das Reichswehrministerium zur Niederschlagung des Aufstandes in die Stadt beorderte, kamen laut Danner nicht mehr gegen Barmbek zum Einsatz.

»Bei der Niederschlagung des Aufstands fielen 17 Ordnungspolizisten, 62 wurden verwundet. Von den aufständischen Kommunisten wurden 24 getötet. Erheblich größer war die Zahl der Getöteten bei denen, die unbewaffnet beim Barrikadenbau mitgeholfen und auf die Polizeitruppen häufig das Feuer eröffnet hatten. Auf den Straßen wurden mindestens 61 Menschen getötet und 267 verwundet, darunter viele Frauen und Kinder.« (Eva Hubert, Der »Hamburger Aufstand« von 1923, in: Arbeiter in Hamburg, 1983)

Die Tafel Ecke Hamburger Str./Volksdorfer Str. der Geschichtswerkstatt Barmbek ist dem sozialdemokratischen Widerstand in der NS-Zeit gewidmet; man bittet Leserinnen und Leser um »Verständnis«, dass man nicht den Anteil insbesondere der Kommunisten am Widerstand benennen könne. Tatsächlich wird auch im weiteren Verlauf ausschließlich an den SPD-Widerstand erinnert und die wesentlich bedeutendere Tätigkeit der Kommunisten gegen die Nazis verschwiegen. Ob hier nach dem Motto: »Wess' Brot ich ess', dess' Lied ich sing« verfahren wurde? Sponsoren der Tafeln sind u.a. die Regierungsparteien und Staatsbetriebe. Mit derartiger Geschichtsschreibung fallen die Verantwortlichen sogar hinter das zurück, was

der Historiker und SPD-Fraktionsvorsitzende in der Bürgerschaft, Holger Christier, zum KPD-Widerstand niedergeschrieben hat.

Wohldorfer Str. 35–63/Stuvkamp ist der Wohnblock des Bauvereins zu Hamburg von 1901–02 (Ernst Vicenz) erhalten, ein Beispiel für die »Hamburger Burg«.

Wie in Ottensen und Planten un Blomen (Eingang Jungiusstraße) erinnert hier ein Denkmal an die Vertriebenen der Franzosenzeit. Als die französischen Besatzer Hamburg 1813 gegen eine etwaige Belagerung präparieren wollten, befahlen sie den Auszug aller Einwohner, die sich nicht wenigstens für ein halbes Jahr selbst versorgen konnten. 4000 gingen gezwungenermaßen; weitere 20 000 trieben die Franzosen am 1. Weihnachtstag aus der Stadt. In dem eiskalten Winter starben viele von ihnen. 50 Opfer sind in dem Barmbeker Massengrab beigesetzt, an das seit 1817 ein Denkmal erinnert.

Trotz Hochbahn und hoher Etagenhäuser war der ehemals dörfliche Mittelpunkt Barmbeks vor der Zerstörung von 1943 noch auszumachen. Wo Fuhlsbüttler, Steilshooper und Bramfelder Straße aufeinandertreffen, hinter dem Osterbekkanal, war der »Zoll«, Grenze des Freihafengebiets Hamburg und Standort eines Zollhauses (bis zum Zollanschluß 1888).

Das Kino Bramfelder Str. 42 hieß »Am Zoll«, in den 50er Jahren »Radiant« und ist nun seit einiger Zeit Diskothek.

Über Weidestraße und gleich rechts weiter in den Vogteiweg führt der Weg auf das Keitelstift (»das Schloß von Barmbek«) von 1905 zu, erbaut mit 50 mietfreien Wohnungen für Frauen aus dem Handwerker- und Dienstbotenstand. Die Fassade blieb nach den Kriegszerstörungen und ist prächtig wiederhergestellt worden, auch die Aufschrift im Eingang: »Betteln Hausieren Fahrradeinstellen streng

Von »Armbek« in die »Neue Heimat«: Barmbeker Straßenszene

Pfennigbusch/ Kraepelinweg

Barmbeker Markt

Lohkoppelstraße 24

untersagt«. Nr. 43–53 (dort war im Haus von 1878 die Schuhma-
cherei Ude) ist noch die alte Bebauung erhalten.

Schleidenstraße
2 - 6

Ein Überbleibsel des Vorkriegs-»Arbeiter-Barmbek« ist – gelegen
Lohkoppelstr. 54–56, Ortrudstr. 37–39, Brucknerstr. 27–35 und
Schleidenstr. 2–6 – der mächtige Wohnblock der Baugenossenschaft des »Konsum-, Bau- und Sparverein Produktion« von 1905–
06. Die »PRO« war mit über 700 Wohnungen bis 1914 eine der größten Baugenossenschaften der Stadt und ließ hier Kleinwohnungen für Arbeiterfamilien errichten, im Stil der »Hamburger Burg«
zur Brucknerstraße hin.

Daß der »PRO-Block« mit seinen 255 Wohnungen (davon 201 mit
zwei Zimmern) auch ein wichtiger politischer Ort war, hat die
Geschichtswerkstatt Barmbek berichtet. Schleidenstr. 2, wo nun die
»Taverna Plaka« ist, war seit 1906 das SPD-Lokal von Gustav Mause,
auch Übungslokal des Volkschors Barmbek. Im Wohnblock etablierte sich das erste Heim des Jugendbundes, eines Vorläufers der Sozia-
listischen Arbeiterjugend (SAJ); hier entstanden die »Vereinigung für
genossenschaftliche Hauspflege«, der »Ausschuß zur Förderung der
Jugendspiele«, und um 1910 bildete sich die erste »Elterngemein-
schaft«, ein Vorgänger der Elternräte. Der SPD-Vorkriegs-Polizeisena-
tor und Nachkriegs-Bürgerschaftspräsident Adolph Schönfelder, der
hier fast 20 Jahre bis 1927 lebte, berichtete: »In diesem Block gehörten 97 Prozent der Einwohner zur SPD.« Lokal und Läden waren
denn auch immer wieder Angriffen der Nazis ausgesetzt.

Nach dem Wiederaufbau übernahm Gustav Mauses Vetter Robert
Mause, ein Kommunist und ehemaliger KZ-Häftling, das Lokal
Schleidenstr. 2, in dem später viele Interviews für den Dokumentar-
film »Der Hamburger Aufstand« von Klaus Wildenhahn und Gisela
Tuchtenhagen gedreht wurden.

Brucknerstraße
24 - 26

Zwischen Wohnblock und Osterbekkanal ist das Gelände des
Uhlenhorster Sport-Clubs (USC) »Paloma« von 1909, in der Nazizeit ein wichtiger Unterschlupf für Arbeitersportler und Antifaschisten. Auslandsspiele in Kopenhagen wurden für die illegale Arbeit
und Kontakte zu emigrierten Genossen von SPD und KPD genutzt.

Die Brucknerstraße hieß bis 1938 Hinrichsenstraße nach dem
jüdischen Bürgerschaftspräsidenten von 1892–1902 (Neubenennung
in Borgfelde).

Biedermannplatz/
Weidestraße 53

Von der Lohkoppelstraße führt die Elsastraße entlang dem Biedermannplatz auf die gelegentlich etwas hochgegriffen »Barmbeker
Dom« bezeichnete römisch-katholische Kirche St. Sophien (1899–
1900, Heinrich Beumer) zu. Der Architekt aus Münster hatte früh-
gotische Kirchen seiner westfälischen Heimat im Sinn. Auch dieser
Bau ist im 2. Weltkrieg schwer zerstört worden; der spitze Turm-
helm ist verlorengegangen, der Turm nun noch 32 Meter hoch. Die
Kirche, zu deren Pfarrei ca. 5000 Mitglieder zählen, davon über 26
Prozent Ausländer, hat interessante Kunstwerke im Innern.

*Möglich wurde der Bau von St. Sophien nur durch den Millionär aus der
Petroleumbranche, Wilhelm Anton von Riedemann vom Harvestehuder*

*Weg (s. S. 238), dessen Familien-Mausoleum in Ohlsdorf steht (s. S. 282).
Riedemann stiftete anfangs 250 000 Mark. Später soll er über »die Schraube
ohne Ende« geklagt haben. Allerdings stellte der Mäzen auch Bedingungen:
So heißt die Kirche nach der heiligen Sophie – so hieß auch seine Ehefrau;
der neugotische Stil war von ihm vorgeschrieben; viermal jährlich mußte
seiner Familie hier die heilige Messe gelesen werden (was jetzt noch einmal
pro Jahr geschieht); eine Kirchenbank nach Wahl sollte stets für die von
Riedemanns reserviert sein (worauf er später verzichtete).*

Nur wenig bekannt ist, daß sich hinter der Kirche Hamburgs einziges Kloster befindet: 1962 kamen Dominikaner hierher, für die bis
1966 anstelle des alten Pfarrhauses als runder Hofbau das Kloster St.
Johannis fertiggestellt wurde. Ein Kloster zum heiligen Johannes
bestand seit 1240 am Ort des heutigen Rathausmarktes (Straßennamen: Kleine und Große Johannisstraße).

Mit der benachbarten protestantischen Bugenhagenkirche veranstaltet St. Sophien jährlich die »Barmbeker Kirchweihwoche«; beide
Kirchtürme sind dann durch ein Seil verbunden.

Der Platz ist eigentlich ein Park und 1903–04 auch als Schleiden- **Biedermannplatz**
park angelegt worden: »Die große Ausdehnung des städtisch be-
bauten Gebietes« und »die in immer steigendem Maße in Etagenhäusern zusammengedrängte Bevölkerung« waren der Anlaß. Seit
1947 trägt er den Namen des 1933 umgekommenen SPD-Reichstags-
abgeordneten Adolf Biedermann (geb. 1881) (s. S. 255).

Das beherrschende Bauwerk an der Westseite des Parks ist die **Biedermannplatz 15**
evangelische Bugenhagenkirche (1926–29, Emil Heynen) im Stil des
»Neuen Bauens«. Sie hat ein beachtliches Bauvolumen: Parterre ist
der Gemeindesaal, der Kirchenraum ist über eine Freitreppe zu erreichen, der Turm ragt darüber, und rückwärtig schließen sich noch
Wohnbauten an. An den Klinkerplastiken wirkte auch Richard
Kuöhl mit. Namensgeber der Kirche war der Hamburger Reformator. Ein Hinweis: Da die Türen zum Kirchensaal meist geschlossen
sind, wurden in beiden Außentüren Gucklöcher angebracht. Die
Kirche ist für 6 Mio. Mark renoviert und 1998 wiedereröffnet wor-

*Fabrikhof 2 an
der Maurienstraße:
Feierabend*

Hufnerstraße

*In Barmbeks ehemals
größter Fabrik ist nun
das »Museum der
Arbeit«: 1873 begann
die »New-York Ham-
burger Gummi-Waaren
Compagnie« hier
mit der Produktion.
Im Bild: das
Elbtunnel-Schneidrad
TRUDE*

den. Die Christusfigur im Chor hat 1929 Ludwig Kunstmann geschaffen.

Ecke Reesestr./Brucknerstr. erinnert ein Gedenkstein an »Alt-
Barmbek«, den Dorfplatz samt Gerichtsstätte (bis 1830). Für den
Bau der Heiligen-Geist-Kirche (1903, Arch. Hugo Groothoff) gegenüber Hufnerstr. 17-19, der ersten Barmbeker Kirche, wurden das
Herrenhaus des Heiligen-Geist-Hospitals abgerissen und der Dorf-
teich zugeschüttet. Eine weitere Geschichtswerkstatt-Tafel schildert
den »Kirchenkampf« der NS-Zeit, läßt die Hauptpersonen allerdings
anonym.

Die Hufnerstraße steht mit für einen wichtigen Hamburg-Roman:
Dort, Nr. 113, Hochparterre, lebten hinter der Bahnlinie die
Giordanos (das Haus ist zerstört). Ralph Giordano hat im Roman
»Die Bertinis«, der ein Bestseller und auch für das Fernsehen ver-
filmt wurde, das Schicksal der rassisch verfolgten Hamburger Fa-
milie – die Mutter war Jüdin – beschrieben. Die Giordanos alias
»Bertinis« überlebten in Kellern Diesterweg 5 und Alsterdorfer Str.
466 die NS-Zeit. Im Roman heißt die Hufnerstraße Lindenallee.

Entlang des Osterbekkanals führt der Weg weiter. Auf Höhe
Sentastraße ist in der Uferanlage einer der Findlinge, auf die man
beim Bau der Wasserstraße stieß. Mit dem Bau des Osterbekkanals,
der heute auch bei der Kanalfahrt I der Alsterschiffe bereist wird,
war 1868 im Verlauf des Baches Osterbek begonnen worden. Er
wurde 1874-76 bis zum heutigen Kampnagel-Gelände geführt,
schließlich sogar bis zum Habichtsplatz, doch ist dieses letzte Stück
nach dem 2. Weltkrieg zugeschüttet worden.

Der Kanal diente der Durchspülung der Siele, vor allem aber auch als Transportweg für die zahlreichen Fabriken und Werkstätten, die sich an seinem Ufer ansiedelten. Von 1868 bis zum Zollanschluß 1888 galt er als Zollgrenze: Das Gebiet südlich des Kanals war Freihandelszone, nördlich davon Zollinland. Die Fabriken mußten die Rohstoffe, die sie aus dem Freihafen erhielten, verzollen. Ihre Produkte allerdings waren schon im Zollinland gefertigt und unterlagen keinem Zoll mehr. 1888 wurde der Freihafenstatus dann auf das eigentliche Hafengebiet reduziert.

Das 1997 eröffnete »Museum der Arbeit« für Kultur-, Sozial- und Industriegeschichte befindet sich am historischen Ort, wo bis zur Verlagerung 1954 nach Harburg mit der »New-York Hamburger Gummi-Waaren Compagnie« Barmbeks größte Fabrik war. Mit 7:5 Stimmen entschied sich 1989 der Senat für die Einrichtung des Museums. Thema ist, wie sich Leben und Arbeit in den vergangenen anderthalb Jahrhunderten verändert haben. Schwerpunkte sind dabei Druck- und Fischindustrie, Kontor- und Hafenarbeit, die Arbeit im Haushalt. Zum Teil kann man Produktionsschritte selbst nachvollziehen (»Offene Druckwerkstatt« u.a.m.). Im Hof des Museums steht das 380 Tonnen schwere Elbtunnel-Schneidrad TRUDE. Mit der »Zinnschmelze« ist auf dem Gelände auch ein Veranstaltungszentrum.

1871–72 war das Werk gebaut worden, und 1873 begann die Produktion. Die »Compagnie« hatte vor der Hamburger Zollgrenze gesiedelt, die ja erst 1888 fiel. Auch dieser Betrieb wurde 1944 schwer zerstört, doch ist ein Drittel der Gebäude noch erhalten:

»Heute noch sind die Anlagen der Fabrik verständlich, wenn man die Verarbeitung der Rohstoffe bis zum Endprodukt verfolgt: Mit Pferdewagen wurden die Rohstoffe und Waren transportiert (Stall und Remise), im Hof wurde die Kohle offen gelagert (Pflaster), unter Dach der wertvolle Rohkautschuk (Umfassungsmauern mit Lagerschuppen). In den Produktionsgebäuden wurden die Rohstoffe gemischt, erhitzt und nach der Entnahme durch Bearbeitung und Politur veredelt. Die vielen kleinen Maschinen wurden durch Transmissionen und Dampfmaschinen angetrieben (Kessel- und Maschinenhaus, Längserstreckung der Fabrikbauten). Die notwendige Zinnfolie wurde in der abseits liegenden »Zinnschmelze« selbst erzeugt. Das Kontor der Fabrikleitung tritt als Zentrum des Ganzen auch architektonisch in Erscheinung (Querbau). Kaum irgendwo in Hamburg begegnet einem somit in einem Baudenkmal ein dichteres Zeugnis der Industrialisierungsgeschichte.« (Hermann Hipp, in: Industriekultur in Hamburg)

Fabrikmarke von 1892

Nahe dem Fabrikgelände steht Ecke Wiesendamm/Poppenhusenstraße einer der elf Hamburger Rundbunker (»System Zombeck«) von 1939, noch mit dem Reichsadler-Emblem; das Hakenkreuz wurde entfernt. Die Barmbeker Geschichtswerkstatt, auf deren Tafel man hier ein eindrucksvolles Foto des zerbombten Stadtteils sieht, hat vorgeschlagen, hier ein Heimatmuseum einzurichten.

Der wichtige Hamburger Umsteige-Bahnhof wurde 1906 eröffnet. Als schnelles Verkehrsmittel sollte die Hochbahn die rasch gewachsenen nördlichen Stadtteile mit dem Arbeitsplatz Hafen bzw. der Innenstadt verbinden. Für viele Arbeiter allerdings war die Fahrt zu teuer. Von hier führte die Vorortbahn nach Ohlsdorf, bis 1912 der Anschluß an den »Ring« erfolgte, seit 1906 als Hoch- und Untergrund-Bahn im Bau. Angekommen im U2-Bahnhof Habichtstraße, grüßt uns gleich gegenüber ein Entwurf von Baudirektor Fritz Schumacher: Die Schule Tieloh wurde 1914 fertiggestellt. Dahinter liegt Tieloh 18 der Backsteinbau der Auferstehungskirche von 1920.

**Schwalbenstraße/
Heidhörn**

»Das größte geschlossene Gebiet des Mietwohnungsbaus der 20er und 30er Jahre in Hamburg« (Harms/Schubert) sind die Wohnblocks um den Habichtsplatz in Barmbek-Nord. Oberbaudirektor Schumacher hatte hier den alten Bebauungsplan von fünf auf drei Stockwerke reduziert und zudem Grünzüge durchgesetzt (Habichtsplatz/Schwalbenplatz, Langenfort/Alte Wöhr). Die Blockbauten mit den Kleinwohnungen errichtete die gewerkschaftlich orientierte »Gemeinnützige Kleinwohnungsbau-Gesellschaft« (GKB), aus der später die »Neue Heimat« hervorging.

»Wahrhaft amerikanisch ist das Wachstum von Barmbek«, hieß es in den 20er Jahren, und die »Hamburger Nachrichten« berichteten 1930: »Rund um den Habichtsplatz streben die neuen Wohnblöcke und Großwohnbauten mächtig empor. Wenn man durch diese neu angelegten Straßen schreitet, durch die Otto-Speckter-Str., Mildestieg, Wittenkamp, Nölkensweg, Eckmannsweg, Habichtstr. und Heidhörn, dann glaubt man fast in einer anderen Stadt zu wandern, so einheitlich und geschlossen ist dieses neue Wohnviertel bebaut worden, das so gänzlich im Gegensatz zu dem gewohnten Bild Alt-Barmbeks steht. Überall in diesen neuen Wohnvierteln sorgen breite Einschnitte zwischen den Häusermassen, geräumige Plätze und Höfe dafür, daß Luft und Sonne in die Häuser eindringen können.«

*Strandleben im
Neubaugebiet
Dulsberg-Süd, 1929*

Barmbek-Nord als größtes zusammenhängendes Wohngebiet der 1920er Jahre kennen Zehntausende Hamburger – vom Auto aus. Denn durch das Viertel zieht sich der Ring 2, den täglich etwa 50 000 Kraftfahrzeuge nutzen. Insofern ist der Stadtteil alles andere als eine lauschige Gegend, um zu flanieren, doch nehmen wir's auf uns, denn von den Bauten her ist ein Rundgang allemal wert.

Heidhörn 2-4

Wir wenden uns vom U-Bahnhof aus nach rechts, links zweigt Heidhörn ab, unter Nr. 2–4 ist das Laubenganghaus der Architekten Paul A.R. Frank und Hermann Frank von 1927, das erste derartige Projekt in Deutschland. Manche mögen die historischen Aufnahmen vom Dachgarten kennen, fröhliche Mütter und spielende Kinder, doch den gibt es leider nicht mehr. Laubenganghäuser waren ein Kind jener Zeit, die Ausgaben für Treppenhäuser konnte man sich sparen.

**Schwalben-/
Habichtsplatz
❾**

Schwalbenplatz und Habichtsplatz waren Zentrum des Viertels, nun durchschnitten vom Ring 2, der 1969 Teil des Vorhabens »autogerechte Stadt« war. Bei der Umrundung des Areals findet man unter der Adresse Schwalbenplatz 15 den »Schwalbenhof« der Brüder Frank, ehemals ein Wohnheim für ledige Frauen. Hinter dem Komplex verläuft die Fuhlsbüttler Straße (»die Fuhle«), laut »Abendblatt«

»eine schmuddelige Billig- und Ramsch-Meile«, der sich seit dem Frühjahr 2001 eine Projektgruppe angenommen hat. Ins Auge sticht Dennerstr./Habichtplatz 2–6 das 1928 fertiggestellte Bauwerk von Karl Schneider/Berg & Paasche mit den abgerundeten weißen Eckbalkonen. Vom Herbstsweg in den Eckmannsweg führt ein Torweg, flankiert von halbrunden Ladengeschäften. Neugier kann nicht schaden, deshalb entdecken wir in der Straße Wittenkamp 5 einen Hausbau der NS-Zeit (Relief von 1938, das Signet der Deutschen Arbeitsfront ist übertüncht worden) und Nr. 1, wer hätte es gedacht, den Sitz des »Verein geborener Hamburger« von 1897.

Wandert man die Autobahn-ähnliche Straße weiter hinauf, grüßt Dennerstr. 9/Ecke Mildestieg an der Ecke der Schmied, genau genommen die Plastik »Die Arbeit« von Richard Kuöhl (1880–1961) samt Reliefs. Sie gehört zum Adolf-von-Elm-Hof der Konsumgenossenschaft »Produktion« (Architekt Friedrich R. Ostermeyer). Im Hof der großen Wohnanlage stand ehemals in der (abgerissenen) Pfeilerlaube der »Rattenfänger-Brunnen« von Kuöhl, der sich nun Schwalbenstr. 64–66 befindet.

Dennerstr./Mildestieg

Entlang der Barmbeker »Autobahn« sieht man Dennerstr. 14 neckische Plastiken von Afrikanern, danach hebt die Barmbeker-RingBrücke (1971) den Autoverkehr an, wir durchstreifen weiterhin das Viertel »von beeindruckender städtebaulicher Homogenität« (Harms/Schubert) und wenden uns nach links in die Strasse Alte Wöhr zur S-Bahn-Station Alte Wöhr. Dies deshalb, weil es Ecke Rübenkamp/Schaudinnstwiete einen weiteren Schumacher-Bau zu entdecken gilt, die Klinker-Schule von 1931; man beachte an der Schulhofeingrenzung den auf einer Schildkröte reitenden Jungen. Ansonsten ist hier Kleingärtner-Terrain, das sollte um den S-Bahnhof Rübenkamp einstmals Raum für ein Hamburger »Olympiastadion« bieten, doch sind die Schreber so fest mit der SPD liiert, dass ihre innerstädtischen Gelände als unantastbar gelten, obwohl sie für den Wohnungsbau ideales Bauland darstellen.

Rübenkamp/Schaudinnstwiete

Es heißt nun umsteigen, mit der S-Bahn gen Barmbek, von dort in die U2 bis Wandsbek-Gartenstadt, dann in die U1, die zum Bahnhof Alter Teichweg fährt.

Alter Teichweg

Womit wir in Dulsberg angekommen sind, einem der Problem-Viertel der Stadt (siehe unten), was die Baulichkeiten nicht ahnen lassen.

Hamburgs wichtigstes Siedlungsprojekt der 1920er Jahre entwarf Baudirektor Fritz Schumacher. Es wurde im Bombenkrieg 1943 ebenso wie Barmbek-Nord schwer zerstört und Ende der 40er und Anfang der 50er Jahre wieder aufgebaut. Charakteristisch für den Stadtteil ist der Grünzug von der Lothringer Straße an aufwärts bis hinter die Nordschleswiger Straße (auch dies eine Stadtautobahn).

Die Route führt vom U-Bahnhof entlang der Straße Dulsberg-Nord und eröffnet immer wieder erstaunliche Ansichten. Ob nun Elsässer-, Memeler-, Hohnsteinerstraße: Man blickt in die 1921–23 erbauten Wohnhöfe, meist frei vom Autoverkehr, teils idyllische Wohninseln mit historisierenden Laternen. Zwischen den Wohn-

Dulsberg-Nord/ Elsässer Str./ Memeler Str. u.a.

blöcken befinden sich heute Garagen, die einstmals für Läden vorgesehen waren, hinter diesen liegen private Gärten. Das Haus Elsässerstr. 8 / Memelstr. war als »Einküchenhaus« vorgesehen: Eine Gemeinschaftsküche sollte die Bewohner versorgen. Weil dies »den häuslichen Herd zerstören und damit den Familiensinn untergraben« würde, wurde das Projekt nie verwirklicht.

**Lothringer Str./
Vogesenstr. 6/
Krausestr.**

Am Ende des Grünzugs liegt die Lothringer Straße, dort sollte nach Planer Schumacher das »Volkshaus« entstehen, doch gebaut wurde statt dessen 1938 ein HJ-Heim, das heute als Kindertagesstätte dient. Vogesenstraße geht's weiter, Nr. 6 führt ein Tor in den Hof, den eine Plastik schmückt. Derartige Wohnblöcke sind typisch für den 1920er-Jahre-Bau in Dulsberg-Süd. Von der Lothringer Straße blickt man auf die Rückseite des Emil-Krause-Gymnasiums, benannt nach einem 1919–1933 amtierenden SPD-Senator. Seine Schönheit offenbart der konkav gewölbte Schumacher-Bau von 1923 aber erst von der Krausestraße und der Vorderseite her.

**Oberschlesische
Str./Straßburger
Platz**

In Dulsberg-Süd streben wir den Laubenganghäusern der Brüder Paul A.R. und Hermann Frank zu, »in der Reihung entlang der Oberschlesischen Straße bilden sie eines der schönsten architektonischen Motive des Neuen Bauens in Hamburg«, schreibt Hermann Hipp – man sehe nach und ist beeindruckt! Mittelpunkt des Dulsberg ist die Frohbotschaftskirche (1938) samt Straßburger Platz.

Das 17 000 Bewohner zählende Dulsberg hat einen Ausländeranteil von fast 26%, es gibt dort fast 13% Sozialhilfeempfänger, 11,6% Arbeitslose und 10% Sozialwohnungen. Gegen den weiteren Absturz eines der ärmsten Hamburger Viertel arbeiten zahlreiche Initiativen: Stadtteilbüro, Straßensozialarbeit, Stadtteilbeirat, Selbsthilfeprojekte wie Stadtteilwerkstatt und -zeitung, der Tauschring, weiter Stadtteilküche und Arbeitsladen. Drei Gewerbehöfe wurden neu gebaut und im »Aqua-Sport-Hotel« am Olympiastützpunkt (Am Dulsbergbad 1) werden ehemalige Sozialhilfeempfänger vom Dulsberg beschäftigt.

Letztlich bleibt anzumerken, daß die Straßennamen am Dulsberg an die Gebietsverluste des 1. Weltkriegs erinnern – deshalb Memel, Lothringen, Oberschlesien etc. etc. In der Memeler Straße steht der »Memeldank-Gedenkstein« von 1935 aus der NS-Zeit, Erinnerung an den Anschluss des Memellandes im selben Jahr an das Deutsche Reich. Er stand zuvor in Wellingsbüttel und man fragt sich, wer auf die Idee kam, ihn ausgerechnet 1956 in das Viertel zu versetzen, dessen Straßennamen eigentlich Revanchismus genug sind.

Werner Skrentny

Fleete und Industriekanäle: Wirtschaftliche Lebensadern

Die Wasserseite Hamburgs gilt traditionell als die beste Seite der Hafenstadt. Die Grundstückspreise an der Wasserkante spiegeln diese besondere Wertschätzung wider, denn wer sich an einem der natürlichen und künstlichen schiffbaren Wasserläufe (Fleete) niederlassen konnte, stand mit dem Elbhafen und somit der wirtschaftlichen Lebensader in Verbindung. Über die zahlreichen innerstädtischen Wasserarme, die dem »Venedig des Nordens« vormals einen geradezu amphibischen Charakter verliehen, waren die Grundstücke am Fleet in den Hafenorganismus und seine Handelsgewinne eingebunden (Nikolaifleet, Deichstraße).

Mit der Anlegung künstlicher Hafenbecken seit den 1860er Jahren (Sandtorhafen) und der anschließenden Neuordnung des Warenumschlags durch die Auszonung des Freihafens und den Bau der Speicherstadt verloren auch die Fleetspeicher an wirtschaftlicher Bedeutung. Zahlreiche Fleete wurden für Grundstückserweiterungen oder Verkehrszwecke (Rödingsmarktfleet) zugeschüttet. Und an manche ehemalige Wasserstraße erinnert heute nur noch Straßennamen (Katharinenfleet, Bei den Mühren 69).

In der Tradition der Fleete als Wirtschaftsadern entstand dafür außerhalb der Stadt ein weitläufiges Netz von Industrie- und Gewerbekanälen. Zu den Pionierleistungen des 19. Jahrhunderts zählte dabei die seit 1842 betriebene Trockenlegung und planmäßige Neuordnung des Hammerbrook, einer »mit vielen Gräben durchschnittenen Wiese« (1832) in der Marschniederung. Ergänzt durch ein streng rechtwinkliges Straßenraster entstand ein regelmäßiges Netz von Entwässerungs- und Transportkanälen, das die technischen Voraussetzungen für eine kaum mehr vorstellbare Spekulationsbebauung durch hafennahe Fabriken und Mietskasernen schuf.

Vergleichsweise unproblematisch und »freundlich« erfolgte dagegen die »Austrocknung« der höher gelegenen Alstervororte, die seit den 1870er Jahren durch Regulierung, Verbreiterung und Vertiefung der natürlichen Alsterzuflüsse als Industriestandorte interessant – und den vornehmen Villengebieten lästig – wurden. Dampfschiffe, Elbewer oder Schuten konnten mittels der Alsterschleuse – 1890 passierten sie etwa 30 000 Fahrzeuge – ungehindert zwischen Hafen und Eilbek-, Osterbek-, Mühlenkamp-, Goldbek- oder Isebekkanal verkehren.

Eine Fahrt durch die Alsterkanäle von Winterhude und Barmbek ist heute noch eine Fahrt durch die Industriegeschichte der Hafenstadt. Am Osterbek- und Goldbekkanalufer sowie an dem die beiden verbindenden Mühlenkampkanal erinnern noch zahlreiche Fabrikkomplexe aus der Gründerzeit, aufgereiht wie an einer Perlenkette, an die zweite Industrialisierungswelle Hamburgs auf den billigen und expansionsfähigen und dennoch gut erschlossenen Dorfgrundstücken am Rande der Stadt.

Das Stadtteilkulturzentrum Goldbekhaus auf dem verseuchten Gelände einer Desinfektionsfirma, der Komplex der Kampnagelfabrik und die Backsteinbauten des Museums der Arbeit in der New-York Hamburger Gummi-Waaren Compagnie zählen zu den berühmtesten Firmensitzen, deren Produkte über die Industriekanäle der Alster den Weg in alle Welt fanden. (J.H.)

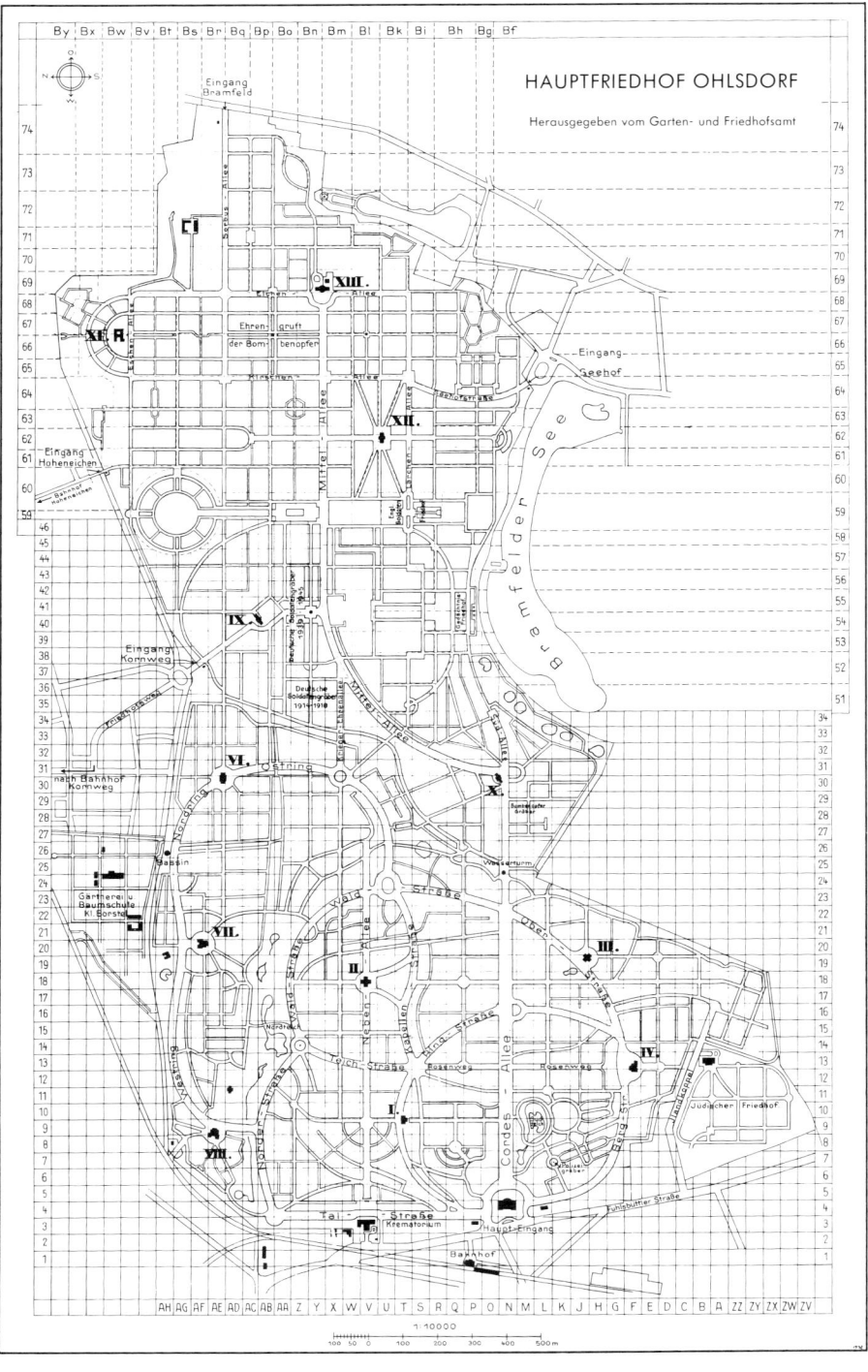

Ein Freilichtmuseum der Grabmalkultur

Ausgangspunkt: U-/S-Bahnhof Ohlsdorf (U1, S1)
Endpunkt: wie oben
Dauer des Rundgangs: siehe untenstehenden Hinweis

Der größte Zentralfriedhof Europas, möglicherweise sogar der größte der Welt (hier »konkurriert« man mit Chicago) ist der Friedhof Ohlsdorf, ehemals weit draußen vor der Stadt: ein Freilichtmuseum der Grabmalkultur und ein wichtiges Stück Hamburger Sozialgeschichte mit Ehren- und Gedächtnisfriedhöfen, Mausoleen, Grabstätten berühmter Persönlichkeiten und den Totenfeldern von Kriegs-, Diktatur- und Katastrophenopfern.

Hinweis: Zur Orientierung auf dem Friedhof haben wir bei den jeweiligen Grabstätten die Planquadrate auf der Karte, manches Mal auch die Grabnummer, aufgeführt. Um das Auffinden zu erleichtern, sind die Gräber jeweils der Umgebung der einzelnen Kapellen zugeordnet. Der Vermerk (Karte) bedeutet, daß die Grabstätte auf dem Übersichtsplan eingetragen ist.

Eine Dauer des Rundgangs kann nicht benannt werden, da Besucher erfahrungsgemäß nicht den gesamten Friedhof besichtigen, sondern Schwerpunkte auswählen. Der Friedhof verfügt über 17 km Fahrstraßen, so daß auch eine Besichtigung per Rad möglich ist; außerdem verkehren zwei Buslinien.

Wichtig: Der Friedhofskulturdienst des Garten- und Friedhofamtes, Verwaltungsgebäude, Fuhlsbüttlerstr. 756, 22337 Hamburg, Tel. 59 10 51 (Mo – Fr 8.30 – 13 Uhr) oder der Pförtner der Friedhofsverwaltung halten kostenlos Informationsblätter bereit. Beim Haupteingang findet man das 1996 eröffnete Friedhofmuseum (Mo, Do, So 10 – 14 Uhr; Eintritt frei; zu Führungen auf dem Friedhof siehe S. 309).

Grab von Franz Bach, dem Architekten der Kontorhäuser in der Mönckebergstraße und Spitalerstraße wie z.B. dem Barkhof

Der Friedhof ist bei einer Denkmalschützer-Tagung 1978 als »Gesamtkunstwerk von höchstem Rang« und »Kulturdenkmal von hoher Bedeutung« charakterisiert worden. Er ist Hamburgs größte Grünanlage und insofern ökologisch von Bedeutung - eine »Nische«, die z.B. seltenen Vogelarten Lebensraum bietet (Führungen).

Von 1877 bis 1988 fanden hier 1,3 Millionen Beisetzungen statt, jetzt jährlich etwa 9000, wobei zwei Drittel auf Urnen-Bestattungen entfallen, davon wiederum 25 Prozent anonyme Beisetzungen. Derzeit sind in Ohlsdorf eine viertel Million Grabstätten. Geöffnet ist der Friedhof: Mai bis August 8 – 21 Uhr; April und September 8 – 19 Uhr; November bis Februar 8 – 17 Uhr.

Außerhalb des Hauptfriedhofes liegen der Jüdische Friedhof (an Sabbat und jüdischen Feiertagen geschlossen; Zutritt für männliche Personen nur mit Kopfbedeckung) und das alte Krematorium.

Das alte Krematorium: Auf dem Weg zum Ohlsdorfer Friedhof liegt eine kulturgeschichtliche Rarität: das 1890–91 erbaute Krematorium (Architekt: P. Dorn), älteste Feuerbestattungsanlage der Bundesrepublik, in der sich nach dem Umbau von 1997 nun das Restaurant »Alsterpalais« befindet.

Dem hygienisch und ökonomisch argumentierenden Grundgedanken der Leichenverbrennung, der in Hamburg von dem 1874 gegründeten »Verein zur Förderung der Feuerbestattung« gegen traditionell christliche Todes- und Auferstehungsvorstellungen vertreten wurde, gibt der späthistorische Bau eine widersprüchliche Form: Halb Fabrik, halb Kirche, waren der umfangreiche technische Apparat und das rationelle Funktionsprogramm der Anlage in einem beziehungsreichen Arrangement aus altchristlichen Baptisteriumsformen für den oktogonalen Zentralbau und Campanile-Motiven für den Schornstein untergebracht. Eine würdevoll-sakrale Stimmungsarchitektur scheint so die »Pietätlosigkeit« der umstrittenen modernen Verbrennungsmaschinen zu mildern.

Der Jüdische Friedhof: Als der Jüdische Begräbnisplatz Ecke Rentzelstraße/An der Verbindungsbahn (s. S. 232) schloß, wurde 1883 an der Ilandkoppel außerhalb des Ohlsdorfer Hauptfriedhofs der Jüdische Friedhof eröffnet, auf den 1936 vom aufgelassenen Grindel-Friedhof eine Reihe von Grabdenkmälern ebenso hierher

Ein Freilichtmuseum der Grabmalkultur: Die Figuren an diesem Familiengrab symbolisieren die Trauer

gebracht wurde wie 1939–41 auf Staatskosten (!) weitere 175 Grabsteine vom Jüdischen Friedhof Ottensen.

Ilandkoppel

Die Friedhofssynagoge wurde 1884 fertiggestellt. An der Ilandkoppel sind u.a. ein Ehrenfriedhof, ein weiterer für getötete jüdische Soldaten des 1. Weltkrieges und die Gedenkstätte für die NS-Opfer, die auch eine Urne mit Asche aus dem KZ Auschwitz enthält. Gemäß jüdischer Tradition wird hier auf Grabpflege sowie gesonderte Bildwerke etc. verzichtet.

Ehrenhain der Widerstandskämpfer: Im September 1946 wurden 27 Urnen aus Berlin nach Hamburg überführt, vom Sitz des Komitees der politischen Gefangenen (Maria-Louisen-Str. 132, Winterhude) ins Rathaus gebracht und dort aufgebahrt. Diese Urnen wurden als erste im vom Senat beschlossenen Ehrenhain beigesetzt, wo überwiegend kommunistische NS-Gegner ruhen. Der Zugang vom Anfang der Bergstraße aus ist beschildert.

Bereich Haupteingang und Kapelle VIII

»Den Gefallenen der Revolutionsjahre 1918 bis 1920«: Beim Haupteingang des Friedhofs, links der Bergstraße (Bereich L 5), befindet sich das Denkmal für die Toten der Kämpfe vom November 1918, Juni 1919 (»Sülzekrawall« und Auseinandersetzungen um das Rathaus) und März 1920 (Kapp-Putsch). 1920 von Fritz Schumacher entworfen und von Martin Janson ausgeführt, war das Revolutionsdenkmal mehrmals Anschlägen ausgesetzt. SPD wie auch KPD ehrten bis 1932 in jährlich wiederkehrenden Feiern die 59 Opfer der Kämpfe. Gleich 1933 verlangten »empörte Bürger« von den Nationalsozialisten die Beseitigung des Denkmales, was dann auch im Januar 1934 geschah. 1945 wurde es wiedererrichtet. Die Gräber der im Hamburger Aufstand von 1923 Getöteten liegen verstreut im Ostteil des Friedhofes.

»Den Gefallenen der Revolutionsjahre 1918 bis 1920«: Die Nazis entfernten das Denkmal, das 1945 wiedererrichtet wurde

Polizei-Ehrengräber: Links von der Bergstraße ist das »Revier Blutbuche« (die Rotbuche ist 1954 gefällt worden), wie die Inschrift auf dem Findling inmitten der kreisrunden Anlage mitteilt. Die Ehrengräber wurden 1923 auf Wunsch von Polizeichef Lothar Danner und Senator Adolph Schönfelder (beide SPD) für 14 im Hamburger Aufstand umgekommene Polizisten angelegt. Die Grabplatten, eine Arbeit von Richard Kuöhl, tragen Schwert, Stahlhelm, Koppel und Eichenblätter. Seit 1923 werden hier alle im Dienst umgekommenen Hamburger Polizeibeamten beigesetzt.

LK 7

Howaldt-Gedächtnisstätte: Links der Bergstraße – »Unsern Arbeitern zum Gedächtnis. 6. Juli 1949. Howaldtwerke.« Bei Demontage-Arbeiten am Werftkai verunglückten an diesem Tag zehn Menschen tödlich.

G 8, 161/170

Althamburgischer Gedächtnisfriedhof: Nahe dem Haupteingang entstand die Terrassenanlage nach 1903 nach einem Entwurf von Friedhofsdirektor Wilhelm Cordes. Noch 1934–35 wurden die Gebeine von »Persönlichkeiten der Stadt« von den Dammtor-Friedhöfen hierher überführt. Es bestehen 86 Sammelgräber, z.B für Bürgermeister, Senatoren, Kaufleute. Einige wenige Einzelgräber gehören zum Gedächtnisfriedhof: für die Baudirektoren Fritz Schumacher (†1947) und Gustav Oelsner (†1956), für Ida Ehre (†1989), die

O - Q 5 - 7

V 3

*Zweimal eingeweiht:
Das Ehrenmal für die
KZ-Opfer*

U 9

AC 5/6

AD 11

AA 21/22

Prinzipalin der Kammerspiele, und – außerhalb der Anlage – das Ehrengrab für Gustaf Gründgens († 1963), den Schauspielhaus-Intendanten. Die Christusfigur wurde 1905 enthüllt.

Neues Krematorium: Das letzte Bauwerk Fritz Schumachers (s. S. 113) in seiner Hamburger Amtszeit (1909 – 33) galt ihm selbst als reifstes: Die symmetrische Backsteingruppe entfaltet mit ihrer axialen Freitreppe und den überragenden Schrägwänden des monumentalen Totenhauses eine feierlich-sakrale Wirkung, die auch in der Innenraumwirkung der Parabelbogenhalle wieder anklingt. Die modern geschnittenen Klinkerbaukörper bringen mit ihren geschlossenen, düster-violetten Flächen auf abstrakte Weise die doppelte Funktion des Gebäudes als Feierstätte der Totenverehrung und als Feuerstelle der Totenverbrennung zum quasi-religiösen Ausdruck.

Ehrenmal für die KZ-Opfer (V 5): Gegenüber dem Neuen Krematorium 1947 – 48 errichtet. Die 105 Urnen enthalten die Erde aus 25 Konzentrationslagern. Die Einweihung des Ehrenmals 1949 markiert den Zeitpunkt, von dem an ein gemeinsames Gedenken nicht mehr möglich war: Der SPD-Senat weihte das Denkmal am 3. Mai ein, die Vereinigung der Verfolgten des Naziregimes (VVN) fünf Tage später. Der Grund: »Der Senat lehnt es ab, sich für kommunistische Zwecke mißbrauchen zu lassen.«

Das Denkmal für die Zuerstbeerdigten: Nördlich der heutigen Kapelle I wurde am 1. Juli 1877 »unter Einsenkung der ersten drei Särge neben diesem Stein« der Friedhof Ohlsdorf eröffnet. Bestattet wurden damals drei Verstorbene aus dem Allgemeinen Krankenhaus, die 39jährige Frau des Tischlers Stülken, ein »Arbeitsmann« namens Davidsen (45) und der Arbeiter Schmidt (53). Eine Kommission empfahl, »von der Aufwendung größerer Geldmittel für einen Gedenkstein abzusehen«, aber 1902 entstand dann doch noch das heutige Denkmal.

Grab Wolfgang Borchert (s. S. 210): Wo die Talstraße in einen Pfad übergeht, in der nordwestlichsten Friedhofsecke, ist die sog. »Dichterecke«. Borchert (1921 - 1947) ist in einem Urnengrab am Fuß eines Hügels bestattet.

Mausoleum Riedemann: Den jetzigen anonymen Urnenhain bei Kapelle VIII überragt auf einem Hügel eine neoromanische Kapelle, das Mausoleum von Riedemann (1905, Martin Haller / Hermann Geißler, dem Bismarck-Mausoleum von Friedrichsruh nachempfunden). Wilhelm Anton Riedemann (s. S. 238) aus Harvestehude war Mitbegründer der ESSO. Er starb in Lugano, seine Frau in Luzern, so daß sie nicht hier begraben wurden. Ein Gerücht sagt, im Mausoleum sei einzig das Dienstmädchen der Familie bestattet.

Mausoleum Ohlendorff: Einen eigenen Zugangsweg hat das Ohlendorffsche Mausoleum (Hermann Geißler, Martin Haller) von 1900, erreichbar von der Waldstraße her. Den antikisierenden Tempel ließ Heinrich Freiherr von Ohlendorff erbauen, durch den Import von Guano (Seevogelmist als Phosphatdünger) aus Peru als Bürgerlicher zu Geld gekommen und von Wilhelm II. geadelt. In Volksdorf ist Ohlendorffs Park.

Grab Martin Haller: Rathaus, Musikhalle, Villen und Kontor-häuser, das erwähnte Mausoleum Ohlendorff sind Stationen der Arbeit dieses Baumeisters und Architekten (1835–1925).

Familiengrab Albers, Tölle, Kobrow: Hans Albers (1891–1960), Filmstar und Sänger, verkörperte als »blonder Hans« den Hambur-ger, wie man ihn sich landläufig vorstellte – immer mit etwas feuch-ten Augen Richtung Elbe guckend, denn: »Seemanns Braut ist die See!« Er starb in seinem Landhaus am Starnberger See und ist in Ohlsdorf neben den Schwestern Ninchen, Trinchen und Pinchen begraben (Hinweisschild an der Waldstraße).

Grabmäler des Ostasiatischen Vereins Hamburg: Eine Gedenkstätte ist 411 zivilinternierten Deutschen gewidmet, die 1942 bei einem japanischen Bombenangriff auf das holländische Schiff »van Imhoff« im Indischen Ozean umkamen. Im »Grabmal für die in Shanghai verstorbenen Deutschen« sind die 1955 aus der Deutschen Kirche Shanghai überführten Urnen von 49 Verstorbenen.

Grasbrook-Opfer: Am 7. Dezember 1909 explodierte auf dem Grasbrook ein 200 000-Kubikmeter-Gasometer. 30 Arbeiter, Hand-werker und Angehörige des Kantinenpersonals wurden getötet, 42 Menschen verletzt. 16 Opfer des Unglücks sind in der gemeinsamen Grabstätte mit dem Granitfindling und Feldsteinen beerdigt.

Mausoleen: Eine kleine »Totenstadt« ist nahe Kapelle VII mit den Mausoleen entstanden, deren größtes das des Baron von Schröder von 1905–06 ist (Architekt: Edmund Gevert – wie rechts vom Por-tal zu lesen; Bildhauer: Walter Zehle); die Grufthallen sind in den Erdwall gebaut. Geadelte Kaufleute und Bankiers wollten hier auch nach ihrem Ableben noch erreichten Wohlstand dokumentieren. Den Baulärm, der aus dieser Ecke des Friedhofes aufgrund der um-fangreichen Arbeiten kam, empfand ein Teil der Friedhofsbesucher allerdings als störend.

Das Mausoleum der Familie Jenisch von 1908 ist eine Kopie des auf den Dammtor-Friedhöfen abgebrochenen Baus von 1836. Ägyp-

Familiengrab für (Hans) Albers, Tölle, Kobrow: 1992 lief das Nutzungsrecht aus, doch Hambur-gerinnen und Ham-burger spendeten, damit die 1996 erneut von der Aufhebung bedrohte Grabstätte – Angehörige leben nicht mehr – erhalten blieb

tisierende Motive zeigt das Mausoleum von Höpfner (1909, Gevert). 1911 entstand der Grabbau der Familie Joseph Hoefele. Leider sind die Mausoleen zum Teil in einem erbärmlichen Zustand, was ein Blick durch (zerschlagene) Glasscheiben offenbart.

AH 17

»*Grausame Gräfin*«: So soll der Volksmund die Jugendstil-Plastik »Das Schicksal« von Hugo Lederer (1905) betitelt haben: Eine Göttin schleift an den Haaren einen Jungen und ein Mädchen weg. Ehemals stand die Plastik im Garten der Familie Lippert, Harvestehuder Weg 107; 1956 kam sie nach Ohlsdorf.

U 30 - 31

Die »*Primus*«-*Opfer:* Mitglieder und Freunde des Hamburg-Eilbeker Gesangvereins »Treue von 1887«, der dem sozialdemokratischen Arbeitersängerbund angehörte, waren in der Nacht vom 20. auf den 21. Juli 1902 mit dem Raddampfer »Primus« auf der Elbe unterwegs – »meist sogenannte kleine Leute. Für viele davon bedeutet ein solcher Sommerausflug das einzige Vergnügen, das sie sich im ganzen Leben leisten können.« (»Hamburger Nachrichten«) Auf der Heimfahrt von Cranz wurde die »Primus« auf der Höhe von Nienstedten vom HAPAG-Hochseeschlepper »Hansa« gerammt und sank in Minuten; 102 Menschen kamen ums Leben. Weit über 100 000 Menschen säumten die Straßen, als die Opfer des folgenschwersten Schiffsunglücks auf der Elbe nach Ohlsdorf hinaus gebracht wurden. 78 Tote wurden dort im Gemeinschaftsgrab beigesetzt, an dem die SPD noch bis in die 20er Jahre Trauerfeiern veranstaltete. Inschrift am Grabmal: »Bi't Unglück an de Waterkant / Da geew dat nicht meer Nam'n und Stand, / Een Nood, en Dood, een Grav, een Lev, / Ganz Hamburg stunn tosom'n und geev.«

Eingang zum Friedhof für anonyme Beisetzungen

Kriegsgefangene: Nördlich der Soldatengräber ein großer Rundstein für in der NS-Zeit umgekommene Kriegsgefangene: »Fern der Heimat ruhen hier sechs Serben, sechs Polen, zwei Rumänen, ein Franzose, 230 Russen.« Sie sollen bei Bombenräumkommandos umgekommen sein.

AD 38

Deutscher Kriegerehrenfriedhof 1914 – 1918: 3150 Grabsteine mit dem Eisernen Kreuz.

XYZ 34 - 36

Deutscher Kriegerehrenfriedhof 1939 – 1945: 2330 Gräber deutscher Soldaten. Das Ehrenmal wurde 1953 von der deutschen Kriegsgräberfürsorge errichtet. In der Mitte das Grabmal des unbekannten Soldaten.

Bu 53 - YZ 40 - 43

Sturmflut-Opfer: Auf Höhe von Kapelle XII, an der Verlängerung der Sorbus-Allee, steht auf einem Holzkreuz »17. Februar 1962« zu lesen. 96 der 312 Opfer der Sturmflut wurden hier am 1. März 1962 beigesetzt. Das Mahnmal wurde erst später, 1972, errichtet, nachdem die Anlage als »Armengräber« kritisiert worden war.

Bq 62

Friedhöfe der Kriegsgefangenen und Zwangsarbeiter: Unter »Ausländische Kriegsopfer« bzw. »Gräber der Opfer von Krieg und Gewaltherrschaft« firmiert der Ort ganz im Osten des Friedhofs, nahe Sorbus-Allee und Eingang Bramfeld. »Fern der Heimat ruhen hier Kriegstote aus 28 Nationen«, teilt der Gedenkstein mit; es sind Opfer der Konzentrationslager und von Zwangsarbeit. Die polnischen NS-Opfer haben einen eigenen Friedhof, ebenso die Holländer (mit Schutzhaus). Eine gesonderte Anlage erinnert an den Tod von Zwangsarbeiterinnen aus der Sowjetunion in einer Fabrik: »Hier ruhen 140 Russinnen. Sie starben während eines Bombenangriffs am 18. Juni 1944.«

Bp 73 - 74/Bo 74

Ehrengruft der Bombenopfer: Bei Kapelle XIII ruhen in vier Rasenhügeln 36 918 Opfer der Bombenangriffe von 1943. 18 Eichenbalken auf den Hügeln tragen die Namen der Stadtteile, in denen die Menschen umkamen. Die NSDAP ließ 1944 die Anlage einweihen, deren Ausgestaltung »Parteiarchitekt« Konstanty Gutschow besorgen sollte. Nach Ende der Nazi-Herrschaft wurde der Bereich neu gestaltet und 1952 das Mahnmal eingeweiht; im Innenhof ist Gerhard Marcks' Figurengruppe »Charons Fahrt zum Hades« (1948 – 51). Der Bildhauer: »Ich habe auf das vorchristliche Zeitalter zurückgegriffen, weil hier eine christliche Todesauffassung nicht am Platze war. Weder ist in dieser Art Tod irgend etwas Versöhnliches zu sehen, noch sterben die Bombenopfer als Märtyrer für eine Idee, sondern alle, Männer, Frauen und Kinder, wurden in den Wahnsinn der Vernichtung hineingerissen ohne Antwort auf die Frage: warum?, die auf so vielen Grabkreuzen sich wiederholt. Aus diesem Grund habe ich auch dem Charon grausame Züge gegeben; er ist die Personifikation der Gleichgültigkeit und des organisierten Massenmordes.«

Bo 66

*Bürgermeister Max Brauer (SPD) anläßlich der Einweihung der Gedenkstätte: »Diese 55 000 sind keine Opfer einer Naturkatastrophe. Ihr Tod war -
wie der Tod der friedlichen Bürger von Guernica, Rotterdam und Coventry
- Menschenwerk, wie alle Dinge Menschenwerk sind. Weil unser Volk die*

»Charons Fahrt zum Hades«: Das Totenmal für die Bombenopfer (Gerhard Marcks), 1952 enthüllt

Freiheit verloren hatte, ließ es sich von einer unmenschlichen Diktatur auf die Schlachtbank führen. Es regnete Bomben und Feuer über fremde Städte. Dann gingen unsere eigenen Städte in Flammen auf. So mahnen unsere Toten: Laßt keine neue Diktatur über euch kommen! Sucht den Frieden und die Verständigung zwischen den Völkern!«

Östlich des alten Wasserturms, rechts der Cordesallee (KLM 27 – 28 und JKL 31), sind zwei weitere Friedhöfe für 1300 Tote der Bombenangriffe.

Bi - Bk 59

Englischer Soldaten-Friedhof: »Here rest soldiers of the British Empire – Their names liveth for evermore.« 676 britische Soldaten des 1. Weltkrieges und 1889 Kriegstote des 2. Weltkrieges ruhen auf dem Friedhof, den die British War Graves Commission betreut. Er gilt innerhalb des Hauptfriedhofs als »exterritorialer Bereich« mit »ewigem Ruherecht«.

Der Seemannsfriedhof (Bi 58): 1923 angelegt, »um den heimatlosen, in den Krankenhäusern Hamburgs sterbenden deutschen Seeleuten eine würdige letzte Ruhestätte zu verschaffen«. Die deutsche Seemannsmission betreut die Ehrengräber.

Bi 57

Avaré-Opfer: Das brasilianische Schiff kenterte am 16. Juli 1922 beim Ausdocken im Hamburger Hafen und sank. 26 brasilianische Besatzungsangehörige und sieben Werftarbeiter kamen ums Leben.

Bh 55

Freilichtmuseum im Heckengarten: Auf halbem Wege zwischen Kapelle X und XII, an der Südseite des Teiches, ist 1938 dieser Friedhof mit 159 Grabsteinen und 39 Gruftplatten von historischen Hamburger Friedhöfen, meist aus der ersten Hälfte des 19. Jahrhunderts, angelegt worden. Wie viele andere alte Grabmäler auch leidet dieser Bereich unter der Luftverschmutzung.

Freilichtmuseum der Ämtersteine: Nordwestlich von Kapelle X, im ST 27 - 28 Waldteil an der Kapellenstraße, sind 55 sog. Ämtersteine, die seit 1899 von den Steintor- und Dammtor-Friedhöfen hierher gebracht wurden und überwiegend um 1800 entstanden sind. Ämter, das waren die Innungen und Bruderschaften der Stadt, und so sind u.a. hier vertreten »Ewerführer vom alten Krahn« (1611/1885), die Brüderschaft der Butter- und Käsehändler (1808) mit einem Obelisk und in der Mitte der Anlage das Pyramidendenkmal der Gold- und Silberarbeiter (um 1820). Ältester Grabstein ist der des »Begräbnis der aufwerts fahrenden Steuer- und Schifferleute« von 1594, gefertigt aus Sandstein, mit gekreuzten Enterhaken, Krone, Totenkopf auf gekreuzten Knochen und Sanduhr (einen genauen Lageplan enthält die Information des Friedhof- und Gartenamtes).

Ehemalige NSDAP-Ehrenanlage: Nur der erhaltene Kranz der Rot- S 26 buchen weist noch darauf hin, wo seit 1936 die Nationalsozialisten ihren »Totenkult« um die »gefallenen Kämpfer« inszenierten. Um Märtyrer war die NSDAP mit ihren Sturm-Abteilungen (SA) nie verlegen: Ihre Mitglieder wurden Opfer einer Politik, deren wesentlicher Bestandteil Gewalt war. Acht Nationalsozialisten wurden hier beigesetzt. Nach 1945 wurde die Anlage aufgefüllt, die Bronzeplatten mit Hakenkreuzen, Inschriften etc. entfernt; nur die Grüfte blieben erhalten. Eine auf der Moorweide geplante Ehrenhalle für die SA-Männer ist nie realisiert worden. Auf dem Friedhof sind privat eine Reihe von Grabstätten mit Hakenkreuzen, SS-Runen und Inschriften wie »Meine Ehre heißt Treue« bis heute erhalten geblieben.

Auf dem Weg vom »Ring« von Wald- und Oberstraße steht der frühere Wasserturm (1898, Wilhelm Cordes), auch »Eulenturm« ge-

Das Freilichtmuseum der Ämtersteine

Sargträger in hanseatischer Traditionstracht

E 12, 19 - 22

nannt, 34 Meter hoch, und bis 1992 von der Beschäftigungsgesellschaft »Arbeit und Lernen« für arbeitslose Handwerker restauriert.

Garten der Frauen: Die im Juli 2001 beim Wasserturm eröffnete Anlage ist ausschließlich Frauen als letzte Ruhestätte vorbehalten und außerdem musealer Ort mit Grabsteinen bekannter Frauen.

Grab Emil Naucke (1855–1900): Der »dicke Naucke« war ein Original vom St. Paulianer Spielbudenplatz. Über 230 Kilo soll »der stärkste und dickste Mann Hamburgs« gewogen haben, der als Ringkämpfer und Kraftathlet auftrat. Seit 1896 hatte er sein eigenes Varieté am Spielbudenplatz. Bei einer Wohltätigkeitsveranstaltung bei Sagebiel starb Emil Naucke.

Zu weiteren »Grabstätten bekannter Personen« sei auf die Information des Garten- und Friedhofamtes verwiesen, das viele Namen aufführt, von Reeder Ballin über Ex-Reichskanzler Cuno, Alfred Kantorowicz, Alfred Kerr, Operettenkomponist Paul Abraham bis zu den Filmstars Willy Fritsch und Dinah Grace und »Seeteufel« Felix Graf Luckner.

Werner Skrentny

Friedhof Ohlsdorf: Eine Stilgeschichte der Grabmalkultur

Am 1. Juli 1877 wurde in Ohlsdorf, rund zwei Fußstunden von der Innenstadt entfernt, der neue Hauptfriedhof der Freien und Hansestadt Hamburg eröffnet. Nach den Plänen von Wilhelm Cordes entstand in den folgenden Jahrzehnten beiderseits einer zentralen Erschließungsachse (Cordes-Allee) ein von verschlungenen Fahrstraßen und einem regelmäßigeren Fußwegnetz gegliedertes, parkartiges Friedhofsgelände mit akzentuierenden Kapellenbauten an den Kreuzungspunkten.

Mit der seit dem 1. Weltkrieg erfolgten Erweiterung des Friedhofes (Entwurf: Otto Linne) erhielt die Anlage im Osten einschließlich der Teiche und Kanäle einen streng geometrischen Charakter mit gruppenweise zusammengefaßten Grabbereichen.

Heute gelten der überkonfessionelle Ohlsdorfer Friedhof und der südlich anschließende Jüdische Friedhof Ilandkoppel bei einer Größe von über 400 Hektar und einer Länge von gut vier Kilometern als größter Parkfriedhof des Kontinents.

Mit seinen beiden Museumsbereichen, zigtausend Grabmalen und sieben Mausoleen stellt der Ohlsdorfer Friedhof ein einmaliges Zeugnis der Stilgeschichte der Hamburger Grabmalkultur des 19. und 20. Jahrhunderts dar. Das von den aufwendigen Mausoleen und vornehmen Familiengräbern geprägte »Prominentenviertel« im Waldgürtel an der Nordseite und am Ostring des Friedhofs, die Soldatengräber und die Ehrengruft der Bombenopfer an der Mittelallee sowie massenhaft industriell hergestellte Galvanoplastik-Engel aus dem Kaiserreich oder von Handwerkszeichen und Marinesymbolen geschmückte Grabsteine unseres Jahrhunderts werfen zudem ein erhellendes Licht auf die Sozial- und Kulturgeschichte der Hafenstadt.

Für die Gestaltungsprinzipien des Gesamtkunstwerks Ohlsdorf ist bereits der Eindruck, den der Friedhof am Haupteingang Fuhlsbüttler Straße macht, charakteristisch: Rasenflächen, Baumreihen und vor allem Rhododendronsträucher bestimmen das Bild – von Gräbern und Grabmalen keine Spur. Die Erinnerungszeichen des Todes bleiben den Blicken entzogen.

Die Berücksichtigung vorhandener Landschaftsmerkmale, wie der Knicks oder des alten Baumbestandes, tragen ihrerseits dazu bei, daß für die Trauernden und Leidtragenden der Schrecken des Todes beim Friedhofsbesuch durch die Schönheit der Natur abgemildert wird.

Mit der Gestaltungsabsicht, den Tod den Blicken zu entziehen (Rhododendron-Abschirmung der Grabmalzone am Wegesrand) setzt die Ohlsdorfer Anlage aber nur eine Entwicklung fort, die bereits die 1793 begonnene Verlegung der Bestattung aus den Stadtkirchen auf die Friedhöfe vor dem Dammtor (Bei den Kirchhöfen) eingeleitet hatte.

Statt Verzweiflung und Entsetzen, die der Tod ausgelöst hatte, und statt eines Schauers, der die Besucher im »Reich des Todes« in den Kirchengewölben überkam, verstand die Aufklärung das Ableben ihrer Mitmenschen als eine in den Lebenskreislauf der Natur eingebundene Entwicklung. (J.H.)

Ausflugsziele

»Dicke Pötte« im Strom: Auf dem Elbuferwanderweg

Elbuferwanderweg

»Eine der attraktivsten Wanderrouten Norddeutschlands« nannte die Stadtwerbung den Elbuferwanderweg, der in einem Teil von Övelgönne bis zum Jollenhafen Mühlenberg bei Blankenese führt. Auf dem Weg liegen Schröders Elbpark, Teufelsbrück, Jenisch-Park mit Jenisch-Haus und Ernst-Barlach-Haus, Hirsch-Park und Baurs Park. Beim Restaurant »Dill sin Döns« nahe Jacobs Treppe erinnert seit 1988 ein von der Patriotischen Gesellschaft gestifteter Gedenkstein an die »Primus«-Katastrophe von 1902. 102 Menschen kamen ums Leben (s.a. S. 284) (Bus 112 ab Bahnhof Altona bis Neumühlen. HADAG-Fähre 62 bis Neumühlen. HADAG-Schiffe verkehren April bis Anfang Oktober am Wochenende nach Teufelsbrück bzw. Blankenese. Fähre 64 verkehrt von Finkenwerder nach Teufelsbrück).

Blankenese

Als folkloristisches Fischerdorf und vornehmer Villenvorort genießt der Stadtteil Blankenese einen besonderen Ruf unter Hamburgs Vierteln. Steile Treppen und gewundene Gäßchen erschließen den Elbvorort, dessen Bebauung am Geesthang einen malerischen Eindruck vermittelt (S-Bahn bis Blankenese. Metrobus 1 ab Bahnhof Altona bis S-Bhf. Blankenese. Metrobus 22 ab Eppendorf via Lokstedt, Stellingen, Lurup nach Blankenese. Wer den Aufstieg vom Elbufer vermeiden will, steigt in die »Bergziege«, einen Spezialbus, um).

Bild links: Blankeneser Spezialität: Das Treppenviertel

Ernst Barlach: Ein Wallfahrtsort seiner Verehrer

Die Beziehung Barlachs (1870 - 1938) zu Hamburg lag von Anfang an nahe. Seine Kindheit verbrachte er in Wedel, vor den Toren der wachsenden Großstadt. In Hamburg nahm der Landarztsohn 1888 sein Studium auf, und hier erhielt er später die Möglichkeit, Karl Garbers bei seinen Bildhauerarbeiten für den Hamburger Rathauskeller zu unterstützen. Rathausprobleme sollten ein Hauptaufgabenfeld für Barlachs Hamburger Arbeiten bilden.

Gemeinsam mit Garbers (1864 - 1943) ergatterte der Künstler in Altona den Auftrag zur Ausschmückung des Hauptgiebels des 1896 - 98 zum Altonaer Rathaus umgebauten Bahnhofs. Das zu neuen Jugendstil-Ufern aufbrechende, stark bewegte Sandsteinrelief könnte der vergleichsweise statisch anmutenden neubarocken Altonaer Reiterstandbildgruppe des Kaiser-Wilhelm-Denkmals (G. Eberlein, 1897) glatt die Schau stehlen. Aber die Giebel-Allegorie des kommunalen Gemeinwesens strebt im Kampf mit den elementaren Naturgewalten offenbar den gleichen konservativen Zielen zu wie der im Vorfeld aufgesockelte Kaiser: »Das Schiff als Symbol einer abgeschlossenen Gemeinschaft mit einer Familie, dem Kerngliede alles organischen Staatswesens, geleitet von schirmender, fürsorgender Weisheit.«

Unter Barlachs Kinder-Rufnamen »Dege« gewann das Bildhauer-Duo 1898 schließlich auch den großen Wettbewerb zur Gestaltung des Rathausmarktes an der Alster. Den Ausführungsauftrag (1902 - 03) jedoch erhielt der Denkmäler-Großproduzent Johannes Schilling (1828 - 1910).

Später korrigierte die Hamburger Rathausgeschichte diese Entscheidung: Schillings monarchistisches Kaiser-Wilhelm-Denkmal fiel mit seinen Reichsallegorien der republikanischen Umgestaltung des Hamburger Rathausplatzes (1929 - 30) zum Opfer und wurde in den Wallanlagen abgestellt, während am Rathausmarkt ein Barlach-Relief die neue Gefallenendenkmalstele (K. Hoffmann, 1930) zur Kleinen Alster hin schmückte. Die Inschrift der 1931 enthüllten Stele – »Vierzigtausend Söhne der Stadt ließen ihr Leben für Euch« – unterlegt dem sinnlosen Völkermorden freilich wieder einen Sinn, der weit über Barlachs pazifistisches Anliegen hinausgeht.

Mit der Machtübernahme der Nationalsozialisten sahen die Kritiker Barlachs ihre Zeit gekommen. 1935 erfolgte das Aufführungsverbot für sein Drama »Die echten Sedemunds« am Altonaer Stadttheater. Später wurden zahlreiche Werke des »entarteten« Künstlers beschlagnahmt oder abgebrochen.

Wenn Hamburg heute aber zu einem Wallfahrtsort der Barlach-Verehrer geworden ist, dann vor allem wegen der Barlach-Sammlung von Hermann F. Reemtsma. Keine Zigarettenlänge entfernt vom Jenisch-Haus öffnete 1962 der zurückhaltende kubische Flachbau des Ernst-Barlach-Hauses (Architekt: W. Kallmorgen) seine Pforten. Mit dem »Fries der Lauschenden« (den der politisch und finanziell bedrängte Künstler 1934 - 35 für Reemtsma fertigstellte), mit dem größten Bestand an Holzskulpturen, mit zahlreichen Modellen, Mutz-Keramiken und Entwurfszeichnungen bietet das um einen Atriumhof angelegte Museum einen systematischen Einblick in das Gesamtœuvre des Künstlers sowie in die Entstehung der erhaltenen Hamburger Barlach-Werke. (J.H.)

Wenn auch bereits auf schleswig-holsteinischem Gebiet gelegen, so gilt das Willkommhöft im Fährhaus Schulau am Elbufer bei Wedel als Hamburger Attraktion, stellt es doch das tönende »Tor zur Welt« der Hansestadt dar. Per Schiffsbegrüßungsanlage werden seit 1952 einfahrende Schiffe mit »Heil über Dir Hammonia« bedacht, geht's hinaus auf die Nordsee, erklingt »Muß i denn zum Städtele hinaus«. Zusätzlich erfahren die Seeleute Daten zum Schiff und seiner Route (S-Bahn bis Wedel, Bus 489 oder 15 Minuten Fußweg. HADAG-Schiffe in der Saison bis Willkommhöft).

Von den St. Pauli Landungsbrücken verkehrt regelmäßig eine HADAG-Fähre in den Vorort Finkenwerder, der seit 1919 zu Hamburg gehört. Finkenwerder hat sich vom Fischerdorf zum Industrie-Standort gewandelt, bedeutendster Betrieb ist die Airbus-Werft EDSA. Im Zuge der Industrie-Ansiedlung entstanden in den 1930er und 1940er Jahren grosse Siedlungen, so um die Ostfrieslandstraße und entlang Nordmeerstraße, Nordmeertwiete und Wikingstraße. Wo die Deutsche Werft war, wurde 1995 der Rüschpark mit Aussichtsplattformen am Strom eröffnet (Fähre 62 ab St. Pauli Landungsbrücken).

Cranz

Ein traditionelles Hamburger Ausflugsziel ist Cranz im Alten Land, Deutschlands größtem geschlossenem Obstgarten. Der Ort liegt an der Mündung der Este in die Elbe und besitzt eine Reihe Gartenlokale. Beim neuen Este-Sperrwerk befindet sich die Sietas-Werft, derentwegen die Durchfahrt auf Panamakanal-Schleusenbreite vergrößert werden mußte (s. Bild). Das Alte Land ist auch bekannt für die Orgeln von Arp Schnitger (1648–1719), die man z.B. in Neuenfelde, Steinkirchen und Estebrügge findet (ab Blankenese Fährverkehr. Bus 150 ab Bahnhof Altona nach Neuenfelde und Cranz. Bus 257 ab S-Bahnhof Neugraben).

Eppendorfer Moor

Bild rechts: »Paradies inmitten der Großstadt«: Das Eppendorfer Moor

Entlang der Alsterkrugchaussee zwischen den Stadtteilen Alsterdorf und Gross-Borstel findet man das Naturschutzgebiet Eppendorfer Moor, ein 15 Hektar umfassendes Wald- und Feuchtgebiet mit dem Hochmoorrest auf der Geest. Mit der Unterschutzstellung 1982 sowie durch Pflege- und Entwicklungsmaßnahmen soll die Regeneration des früheren Hochmoores erreicht und Lebensraum für gefährdete Pflanzen- und Tierarten geschaffen werden. »Das Paradies inmitten einer Großstadt« (Prof. Dr. Peter Kaiser) ist zu jeder Jahreszeit besuchenswert (U-Bhf. Lattenkamp, von dort kurzer Fußweg).

Plattenhaus

In einem Behelfswohnheim im Stadtteil Poppenbüttel, auch »Plattenbüttel« genannt, erinnert eine Ausstellung in der Gedenkstätte Plattenhaus an das ehemalige KZ-Außenlager Sasel; außerdem ist eine Wohnsituation während des 2. Weltkrieges rekonstruiert worden. Die Plattenhaus-Siedlung wurde 1944 von 500 jüdischen Frauen aus Betonfertigteilen erstellt (S-Bahnhof Poppenbüttel, Gedenkstätte hinter dem Alstertal-Einkaufszentrum; So 15–17 Uhr, Ostern/Pfingsten geschl.).

**KZ-Gedenkstätte
Neuengamme**

Unweit der idyllischen Dörfer der Vierlande liegt das Gelände des
früheren KZ Neuengamme. Seit 1938 stellten die Arbeitssklaven der
SS nahe einer Ziegelei den Klinker her, der für »das neue Hamburg«
benötigt wurde (Ausstellung im ehemaligen Klinkerwerk). Ab 1942
wurde im Lager für den Krieg produziert, die Firmen befanden sich
im KZ. Über 100 000 Menschen waren in Neuengamme und seinen
Außenlagern gefangen, mehr als 55 000 kamen ums Leben. 1995
wurde eine neue ständige Ausstellung (»Überlebenskämpfe«) in den
früheren Walther-Werken eröffnet. Im Dokumentenhaus (1981) ist
die »Halle der Namen«. Ein ausgeschilderter Rundweg führt über das
Areal. Ausstellung und Dokumentenhaus Di-So geöffnet (S 21 bis
Bergedorf; Bus 227 bis Gedenkstätte).

*Im ehemaligen
Klinkerwerk mußten
SS-Sklaven für
»das neue Hamburg«
arbeiten*

Die schwimmende Kirche der Flußschiffergemeinde am Ausschläger Elbdeich gehört zum Bild dieses Stadtteils, dessen Wahrzeichen der weithin sichtbare »Wasserturm« ist, in Wirklichkeit eine Verkleidung mit Wendeltreppe für den Schornstein der Dampfmaschine der 1844–48 errichteten »Staats-Wasserkunst«. Mit fast 53 000 Bewohnern war Rothenburgsort vor dem 2. Weltkrieg der am dichtesten besiedelte Stadtteil, der im Feuersturm des Kriegssommers 1943 fast gänzlich zerstört wurde. An der Ausschläger Allee stand ehemals die damals größte Sporthalle der Welt, die 27 000 Zuschauer fassende Hanseatenhalle (1935). Ein Denkmal der engen Bindungen des Viertels zum Hafen ist der siebengeschossige Speicher am Ausschläger Elbdeich 72, wohin man beim Spaziergang auf dem Deich gelangt. In der Janusz-Korczak-Schule (Bullenhuser Damm 62) erinnert eine Gedenkstätte an die Ermordung von 20 jüdischen Kindern, zwei Pflegern, zwei Ärzten und 24 sowjetischen Gefangenen durch die SS im Jahre 1945. Do und So geöffnet (S-Bahnhof Rothenburgsort. Bus 120 ab ZOB bis Billhorner Röhrendamm).

Rothenburgsort

Veddel

Einziger Überrest der Auswandererhallen der Hamburg-Amerika-Linie (HAPAG) ist im Stadtteil Veddel die im Bild gezeigte Baracke Veddeler Bogen 2, die möglicherweise in Zukunft ein Museum beherbergen wird. In der Transitstation konnten bis zu 5000 Menschen gleichzeitig leben. Die Veddel war Hamburgs erste Gartenstadt, ehe 1924 bis 1930 nach den Plänen von Oberbaudirektor Fritz Schumacher mit der weitgehend erhaltenen fünf- bis sechsgeschossigen Blockbebauung ein neues Wohnviertel für Hafenarbeiter und ihre Familien entstand. Seit 1973 ist das Gebiet milieugeschützt (S-Bahnhof Veddel).

Dass Wilhelmsburg auf einer Insel liegt, wurde auf grausame Weise in Erinnerung gerufen, als die Sturmflut 1962 dort in der Nacht von Freitag, 16. Februar, auf Samstag, 17. Februar, 207 Menschenleben forderte. Wilhelmsburg gliedert sich in sehr unterschiedliche Teile. Das historische Zentrum mit Kreuzkirche, dörflichem Friedhof und dem ehemaligen Hannoverschen Amtshaus liegt in Kirchdorf; zu ihm gehört auch die größte norddeutsche Windmühle (Schönenfelderstr. 99 a, 1875), siehe Bild. Gegenüber, Otto-Brenner-Straße, stehen die ungeliebten 1970er Jahre-Hochhäuser von Kirchdorf-Süd. Die Siedlung um Siedenfelder Weg, Dorfanger, Im Schönenfelde entstand 1935–39 als »Hermann-Göring-Siedlung«. Die Industrialisierung hatte die Gründung des Reiherstieg-Viertels zur Folge (St. Bonifatius, kirchliche Heimat der polnischen Zuwanderer, Bonifatiusstr. 1; Veringstraße als Hauptstraße; HAPAG-Wohnblock Fährstr. 15–63). Am Rathaus (Mengestr. 19) sollte Wilhelmsburg zusammenwachsen, wozu es nie gekommen ist (S-Bahn bis Wilhelmsburg. Der Metrobus 13 verkehrt ab S-Bhf. Veddel über Veringplatz und S-Bhf. Wilhelmsburg bis Kirchdorf-Süd).

Norddeutschlands größte Windmühle steht auf der Elbinsel Wilhelmsburg

Ahrensburg

Herrenhaus-Kultur im Renaissance-Wasser-schloß: Das Ahrens-burger Wahrzeichen

Mit 29000 Einwohnern größte Stadt im schleswig-holsteinischen Kreis Stormarn ist Ahrensburg. An der B 75 liegt das Renaissance-Wasserschloß, Ahrensburgs Wahrzeichen, in dem sich nun das Museum für Herrenhaus-Kultur des Bundeslandes befindet. Nach den Plänen von Peter Rantzau 1595 erbaut, ließ Heinrich-Carl Schimmelmann den Herrensitz 1760 umgestalten. Die Original-Einrichtungen des 18. und 19. Jahrhunderts blieben erhalten. Geöffnet Di – So (S-Bahnhof Ahrensburg).

Hamburg im Internet

Allgemein
www.hamburg.de *(Internet-Portal der Stadt)*
www.hamburg-tourismus.de
www.hamburg-magazin.de
www.hamburg-light.de
www.lau-hamburg.de
www.hamburg.de/Services/stadtteil.htm
www.hamburg-damals.de
http://members.tripod.de/FutureCityHamburg

Stadtteile allgemein
www.hamburg.de/Behoerden/StaLa/profile/profileka.htm (Statistik)
www.stadtteil.net/hamburg.html
www.hamburg-intern.de/Stadtteile/

Neustadt
www.hh-neustadt.de

St. Georg
www.stadtteil.net/st.georg/home.htm
www.hansaplatz.de
www.lachender-drache.de

St.Pauli
www.hamburg-st-pauli.de
www.herbertstrasse-online.com
www.ig-st-pauli.de
www.reeperbahn.de
www.stpauli.de
www.stpaulikirche.de
www.stpauli-sued.de
www.zone-hamburg.com/vor_ort/ (St.Pauli-Nord)
www.fcstpauli.de

Hafenrand
www.hamburg-hafenrand.de

Altona
www.altona.de
www.urbanista.de/altona/home.htm

Ottensen
www.ottensen.de/cgi-bin/index.pl
www.stadtteilkonferenzottensen.de

Schanzen- und Karolinenviertel
www.karo4tel.de
www.schanze-online.de
www.schanzen-info.de

Eimsbüttel
www.eimsbuettel.de
www.hamburg.de/Bezirke/Eimsbuettel
www.hh19.de

Hoheluft
www.oceanbunny.de/privat/hoheluft/intro.htm

Eppendorf
www.eppendorf-online.de

Grindelviertel, Harvestehude, Rotherbaum
www.uni-hamburg.de
http://msv.schroederstift.de
www.archINFORM.de/ort/4883.htm
www.hsv.de

Winterhude
www.jarrestadt.de
www.spd-hamburg.de/Distrikte/Muehlenkamp

Barmbek
www.barmbek-nord.de
www.buergerhaus-in-barmbek.de
www.hallo-barmbek.de
www.dulsberg.de

Ohlsdorf
www.ohlsdorf.de
www.friedhof-hamburg.de
http://home-t-online.de/home/willi-bredel-gesellschaft

Hafen und Elbe
http://www.smd.de/de/fset.html *(Schiffsmeldedienst, Hafenlotsenstation)*
www.abicht.de *(Reederei Abicht)*
www.alsterdampfer.de
www.alstertouristik.de
www.barkassen-meyer.de
www.bergedorf.de/schifflinie
www.buddel.de/bs/mus.htm
www.das-feuerschiff.de
www.deutsches-zollmuseum.de
www.diegondel.de
www.elbe1.de *(Elbvororte)*
www.elbe-city-jet.city-map.de
www.elbe-erlebnistoerns.de

www.elbe-pilot.de *(Lotsenbrüderschaft)*
www.europort-hamburg.de
www.glitscher-hamburg.de *(Elbe- und Hafentouristik)*
www.hadag.de
www.hafenbasar.de
www.hafencityhamburg.de
www.hafen-hamburg.de
www.Hamburg.de.AM (viele links)
www.hamburg.de/WiHaVe/Hafen/CTA *(Altenwerder)*
www.hamburg-hafen.de
www.hamburg-hafenrundfahrt.de
www.hamburg-maritim.de
www.hamburger-marktplatz.de/hummelbahn.htm
www.hhla.de
www.kapitaen-pruesse.de *(Hafen- und Elbefahrten)*
www.luehe.city-map.de
www.luehe-schulau-faehre.de
www.rettet-die-elbe.de
www.scansea.de *(England-Fähre)*
www.schiff-hafen/schiff-hafen.html
www.STD-Stade.de/hamburg/hamburg/htm *(Links)*
www.veddel-aktiv.de
www.verkehrsinfo-hamburg.de
www.vierlanden.de
www.web-stream.de/ehlers/ehlers.htm *(Barkassen-Centrale)*
www.welcomepoint.com
www.willkommhoeft.de
www.zone-hamburg.com/hwo/Hwodigit/eingang.html *(Rothenburgsort)*

Theater, Klassik, Musicals, Varieté, Kabarett
AGMA Zeitbühne: www.agma-zeitbuehne.de
Allee Theater mit Kammeroper: www.alleetheater.de
Alma Hoppes Lustspielhaus (Kabarett): www.almahoppe.de
Deutsches Schauspielhaus: www.schauspielhaus.de
The English Theatre: www.englishtheatre.de
Ernst-Deutsch-Theater: www.ernst-deutsch-theater.de
Fliegende Bauten: www.fliegende-bauten.de
Fundus Theater: www.fundus-theater.de
Hamburger Kammerspiele: www.hamburger-kammerspiele.de
Hamburgische Staatsoper: www.hamburgische-staatsoper.de
Hansa Theater (Varieté): www.hansa-theater.de
Kampnagel: www.kampnagel.de
Kellertheater: www.kellertheater.de
Komödie Winterhuder Fährhaus: www.komoedie-winterhuder-faehrhaus.de
Monsun Theater: www.monsun-theater.de
Musicals: www.koenig-der-loewen.com und www.stella.de
Ohnsorg-Theater: www.ohnsorg.de
St.Pauli-Theater: www.st-pauli-theater.de
Schmidt Theater und Schmidt's Tivoli: www.schmidts.de
Thalia Theater: www.thalia-theater.de
Theater an der Marschnerstraße: www.tadm.de

Theater für Kinder: www.theater-fuer-kinder.de
Theater Imago: http://home-t-online.de/home/loewe.garbe/index.html

Musikklubs und Veranstaltungsorte

After Shave: www.shave-hamburg.de
Betty Ford Klinik: www.betty-ford-klinik.de
Birdland: www.hamburg-jazz.de/birdland
Cave: www.cave.purespace.de
Cotton Club: http://cotton-club-hamburg.de
Cult: www.cult-hh.de
Docks: www.docks.de
Downtown Bluesclub: www.downtown-bluesclub.de
Fabrik: www.fabrik.de
Feuerschiff: http://swinging-hamburg.de/feuerschiff.index.htm
Golden Pudel Club: www.pudel.com
Große Freiheit 36: www.grossefreiheit36.de
Grünspan: www.gruenspan.de
Hafenklang: www.hafenklang.com
Honigfabrik: www.honigfabrik.de
Kaiserkeller: www.grossefreiheit36.de
Kir: www.kir-hamburg.de
Kontor: www.kontor.cc
Logo: www.logohamburg.de
Markthalle: www.markthalle-hamburg.de
Mojo Club: www.mojo.de
Orange Bar Club: www.orange-hamburg.de
Rote Flora: www.roteflora.de
Schallwerk: www.schallwerk.com

Praktische Tips

Praktische Tips

Information

Tourist-Information
Tourismus-Zentrale Hamburg, Steinstraße 7,
Postleitzahl 20095,
Tel. 30 05 10, Fax 30 05 12 54,
Hotel-Reservierung 040-30 05 13 51,
Buchungs- und Informationsservice
tgl. 8-20 Uhr: Tel. 30 05 13 00,
Fax 30 05 13 33,
E-Mail: info@hamburg-tourism.de,
Internet www.hamburg-tourism.de
Tourist-Information Hauptbahnhof,
Hauptausgang Kirchenallee,
Tel. 30 05 12 00, täglich 7-23 Uhr
Tourist-Information Hafen, St. Pauli Landungs-
brücken, zwischen den Brücken 4 und 5,
Tel. 30 05 12 00, täglich 10 - 17.30 Uhr
Airport-Office, Flughafen Fuhlsbüttel,
Terminal 4/Ankunft, Tel. 30 05 12 00,
tgl. 6-23 Uhr

Die Hamburg-CARD
Ein Angebot der Tourismus-Zentrale Hamburg
ist die Hamburg-CARD: Sie berechtigt zu freier
Fahrt mit S- und U-Bahnen, Bussen und Hafenfähren im Großbereich der Stadt und zu freiem
Eintritt in elf staatliche Museen. Ermäßigungen
zwischen 1 und 4 DM gelten für Stadtrundfahr-
ten, bei der Alsterrundfahrt, bei Hafenrundfahrten mit der HADAG und in Barkassen und für
den Besuch der Museumsschiffe »Cap San Diego«
und »Rickmer Rickmers« im Hafen. Siehe dazu
auch S. 308.
Tageskarte: Einzelperson und maximal 3 Kinder unter 12 Jahre 12.80 DM/6.54 Euro,
Gruppen bis 5 Personen 24.50 DM/13.50
Euro
Drei-Tage-Karte: 26.50 DM/13.50 Euro und
43 DM/21.99 Euro (erhältlich in Reisebüros,
Hamburgs Tourist-Informationen, in Hotels
oder über Tel. 040 - 30 05 18 00)

Power-Pass: Für alle unter 30 Jahren, 1. Tag
12.50 DM, jeder weitere Tag 5.50 DM

Übernachten
Ausführlicher Prospekt bei der Tourismus-
Zentrale.
Hotelzimmer-Service der Tourismus-Zentrale:
Tel. 30 05 13 00, 8 - 20 Uhr.
Schanzenstern, Übernachtungs- und Gasthaus
GmbH, Bartelsstr. 12, 20357 HH (im Schan-
zenviertel), Tel. 439 84 41, Fax 439 34 13,
53 Betten, EZ 60, DZ 90, Vierbettzi. 130
(Frühstück 9 DM).

Jugendherbergen u.a.
Privatzimmer-Vermittlung: Tel. 491 56 66,
Fax 491 42 12 (Mo-Fr 9-13, 14-18 Uhr)
bed & breakfast Tel. 491 56 66, Fax 491 42 12;
Internet: www.bed-and-breakfast.de;
Zimmer Frei, Tel. 27 87 77 77,
Fax 27 87 77 79
Frauen-Hotel Hanseatin, Dragonerstr. 11,
20355 HH, Tel. 34 13 45, ab 75 DM pro
Person
Jugendherberge auf dem Stintfang (hoch über
dem Hafen), Alfred-Wegener-Weg 5,
20459 HH, Tel. 31 34 88, Fax 31 54 07,
E-Mail: jh-stintfang@t-online.de
Jugendherberge Horner Rennbahn, Rennbahn-
str. 100, 22111 HH, Tel. 651 16 71,
Fax 655 65 16,
E-Mail: jgh-hamburg@t-online.de
(U-Bahn-Station Horner Rennbahn).
Jugendpark Langenhorn, Jugendparkweg 60,
22415 HH, Tel. 531 30 50. Nur für Gruppen
und Familienreisen (U-Bahn-Station
Langenhorn-Markt).
CVJM Junges Hotel (gemeinnützig),
Kurt-Schumacher-Allee 14, 20097,
Tel. 41 92 30 (Nähe Hbf)
Jugendgästehaus Woge Ottensen, Kleine
Rainstr. 24-26, 22765, Tel. 39 91 91 91,
Fax 39 91 91 92, E-Mail: info@woge.net
(Nähe Bhf. Altona)
Backpacker Hostel, Max-Brauer-Allee 277,
22769, Tel. 43 18 23 10, Fax 43 18 23 11,

E-Mail: Backpackerhostel@instantsleep.de
(Schanzenviertel)
Gästehaus der Universität,
Rothenbaumchaussee 34, 20148,
Tel. 41 40 0 60, Fax 41 40 06 22 (Nähe Bhf.
Dammtor)
YoHo the young hotel, Moorkamp 5, 20357,
Tel. 28 41 9 10 (Schanzenviertel)

Mitwohnzentrale
Hamburger Mitwohnzentrale,
Tel. 80 11 30, 420 66 19, Fax 80 77 92 30,
Internet: www.mwzHamburg.de

Geldwechsel/Schecks
Reisebank AG im Hauptbahnhof (Wandelhalle):
täglich 7.30 - 22 Uhr.
Bahnhof Altona: Mo - So.
Deutsche Bank 24 im Flughafen (Terminal 4):
6.30 - 20.30 Uhr.
Postamt Flughafen: Mo - Fr 6.30 - 21, Sa 7 - 21,
So 9 - 20 Uhr.
Postamt Hauptbahnhof: Mo - Fr 8 - 20 Uhr, Sa
9 - 18, So 10 - 18 Uhr.

Notrufe
Polizei 110
Feuerwehr 112
Rettungsdienst 112
Giftinformation 63 85 33 45; 63 85 33 46
Anwaltlicher Notdienst 27 97 122
(Mo - Fr 8 - 18, Sa - So 0 - 24 Uhr)
Ärztlicher Notfalldienst 22 80 22
Notruf für vergewaltigte Frauen und Mädchen
Tel. 25 55 66, auch Fax

Fundsachen
Bäckerbreitergang 73, 20355, Tel. 428 41 17 35

Mitfahrvermittlung
Mitfahr 2000, Tel. 194 44, 194 40, tgl. 7-21 Uhr
Mitfahrzentrale City-Express, Tel. 248 59 50,
24 08 66

Öffentliche Verkehrsmittel

Die beste Möglichkeit, die Stadt zu erkunden,
sind - neben »Zu Fuß durch Hamburg«, der Benutzung von Fahrrad, Alsterschiff oder Leih-Boot
- natürlich die öffentlichen Verkehrsmittel des
Hamburger Verkehrs-Verbunds (HVV), also U-Bahnen, S-Bahnen und Busse.

Der HVV bietet eine Reihe von Fahrkarten an,
mit denen man kreuz und quer im Großbereich
Hamburg unterwegs sein kann. Dieser Großbereich ist auf den Karten des HVV-Schnellbahn-
netzes durch einen großen braunen Kreis abge-
grenzt. Er reicht z.B. im Süden bis Hittfeld und
Maschen hinter Harburg sowie Bergedorf; im
Osten bis Ahrensburg und Merkenstraße; im
Norden bis Friedrichsruh im Sachsenwald; im Westen bis Wedel. Die folgenden HVV-Tickets sind
zu empfehlen:

Tageskarte: Ein Erwachsener und bis zu drei
Kinder unter 11 Jahren. Gültig am Kauftag.
Mo - Fr 9 Uhr – Betriebsschluß, Sa/So
ganztägig. Preis 8.30 DM (gelbe Taste T am
Fahrkartenautomat). Für 1. Klasse plus
Schnell- und Nachtbus 10,40 DM (türkisfar-
bene Taste F).

3-Tage-Karte: Eine Person, gültig jeweils 0 Uhr
bis Betriebsschluß, 22,30 DM. Für 1. Klasse
S-Bahn, Schnell- und Nachtbus 24,80 DM.

Hamburg-Card: siehe vorherige Seite.

Familien-/Gruppenkarte: 5 Personen beliebigen
Alters, gültig Mo - Fr ab 9 Uhr,
Sa - So ganztägig, Großbereich 13,80 DM,
inkl. Schnellbus 15,90 DM (Taste F 1)

Einfache Fahrten: Hier gibt es eine Reihe von
Preisstufen: Suchen Sie Ihr Ziel an der
Informationstafel heraus, dahinter ist die
Preisstufe verzeichnet. Preisstufe 2 (2 auf
der Automatentaste) = 2,70 DM; Preisstufe 3
= 4,30 DM; Preisstufe 4 = 7,00 DM.
(Gültigkeit: 1, 2, 3 Stunden).

Kinderkarte (6. - 11. Geburtstag): 3 Stunden
gültig. 1,60 DM (Taste K am Automaten).

Fahrradmitnahme in U- und S-Bahnen sowie
Buslinien und auf Hafenfähren kostenlos, in
S-Bahnen und Bussen aber *nicht* Mo-Fr 6-9
und 16-18 Uhr. Bei erhöhtem Fahrgastauf-
kommen kein Anspruch auf Beförderung.

Nachtbusse sind jede Nacht unterwegs.
Zentraler Einstieg bzw. Umstieg: Rathausmarkt.

Informationstelefon des HVV: Tel. 194 49,
Fundsachen Hochbahn 328 80,
S-Bahn 39 18 26 29, Internet: www.hvv.de

Rundfahrten/Besichtigungen

Stadtrundfahrten

Große Stadtrundfahrt der Tourismus-Zentrale,
Dauer 2 ½ Stunden. Kleine Stadtrundfahrt,
1 ¾ Stunden. »Hamburg kompakt«-Rund-
fahrt, 1 Stunde, nur Sommer, tägl. 17 Uhr.
Stadt- und Hafenrundfahrt, 2 ¾ Stunden.
Jeweils ab Hauptbahnhof/Kirchenallee.

Nostalgische Stadtrundfahrt mit der Hummel-
bahn: 1.4. - 31.10. tägl. 10.30, 12.30, 14.30,
16.30 Uhr, Dauer 1 ¾ Stunden. Ab Hbf.

Lichterfahrt mit Hummelbahn/Alsterschiff:
Imbiß an Bord, Wasserspiele Planten un
Blomen u.a.m.; April Sa 19, Mai-Aug.
Fr-Sa 20, Sept.-Dez. Sa 19 Uhr, Dauer 3 Std.,
ab Hbf

Doppeldecker-Stadtrundfahrt: Ab St. Pauli
Landungsbrücken und Hbf, April-Okt.,
Mo-Do 10-17 stdl. (Okt. nicht um 17 Uhr),
Fr-So 9.30-15 halbstdl., sowie 16, 17 Uhr
(Okt. erst ab 10 Uhr). Nov.-März: Mo-Fr 10,
12, 14, Sa-So 10-16 Uhr stdl.

Elbufer-Tour: Im Doppeldeckerbus nach
Blankenese, dort Führung, Elbfähre, Busfahrt
durch Altes Land und Hafen.
April-Okt. Sa-So 13 Uhr, Dauer 2 ½ Std.,
ab Landungsbrücke 1-2 St.Pauli

City hopping-Erlebnistour: An 14 Busstationen
aussteigen und wieder zusteigen, z.B. ab Hbf,
Rathaus, Landungsbrücken. Kinder unter 12
Jahren frei, Simultananlage in fünf Sprachen.

*Alternative Stadtrundfahrt des Landesjugend-
rings:* Route I Innenstadt, Arbeiterbewegung
und NS-Zeit. Route II KZ Neuengamme.
Dauer 3 - 4 Stunden. Termine: Tel. 31 79 61 14

Rundfahrten der Baubehörde: »Sieh Dir an, wie
Hamburg baut«; Termine: Tel. 349 13 26 62.

Stadtrundgänge

Stadtrundgänge der Tourismus-Zentrale: Mai-
Okt., jeweils 14.30 Uhr: Mo Kontorhäuser,
ab Kaufhof Mönckebergstr. 3; Di Speicherstadt und Projekt HafenCity, ab U-Bhf.
Baumwall; Do und Fr wechselnde Rundgänge (Infoband Tel. 601 84 80). Dauer der
Führungen etwa 2 Std.

Einzelne Geschichtswerkstätten bieten Stadtteilrundgänge an:

Geschichtswerkstatt Barmbek, Wiesendamm 25,
22305, Tel. 29 31 07.

Kultur & Geschichtskontor Bergedorf,
Reetwerder 17, 21029, Tel. 721 28 23.

Stadtteilarchiv Bramfeld, Bramfelder Chaussee 25, 22177, Tel. 691 51 21,
www.stadtteilarchiv-bramfeld.de

Geschichtsgruppe Dulsberg, Bücherhalle,
Eulenkamp 41, 22049, Tel. 68 08 82.

*Galerie Morgenland - Geschichtswerkstatt
Eimsbüttel,* Sillemstr. 79, 20257,
Tel. 490 46 22, www.stadtteil.net/morgenland

Stadtteilarchiv Eppendorf, Martinistr. 40,
20251, Tel. 480 47 87.

*Willi-Bredel-Gesellschaft & Geschichtswerkstatt
Fuhlsbüttel,* Im Grünen Grunde 1, 22337,
Tel. 59 11 07, http://home.t-online.de/home/
Willi-Bredel-Gesellschaft/

Stadtteilarchiv Hamm, Carl-Petersen-Str. 76,
20535, Tel. 251 39 27, www.hh-hamm.de

Geschichtswerkstatt Horn, G. Schauermann, Bei
der Martinskirche 2, 22111, Tel. 24 83 11 26,
www.homertv.tripod.com/chronik.htm

Jarrestadt-Archiv, Hanssenweg 1, 22303,
Tel. 279 18 17

Stadtteilarchiv Ottensen, Zeißstr. 28, 22765, Tel.
390 36 66, Internet: www.stadtteilarchiv-
ottensen.de

Geschichtswerkstatt St. Georg, Koppel 32,
20099, Tel. 280 37 31, Internet:
www.stadtteil.net/geschichtswerkstatt

St. Pauli Archiv, Wohlwillstr. 28, 20359, Tel.
319 47 72.

Geschichtswerkstatt Wilhelmsburg, Honigfabrik, Industriestr. 125, 21107, Tel. 75 88 74

Jenfeld-Archiv, Bei den Höfen 2, 22043,
Tel. 653 54 07

Außerdem werden Rundgänge von folgenden
Institutionen angeboten:

*Gedenk- und Bildungsstätte Israelitische
Töchterschule,* Dr. Alberto-Jonas-Haus,
Karolinenstr. 35, Tel. 428 43 21 75,
a.jonas-haus@vhs-hamburg.de

Stattreisen, Bartelsstr. 12, 20357, Tel. 430 34 81,
Fax 430 74 29, E-Mail: info@stattreisen-
hamburg.de, www.stattreisen-hamburg.de
Wöchentliche Termine: Mi, 15 Uhr, März-
Nov., Speicherstadt, Ecke Ost-West-Str./

Deichstr. – Fr, 20 Uhr, März-Dez., Reeperbahn-Kneipentour, ab U-Bhf. St.Pauli – Sa, 11 Uhr, ganzjährig, die Hauptkirchen, ab St. Petri Hauptportal Mönckebergstr. – Sa, 17 Uhr, Febr.-Nov., St. Pauli-Streifzug, ab Uhrturm St. Pauli-Landungsbrücken – Sa, 15, und So, 11 Uhr, Febr.-Nov., Innenstadt, ab Rathaus. Zahlreiche weitere Rundgänge und Radtouren, bitte Programm anfordern.

Förderkreis Ohlsdorfer Friedhof e.V.: Führungen auf Europas größtem Friedhof. Information: Förderkreis, Fuhlsbüttler Str. 756, 22337, Tel. 24 86 39 53, 04123/6569, oder: Garten- und Friedhofsamt, Tel. 59 10 51.

KZ-Gedenkstätte Neuengamme: Jean-Dolidier-Weg, 21039, Tel. 723 10 31. Regelmäßig am Sonntag Veranstaltungen, z.B. Führungen, Filmvorführungen, Fahrrad-Rundfahrten, Berichte aus dem Widerstand, z.T. auch an anderen Orten in Hamburg. Bitte Programm anfordern.

Besichtigungen und Führungen

Fernsehturm, Lagerstr. 2-8, 20357, Panorama-Kanzel in 128 m Höhe, großartige Aussicht, täglich (U 2 Messehallen)

Flughafen Hamburg in Fuhlsbüttel: Die weltweit einmalige Modellschau, die im Maßstab 1:500 den Flugbetrieb simuliert, wurde für die Weltausstellung 1956 gebaut. Angeboten werden weiter Terminal-Führungen und Vorfeld-Rundfahrten. Sa-So und an Feiertagen können Einzelpersonen teilnehmen (Modellschau 14 Uhr) Paul-Bäumer-Platz 1-3, 22335, Tel. 50 75 26 44, Fax 50 75 16 12, Internet: www.airport.de/fhg/live_f.htm Aussichtsterrassen: Terminal 4 (Teil der Gastronomie), zwischen Terminal 1 und 2. April-Okt. Mo-Do, Sa-So 7-20, Fr 7-22; Nov.-April tgl. 8 Uhr – Dämmerung (Busse 110, 172, 217, 292).

Hagenbecks Tierpark, größter deutscher Privatzoo, täglich ab 9 Uhr, Tel. 54 00 01 47/8 (U 2 Hagenbecks Tierpark), Internet: www.Hagenbeck.de

Servicecenter der folgenden Hamburger Hauptkirchen: Tel. 28 05 57 57; Mo, Mi, Fr 9-18 Uhr, Internet: www.hauptkirchen.de

St. Michaelis, Krayenkamp 4c, Tel. 37 67 81 00: Kirche und Turm Mai-Okt. Mo - Sa 9 - 18, So 11.30 - 17.30; Nov. – April Mo-Sa 10-16.30, So 11.30-16.30 Uhr. Gruftgewölbe mit Ausstellung »Michaelitica«: Mai-Okt. Mo-Sa 11 - 17, So 11.30 - 17. Orgelandachten: tgl. 12 Uhr, im Sommer auch Mo - Fr 17 Uhr, So 18 Uhr musikalische Vesper. Hamburg-Multivisionsschau »Feuerwerk der Bilder«: auf Panorama-Leinwand auf 2. Turmboden: Do-So 12.30, 13.30, 14.30, 15.30 Uhr, So 10 Min. nach Ende Hauptgottesdienst (Tel. 37 67 81 00). April-Sept., Fr 21.15 Uhr: Konzerte im Gewölbe (sonst 1-2mal pro Monat). Turmchoral: Mo-Sa 10, 21 Uhr, So 12 Uhr. Internet: www.st-michaelis.de

St. Petri, Speersort 10, Tel. 32 44 38: Mo - Fr 9 - 18, Sa 9 - 17, So 9 - 12/13 - 20 Uhr. Mi Stunde der Kirchenmusik.

St. Jacobi, Jakobikirchhof 22, Tel. 42 77 44: Mo - Sa 10 - 17 Uhr. April - Okt. Kirchenführung mit Turmfahrt zum »Turmcafé«, Mi, 14tägig im Wechsel 11 und 15 Uhr, 1. Sa im Monat 14, 1. Fr im Monat in Englisch 15 Uhr. Orgelführung Do 12 Uhr.

St. Katharinen, Katharinenkirchhof 1, Tel. 33 62 75: Mo - So 10 - 17 Uhr. Mi, 12.30 Uhr: Musik und Muße. Turm- und Gewölbeführungen (man sollte schwindelfrei sein!) April-Okt., letzter Sa im Monat, 11 Uhr, Dauer 2 Std.

St. Nikolai, Abteistr. 38, Tel. 44 11 340: Mo - So 8 - 18 Uhr.

Alter Elbtunnel: Mo - Sa 5 - 24 Uhr, So und Feiertage für PKW geschlossen.

Börse, Adolphsplatz, Tel. 36 130 20, kostenlose Führungen, Dauer 1-1 ½ Std., Termine bitte erfragen

Planten un Blomen, der Park in der City, Japanischer Garten (Teezeremonien), Apothekergarten (Führungen Tel. 44 80 48 24), Rosengarten, Wasserlicht-Konzerte (Mai-Aug. 22, Sept. 21 Uhr), Wasserspiele (Mai-Sept. 14, 16, 18 Uhr), Konzerte Musikpavillon (Mai-Sept. Sa 16, So 15 Uhr) (U 1 Stephansplatz/Bhf. Dammtor), Internet: www.plantenunblomen.hamburg.de

Rathaus: Führungen Mo-Do 10-15, Fr-So 10-13 halbstündlich, engl./franz. Mo-Do 10.15-15.15, Fr-So 10.15-13.15 Uhr. Bei offiziellen Veranstaltungen keine Führungen.

Museen: Information beim Museumspädagogischen Dienst Tel. 291 88 27 52.

Die folgenden Betriebe können Gruppen nach Voranmeldung besichtigen:

Deutsche Bahn AG, Rangierbahnhof Maschen: Tel. 04105 - 86 03 91

Deutsches Elektronen-Synchrotron (DESY), Grundlagenforschung von Atomkernen und Elementarteilchen: Notkestr. 85, 22603, Tel. 89 98 36 13, Fax 98 43 07

Großmarkt Hamburg, Großmarkthalle: Banksstr., 20097, Tel. 24 86 23 57

Sternwarte Hamburg: Gojenbergsweg 112, 21029 (Bergedorf), Tel. 428 91 41 12, 3. Mi im Monat 20 Uhr Vortrag, danach Besichtigung der Teleskope und Sternenbeobachtung (keine Sitzgelegenheiten, für Rollstuhlfahrer nicht geeignet). Weitere Termine auf Anfrage (S-Bhf Bergedorf, Bus 135 bis Brinckmannstr.), Internet: www.hs.uni-hamburg.de

Hamburgische Electricitäts-Werke (HEW): Pumpspeicherwerk Geesthacht Tel. 04152 - 9390 (Stadtgespräch). Kraftwerk Wedel Tel. 63 96 32 78, bis 30 Personen. Heizkraftwerk Tiefstack (20 Pers.) und Heizkraftwerk Hafen (15 Pers.), Tel. 63 96 32 78.

Historic Emigration Office, Deutschlands einziges historisches Auswandererbüro: Information über Auswanderer nach USA, Kanada, Australien von 1850 - 1934 gegen Gebühr. Internet: www.heo-online.de

Lufthansa-Werft, Flughafen Fuhlsbüttel: Deutsche Lufthansa, Abt. Ham/VVP, PF 63 03 00, 22313. Nur schriftliche Voranmeldung, ½ Jahr Vorlaufzeit.

Norddeutscher Rundfunk: NDR-Pressestelle, Rothenbaumchaussee 132 - 134, 20149, Tel. 41 56 20 37, Fax 41 56 34 54, E-Mail: Besucherdienst@ndr.de, Internet: www.ndr.de, Führungen, u.a. durch die Studios der »tagesschau« und der N 3-Erfolgssendung »DAS!«

Hafenrundfahrten

Zahlreiche Veranstalter bieten ganzjährig die ca. einstündige Rundfahrt an, Abfahrt ab St.Pauli-Landungsbrücken, ab Anleger Vorsetzen bei der Überseebrücke und ab Kajen beim »Mäuseturm«, So von 9.30 bis 11 Uhr auch ab St.Pauli Fischmarkt. Die kleineren Barkassen durchfahren die Speicherstadt.

Englische Hafenrundfahrt: von April bis Oktober täglich 10 und 17 Uhr.

Alternative Hafenrundfahrt der DGB-Jugend: ab Hafentor (Barkasse Max Jens), Termine Tel. 285 82 25

Termine für die folgenden Alternativen Hafenrundfahrten im Internet unter www.rettet-die-elbe.de

Alternative Hafenrundfahrt des Förderkreis »Rettet die Elbe« (Schwerpunkt Umwelt): ab Anleger Vorsetzen beim Baumwall, Termine Tel. 39 30 01 (Do 17-19 Uhr), E-Mail: buero@rettet-die-elbe.de

Alternative Hafenrundfahrt zur NS-Zeit von Landesjugendring und KZ-Gedenkstätte Neuengamme: ab Anleger Vorsetzen beim Baumwall, Termine Tel. 31 79 61 14

Dritte-Welt-Hafenrundfahrt: ab Anleger Vorsetzen, Termine Tel. 39 30 01 (Do 17-19 Uhr)

Teil des öffentlichen Nahverkehrs sind die Hafenfähren der HADAG, die ab St.Pauli-Landungsbrücken verkehren: Fähre 61 nach Neuhof und in den Köhlbrand (hin und zurück 45 Min.), Fähre 62 nach Finkenwerder (1 Std.), Fähre 71 zum Amerikahöft (20 Min.), Fähre 73 zur Argentinienbrücke und in den Reiherstieg (20 Min.), Fähre 77 zum Oderhöft und zum Travehafen (40 Min.)

Alsterschiffahrt

Fahrten der Alster-Touristik (ATG): Internet: www.alstertouristik.de, jeweils ab Anleger Jungfernstieg

Alster-Kreuzfahrt: Ende März bis Anfang Oktober, neun Stationen, 50 Minuten Dauer

Alster-Rundfahrt: Ende März bis Ende Oktober, 50 Minuten

Punschfahrten: Ende Okt. bis Ende März, 50 Minuten

Kanalfahrten: Ende März bis Ende Okt., 2 Std., zwei unterschiedliche Routen:

1. Durch Winterhude und Stadtpark (Osterbekkanal, Goldbekkanal u.a.), 2. Nach Alsterdorf (Rathenaukanal, Inselkanal u.a.).

Fleetfahrten: Ende März bis Ende Okt., 2 Stunden, durch die Innenstadt und in die Speicherstadt.

Teichfahrten: Ende April bis Ende Sept., Di, 11, 15, 19 Uhr, 3 Std., Gastronomie an Bord, durch Kuhmühlenteich, Feenteich, Rondeelteich, in den Stadtpark.

Dämmertörn: Ende April bis Ende Sept., täglich 20 Uhr

Vierlande-Fahrten nach Bergedorf: Durch die Innenstadt, auf der Elbe, weiter auf der Dove Elbe durch die Marschlande, Ende April bis Ende Sept., Mo, Mi-So 10.15 Uhr ab Jungfernstieg, 14 Uhr ab Bergedorf

Dinner-Shipping: Ende April bis Ende Sept., Fr und Sa, 19 Uhr, 3 Std., Reservierung Tel. 357 42 40

Literarische Alster-Rundfahrt: April bis Okt., 1. So im Monat, 10.30 Uhr

Alsterdampfer-Fahrt mit dem Dampfschiff »St. Georg« (Baujahr 1876) des Vereins Alsterdampfschiffahrt e.V.: März bis Nov., Sonderfahrten außerdem Mai bis Okt., Tel. 792 25 99, Internet: www.alsterdampfer.de

Gondelfahrten auf Alster und Kanälen: Tel. 490 09 34, 0171–281 24 47, Internet: www.diegondel.de

Weitere Schiffstouren

Veranstalter u.a. HADAG Seetouristik und Fährdienst, Internet: www.hadag.de

Niederelbe-Fahrt: Mitte April bis Anfang Okt., Sa, So, Fei, ab Landungsbrücken, Brücke 2, 10.30 Uhr und 14.30 Uhr, über Neumühlen/ Övelgönne, Teufelsbrück, Blankenese, Wittenbergen-Strand, Willkommhöft-Schulau nach Lühe im Alten Land. Einfache Strecke 1 ½ Std.

Oberelbe-Fahrt der HADAG: Juni bis Sept., einige Termine, über Zollenspieker, Geesthacht, Lauenburg nach Boizenburg (ehemals DDR), einfache Strecke 3 ¼ Std.

Glückstadt-Fahrt der HADAG: Termine unter www.hadag.de

Bergedorfer Schiffahrts-Linie Heiko Buhr (Tel. 73 74 82 66, Fax 73 74 82 67, Internet: www.barkassenfahrt.de): Marschlandenfahrt von Mitte April bis Ende Okt., jeweils So,

10.30 Uhr, von Bergedorf auf der Dove Elbe zur Tatenberger Schleuse und zurück, Dauer 3 Std. – Vierlandenfahrt von Mitte April bis Ende Okt., jeweils So, 14 Uhr, von Bergedorf auf der Dove Elbe nach Curslack/ Neuengamme und zurück, Dauer 3 Std.

Barkassenfahrten durch die Wasserstraßen von Hamm und Hammerbrook (Stadtteilarchiv Hamm, Tel. 251 39 27, Internet: www.hh-hamm.de): Mai bis Sept., 3 Std., Karten nur im Vorverkauf im Stadtteilarchiv, Carl-Petersen-Str. 76 (U-Bhf. Burgstr.)

»Plummslucker«-Barkassenfahrt nach Buxtehude (Hein Mehrkens, Tel. 04162–91 17 21): Ende April bis Ende Sept., ab Anleger Blankenese, auf der Este durchs Alte Land, einfache Strecke 1 ¾ Std., 4 ¼ Std. Landgang in Buxtehude mit Stadtführung.

Aussichtspunkte

Wasserturm im Stadtpark: So - Fr 10 - 15.30 Uhr.

Aussichtsplattform beim Ausgang Alter Elbtunnel auf Steinwerder.

Altonaer Balkon.

Köhlbrandbrücke.

Süllberg in Blankenese und »Sagebiels Fährhaus«.

Restaurant (2. Stock) und Cafe (4. Stock) im »Alsterhaus«, Jungfernstieg 16 - 20.

»Bavaria-Blick-Restaurant«, Bernhard-Nocht-Str. 99 auf St. Pauli.

Fernsehturm, siehe Besichtigungen.

St. Michaelis (»Michel«), Turmbesteigung (auch Auffahrt mit Fahrstuhl möglich): siehe Besichtigungen.

Verleih

Fahrradverleih

Rathauspassage, unter dem Rathausmarkt (Zugang: Alter Wall, Schleusenbrücke, Reesendamm), Tel. 369 00 97

Fahrradverleih Hauptbahnhof, Hachmannplatz 16, Tel. 39 18 27 56

Fahrradverleih St. Georg, Schmilinskystr. 6, Tel. 24 39 08

Fahrradverleih Altona, Barnerstr. 28, Tel. 390 38 24

MSP, Rentzelstr. 7, Tel. 45 03 61 80

Bootsvermietungen

Allermöhe (Dove Elbe): Paddeleih Bootsvermietung, Allermöher Deich 412, Werft Allermöhe, 21037, Tel. 040-723 44 33. – 9 bis 19 Uhr. – S21 bis Nettelnburg: Bus 221 bis Nettelnburger Landweg, am Wochenende verkehrt auch Bus 321

Bergedorf (Bille): Bootshaus Bergedorf, Schillerufer 41, 21029, Tel. 040-721 58 54. – 10 bis 24 Uhr. – S2, S21 bis Bergedorf.

Eppendorf (an der Alster): Bootshaus Silwar, Eppendorfer Landstr. 148 (beim Haynpark), 20251, Tel. 040-47 62 07. – 9 bis 22 Uhr – U1 bis Lattenkamp oder Busse 114, 190, 34, 39 bis Eppendorfer Markt

Eppendorf (am Isebekkanal): Nach Fertigstellung des Neubaus Isekai 13 soll dort wieder eine Bootsvermietung eröffnen.

Eppendorf (an der Alster): Wüstenberg, Deelbögenkamp 3, 22297, Tel. 040-51 77 01. – 10 bis 20 Uhr – U1 bis Lattenkamp

Harburg (Außenmühlenteich): Bootshaus zur Außenmühle, Gotthelfweg 2 a, im Harburger Stadtpark, 21077, Tel. 040-764 24 85. – Ab 13 Uhr, wetterabhängig. – S 3, S 31 bis Harburg, dann Bus 142 bis Schwimmbad MidSommerland.

Harvestehude (an der Alster): Bodo's Bootssteg, Harvestehuder Weg 1b, 20148, Tel. 040-44 06 54. – 11 bis 21 Uhr. – Ab Bahnhof Dammtor Bus 109 bis Fontenay oder Alsterschiff bis Anleger Rabenstraße.

Klein-Borstel/Fuhlsbüttel (am Oberlauf der Alster): Bootshaus W. Töns, Ratsmühlendamm 2, 22335, Tel. 040-59 94 98. – 9 bis 21 Uhr – U1 bis Klein-Borstel oder S1, S11 bis Ohlsdorf

Ochsenwerder (an der Gose-Elbe): Paddel-Meier, Heinrich-Osterrath-Str. 256, 21037, Tel. 040-737 22 70, 0170-475 25 12. – 10 bis 18 Uhr – S 21 bis Bergedorf, von dort Bus 222 bis H.-Osterrath-Straße

Poppenbüttel (an der Alster): Bootshaus Marienhof, Uwe Dienemann, Marienhof 4, 22399, Tel. 040-606 66 77, Fax 04181-5115. – Di-So 10 bis 20 Uhr. – S 1, S 11 bis Poppenbüttel, danach Bus 178 bis Schulbergredder

St. Georg (an der Alster): Pieper & Sohn, An der Alster, 20099, Tel. 040-247 57 78

St. Georg (an der Alster): Alfred Seebeck, An der Alster 67 a, 20099, Tel. 040-247 65 52. – 10 bis 20 Uhr. – Ab Hauptbahnhof zu Fuß.

Uhlenhorst (an der Alster): Bobby Reich, Fernsicht 2, 22301, Tel. 040-48 78 24. – U3 bis Sierichstr., von dort Bus 109 bis Harvestehuder Weg.

Uhlenhorst (an der Alster): Stute, Schöne Aussicht 20a, 22085, Tel. 040-220 00 30. – 11 bis 21 Uhr. – Bus 108 bis Mühlenkamp.

Winterhude (Goldbekkanal/Barmbeker Stichkanal, beim Stadtparksee): Café Sommer-Terrassen, Südring 44, 22303, Tel. 040-270 62 74. – 10 bis 23 Uhr – U3 bis Saarlandstraße.

Winterhude (am Osterbekkanal): Dornheim, Kaemmererufer 25, 22203, Tel. 040-279 41 84. – 9 bis 22 Uhr – U3, S1, S11 bis Barmbek, weiter mit Bussen 172 oder 173

Winterhude (am Goldbekkanal): Kübis Bootshaus-Küntzel, Poßmoorweg 46e, 22301, Tel. 040-279 67 41. - 9 bis 21 Uhr – U3 Borgweg, ab dort Bus 106 bis Goldbekplatz oder Moorfurtbrücke

Winterhude (Stadtparksee): von Rohden, Südring 5a, im Stadtpark, 22303, Tel. 040-27 34 16, Fax 27 80 64 46. – U3 Saarlandstraße.

Rundflüge

Wasserflugzeug, ab City-Sportboothafen, Baumwall, Tel. 37 83 41

Plätze am Wasser

Im Folgenden geben wir eine Auswahl von Lokalen und Restaurants am Wasser – und bestimmt auch so manchen Geheimtip preis...

An der Binnenalster

Alsterhaus, Jungfernstieg 16, Tel. 35 90 10, Selbstbedienungs-Restaurant auf der 2. Etage und Café im Obergeschoß bieten einen vorzüglichen Ausblick auf die Binnenalster

Alex (Ex-Alsterpavillon), Jungfernstieg 54, Tel. 355 09 20, ein Hamburger »Klassiker«, Panoramablick über die Binnenalster, große Terrasse, im Winter ab 21.30 Uhr geschlossen.

»Fidel« am Jungfernstieg, Jungfernstieg 56,
Tel. 33 55 88

Café Wien, Ballindamm, Tel. 33 63 42, ein
ehemaliger Alsterdampfer ist hier vor
Anker gegangen.

Ristorante Galatea, Ballindamm, Tel. 33 72 27,
ein weiteres Alsterschiff als gastronomische
Einrichtung, italienische Küche, Terrasse auf
dem Ponton, täglich.

An der Außenalster und am Alsterlauf

Alemannia Gastronomie, An der Alster 47a,
Tel. 28 03 45 51, die Räumlichkeiten des
Rudervereins können für Feste mit bis zu
150 Personen gemietet werden

Restaurant Alsterpark, Brombeerweg 12c, in
Fuhlsbüttel am Oberlauf der Alster,
Tel. 59 65 34, Garten am Alsterlauf, franzö-
sisch beeinflußte Küche, Sa erst ab 18.30
Uhr, So geschl.

Alsterperle, Schwanenwik 41, Tel. 22 74 82 73,
ehemaliges Toilettenhäuschen (ähnliches
gibt's mit dem »Café Ise« beim Isebekkanal,
Ecke Grindelberg / Hoheluftchaussee, und
mit der »Red Dog Bar & Café« bei der
Krugkoppelbrücke), Garten an der Alster.

Barmeiers Garten-Café, Eppendorfer Landstr.
180, bei Hayns Park-Brücke, Tel. 51 77 07

Bodo's Bootssteg, Harvestehuder Weg 1b,
Tel. 44 06 54, Plätze auf dem Bootssteg,
Liegestuhl-Verleih, im Winter nur So.

Bobby Reich, Fernsicht 2, Tel. 48 78 24,
eine hanseatische Traditions-Adresse,
großartige Aussicht (siehe Straßenname!),
Bootssteg

Café Hansa Steg, Schöne Aussicht 20a,
Tel. 22 00 30, mit Sonnenterrasse, Okt. bis
April nur Sa-So.

Café Alfred Seebeck, An der Alster 67a,
Tel. 24 76 52, Pontonterrasse des Bootsver-
leihs, Selbstbedienung, im Sommer

Café Leinpfad, Ecke Leinpfad / Hudtwalckerstr.,
Tel. 46 48 56, am Anleger Winterhuder
Fährhaus

Cliff (früher: Kleines Fährhaus), Fährdamm 13,
Tel. 44 27 19, in Harvestehude, gestylter Treff,
italienische Küche

Insel-Café, An der Alster 47a (Gurlittinsel),
Tel. 25 60 58, gehört zur Segelschule »Käpt'n
Prüsse«, Terrasse.

Kajüte Melo Timm, An der Alster 10a,

Tel. 24 30 37, 24 60 58, am Ostufer der
Außenalster, Sommerterrasse, täglich.

Da Paolino, Alsterufer 2, Tel. 41 35 56 55, nach
dem Brand wiedereröffnet, italienische
Küche, Prominenz

Zur Ratsmühle, Ratsmühlendamm 2,
Tel. 50 55 54, Restaurant bei der Schleuse am
Fuhlsbütteler Mühlenteich, Garten, Boots-
verleih, täglich

Wüstenberg, Deelbögenkamp 3, Tel. 51 77 01,
Bootslagerung und -vermietung, kleiner
Imbiß und Mini-Biergarten

An den Fleeten

Anna Restaurant, Bleichenbrücke 2 / Ecke
Neuer Wall, Tel. 36 70 14, am Bleichenfleet,
neue deutsche Küche mit italienisch-asia-
tischen Akzenten, im Sommer Plätze im
Freien auf dem Ponton (»Venedig in Hamburg«), So/Fei geschl.

Terrassen-Bar-Restaurant Citrus, Neuer Wall 77,
Tel. 37 50 06 13, Terrasse zum Alsterfleet

Cremon-Weinkeller, Cremon 34, Ponton auf
dem Nicolaifleet

Friesenkeller, Jungfernstieg 7 (Alsterarkaden),
Tel. 35 76 06 20, norddeutsche Küche,
Fischgerichte, Ponton auf der Kleinen Alster,
täglich

Café Bleichenbrücke, Poststr., Plätze im Freien
am Bleichenfleet, selbst im Winter gut
besetzt

Café-Restaurant Ponton, Poststr., auf dem
Bleichenfleet, beheizt

An den Kanälen

Zum Bootshaus, Isekai 12 ö, Tel. 47 74 14,
Vereinsgaststätte der »Wassersport-Abteilung
Sportvereinigung Polizei Hamburg 1920 e.V.«
(WASP); das ö hinter der Hausnummer
bedeutet »öffentlicher Grund«. Terrasse am
Isebekkanal., gutbürgerliche Küche. Mo-Fr
16-23, So April - 1. Okt. 11-13 Uhr.
Ruhetage: Sa im Sommer, So vom 1. Okt.
bis Ende März

La Cabana, Flachsland 44, Tel. 29 53 42, am
Osterbekkanal, spanische Küche

Café Fiedler, Hofweg 103, Tel. 22 77 4 03, am
Anleger Mühlenkamp und dem Übergang
vom Langen Zug in den Osterbekkanal auf
der Uhlenhorst

Café Uferlos (früher: Sportgaststätte VfL 93
Hamburg), Barmbeker Str. 62, Tel. 279 24 55,
Plätze am Goldbekkanal

Fellini, Dorotheenstr. 65, Tel. 270 31 61, schön
gelegen am Goldbekkanal in Winterhude,
Terrasse, von der Straße her nicht einsehbar,
daher weniger bekannt

Schumachers im Freibad, Südring 5b (Stadtparksee), Tel. 27 80 69 79, im Sommer
abends

Kalenbach, Moorfurthweg 9, Tel. 27 09 23 20,
am Goldbekkanal im Kulturzentrum Goldbekhaus, neue deutsche Küche, Gartenlokal,
Bootsanleger

Kutterimbiß, Kaemmererufer 25, Tel. 279 41 84,
Hausmannskost beim Bootsvermieter
Dornheim am Osterbekkanal

Café Sommer-Terrassen, Südring 44,
Tel. 270 62 74, im Stadtpark beim Stadtparksee und am Goldbekkanal / Barmbeker
Stichkanal, Live-Musik, Kanuvermietung,
geöffnet April – Ende Oktober

Vereinshaus der Kleinsiedler an der Osterbek
(am Bach, nicht mehr am Kanal), Klein-
gartenverein 538, Zugang vom Barmwisch,
Tel. 693 85 19

Vorschau: Der voraussichtlich 2001 fertiggestellte Neubau Ecke Oderfelder Str./Isekai
wird ein Restaurant am Isebekkanal
beherbergen.

Wienerwald, Eppendorfer Baum, ein schwung-
volles Stück Architektur bei der U3-Station
Eppendorfer Baum, das über den Isebekkanal hinausragt.

An der Oberalster

Alsterschleuse, Ehlersberg, Tel. 607 01 24, in
Tangstedt

The Locks, Marienhof 6, Tel. 611 66 00, in
Poppenbüttel, Terrasse, Blick zur Poppen-
bütteler Schleuse

Ringhotel Mellingburger Schleuse, Melling-
burgredder 1, Tel. 602 40 01, in Sasel,
traditionelles Hamburger Ausflugsziel

Rodenbeker Quellenhof, Rodenbecker Str. 126,
Tel. 604 92 28, in Bergstedt an der Alster im
Rodenbeker Quellental, Garten

Im und am Hafen

Afghanisches Museum, Am Sandtorkai 32/
1. Boden, Tel. 36 33 40, in der Speicherstadt,
kann für Feiern mit 20 bis 200 Personen
gemietet werden

Alter Elbtunnel, Bei den St.Pauli-Landungs-
brücken 7, Tel. 31 40 19, Traditionslokal am
maritimen Ort

Alt-Helgoländer Fischerstube, Fischmarkt 4,
Tel. 319 46 96, Elbblick, tgl.

Bavaria Blick, Bernhard-Nocht-Str. 99,
Tel. 31 16 31 16, Aussicht vom 60 Meter
hohen Hochhaus über Hafen und Elbe

Brücke 10, St.Pauli-Landungsbrücke 10,
Tel. 31 66 03

Dock 14, Fischmarkt 14, Tel. 31 45 67, auf
St.Pauli, Mo-Fr

Feuerschiff LV 13, Anleger Vorsetzen,
Tel. 36 25 53, wie fast alle Restaurants an der
Hafenkante durchgehend warme Küche, ab
und an Jazz-Veranstaltungen

Fischerstube, St. Pauli-Landungsbrücke 3,
Tel. 31 25 85

Fischkajüte, St. Pauli-Landungsbrücke 5,
Tel. 319 27 82, nach eigenen Angaben
»Deutschlands älteste Fischbratküche«

*Bord-Restaurant Museumsschiff »Cap San
Diego«*, Überseebrücke, Tel. 378 65 20, tgl. 11
bis 18 Uhr, Okt.-April Di geschl.

Nordsee, St. Pauli-Landungsbrücke 1, Ableger
der deutschlandweiten Kette

Pantry, St. Pauli-Landungsbrücke 9, rustikal

Restaurant »Rickmer Rickmers«, St. Pauli-
Landungsbrücke 1, Tel. 35 69 32 03, auf dem
Segelschiff, täglich bis 17.30 Uhr

Restaurant-Café Überseebrücke, Überseebrücke,
Tel. 31 29 29, Restaurant im 1. Stock, Parterre
Bistro »Seaport« (Selbstbedienung)

Tower Bar im Hotel Hafen Hamburg,
Seewartenstr. 9, Tel. 311 13, großartiger
Ausblick, Happy hour tgl. 18-19 Uhr

Vespucci, Bei den St. Pauli-Landungsbrücken 3,
Tel. 317 96 42 3, italienisches Restaurant im
Gebäude der St. Pauli-Landungsbrücken,
Hafen- und Elbblick

Niederelbe

Restaurant Ahrberg, Strandweg 33, Tel. 86 04 38,
in Blankenese, Garten zur Elbe

Alter Leuchtturm, Strandweg 69,
Tel. 86 66 20 92, in Blankenese, Terrasse

Bier- und Kaffegarten Schuldt, Süllbergterrasse 30, Tel. 86 24 11, Elblick vom Blankeneser Treppenviertel, im Winter geschl.

Bodega del Puerto (früher: Strandcafé), Övelgönne, Tel. 39 03 43

Dübelsbrücker Kajüt, Elbchaussee 303, Tel. 82 87 87, in Teufelsbrück, schwimmende Kajüte, maritim ausgestattet, Mo geschl.

Café Engel, Elbchaussee, Anleger Teufelsbrück, futuristischer Aufbau auf dem Ponton, italienische Küche und Fischgerichte

Finkenwerder Elbblick, Focksweg 42, Tel. 742 51 91

Fischereihafen-Restaurant, Große Elbstr. 143, Tel. 38 18 16, eine der ersten kulinarischen Adressen der Stadt, viel Prominenz

Jacobs Restaurant im Hotel Louis C. Jacob, Elbchaussee 401-403, Tel. 82 25 50, Elbblick und Lindenterrasse, vornehm

Kajüte SB 12, Am Strandweg, Blankenese, Selbstbedienung, Tische im Freien (weitere Verkaufskioske am Falkensteiner Weg beim Wasserwerk und Richtung Zeltplatz)

Landungsbrücke Finkenwerder, Benittstr. 9, Tel. 742 51 51, am Anleger Finkenwerder, norddeutsche Küche

Land unter (früher: Gaststätte Kröger), Neumühlen 24, Tel. 39 90 73 88, Garten

Museumshafen-Café Övelgönne, Anleger Neumühlen, Tel. 39 73 83, auf der ehemaligen HADAG-Fähre »Bergedorf«, Nov.-April Mo geschl.

Op'n Bulln, Blankeneser Landungsbrücken, Tel. 86 99 62, am Anleger Blankenese, Plätze im Freien

Rive, Van-der-Smissen-Str. 1, Tel. 380 59 19, im Terminal der England-Fähre direkt an der Elbe, sehr beliebt

Sagebiel's Fährhaus, Blankeneser Hauptstr. 107, Tel. 86 15 14, Traditionslokal hoch über der Elbe, gutbürgliche und chinesische Küche, auf der Gartenterrasse spielte eine Szene von »Große Freiheit Nr. 7« mit Hans Albers

Schifferhaus, Strandweg 20, Tel. 86 03 85, in Blankenese, hinter Blankeneses Promenade liegt ein Garten am Elbstrom

Schulauer Fährhaus (Willkommhöft), Wedel-Schulau, Tel. 04103–920 00, vielbesuchte Attraktion am Elbufer

Strandhof, Strandweg 27, Tel. 86 52 36, in Blankenese, elbseitiger Garten

Strandperle, Övelgönne 63, Tel. 880 11 12, in Övelgönne, eigentlich ein Kiosk, Selbstbedienung, äußerst beliebter Treff am Elbstrand, April bis Anfang Oktober

Warsteiner Elbspeicher, Große Elbstr. 39, Tel. 38 22 42, beim Altonaer Fischmarkt im historischen Speicher, Parterre Bistro, Restaurant in der 1. Etage

Das Weiße Haus, Neumühlen 50, Tel. 39 09 16, Fischgerichte in einem klassizistischen Haus nahe dem Museumshafen Övelgönne

Zum alten Lotsenhaus, Övelgönne 13, Tel. 880 01 96

Zum Bäcker, Am Strandweg 65, Tel. 86 17 86, in Blankenese, Sommerterrasse unter Linden, aber keine Plätze direkt am Strom

Zum Bäcker mit Kajüte, Övelgönne 38, Tel. 880 12 42

Zur Elbkate, Övelgönner Hohlweg 12, Tel. 880 37 66

Oberelbe

Gasthof zum Elbdeich, Neuengammer-Hausdeich 2, Tel. 723 54 81, Elbblick, Mo geschl.

Gaststätte & Krämerei Wolfgang Schween, Altengammer-Hauptdeich 44, Tel. 723 53 34, Di geschl.

Strandhalle Over, Sandberg 7, Tel. 769 66 39, linkes Elbufer in Seevetal-Over, Hausmannskost vorm Deich an der Elbe, Mo-Fr erst ab 16 Uhr

Zollenspieker Fährhaus, Zollenspieker Hauptdeich 143, Tel. 793 13 30, Hamburgs südlichster Punkt an der Oberelbe, Hotel, Biergarten und Restaurants, Fähre nach Hoopte

Im Bergedorfer Hafen

el barco mexican restaurant, Serrahnstr. 6, Tel. 721 40 42, mexikanische Küche, auf dem Oberdeck des Schiffes sitzt man im Freien

Im Hafen Harburg

Marinas, Schellerdamm 20, Tel. 765 38 28, im Harburger Binnenhafen am Fleet gelegen, ausgezeichnete Fischküche

An der Bille

Restaurant Al Lido, Amsinckstr. 70, wo niemand ein italienisches Restaurant (mit Plätzen im Freien im Schatten des blauen Kran) vermutet, gibt es eines!

Restaurant Hanseat, Bergedorfer Str. 41, Tel. 7216464, an der Bille gelegen

Zum Skipper, Kaltehof-Hinterdeich 12, Tel. 782267, an der Billwerder Bucht

An der Dove Elbe

Restaurant Curslacker Landhaus, Curslacker Heerweg 2, Tel. 7232220, Gästeanleger

Fährhaus Tatenberg, Tatenberger-Deich 164, Tel. 7372227

Hotel am Deich, Allermöher-Werftstegel 3, Tel. 7237370

Hotel Vierlandentor, Curslacker-Deich 375, Tel. 7237240, Schiffsanleger

An der Este

Altes Fährhaus, Estedeich 94, Tel. 7459132, in Cranz, eigener Fähranleger

Cranzer Hof, Cranzer-Hauptdeich 55, Tel. 7458332, in Cranz

Estehof, Estebrügger Str. 87, Jork-Estebrügge, Tel. 04162-275, schönes Haus am Deich, Kaffegarten und Schiffsanleger

Gasthaus zur Post, Estedeich 88, Tel. 7459409, in Cranz

Museen

(* = Eintritt frei)

Abwasser- und Sielmuseum, Bei den St. Pauli-Landungsbrücken, 20359, nach Vereinbarung (n.V.), Tel. 3498 5055 (zu erreichen mit U3, S1 bis Landungsbrücken)

Afghanisches Kunst- und Kulturmuseum, Am Sandtorkai 32/I, 20457, Tel. 363340: tgl. 10-17 Uhr (Speicherstadt, U1 Messberg)

Akademie für Gestaltung (PAW), Malerei, Zeichnungen, Kunstphotos, Jakobikirchhof 8, 20095, Tel. 33 03 09: Mi - Fr 10 - 12 Uhr (U3 Mönckebergstraße)

Altonaer Museum/Norddeutsches Landesmuseum, Museumstr. 23, 22765,

Tel. 4281 1514: Di - So 10 - 18 Uhr (Bhf. Altona), Internet: www.hamburg.de/Altonaer-Museum

Alstertalmuseum, Torhaus, Wellingsbüttler Weg 75 a, 22391, Tel. 536 66 79: Sa - So 11 - 13, 15 - 17 Uhr (S1, S11 bis Bhf. Wellingsbüttel), Internet: www.alstertal-museum.de

Bischofsturm, »Steinernes Haus« des Erzbischofs Bezelin-Alebrand, Kreuslerstr./Speersort 10, 20095, Tiefgeschoß Gemeindehaus St. Petri; Tel. 3257400, Mo - Fr 10 - 13, 15 - 17, Sa 10 - 13 Uhr (U3 Mönckebergstraße)

Botanisches Museum, Institut für angewandte Botanik der Universität, seit 2000 wegen Umzugs geschlossen

Buddelschiff- und Muschel-Museum, Schulauer Fährhaus, 22880 Wedel-Schulau, Tel. 04103 - 819778: tgl. 10 - 18 Uhr, Nov. - Feb. Mi, Sa, So 10-18 Uhr (S-Bahn bis Wedel, Bus 489 bis Fährhaus). Internet: www.buddel.de/bus/mus.htm

Bunkermuseum, Wichernsweg 16, 20537, Tel. 2513927, Ausstellung im Vier-Röhren-Bunker von 1940/41 zu Luftangriffen auf Hamburg und London im 2. Weltkrieg; Do 10-12, 15-18 Uhr (auf dem Gelände der Wichernkirche, U3 oder Bus 116 bis Rauhes Haus). Internet: www.hh-hamm.de

Deichtorhallen, wechselnde Kunstausstellungen, Deichtorstr. 1 - 2, 20096, Tel. 321030; Di-So 11-18 Uhr (Hbf)

Deutsches Maler- und Lackierer-Museum, Glockenhaus, Billwerder Billdeich 72, 22113, Tel. 7338706: Sa - So 10 - 13 Uhr (S21 bis Billwerder Moorfleet, dann 20 Min. zu Fuß)

Deutsches Zollmuseum, Alter Wandrahm 16 (Speicherstadt), 20457, Tel. 3397 6386: Mo 13-21, Di-Sa 10-17, So 10-18 Uhr (U1 Messberg)*

Eidelstedter Heimatmuseum, Alte Elbgaustr. 12, 22523, Tel. 5709599: Do 15 - 18 und n.V. (S21 Elbgaustr.)

Electrum, Museum der Elektrizität, Klinikweg 23: z.Zt. geschlossen, ein Förderverein zur Rettung des Museums ist gegründet

Ernst Barlach Haus, Jenischpark, Baron-Voght-Str. 50, 22609, Tel. 82 6085: Di - So 11 - 17 Uhr (S1, S11 Klein-Flottbek, oder: Busse 36, 39, 186 bis Teufelsbrück), Internet: www.barlach-haus.de

Ernst Barlach Museum, Mühlenstr. 1, 22880 Wedel, Tel. 04193 – 15 150: Di - So 10 - 12, 15 - 18 Uhr (S-Bhf. Wedel)

Gedenkstätte Ernst Thälmann, Ernst-Thälmann-Platz, 20251, Mi-Fr 10-17, Sa 10-13 Uhr oder n.V., Tel. 47 41 84, E-Mail: Kuratorium@thaelmann-gedenkstaette.de (Eppendorfer Marktplatz, Busse 34, 38, 39, 113, 190), Internet: www.thaelmann-gedenkstaette.de

Erotic Art Museum, Nobistor 10 A, 22767, Tel. 651 82 47; So-Do 10-24, Fr-Sa 10-1 Uhr (S-Bhf. Reeperbahn), Internet: www.erotic-art-museum.hamburg.de

Ewerführerei im Hamburger Hafen, Nikolaifleet, Ponton, Zugang von der Deichstraße: Ausstellung des Museums der Arbeit auf der Museumsschute, jeder 1. So. von Mai - Okt. 11 - 17 Uhr (U3 Rödingsmarkt).

Freie Akademie der Künste, Klosterwall 23 (Markthalle-Süd), 20095, Tel. 32 46 32, wechselnde Ausstellungen: Di-So 11-18 Uhr (Hauptbahnhof), Internet: www.akademie-der-kuenste.de

Freilichtmuseum am Kiekeberg, 21224 Rosengarten-Ehestorf, Kr. Harburg, Tel. 790 17 60: März - Okt. Di - Fr 9 - 17, Sa - So 10 - 18, Nov. -Feb. Di - So 10 - 16 Uhr, geschl. 25.12., 1.1. (Autobahnausfahrt A7 Marmstorf), Internet: www.kiekeberg-museum.de

Museum Friedhof Ohlsdorf, Fuhlsbüttler Str. 756 (Haupteingang Friedhof), 22337, Tel. 50 05 33 87: Mo, Do, So 10-14 Uhr (S/U-Bhf. Ohlsdorf)*

Gedenkstätte Janusz-Korczak-Schule und Rosengarten für die Kinder vom Bullenhuser Damm, Bullenhuser Damm 92, 20539, Do 14-20, So 10-17 Uhr, oder n.V. (Tel. 428 96 03) (S21 Rothenburgsort).*

Gedenk- und Bildungsstätte Israelitische Töchterschule, Karolinenstr. 35, 20357, Tel. 428 43 21 75: Dauerausstellung »Jüdisches Schulleben am Grindel«, Di und Do 14 - 18 Uhr, für Gruppen sonst n.V. (U2 Messehallen)

Gedenkstätte KZ Fuhlsbüttel, Torhaus, Suhrenkamp 98, 22335: So 10 - 17 Uhr und n.V., Tel. 428 96 03 (S- und U-Bhf. Ohlsdorf)

Gedenkstätte Plattenhaus Poppenbüttel (KZ-Außenlager Sasel, Behelfswohnheimbau),

Kritenbarg 8, 22391: So 15 - 17 Uhr und n.V., Oster- und Pfingstso. geschl., Tel. 428 96 03 (S-Bhf. Poppenbüttel).

Geologisch-Paläontologisches Museum der Universität, Bundesstr. 55, 20146, Tel. 41 23 50 11: Mo - Fr 9 - 18, Sa 9 - 12 Uhr (Semesterferien: Sa. geschl.) (U3 Schlump).

Gorch Fock Haus, Elternhaus des Schriftstellers, Nessdeich 6, 21129, Tel. 742 65 01, 1. Do i. Monat 14-18 Uhr, Gruppen n.V. (in Finkenwerder; Bus 150 ab Bhf. Altona, Fähre 62 ab St. Pauli-Landungsbrücken)

HafenCity InfoCenter, zum bedeutendsten Entwicklungsprojekt der Stadt, Am Sandtorkai 30 (Speicherstadt) im alten Kesselhaus, Di-Mi 10-18, Do 10-21, Fr-So 10-18 Uhr (U1 bis Messberg)

Hamburger Kunsthalle, Glockengießerwall, 20095, Tel. 428 54 26 12; Di - Mi 10 - 18, Do 10 - 21, Fr - So 10 - 18 (Hbf.). Internet: www.hamburger-kunsthalle.de

Hamburger Museum für Archäologie und die Geschichte Harburgs/Helms Museum, Museumsplatz 2, 21073, Tel. 428 71 26 31: Di - So 10 - 17 Uhr; Harburger Stadtgeschichte im Gebäude Hastedtstr. 30 - 32 (S3 Harburg Rathaus)

Hamburger Wasserwerke, Ausstellungszentrum, Billhorner Deich 2, 20539, Tel. 78 88 28 41, 78 88 25 55, Di, Do, So 10-16 Uhr

Harry's Hamburger Hafenbasar, Große Freiheit 68, 22767, Tel. 31 24 82, Di-So 10-18 Uhr, So kein Verkauf (Eintritt wird bei Kauf angerechnet) (S-Bhf. Reeperbahn), Internet: www.hafenbasar.de

Heimatmuseum Wandsbek, Böhmestr. 20, 22041, Tel. 68 47 86: Di 16 - 18 Uhr, 1. So i. Monat 11-13 Uhr (U1 Wandsbek-Markt)

Heim-Museum Oberaltenallee, Pflegeheim Finkenau 19, Haus 1 (3. Stock), 22081, Tel. 29 80 44 87: Di - Fr 10 - 12/14 - 16 Uhr (U2 Mundsburg)

Heine-Haus (Gartenhaus Salomon Heine), Elbchaussee 31, Heinepark, 22765, Tel. 390 30 11: Di - Fr 11 - 19 Uhr, Juli - Aug. geschl. (Bus 36).

Hot Spice Gewürzmuseum, Am Sandtorkai 32, 20457, Tel. 36 79 89: tgl. 10 - 17 Uhr (U3 Baumwall)

Design National Museum (im Aufbau), Habichtsplatz 11, 22307, Tel. 61 72 63: Info gegen Rückporto.

Jenisch-Haus, Museum großbürgerlicher Wohnkultur, Jenischpark, Baron-Voght-Str. 50, 22609, Tel. 82 87 90: April - Sept. Di - So 10 - 17, Okt. - März Di - So 10 - 16 Uhr (S1, S11 bis Klein-Flottbek, oder: Busse 36, 39, 186 bis Teufelsbrück).

Johannes-Brahms-Gedenkräume, Peterstr. 39, 20355, Tel. 34 46 88, 34 62 29: Di und Do 10-13, 1. So im Monat 11-14 Uhr (U3 St. Pauli). Internet: www.brahms-hamburg.de

Krameramtswohnungen (historische Witwenwohnungen beim »Michel«), Krayenkamp 10, 20459, Tel. 37 50 19 88: Di - So 10 - 17 Uhr (S-Bhf. Stadthausbrücke).

Kunsthaus, Berufsverband Bildender Künstler (BBK), Ausstellungen zeitgenössischer Kunst, Klosterwall 15, 20095, Tel. 33 58 03: Di - Mi, Fr - So 10 - 18, Do 10 - 21 Uhr (Hbf)

Kunstverein in Hamburg, Klosterwall 23, 20095, Tel. 33 83 44: Di - Mi, Fr - So 11 - 18, Do 11 - 21 Uhr. (Hbf)

KZ-Gedenkstätte Neuengamme, 1995 neu eröffnete Dauerausstellung »Überlebenskämpfe« in den ehemaligen Walther-Werken, einem KZ-Rüstungsbetrieb; Gedenkhaus mit »Halle der Namen«; beschilderter Rundweg; Jean-Dolidier-Weg, 21039, Tel. 428 96 03: Ausstellung April - Sept. Di - Fr 10 - 17, Sa - So 10 - 18; Okt. - März Di - So 10 - 17 Uhr (S21 bis Bergedorf, Bus 227 ab 9.31 Uhr stdl.)

Mineralogisches Museum der Universität, Grindelallee 48, 20146, Tel. 428 38 20 58; Mi 15 - 18 Uhr (Busse 35, 102 bis Grindelhof).

Miniatur-Wunderland, Kehrwieder 2 (Speicherstadt), größte europäische Modelleisenbahn-Anlage, tgl. 10-18 Uhr, www.miniatur-wunderland.de

Montblanc-Firmenmuseum, Hellgrundweg 100, 22525, Tel. 84 00 14 00: Mi - Do 10 - 17 Uhr (S-Bhf. Eidelstedt)

Museum der Elbinsel Wilhelmsburg mit Milchmuseum, im Amtshaus von 1724, Kirchdorfer Str. 163, 21109, Tel. 75 14 97: Mai - Okt. So 15 - 17 Uhr, sonst n.V. (S3 bis Wilhelmsburg, Bus 155 bis Kirchdorfer Str., oder: Bus 34 bis Hinter der Dorfkirche).

Museum der Arbeit, Maurienstr. 19, 22305, Tel. 29 84 23 64: Mo 13 - 21, Di - Sa 10 - 17, So 10 - 18 Uhr (S1, S11, U2, U3 Barmbek). Internet: www.museum-der-arbeit.de

Museum für Bergedorf und die Vierlande, Schloß Bergedorf, 21029, Tel. 428 91 28 94: Do, Sa - So 10 - 17 Uhr (S2, S21 Bergedorf). Internet: www.schloss-bergedorf.de

Museum für Hamburgische Geschichte, Holstenwall 24, 20355, Tel. 35 04 23 60: Di - Sa 10 - 17, So 10 - 18 Uhr. Vorführzeiten Modelleisenbahn: Di - Fr 11.30, 14.30, 15.30; Sa 12.30; So 11.30 bis 15.30 Uhr stündlich (U3 St. Pauli). Internet: www.hamburgmuseum.de

Museum für Kunst und Gewerbe, Steintorplatz 1, 20099, Tel. 24 86 27 32: Di - Mi 10 - 18, Do 10 - 21, Fr - So 10 - 18 Uhr (Hbf.). Internet: www.mkg-hamburg.de

Afghanisches Kunst- und Kulturmuseum, Am Sandtorkai 32/I, 20457, Tel. 36 33 40; tgl. 10 - 17 Uhr (Speicherstadt, U1 Messberg)

Museumsdorf Volksdorf, »Spiekerhus«, Im Alten Dorfe 46 - 48, 22359, Tel. 603 52 25: Di - So 10 - 17 Uhr, Führungen 15 Uhr (U1 Volksdorf, Busse 174, 175). Internet: www.volksdorf.net/museum

Museum Rade, volkstümliche Künste aus allen Erdteilen, am Schloß Reinbek, Schloßstr. 4, 21465 Reinbek, Tel. 722 91 58; Mi - So, Fei 10 - 17 Uhr (S-Bhf. Reinbek).

Museumshafen Övelgönne, Övelgönne 42, Fähranleger Neumühlen, 22605: Führungen n.V.: Tel. 390 00 79 (Bus 112 oder HADAG-Schiff ab St. Pauli Landungsbrücken). Internet: www.museumshafen-oevelgoenne.de

Museumsschiff »Cap San Diego«, Überseebrücke im Hafen, 20459, Tel. 36 42 09, 36 54 81: Täglich 10 - 19, Winter 10 - 18 Uhr (U3, S1 Landungsbrücken). Internet: www.capsandiego.de

Museumsschiff Windjammer »Rickmer Rickmers«, St. Pauli Landungsbrücken, 20359, Tel. 319 59 59: tägl. 10 - 18 Uhr (U3, S1 Landungsbrücken). Internet: www.rickmer-rickmers.de

Neuer Botanischer Garten, Ohnhorststr. 18, 22609, Tel. 82 28 24 96: Sommer 9 - 20, Winter 9 - 16, Führungen Mai - Sept. So 10 Uhr (S-Bhf. Klein-Flottbek).

Panoptikum, Wachsfigurenkabinett, Spielbudenplatz 3, 20359, Tel. 31 03 17: Mo - Fr
11 - 21, Sa 11 - 24, So 10 - 21 Uhr, Mitte Jan.-
Anfg. Febr. geschl. (U3 St. Pauli).

Planetarium, Wasserturm im Stadtpark,
Hindenburgstr. 1, 22303, Tel. 514 98 50:
Mi 18, Fr 18 und 20, So 16 und 18 Uhr;
weitere Termine bitte erfragen. (U1 Hudt-
walckerstr.). Internet: www.hamburg.de/
Planetarium

Museum für Kommunikation, Stephansplatz 5,
203 54, Tel. 357 63 60, Di-So 9-17 Uhr,
Geschichte der Nachrichtenübermittlung
auf 1300 qm, früherer Name: Postmuseum
(U1 Stephansplatz).

*Puppenmuseum Falkenstein/Sammlung Elke
Dröscher,* Grotiusweg 70, 22587, Tel. 81 05 82
(im Landhaus Michaelsen, 1923 - 25, Arch.:
Karl Schneider, nach Hipp »das erste Mani-
fest des Neuen Bauens der zwanziger Jahre in
Hamburg«): Di - So 11 - 17 Uhr, auch aufein-
anderfolgende Feiertage (S-Bhf. Blankenese,
Bus 286 bis Falkenstein oder Bus 189 bis
Tinsdaler Kirchenweg)

Sammlung Bargheer, Eduard-Bargheer-Haus,
Rutsch 2, 22587, Tel. 86 50 07: Archiv und
Werkbetreuung von Eduard Bargheer
(1901 – 1979), einem der wichtigsten Maler
der Hamburgischen Sezession und meist-
ausgestellten Künstler der 50er/60er Jahre;
Besuch n.V. (S-Bhf. Blankenese, Bus 48).

Schaugewächshäuser, Planten un Blomen,
Wallringpark, 20355: Sommer 9 - 16.45,
Winter 9 - 15.45 Uhr (Bhf. Dammtor, U1
Stephansplatz).*

Schloß Ahrensburg, Renaissance-Wasserschloß,
22926 Ahrensburg, Tel. 04102 – 42510:
Di - So 10 - 12.30, 13.30 - 17 Uhr, im Winter
bis 15 bzw. 16 Uhr (S-Bhf. Ahrensburg).

Schloß Reinbek, Renaissance-Jagdschloß,
Schloßstr. 5, 21465 Reinbek, Tel. 727 34 60,
wechselnde Ausstellungen: Mi-So/Fei 10-17
Uhr

Schulmuseum, Seilerstr. 42, 20359,
Tel. 35 29 46; Einzelbesucher können sich
einer Schulklasse anschließen (U 3 St.Pauli),
Internet: http://hamburgerschulmuseum.de

Schwimm-Dampfkran Saatsee, ehemals im
Nord-Ostsee-Kanal im Einsatz, Außenstelle
Museum der Arbeit im Museumshafen Övel-
gönne, April-Anfang Nov., Di-Fr 14-18, Sa-So,

Fei, 10-18 Uhr (Bus 112 oder HADAG-
Schiff).

Schulmuseum, Rudolf-Roß-Schule, Neustädter
Str. 60, 20355, Tel. 35 29 46: Di - Do 9 - 16,
Fr 9 - 15.30 Uhr, während der Sommerferien
geschl. (U2 Gänsemarkt).

*Speicherstadt-Ausstellung des Museums der
Arbeit,* im Speicher Eichholtz & Cons.,
St. Annenufer 2, 20457, Tel. 32 11 91: Di - So
10 - 17 Uhr (U1 Messberg). Internet:
www.museum-der-arbeit.de/Speicherstadt-
museum

Landesmedienzentrum (Photogalerie), Kieler
Str. 171, 22525, Tel. 428 01 52 38, Mo-Fr 10-
18, Sa 10.30-15 Uhr (Bus 183).

Tabakhistorische Sammlung Reemtsma, Parkstr. 51 (ehem. Wohnhaus Philipp F. Reemtsma), 22605, Tel. 82 20 15 42: in Othmarschen,
Besuch n.V. (S-Bahn bis Altona, dann Bus
115 bis Parkstr.; oder S1, S11 bis Othmarschen, dann 15 Min. Fußweg)

Taxameter Museum, Rothenbaumchaussee 79,
20148, Tel. 44 86 43, Sammlung des Hamburger Verbandes für das Personenverkehrs-
gewerbe, Mo - Do 8 - 16, Fr 8 - 13 Uhr (U1
Hallerstraße)

Telefonmuseum im Hittfelder Bahnhof, Gustav-
Becker-Str. 9, 21218 Hittfeld, Tel. 04105-
126 76: Sa-So, Fei 14-18 Uhr (S-Bhf. Hittfeld).
Internet: www.telefonmuseum-Hittfeld.de

Vierländer Freilichtmuseum »Rieck-Haus«,
Curslacker Deich 284, 21039, Tel. 723 12 23:
Okt. - März Di - So 10 - 16, April - Sept.
Di - So 10 - 17 Uhr (Ab Bhf. Bergedorf,
Busse 124, 223, 224 bis Schiefe Brücke)

Wasser Forum, Billhorner Deich 2, 205 39, Tel.
78 88 24 83: Geschichte der Hamburger
Wasserversorgung: Di, Do, So 10-16 Uhr
(S-Bhf. Rothenburgsort)

*Zirkus- und Varieté-Archivsammlung Reinhard
Tetzlaff/Gesellschaft der Circusfreunde e.V.,*
Nienkamp 25, 22453 (in Niendorf), Tel.
552 31 32: Besuch nach telefonischer
Vereinbarung (U2 Niendorf Markt)

Ziviljustizgebäude, Sievekingplatz, 20355:
Dokumentation »Hamburgische Justiz in der
NS-Zeit«, Raum 707, während der Öffnungs-
zeiten (U2 Messehallen)

Zoologisches Museum der Universität, Martin-
Luther-Platz 2, 20146, Tel. 428 38 38 80:
Di - Fr 9 - 18, Sa - So 10 - 17 Uhr (U-Bhf.
Schlump oder Bus 102)

Märkte

Märkte (Auswahl)

Altona: Fischmarkt, So, Sommer 5 - 9.30,
Winter 7 - 9.30 Uhr.
Neue Große Bergstr. und Jessenstr.: Mi und Sa
8 - 13 Uhr.
Altstadt: Hopfenmarkt, Di und Do 11-16 Uhr
Barmbek: Wiesendamm/Ecke Poppenhusenstr.:
Di 8.30 - 13, Fr 14 - 18 Uhr.
Blankenese: Bahnhofstraße: Di 8 - 14, Fr 8 - 18,
Sa 8 - 13 Uhr.
Eimsbüttel: Grundstr.: Mi 8.30 - 13, Sa 8.30 - 13
Uhr.
Gustav-Falke-Str.: Mo und Do 8.30 - 14 Uhr.
Eppendorf: Isestraße: größter und schönster
Hamburger Wochenmarkt, Di und Fr 8.30 -
14 Uhr.
Fuhlsbüttel: Ratsmühlendamm: Mi und Fr
8.30 - 13 Uhr.
Langenhorn: Langenhorner Markt: Di 13.30 -
18, Sa 8.30 - 14 Uhr.
Lokstedt: Grelckstr.: Mi 8.30 - 13 Uhr.
Neustadt: Großneumarkt: Mi und Sa 8.30 -
13.30 Uhr.
Ottensen: Spritzenplatz: Di 8 - 13, Fr 8 - 18.30
Uhr.
Poppenbüttel: Moorhof: Fr 14 - 18.30 Uhr.
Rotherbaum: Turmweg: Do 8.30 - 14 Uhr.
St. Georg: Carl-von-Ossietzky-Platz/Lange
Reihe: Do 9.30-13.30 Uhr.
Sasel: Saseler Markt: Do und Sa 8 - 13 Uhr.
Volksdorf: Kattjahren/Halenreihe: Mi und Sa
8 - 13 Uhr.
Wandsbek: Wandsbeker Quarrée: Mo 9 - 14, Di-
Sa 8 - 13 Uhr
Wellingsbüttel: Rolfinckstr.: Di und Fr. 8 - 13
Uhr.
Winterhude: Goldbekufer: Di, Do und Sa 8.30 -
13 Uhr sowie Winterhuder Marktplatz, Mi
11-18, Sa 8-13 Uhr
Flohmarkt-Info: Tel. 31 40 71 (Faxabruf
317 16 63), 643 00 01, 53 89 30 33

Feste und Messen

Februar: Internationale Reise-Ausstellung
(Messe).
März: Frühlingsdom Heiligengeistfeld (bis
April).
April: hanse-Marathon.
Mai: Hafengeburtstag (um den 8.5.); Hambur-
ger Ballett-Tage (Staatsoper).
Juni: Schleswig-Holstein-Musik-Festival mit
Hamburg-Gastspielen (bis August);
Hammoniale Festival der Frauen; Stuttgarter
Weindorf auf dem Rathausmarkt (bis Anfang
Juli); Derby-Woche Pferderennbahn Horn
(bis Anfang Juli).
Juli: Sommerdom Heiligengeistfeld (bis
August). Westport Jazz Festival.
August: Alstervergnügen rund um die Binnen-
alster. Musikfest Hamburg. Int. Sommer-
theater-Festival.
November: Winterdom (bis Anfang Dezember);
Weihnachtsmarkt in der City (bis 20.12.);
Ausstellung hanseboot (Messe).
»Hamburger Kultur-Sommer«: von Mai bis
Oktober, u.a. mit Internationalem Sommer-
theater, Midsummer Jazz Festival, Rathaus-
konzerten.

Frauen und Kinder

Allerleirauh e.V., Beratung bei sexuellem Miß-
brauch für Frauen und Mädchen,
Menckesallee 13, 22089, Tel. 29 83 44 83,
Internet: www.allerleirauh.de
Amnesty for Women e.V., Migrantinnen-
Beratung, Große Bergstr. 231, 22767,
Tel. 38 47 53
*Arbeitsgemeinschaft Kinder- und Jugendschutz
Hamburg e.V.,* Hellkamp 68, 20255,
Tel. 40 17 22 12
*Beratung und Information von Frauen für
Frauen (BIFF)* Altona, Rothestr. 68, 22765,
Tel. 39 67 62
BIFF Eimsbüttel, Eimsbütteler Str. 53, 22769,
Tel. 43 63 99
BIFF Harburg, Neue Str. 59, 21073,
Tel. 77 76 02
BIFF Winterhude, Moorfuhrtweg 9b, 22301,
Tel. 28 07 907

Diakonisches Werk, Königsstr. 54, 22767,
Tel. 30 62 00

Dolle Deerns, Verein zur Förderung feministi-
scher Mädchenarbeit, Juliusstr. 16, 22769,
Tel. 439 41 50

Dunkelziffer e.V., Hilfe für sexuell missbrauchte
Kinder, Hegestr. 2, 20251, Tel. 48 48 84,
Internet: www.dunkelziffer.de

Erwerbslose Frauen Altona (EFA), Lobuschstr.
28-30, 22765 Tel. 390 29 24, Internet:
www.efa-beratung.de

Frauenberatungsstelle, Kattunbleiche 31, 22041,
Tel. 652 77 11

Frauenhäuser Hamburg (Häuser I bis V):
Tel. 197 02, 197 10, 197 14, 197 04, 197 15,
Diakonisches Werk 192 51

Frauenhaus Norderstedt: Tel. 529 66 77,
529 29 98

Frauenkneipe, Stresemannstr. 60, 22769,
Tel. 43 63 77

Frauenkulturcafé »Endlich«, Dragonerstall 11,
20355, Tel. 35 16 16

Frauenkulturhaus Harburg, Küchgarten 10,
21073, Tel. 77 22 56

Feministisches *Frauentherapiezentrum
Hamburg,* Am Felde 134, 22765,
Tel. 38 38 48

Frauentreff Wilhelmsburg, Karl-Arnold-Ring 51,
21109, Tel. 750 97 91

Frauen- und Mädchentreff, Grunewaldstr. 76,
22149, Tel. 672 85 53

Internationale Cultur für Frauen (INCI),
Zeißstr. 22 - 28, 22765, Tel. 39 10 61 39

Kinder- und Jugendnotdienst, Tel. 42 84 90
(Tag und Nacht erreichbar)

Kinderschutzzentrum Hamburg, Tel. 49 10 07,
Harburg 790 10 40, Internet:
www.kinderschutzbund-hamburg.de

Landesfrauenrat, Bebelallee 10, 22299,
Tel. 517 360

*Lesbenberatung im Magnus-Hirschfeld-
Zentrum,* Borgweg 8, 22303, Tel. 279 00 49

Mädchenhaus: Tel. 42 84 92 65

Notruf für vergewaltigte Frauen und Mädchen:
Tel. 25 55 66

*Psychologische Beratung für Frauen von
Frauen,* Klaus-Groth-Str. 25 B, 20535,
Tel. 250 71 30

Senatsamt für die Gleichstellung der Frauen,
Alter Steinweg 4, 20459, Tel. 428 41 33 30

Sozialdienst Katholischer Frauen, Oelkersallee
39, 22769, Tel. 43 31 56

Zornort e.V., Beratung bei sexueller Gewalt
gegen Jungen und Mädchen, Vierlandenstr.
38, 21029, Tel. 721 73 63

Zündfunke, Prävention und Intervention zu
sexuellem Mißbrauch an Kindern und
Frauen, Beselerstr. 48, 22607, Tel. 890 12 15

Behinderte

Der »Hamburger Stadtführer für Rollstuhlfahrer«
ist erhältlich bei den Tourist-Informationen, in
den Hamburger Öffentlichen Bücherhallen und
bei den Behindertenverbänden. Den Ratgeber für
Behinderte des Landesamtes für Rehabilitation
gibt es bei den Bezirks- und Ortsämtern, Orts-
dienststellen, Sozialstationen und Behindertenverbänden. Behinderten-Taxi: Tel. 410 54 58, Mo -
Fr 7 - 18 Uhr; bitte zwei Tage Voranmeldung.

Zum Weiterlesen

Innenstadt/Altstadt/Neustadt/ Geschichte und Stadtführer

Arbeitsgruppe Kino (Happel, Reinhold/Priess, Holger): Hamburger Lichtspieltheater. Materialsammlung über denkmalschutzwürdige Kinos. 1983 (unveröffentlichtes Manuskript).

Baedeker, Karl: Hamburg und die Niederelbe. Reisehandbuch. 1951.

Beckershaus, Horst: Die Hamburger Straßennamen. Woher sie kommen und was sie bedeuten. Komplett von A bis Z. 1998

Beckershaus, Horst: Die Namen der Hamburger Stadtteile. Woher sie kommen und was sie bedeuten. 1998

Berlin, Jörg/Schmoock, Matthias: Auswandererhafen Hamburg. 2000

Cordes, Gesche/Gottberg, Ariane: Feste der Welt in Hamburg. 2001

Dose, F.M.: Weltstadt Hamburg. Führer durch Groß-Hamburg und Umgebung. o.J.

Ebeling, Helmut: Schwarze Chronik einer Weltstadt. Hamburger Kriminalgeschichte 1919 bis 1945. 1980.

Fremdenverkehrszentrale Hamburg (Hrsg.): Hamburg-Führer. 1931.

Fuchs, Gerd: Die Auswanderer. Von Hamburg in die neue Welt. 2000/englische Ausgabe: The Emigrants. 2000

Gemeinnütziger Verkehrsverein Groß-Hamburg e.V.: Hamburg. Ein Führer mit Vorschlägen für sieben Rundgänge. o.J. (um 1930).

Gewerkschaft Öffentliche Dienste, Transport und Verkehr (ÖTV), Bezirksverwaltung Hamburg (Hrsg.): Dokumentation Stadthaus in Hamburg. 1981.

Grieben: Reiseführer Hamburg und Umgebung. Kleine Ausgabe. 1929.

Hamburger Abendblatt (Hrsg.): Hamburg. Porträt einer Weltstadt. Jährlich erscheint ein Band in dieser Reihe.

Hamburger Abendblatt (Hrsg.): Abendblatt-Touren 2. Stadt-Spaziergänge. Zu Fuß durchs schöne Hamburg. 1994.

Harbeck, Hans: Was nicht im »Baedeker« steht. 1930.

Harbeck, Hans: Hamburg – so wie es war. 1979.

Hedinger, Bärbel u.a.: Ein Kriegsdenkmal in Hamburg. 1979.

Kiesel, O.E.: Hamburg. Führer durch die Freie und Hansestadt und ihre Umgebung. 1922.

Landesjugendring: Stätten des Hamburger Widerstandes. Eine alternative Stadtrundfahrt. 1991.

Möller, Ilse: Hamburg. Eine Länderkunde (Geographie und geographische Geschichte). 1999

Pini, Udo: Zu Gast im alten Hamburg. 1987.

Prüß, Jens R. (Hrsg.): Spundflasche mit Flachpaßkorken. Die Geschichte der (Fußball-) Oberliga Nord 1947 - 1963. 1991.

Radó, A. (Alex): Der neue Führer. Band I: Gross-Hamburg. 1929.

Sack, Manfred u.a.: dtv Merian-Reiseführer Hamburg. 1983 ff.

Schmoock, Matthias: Rundflug über das alte Hamburg. Historische Luftbilder. 2000

Skrentny, Werner: Hamburg per Schiff. 2001

Stephan, Rolf: Hamburg ehemals, gestern und heute. 1985.

Töteberg, Michael: Filmstadt Hamburg. Kino-Geschichte(n) einer Großstadt. 1997.

Vieth, Harald: Hamburger Bäume 2000. Geschichten von Bäumen und der Hansestadt. 2000

Woerl's Reisehandbücher: Illustrierter Führer durch Hamburg-Altona und Umgebung. o.J. (1909).

St. Georg

Frahm, Klaus/Meyhöfer, Dirk: Bahnhofswelt. Bahnen und Bahnhöfe in Hamburg. 1983.

Joho, Michael (Hrsg.): Ausführliche Nachrichten von dem Heiligen Ritter Georgio. Ein Stadtteil-Lese-Bilder-Buch. 1997

Staisch, Erich: Hamburg und seine Dampflokzeit, 1983

Staisch, Erich: Hauptbahnhof Hamburg.
Geschichte der Eisenbahn in Norddeutschland. 1981.

Barmbek

Lachmund, Fritz: Das alte Barmbek. Vergange-
nes zwischen Mundsburg und Neuem Schüt-
zenhof. 1977.
Franke, Gabriele u.a.: Bauer Eggers' Linden
stehen noch. Erster Barmbeker
Geschichtsrundgang. 1986.
Sankt Sophien Hamburg-Barmbek. 90 Jahre in
Gottes Hand. 1990.

Ohlsdorf

Bake, Rita/Reimers, Brita: Stadt der toten
Frauen. 1997
Leisner, Barbara u.a.: Der Hamburger
Hauptfriedhof Ohlsdorf. Geschichte und
Grabmäler (2 Bände). 1990.
Leisner, Barbara/Fischer, Norbert: Der
Friedhofsführer. 1994
Schönfeld, Helmut: Der Friedhof Ohlsdorf.
Gräber, Geschichte, Gedenkstätten. 2000

Winterhude

Alter, Helmut/Lachmund, Fritz: Liebenswertes
Winterhude. 1978.
Bredel, Willi: Maschinenfabrik N & K. Roman.
Denkmalpflege Hamburg: Ulmenstraße Winter-
hude. 1990.
Hänsel, Sylvaine u.a.: Die Jarrestadt. Eine
Hamburger Wohnsiedlung der 20er Jahre.
1981.
Schmoock, Matthias: Uhlenhorst 1860–1945.
Ein photographischer Streifzug. 1999
VVN-Ortsvereinigung Winterhude (Hrsg.): Vom
Mühlenkamp zur Jarrestadt. 1982.

Eppendorf

Alter, Helmut: Eppendorf, Leben und Wohnen
in Hamburgs Vorort. 1976.
Heer, Hannes: Thälmann. 1975.
Skrentny, Werner: Eppendorf 1860–1945. Ein
photographischer Streifzug. 1998
Thälmann, Ernst: Zwischen Erinnerung und
Erwartung. Autobiografische Aufzeichnun-
gen. Biografische Dokumentation und
»Thälmann-Chronik«. 1977.
Weidlich, Knuth (Hrsg.)/Skrentny, Werner
(Text): Das Eppendorf-Buch. 1991.

Hoheluft

Freundeskreis Falkenried (Hrsg.): Hoheluft –
Geschichte(n) eines Hamburger Stadtteils.
o.J.
Rehm, Anne-Kathrin: Stadtteil-Geschichte. Falkenried. Bewohner erzählen. 1991.
s. a. Eimsbüttel

Eimsbüttel

Bezirksamt Eimsbüttel (Hrsg.)/Anne Adams:
Fassaden und was dahinter steckt. Ein
baugeschichtlicher Rundgang durch
Eimsbüttel. 1990.
Galerie Morgenland (Hrsg.)/Silke Salomon:
Eimsbütteler Facetten. Einblicke in 100 Jahre
Stadtgeschichte. o.J. (1994)
Schmal, Helga: Eimsbüttel und Hoheluft-West.
1996
Warnke, Helmuth: »... nicht nur die schöne
Marianne«. Das andere Eimsbüttel. 1998.

Schulterblatt/Karolinenviertel

Bredel, Willi: Rosenhofstraße. Roman. 1931 ff.
Höfer, Karl-Heinz: Willi Bredel. Biographie.
1976.
Königstein, Horst: Die Schilleroper in Altona.
Eine Archäologie der Unterhaltung. 1983.
Projektgruppe »Wohnen im Stadtteil«: Das
Schulterblatt. Ein Viertel verändert sich.
1982.
Randt, Ursula: Carolinenstraße 35. Geschichte
der Mädchenschule der Deutsch-Israeliti-
schen Gemeinde in Hamburg 1884 - 1942.
1984.

Grindel

Bottin, Angela/Mitarb. Rainer Nicolaysen:
Enge Zeit. Spuren Vertriebener und Verfolg-
ter der Hamburger Universität. 1991.
Deutsch-Jüdische Gesellschaft Hamburg:
Wegweiser zu den ehemaligen jüdischen
Stätten in den Stadtteilen Eimsbüttel/
Rotherbaum (I). 1985.
Deutsch-Jüdische Gesellschaft Hamburg:
Wegweiser zu den ehemaligen jüdischen
Stätten im Stadtteil Rotherbaum (II). 1989.
Goral, Arie: Carl von Ossietzky.
Dokumentation, 1982.

Goral-Sternheim, Arie: Jeckepotz. Eine jüdisch-deutsche Jugend 1914 - 1933. 1989.

Krause, Eckart, u.a.: Hochschulalltag im »Dritten Reich«. Die Hamburger Universität 1933 -1945 (drei Bände). 1991.

Schildt, Axel: Die Grindelhochhäuser. Eine Sozialgeschichte der ersten deutschen Wohnhochhausanlage. 1988.

Vieth, Harald: Von der Hallerstraße 6/8 zum Isebek und Dammtor. Jüdische Schicksale und Alltägliches aus Harvestehude-Rotherbaum in Hamburg seit der Jahrhundertwende. 1990. (Bestellungen: H.V., Hallerstr. 8, 20146, Tel. 45 21 09).

Vieth, Harald: Hier lebten sie miteinander. Jüdisches Schicksal in Harvestehude und Rotherbaum. 1994.

Vinke, Hermann: Carl von Ossietzky. 1978.

Wamser, Ursula/Weinke, Wilfried (Hrsg.): Ehemals in Hamburg zu Hause: Jüdisches Leben am Grindel. 1991.

Harvestehude-Rotherbaum

Deiters, Hans-Günther: Fenster zur Welt. 50 Jahre Rundfunk in Norddeutschland. 1973.

Deutsch-Jüdische Gesellschaft Hamburg: Wegweiser zu den ehemaligen jüdischen Stätten in den Stadtteilen Eimsbüttel/Rotherbaum (I). 1985.

Deutsch-Jüdische Gesellschaft Hamburg: Wegweiser zu den ehemaligen jüdischen Stätten im Stadtteil Rotherbaum (II). 1989.

Hipp, Hermann: Harvestehude-Rotherbaum. 1976.

Skrentny, Werner/Prüß, Jens: Hamburger Sport-Verein. Immer erste Klasse. 1998

St. Pauli

Barth, Ariane: Die Reeperbahn. Der Kampf um Hamburgs sündige Meile. 1999

Deutsch-Jüdische Gesellschaft Hamburg: Wegweiser zu den ehemaligen jüdischen Stätten in den Stadtteilen Neustadt/St. Pauli. 1983.

Eppendorfer, Hans: Szenen aus St. Pauli. 1982.

Möhring, Paul: Im Hamburger Rampenlicht - Theaterplaudereien, 1972.

Kleinschmidt, Silvia/Roese, Michael: Wohnprojekt Jägerpassage Hamburg. 1986.

Martens, René: FC St.Pauli. You'll never walk alone. 1997

Martens, René/Zint, Günter: St. Pauli. Kiez Kult Alltag. 2000

Mallet, Carl-Heinz: Die Leute von der Hafenstraße. Über eine andere Art zu leben. 2000

Stobwasser, Albin: Die den roten Winkel trugen. Zur Geschichte der VVN - Bund der Antifaschisten Hamburg. 1983.

Thinius, Carl: Damals in St. Pauli. 1975.

Zint, Günter: Die weiße Taube flog für immer davon. 1984.

Hafen

Bühler, Susanne/Haß, Nicola: Hamburgs Hafenrand. Von der Speicherstadt bis Neumühlen. 1997

Harms, Hans/Schubert, Dirk: Wohnen am Hafen, Leben und Arbeiten an der Wasserkante - Das Beispiel Hamburg. 1992

Geschichtswerkstatt Wilhelmsburg (Hrsg.): Neuhof. Das andere Hafenleben. Vom Verschwinden eines Ortes. 1995.

Gretzschel, Matthias/Hamburger Abendblatt: ElbSpaziergänge. 1999

Grüttner, Michael: Arbeitswelt an der Wasserkante, Sozialgeschichte der Hamburger Hafenarbeiter 1886 - 1914. 1984.

Museum der Arbeit (Hrsg.): AG Hafenkante, Arbeitsblätter »Historischer Stadtrundgang, Arbeitswelt und Arbeiterwelt«. Bisher erschienen: 1. Mitten in Hamburg: Schuppen, Speicher und Kontore. 2. St. Pauli: Von der Wohnung zur Werft. 3. Der Altonaer Hafen: Fische & Fabriken. 1985.

Skrentny, Werner (Hrsg.): Der Hafenführer. Schiffe und Menschen, Lieder und Geschichten an 99 Stationen. 1989.

Ausflugsziele

Herlin, Hans: Die Sturmflut - Nordseeküste und Hamburg, Februar 1962. 1984.

Hinrichsen, Hermann: Die Bille mit ihren Hamburger Wohnvierteln. Wandlung eines alten Flußidylls. 1983.

Keller, Ulrich (Hrsg.): Mein Feld ist die Welt. Die Hamburger Auswanderhallen in Johann Hamanns Fotografien. 1981.

Arbeiterbewegung, NS-Zeit und Krieg

Bästlein, Klaus u.a.: Für Führer, Volk und Vaterland. Hamburger Justiz im Nationalsozialismus. 1992

Bajohr, Frank: »Arisierung« in Hamburg. Die Verdrängung der jüdischen Unternehmer. Hamburg 1997

Bauche, Ulrich u.a.: »Wir sind die Kraft«. Arbeiterbewegung in Hamburg von den Anfängen bis 1945. 1988.

Bredel, Willi: Die Prüfung. Roman. 1934 ff.

Breloer, Heinrich/Königstein, Horst: Blutgeld. Materialien zu einer Deutschen Geschichte. 1982.

Bruhns, Maike u.a.: Als Hamburg »erwachte«. Alltag im Nationalsozialismus 1933. 1983.

Bruhns, Maike u.a.: »Hier war doch alles nicht so schlimm«. Wie die Nazis in Hamburg den Alltag eroberten. 1985.

Brunswig, Hans: Feuersturm über Hamburg. 1981.

Ditt, Karl: Sozialdemokraten im Widerstand. Hamburg in der Anfangsphase des Dritten Reiches. 1984.

Ebbinghaus, Angelika u.a.: Kein abgeschlossenes Kapitel: Hamburg im Dritten Reich. 1997

Eiber, Ludwig: »Kola-Fu« (Anm. KZ Fuhlsbüttel). 1983

Evans, Richard J. (Hrsg.): Kneipengespräche im Kaiserreich. Stimmungsberichte der Hamburger Politischen Polizei 1892 - 1914. 1989.

Evans, Richard J.: Tod in Hamburg. Stadt, Gesellschaft und Politik in den Cholera-Jahren 1830 - 1910. 1996.

GAL-Fraktion in der Hamburger Bürgerschaft (Hrsg.): »Es ist Zeit für die ganze Wahrheit.« Die nichtveröffentlichte Senatsbroschüre. 1985.

Grabitz, Helge: Täter und Gehilfen des Endlösungswahns. Hamburger Verfahren wegen NS-Gewaltverbrechen 1946-1996. 1999

Hertz-Eichenrode, Katharina: Ein KZ wird geräumt. 2000

Herzig, Arno u.a. (Hrsg.): Arbeiter in Hamburg. Unterschichten, Arbeiter und Arbeiterbewegung seit dem ausgehenden 18. Jahrhundert. 1983.

Hochmuth, Ursel/de Lorent, Hans Peter (Hrsg.): Schule unterm Hakenkreuz. 1985.

Hochmuth, Ursel/Dierk, Joachim: Betr.

Heimatkunde, Faschismus und Widerstand in Hamburg. Kommentiertes Literaturverzeichnis. 1980.

Hochmuth, Ursel/Meyer, Gertrud: Streiflichter aus dem Hamburger Widerstand 1933 - 1945. 1980.

Johe, Werner: Hitler in Hamburg. Dokumente zu einem besonderen Verhältnis. 1996

Kaienburg, Hermann: Das KZ Neuengamme. 1938-1945. 1997

Kultur & Geschichtskontor (Hrsg.): Bergedorf im Gleichschritt. 1995.

Meyer, Gertrud: Nacht über Hamburg. 1971.

Plagemann, Volker (Hrsg.): Industriekultur in Hamburg. Des Deutschen Reiches Tor zu Welt. 1984.

Projektgruppe Arbeiterkultur Hamburg (Hrsg.): Vorwärts - und nicht vergessen. Arbeiterkultur in Hamburg um 1930. 1982 (3. Aufl.).

Projektgruppe für die »vergessenen« Opfer des NS-Regimes: Verachtet, verfolgt, vernichtet. 1988.

Puvogel, Ulrike/Stankowski, Martin: Gedenkstätten für die Opfer des Nationalsozialismus, Bd. 1, u.a. zu Hamburg. 1995

Schwarberg, Günther: Angriffsziel Cap Arcona. 1983

Schwarberg, Günther: Der SS-Arzt und die Kinder. Bericht über den Mord vom Bullenhuser Damm. 1979

Willi-Bredel-Gesellschaft (Hrsg.): Fuhlsbüttel unterm Hakenkreuz. 1996.

Architektur

Angerer, Henning: Flakbunker. Betonierte Geschichte. 2000

Bartels, Olaf: Altonaer Architekten. Eine Stadtbaugeschichte in Biographien. 1997

Bose, Michael u.a.: »... ein neues Hamburg entsteht...« Planen und Bauen von 1933–45. 1986.

Caspers, Eva: Ernst-Barlach-Haus in Hamburg. 2000

Fiege, Hartwig: Hamburger Denkmäler erzählen Geschichte. 1980.

Fischer, Manfred F.: Fritz Schumacher – Das Hamburger Stadtbild und die Denkmalpflege. 1977.

Fischer, Manfred F.: Das Chilehaus in Hamburg. Architektur und Vision. 1999

Fischer, Manfred F.: Fritz Schumacher. Bauten und Planungen in Hamburg. Ein Stadtteilführer. 1994

Frühauf, Anne: Die Bauwerke des Schienenverkehrs in Hamburg. 1994

Frühauf, Anne: Fabrikarchitektur in Hamburg. 1991.

Funke, Hermann: Zur Geschichte des Miethauses in Hamburg. 1974.

Hamburgische Architektenkammer (Hrsg.): Architektur in Hamburg. Erscheint seit 1989 jährlich.

Hamburg und seine Bauten 1985–2000. 1999

Harms, Hans/Schubert, Dirk: Wohnen in Hamburg – ein Stadtführer zu 111 ausgewählten Beispielen. 1989.

Haspel, Jörg: Hinterhäuser, Terrassen, Passagen, Wohnhöfe. 1987.

Hipp, Hermann: Freie und Hansestadt Hamburg. Geschichte, Kultur und Stadtbaukunst an Elbe und Alster. 1990 (2. Aufl.).

Hipp, Hermann: Wohnstadt Hamburg. 1982.

Hipp, Hermann (Hrsg.): Fritz Schumacher. Das Werden einer Wohnstadt. Bilder vom neuen Hamburg (1932). Reprint 1984.

Klee-Gobert, Renata: Altona-Elbvororte. Die Bau- und Kunst-Denkmale. 1970.

Kleineschulte, Stefan: Fritz Schumacher. Das Gebäude der Finanzbehörde am Gänsemarkt. 2001

Marg, Volkwin / Fleher, Gudrun: Architektur in Hamburg seit 1900. Ein Führer zu 192 sehenswerten Bauten. 1983.

Meyhöfer, Dirk: Neue Architektur in Hamburg. Ein Führer zu den Bauten der neunziger Jahre. 1999

Plagemann, Volker: Kunstgeschichte der Stadt Hamburg. 1995

Plagemann, Volker: »Vaterstadt, Vaterland ...« Denkmäler in Hamburg. 1986.

Schneider, Ursula: Fabriketagen. Leben in alten Industriebauten. 1999

Stein, Irmgard: Jüdische Baudenkmäler in Hamburg. 1984.

Voigt, Wolfgang u.a.: Hans und Oskar Gerson. 2000

Wischermann, Clemens: Wohnen in Hamburg vor dem ersten Weltkrieg. 1983.

Jüdische Geschichte

Galerie Morgenland (Hrsg.)/Baumbach, Sybille u.a.: »Wo Wurzeln waren...« Juden in Hamburg-Eimsbüttel 1933 - 1945. 1993.

Goral-Sternheim, Arie: Jeckepotz. Eine jüdisch-deutsche Jugend 1914 - 1933. 1989.

Hecht, Ingeborg: Als unsichtbare Mauern wuchsen. 1984.

Herzig, Arno (Hrsg.): Die Juden in Hamburg 1590 bis 1990. 1991.

Koglin, Michael: Spaziergänge durch das jüdische Hamburg. 1998

Krohn, Helga: Die Juden in Hamburg. 1974.

Stadtteilarchiv Ottensen (Hrsg.)/Hinnenberg, Ulla: Der jüdische Friedhof in Ottensen 1582 - 1992. Eine Dokumentation. O.J.

Stein, Irmgard: Jüdische Baudenkmäler in Hamburg. 1984.

Romane

Bredel, Willi: Unter Türmen und Masten. Geschichte einer Stadt in Geschichten. 1981.

Giordano, Ralph: Die Bertinis. 1982.

Liepmann, Heinz: Das Vaterland. 1979.

Steinfeld, Justus: Ein Mann liest Zeitung. 1984.

Zweig, Arnold: Das Beil von Wandsbek. 1982.

Bildnachweis

Staatliche Landesbildstelle S. 25, 45, 50 u., 63, 64 o., 71 o., 82, 101, 106, 120, 130 o., 153, 197, 224, 237, 267 o., 283

Gesche-M. Cordes S. 7, 10, 11, 12, 13, 15, 20, 22, 26 u., 27, 28, 34, 37, 39, 40, 41 o., 42, 51 o., 53 u., 54, 57, 58, 61, 65, 69, 77, 78, 83, 90, 91, 92, 94, 97 o., 99, 100, 102, 109, 110, 115, 118, 119, 122, 123, 124, 129, 133, 141 u., 147, 148 o., 152, 157, 158, 160, 166 o., 169, 170, 174, 176, 182, 184, 185, 186, 189, 195, 196, 199, 204 o., 206, 207 u., 218, 221 u., 223, 226, 229, 230, 231, 236 o., 235, 239, 240, 241, 242, 249, 250, 254, 259, 262, 267, 269, 272 u., 279, 282, 284, 287, 288, 290, 291, 293 (2), 294 (2), 295, 296, 297, 298, 299

Staatsarchiv Hamburg S. 26, 46, 98 u., 121, 131, 140

die tageszeitung S. 93

Archiv der Hamburger Hochbahn AG S. 96 o.

Hans Meyer-Veden S. 99 u., 190

Marily Stroux S. 116

Museum für Hamburgische Geschichte S. 117

Denkmalschutzamt S. 120

Stadtteilarchiv Ottensen S. 128, 141 o., 145, 146, 148 u.

Altonaer Museum S. 143 u., 144

K. Weidlich/W. Skrentny (Hrsg.), Das Eppendorf-Buch, Hamburg 1991 S. 203, 204 u., 207 o., 208, 212, 213

Geschichtswerkstatt Barmbek S. 271, 272 o.

Werner Skrentny S. 19, 68, 151, 171

Kartengrundlage: Stadtkarte von Hamburg, Vergrößerung, Originalmaßstab 1:20.000, Ausgabe 1990
Herausgeber: Vermessungsamt Hamburg; vervielfältigt mit Genehmigung VA 400 - 41/92

Dank an
Ortsamt Wilhelmsburg, Staats- und Universitätsbibliothek Carl von Ossietzky Hamburg, Museum für Kunst und Gewerbe, ATG Alster-Touristik, Tourismus-Zentrale Hamburg, Denkmalschutzamt Hamburg, Hotel »Vier Jahreszeiten«, NDR-Pressestelle, Staatliche Landesbildstelle Hamburg, Vermessungsamt Hamburg, Wilhelm Bauke und Frau, Rolf Bornholdt, Maike Bruhns, Geschichtswerkstatt Barmbek, Elisabeth von Dücker, Rudolf und Wilma Giffey, Jan Hans, Hamburger Öffentliche Bücherhallen, Hamburger Weltwirtschaftsarchiv, Andrea Luksch, Barbara Joanowitsch, Thomas Klie, Reiner Korsen, Thomas Krause, Kurt und Hilde Nordhausen, Dr. Eckart Krause, Dr. Peter Lock, Anne Müller, Ilse Schmid, Amandus Spitzkopf, Staatsarchiv Hamburg, Staatliche Landesbildstelle Hamburg, Stadtjournal, Michael Stoffregen, die tageszeitung Hamburg, Helmut Warnke, sowie ein besonderer Dank Württemberg-intern von Hirsau nach Tailfingen.

Personenregister

Ortsregister